Die Vorstellungen vom Glück in dieser oder einer anderen Welt sind bei fast allen Menschen gleich. Das Paradies auf Erden oder im Himmel muß ein großer Garten sein – mit früchtetragenden Bäumen, bunten Blüten und fröhlich sprudelnden Quellen. Einen Zipfel dieser Glückseligkeit wollen die Menschen fassen, seit es ihnen gelungen ist, Pflanzen zu kultivieren.

Bereits im alten Ägypten und im frühen chinesischen Kaiserreich sind prachtvolle Gartenanlagen nachweisbar. Und sogar eines der sieben Weltwunder bestand nicht aus Marmor und Granit, sondern aus üppiger Vegetation: die Hängenden Gärten von Babylon. Keine Kultur scheint ohne eigene Ideen zur Landschaftsgestaltung auskommen zu wollen. Aber so einhellig der Ausgangspunkt ist, nämlich die Natur, so unterschiedlich sind die Bedeutungen, die die Gärten für die jeweiligen Länder und Völker hatten und noch haben. Symbol für die Kraft des Lebens waren die Gärten und Parks immer, doch sind die Unterschiede zwischen einem chinesischen Garten und einem englischen Landschaftspark oder der Grünen Lunge unserer Tage kaum größer zu denken. Die Beiträge dieses Bandes spannen den Bogen vom paradiesischen Beginn bis zur eher profanen Gegenwart. Den ägyptischen, griechischen, römischen, italienischen, chinesischen, japanischen, italienischen, französischen, englischen und deutschen Gärten sind jeweils eigene Kapitel gewidmet.

Daneben werden die Hängenden Gärten von Babylon und ein herausragender englischer Park besonders vorgestellt. Außerdem widmen sich spezielle Beiträge dem Garten Eden, den Klostergärten des Mittelalters, dem Schreber- und Nutzgarten, dem botanischen Garten, der Landschaftsgestaltung der Gegenwart sowie dem Garten in Literatur und bildender Kunst.

Namhafte Wissenschaftler, Publizisten und Schriftsteller geben einen umfassenden Überblick über die Entwicklung einer Kunstform, deren Reize so offen dazuliegen scheinen, deren wahrer Gehalt sich aber erst durch eine sachkundige Führung erschließt.

insel taschenbuch 2723
Die Geschichte der Gärten und Parks
Nach einer Sendereihe
des Hessischen Rundfunks

Die Geschichte der Gärten und Parks

Herausgegeben von
Hans Sarkowicz

Insel Verlag

insel taschenbuch 2723
Erste Auflage 2001

Hinweise zu dieser Ausgabe am Schluß des Bandes
Vertrieb durch den Suhrkamp Taschenbuch Verlag
Umschlag nach Entwürfen von Willy Fleckhaus
Satz: Jung Crossmedia, Lahnau
Druck: Nomos Verlagsgesellschaft, Baden Baden
Printed in Germany

1 2 3 4 5 6 – 06 05 04 03 02 01

Inhalt

Vorwort

Der erste richtige Frühlingstag war es nach einem beschwerlichen Winter. Zwei Freunde des Hauses luden die Kinder zu einem Spaziergang in den nahegelegenen Garten ein und nutzten die Gelegenheit, um die Geschichte der Landschaftsgestaltung zu erzählen. Vier Hefte, vom 10. bis zum 31. März 1781, widmete »Der Kinderfreund« diesem Thema, bis der Autor und Herausgeber Christian Felix Weiße endlich zu dem kam, was er wirklich auf dem Herzen hatte. Denn der aufgeklärte Dramatiker und Lyriker, dem das Lob des Landlebens immer leicht über die Zunge gegangen war, wollte seine jungen Leser für einen neuen Typus des Parks gewinnen. Die französischen Gärten nach dem Vorbild von Versailles oder Chantilly entsprachen nicht mehr dem Zeitgeist.

»Man sollte«, so Weiße, »diese großen prächtigen Gärten, die Fürstentümer gekostet haben, als Muster symmetrischer Gärten zu erhalten suchen, wenn man auch keine neuen nach ihren Mustern anlegen wollte.« Was der »Kinderfreund« empfahl, war ein Park, der »die Natur zum Muster und Vorbilde« nahm. Nicht nur die Menschen, auch Bäume, Sträucher und Blumen sollten als autonome Individuen erkannt und behandelt werden. Dem entsprach am ehesten der englische Park, wo »der Gartenkünstler auch solche Gegenstände, wie er sie in der Natur findet, zum besten Vorteile nützen, sie durch die Kunst verschönern, ihnen eine glückliche Richtung geben und aus so verschiedenen Dingen, unter allen möglichen Abänderungen, ein Ganzes herzustellen wissen« soll. Selbstverständlich waren die klugen Kinder von solchen Ideen begeistert und hätten am liebsten gleich anspannen lassen, um nach Wörlitz zum Fürsten von Dessau zu fahren. Wollten sie doch ihre theoretischen Studien möglichst schnell durch praktische ergänzen. Aber damals setzten selbst kürzere Reisen längere Vorbereitungen voraus, so daß es beim Plan bleiben mußte.

Weiße wäre aber kein Lyriker gewesen, wenn er seinen Schützlingen nicht noch ein Gedicht mit auf den Lebensweg gegeben hätte. In neun Strophen feierte er den englischen Garten und verdammte jede Form der »eitlen Pracht«:

»Nein, nein; ich will in Tal und Wald,
Auf Hügeln und beblümten Auen
Sie in der freiesten Gestalt,
In ihrer wilden Anmut schauen« usw.

Daß von Weiße so heftig polemisiert und geworben wurde, hatte natürlich tiefere Gründe: stand der französische Garten doch für das absolutistische System, während die englische Art, mit der Natur umzugehen, das aufgeklärte Denken repräsentierte. Gärten und Parks waren zum politischen Symbol geworden.

Schon die Jahrhunderte davor hatten sie immer wieder neue Deutungen erfahren, beginnend mit der Bibel und dem Paradies. Der Garten als Verheißung der Glückseligkeit, als Ort religiöser Inbrunst und philosophischer Einkehr, als Zeichen für finanzielle, gesellschaftliche und politische Macht, als Ernährungsgrundlage für vielköpfige Familien oder als schnell erreichbares Ziel für gestreßte Metropolenbewohner des ausgehenden 20. Jahrhunderts – das sind nur einige der Funktionen und Bedeutungen, die Gärten und Parks seit den frühen Hochkulturen erlangt haben.

Es geht also um viel mehr als die richtige Art und Weise, Buchsbaumhecken zu beschneiden oder Kräuterbeete anzulegen, wenn sich eine Sendereihe oder ein Buch mit der Geschichte der Gärten und Parks beschäftigt.

Das aber macht das Thema auch so reizvoll.

In 19 Folgen haben wir uns in der traditionsreichen »Sonntagsreihe« von hr 1 und hr 2 diesem überaus komplexen Gegenstand genähert. Wissenschaftler, Publizisten und Schriftsteller, Gartenenthusiasten allesamt, konnten für die Beiträge gewonnen werden. Historisch spannt sich der Bogen vom Garten Eden bis zur Grünen Lunge der Gegenwart, vom göttlichen Schöpfungsakt bis zur kommunalen GrünGürtel-Verfassung.

Daß sich gerade die Kulturredaktion des Hessischen Rundfunks für dieses Thema begeisterte, ist recht einfach zu erklären. Hessen besitzt über 300 bedeutende Gärten und Parks, die unterdessen zum größten Teil auch unter Denkmalschutz stehen. Darunter befinden sich so berühmte Anlagen wie der Bergpark (Kassel-)Wilhelmshöhe, über den kein Geringerer als Theodor Fontane in seinen Erinnerungen schrieb: »War je ein Ruhm verdient, so ist es dieser; es ist alles ersten Ranges.« Daneben gibt es von (Hanau-)Wilhelmsbad bis zum Schloßpark von (Wiesbaden-)Biebrich eindrucksvolle Ensembles, die Gartengeschichte augenfällig werden lassen. Und nicht zu vergessen sei der Frankfurter Palmengarten, der zu den ältesten seiner Art in Deutschland zählt und über reichhaltige Sammlungen verfügt.

Ziel der Sendereihe und des Buches konnte es nicht sein, alle großen Gärten und Parks vorzustellen; das ist schon weitaus gewichtigeren Werken nicht gelungen. Die Autoren wollen in ihren Beiträgen Entwicklungslinien aufzeigen und zum bewußteren Umgang mit einem historischen Erbe anregen, das uns oft schon zu selbstverständlich geworden ist.

Dank sagen möchte ich Heinz-Dieter Sommer, von dem die Idee für diese Reihe stammt, Marianne Beuchert für ihre überaus hilfreichen Hinweise und Renate Gessner-Gleiß, die jederzeit die organisatorischen Fäden in ihren Händen behielt.

Hans Sarkowicz

Peter Cornelius Mayer-Tasch

Der Garten Eden

I

Mythen spannen sich zwischen Vergangenheit und Zukunft. Sie können sich wandeln, nicht aber völlig vergehen. Ihnen schlägt keine letzte Stunde, weil sie aus dem unaufhörlich fortpochenden Herzschlag der Menschheit das ewige Leben empfangen. Für den Mythos vom Paradies gilt dies in besonderem Maße. Der Zustand höchster Harmonie, an den sich das kollektive Bewußtsein zurückerinnern zu können glaubt, den jede(r) einzelne in seltenen Augenblicken vollkommen erscheinenden Glückes erleben mag und auf den sich die mehr oder minder irdischen oder himmlischen Zukunftshoffnungen zahlloser Menschen richten, ist so sehr mit dem geistig-seelischen Wurzelgrund der conditio humana verflochten, daß er sich stets aufs neue in alle imaginären Dimensionen des menschlichen Sinnens und Trachtens auszugliedern vermag.

Seit unvordenklichen Zeiten ist der Mythos vom vergangenen, gegenwärtigen und künftigen Paradies mit der Vorstellung eines nahezu unerreichbar entrückten und wundervoll bestückten Gartens verknüpft. In »wonnevolle Gärten« läßt die 56. Sure des Korans die oasenhungrigen Wüstensöhne eingehen, die Gnade gefunden haben vor den Augen des Allerhöchsten. Mit dieser Perspektive der Seligkeit reiht sich der Islam in eine weit zurückreichende Folge von Überlieferungen ein. Mehr als 1200 Jahre zuvor schon war den sehnsuchtsvoll Staunenden ein Blick in den Garten Eden der hebräischen Bibel eröffnet worden (vgl. 1. Mose 2,8-28 und 3,1-24). Auch über diesen wonnevollen Garten schweift jedoch der Blick hinaus und bleibt an einem früheren, sumerisch-babylonischen haften, von dem uns das Gilgamesch-Epos aus dem 12. vorchristlichen Jahrhundert erzählt. Und selbst dieses läßt den Einfluß eines noch früheren, dem akkadischen Adapa-Mythos aus dem 15. vorchristlichen Jahrhundert entwachsenen Paradiesgartens erkennen.

Was den Garten Eden – wie alle Paradiese – recht eigentlich ausmacht, ist ein Doppeltes: die beglückende Fülle an grünender, blühender, sprudelnder Lebenskraft und Lebensfreude zum einen und die Abgrenzung dieses Inneren und Eigentlichen gegenüber einem wenn nicht feindseligen, so doch unwirtlichen Äußeren und Anderen. Schon der Begriff des Paradieses oder Paradiesgartens bringt letzteres auf unmißverständliche Weise zum Ausdruck. Das altpersische Wort »pairi-dae'-za« nämlich, das im Babylonischen zu »pardisu« und im Hebräischen zu »pardes« wurde, heißt nichts anderes als »Umzäunung, Umwallung«. Und auch der Begriff des Gartens meint dasselbe. Aus dem indo-europäischen Wortstamm »ghordo-s«, der »Flechtwerk, Zaun, Hürde« bedeutet, sind sowohl das griechische »chortos« als auch das lateinische »hortus« abgeleitet. Ohne Scheidung von der nicht-paradiesischen Außenwelt ist das Paradies nicht zu haben. Der sich im Paradies Befindliche wird von vielleicht unsichtbaren, jedenfalls aber unüberwindbaren Mauern vor den Unbilden dieser Außenwelt geschützt. Wer sich des Paradieses unwürdig erweist, kann – wie einst Adam und Eva – aus ihm vertrieben werden. Wer in das Paradies (zurück-)gelangen will, muß einen »Himmelsschlüssel« finden, der ihm das von himmlischen Mächten bewachte Tor erschließt.

So jedenfalls lautet die zentrale Botschaft all jener Vorstellungen und Lehren, die ihren Sinngehalt direkt oder indirekt aus dem biblischen Bericht über den Garten Eden (1. Mose, 2,8-15) beziehen. Das Fühlen und Denken des – auch insoweit zum Erben des Orients gewordenen – Abendlandes haben sie seit nun bald drei Jahrtausenden aufs nachhaltigste geprägt. Und für den aus denselben Quellen schöpfenden islamischen Kulturkreis gilt nichts anderes. Die Suche nach dem verlorenen und wiederzugewinnenden Paradies läßt sich auf verschiedenen Ebenen des gesellschaftlichen Lebens nachvollziehen: Auf der Meta-Ebene der Religion wurde der glückselige Schöpfungsort des Menschen zum Reich Gottes (um-)stilisiert, das zu gewinnen sich der homo viator auf den Weg macht, das jedoch nur die auf diesem Weg durch die Zeit sich vollendende Seele zu erreichen vermag. Für die Welt der Wirtschaft war es die Vision paradiesischer Güterfülle, die dem homo oeconomicus der Antike wie der Neuzeit unaufhörlich Herz, Hirn und Hand bewegt hat. In der Dimension des Politischen war es zunächst und zuvörderst der paradiesische Zielhorizont eines »ewigen Friedens« (Immanuel Kant: »Zum ewigen Frieden«, Königsberg 1795), der national wie transnational angepeilt wird und wurde. Und im Reich von Kunst und Kultur schließlich war und ist es immer wieder das Urbild des »wonnevollen Gartens«, den man sich in Bild und Sprache, Form und Raum vorzustellen und darzustellen versuchte. Aus dieser Perspektive war die Suche nach dem verlorenen und wiederzugewinnenden Paradies weitgehend identisch mit dem Versuch einer (Re-)Konstruktion von Paradiesgärten, zumal die Suche nach dem historischen Ort des Gartens Eden in einer geradezu babylonischen Flut unterschiedlicher Verortungshypothesen unterging. Die Konzentration auf den Entwurf und auf die Pflege solcher Gärten wurde stets aufs neue als nobilissime officium des Menschen angesehen. Der Paradiesgarten wurde so zum – beliebig sublimierbaren – Paradiesgärtlein jedes einzelnen Menschen. Und wenn Voltaire seinem Candide die Maxime »Il faut cultiver notre jardin« auf die Zunge legt (»Œuvres complètes«, Bd. 44, Kehl 1785, S. 343), so reflektiert er damit die unendliche Geschichte der Rekonstruktionsversuche des Gartens Eden in einem Spiegel goldener Worte.

II

Auch am Anfang dieser unendlichen Geschichte standen goldene Worte – die Schöpferworte Gottes und die sie überliefernden Worte des biblischen Schöpfungsberichtes: »Und Gott der Herr«, heißt es da, »pflanzte einen Garten in Eden gegen Morgen, und setzte den Menschen drein, den er gemacht hatte / Und ... ließ aufwachsen aus der Erde allerlei Bäume, lustig anzusehen und gut zu essen, und den Baum des Lebens mitten im Garten und den Baum der Erkenntnis des Guten und Bösen. / Und es ging aus von Eden ein Strom, zu wässern den Garten, und teilte sich von dannen in vier Hauptwasser« (1. Mose, 2, 8-10).

Der Eden-gleiche Garten, in dem kühle Wasser rauschen und »Bäume, lustig anzusehen« unerschöpflich blühen, reifen und Früchte tragen, wird in der Folge zum immer wieder auftauchenden literarischen und (später auch) bildnerischen Topos der Ortung von Paradiesen (vgl. Börner, S. 29ff.). Man denke an Hesiods Sichtung der Inseln der Seligen und an seine Schilderung des Goldenen Zeitalters, in dem »die nahrungsspendende Erde Frucht immer von selber bescherte«. Man denke an Homers Beschreibung der Elysischen Gefilde wie auch des Gartens des Alkinoos, in dem »die Bäume mit lauschigem Wipfel gen Himmel« ragen, der »voll balsamischer Birnen, Granaten und grüner Oliven« ist sowie auch »voll süßer Feigen und rötlich gesprenkelter Äpfel« – eines Gartens, der »des lieblichen Obstes weder im Sommer noch Winter« ermangelt. Man denke an Ovids paradiesischen Rückblick und Vergils Ausblick auf ein ebenfalls paradiesisches Arkadien. Und man denke schließlich an die zahlreichen seligen »Inseln der nackenden Leute« (um mit Paracelsus zu sprechen) – an jene Beinahe-Paradiese also, die im Zuge der großen Entdeckungen des 15. bis 18. Jahrhunderts von wagemutigen Seefahrern und ihren literarischen und bildnerischen Adepten visualisiert und imaginiert wurden.

Über die architektonische Grundform all dieser paradiesischen Gärten wird in den frühen Texten wenig Konkretes ausgesagt. Sehr viel ergiebiger erweist sich die archäologische Auswertung der Überreste antiker Gartenanlagen, die sich nahezu ausnahmslos in einem räumlichen Zusammenhang mit Palästen und Tempeln befanden. Wenn man nach dem thematischen Ausgangspunkt der aus diesen Überresten mehr oder minder klar ablesbaren Strukturmuster altorientalischer Palast- und Tempelgärten forscht, so wird man zunächst wieder auf die Genesis verwiesen. Zentrales Gliederungsmotiv nämlich war offenbar der vom Garten Eden ausgehende »Strom«, der sich dann in »vier Hauptwasser« teilt. Diese vier Hauptwasser formen den Idealtypus des (alt-)orientalischen Gartens: Sie gliedern ihn in vier Teile. Daß das Alte Testament auch dieses Motiv aus älteren Quellen übernommen hat, belegt nicht zuletzt der Umstand, daß die akkadischen – also: früh-babylonischen – Könige nach der Unterwerfung der Sumerer etwa um 2250 v. Chr. den Titel »Herr der vier Quartiere« annahmen und sich damit eine wohl auch schon von ihnen vorgefundene ältere Vorstellung zu eigen machten – die Vorstellung nämlich, daß im schöpferischen Mittelpunkt der Erde ein Quellstrom des Lebens entspringt, der die Erde formt und tränkt. Der sich selbst in diesem schöpferischen Mittelpunkt der Erde sehende, quasi institutionell vom Wasser des Lebens kostende »Herr der vier Quartiere« kann so zum imaginären Pantokrator werden. Und in der Anlage entsprechend strukturierter (Paradies-)Gärten kann er diese Imagination als Akt symbolischer Herrschaft augenfällig werden lassen. Der beispiellose Erfolg, der im Verlauf der weiteren Kulturgeschichte von Orient und Okzident dem über Jahrtausende hinweg beibehaltenen Grundmuster des von einem zentralen Wasserplatz belebten, viergeteilten Garten(quartiers) zuwachsen sollte, dürfte nicht zuletzt auch dieser fortwirkenden Grundidee zu verdanken sein. Daß von allen Anfängen an auch ästhetische und praktische Erwägungen dieses – vielfältig variierte – Konzept sogenannter formaler Gärten nachhaltig empfohlen haben dürften, ist unabweisbar. Zum Aspekt der Übersichtlichkeit kam nicht zuletzt auch der Aspekt der leichten Zugänglichkeit der »vier Quartiere«. In den heißen Ländern, in denen solche Paradiesgärten zuerst entstanden, legte vor allem auch die Notwendigkeit zur Bewässerung die Wahl einer solchen Gartenstruktur nahe.

Die zunächst in Mesopotamien, dann in Persien und dem ganzen Vorderen Orient, nach dem Sieg der Römer über die alexandrinischen Diadochen in Rom, im Gefolge der Eroberungszüge des Islam in ganz Nordafrika und auf der Iberischen Halbinsel, mit der Begründung der Mogulnherrschaft auf dem indischen Subkontinent schließlich auch dort unternommenen architektonischen Interpretationsversuche des Gartens Eden und seiner Vorbilder waren also Paradiese im Quadrat. Der ihnen zugrundeliegende Archetypus des viergeteilten Gartens konnte bei entsprechenden Abmessungen des Geländes nahezu beliebig fortgeschrieben werden. Die vier »Quartiere« konnten ihrerseits in vier Subquartiere und diese wiederum in vier weitere Quadrate unterteilt werden. Alleen, Baumgruppen, Pavillons und Baldachine spendeten Schatten. Entlang der Hauptachsen sorgten Kanäle und Bassins, in den Vierungen Wasserspiele für Kühlung und Frische. Blumenduft und Vogelgezwitscher erfüllten die stets mit schützenden Mauern umfriedeten Paradiese. Ihr Zauber lag und (soweit er noch nachvollziehbar ist) liegt in der ihnen eigenen Dialektik von gartenarchitektonischer Formenstrenge und natürlicher Formen- und Farbenvielfalt.

Einen Einblick in die Pracht solcher Gärten gewähren uns kulturhistorische Zeugnisse verschiedenster Art. Der Venezianer Marco Polo (1254-1324) erzählt in seinem Reisebericht »Il Milione« von einem »Paradies«-Garten, den der »Alte vom Berge«, das eher diabolische als himmlische Oberhaupt der Mördersekte der Assassinen, in einem entlegenen persischen Bergtal anlegen ließ (vgl. Mayer-Tasch/Mayerhofer, S. 95-98). Die »vier Hauptwasser« des biblischen Gartens Eden und seiner Vorbilder werden hier gar zu Flüssen, in denen nicht nur Wasser, sondern auch Wein, Milch und Honig fließen. Eine persische Miniatur aus dem Jahre 1589 zeigt Babar (1483-1570), den Begründer der tatarischen Mogulndynastie in Indien, bei der Anlage eines dem altorientalischen Archetypus entsprechenden Gartens (vgl. Thacker, S. 38/39). Im Verlauf seiner militärischen Siegeszüge, die ihn über Afghanistan nach Indien führten, legte der leidenschaftliche Gartenliebhaber bei Kabul, Agra, Jalalabad und anderwärts Paradiesgärten an, die er dann zum Teil auch in seinen Memoiren beschrieb. Auf ganz andere Weise interpretierten die Schöpfer persischer Gartenteppiche den Typus des *chahar-bagh*, des vierfältigen Paradieses (vgl. Thacker, S. 29 und Bianca, S. 111). Und zu welchen Höhen künstlerischer Vollendung sich die Ausgestaltung wirklicher Paradiesgärten steigern konnte, läßt sich auch heute noch an einigen wenigen gut erhaltenen Gartenanlagen studieren – an den Gärten der Alhambra etwa in Granada.

Der Einzug der »vier Quartiere« in die abendländische Gartenarchitektur erfolgte über zwei Kulturbrücken – die römische und die maurisch-sarazenische. Von dem auf den kleinasiatischen Schlachtfeldern erfolgreichen römischen General Lucius Licinius Lucullus (ca. 117 v. Chr. - ca. 57 v. Chr.) wird berichtet, daß er bei der Anlage seiner weitläufigen Gärten nicht nur die Kirsche und den Pfirsich, sondern auch den Gestalttypus des persischen chahar-bagh – des kreuzförmig gegliederten Gartens – in Rom eingeführt habe. Die Verbindung des griechisch-römischen Peristyls – der einen offenen Raum umgebenden Säulenhalle – mit dem Grundtypus des altorientalischen Paradiesgartens stand bei der Entwicklung der Klosterarchitektur seit dem 5. Jahrhundert n. Chr. Pate. Innerhalb des Territorialbereichs des ehemaligen Imperium Romanum entstanden zahlreiche christliche Klöster aus den Ruinen oder auf den Fundamenten verlassener und zerstörter römischer Gutshöfe. Und da die Architektur dieser Villae Rusticae in aller Regel den Strukturmustern der griechisch-römischen Tradition entsprach, lagen auch die Vorgaben für die Klosterarchitektur auf der Hand. Der klösterliche Kreuzgang mit grünem Innengeviert und Brunnen etwa ist eine offenkundige Frucht dieser Vorgaben. Und auch die in den maurischen bzw. maurisch-normannischen Palastgärten Spaniens und Siziliens vorgefundenen Strukturmuster lassen sich in der Architektur der christlichen Kloster- und Domänengärten wiederfinden. Frühe Zeugnisse für diesen Einfluß sind die – um 800 entstandene – Landgüterordnung (»Capitulare de Villis«) Karls des Großen sowie der – 816 entworfene – St. Galler Klosterplan. Ein besonders deutliches Beispiel für die Übernahme des altorientalischen Grundmusters in die klösterliche Gartenarchitektur bietet der 1938 rekonstruierte Heilkräutergarten des Klosters Allerheiligen in Schaffhausen. Auch in manchen anderen Klöstern blieb eine entsprechende Gartenstruktur erhalten. Da sich die ebenso arbeitsamen wie bibelkundigen Heger und Pfleger der frühen Klostergärten über die zahlreichen Vorbilder aus dem benachbarten islamischen Kulturkreis hinaus unmittelbar auf die in der Genesis gegebenen Andeutungen über die Gestalt des Gartens Eden beziehen konnten, konnten sie auch das Gestaltungselement der »vier Quartiere« unbefangen rezipieren und variieren.

In aller Regel barg sowohl das vom Kreuzgang umschlossene Geviert als auch der rektangulare Gemüse- bzw. Kräutergarten mittelalterlicher Klöster in seinem Mittelpunkt einen Brunnen als symbolischen (Paradies-)Quell des Lebens und ebenso geborgene wie leicht zugängliche Wasserstelle. Von ihm gingen die kreuzförmig angelegten Wege – Transfigurationen der vier biblischen »Hauptwasser« wie auch Antizipationen des christlichen Heilsgeschehens – aus. Ihm wandten sich die Schritte der mit Gießkannen ihren Gärtnerpflichten nachgehenden Klosterbrüder zu. Und auf ihn mochte sich die meditative Konzentration betender und sinnender Mönche richten. Das Bemühen um eine weitgehende Autarkie und um höchstmögliche religiöse Intensität standen im Mittelpunkt der zur Grundlage der abendländischen Zivilisation werdenden Klosterkultur. Paradoxerweise war es gerade die sowohl spirituelle als auch materielle Erfolgsdynamik der sich im klösterlichen ›hortus conclusus‹ manifestierenden benediktinischen Regel »Bete und arbeite«, die zur stürmischen Vermehrung wie auch zur Umwidmung solcher Paradiesgärten führte und schließlich auch den Fall der sie umschließenden Mauern nach sich zog.

Eine allmähliche Umwidmung sollte ab dem Hochmittelalter erfolgen, als die höfische Gartenkultur zwar die klösterliche nicht verdrängte, aber doch mehr und mehr die Führungsrolle übernahm. In Gestalt der Burg-, Schloß- und Stadtgärten wurde das über die Kulturbrücke des Klostergartens im Profanbereich erneuerte Erbe der Antike in reicheren Spielarten fortgeführt. Die fürstlichen und patrizischen Gärten des ausgehenden Mittelalters und der Renaissance sind dem Vergnügen geweiht, sind »Lustgärten«, an denen sich die Kunst der – noch vergleichsweise behutsam vorgenommenen, zur Außenwelt jedoch stets klar abgegrenzten – Einbettung der Naturwüchsigkeit in eine an Lineaturen und Ornamentierungen reiche Kulturförmigkeit bewähren konnte. Albertus Magnus, der große

Aristoteliker und Lehrer des ›Doctor Angelicus‹ Thomas von Aquin, gibt in seinem Werk »De Vegetabilibus« aus dem Jahre 1260 eine ausführliche Anleitung zur Anlage eines Lustgartens – einen Text, den Pietro de Crescenci (1233-1321) in seinen einflußreichen »Ruralia Commodora« zum Teil fast wörtlich übernehmen, aber unter manchen Aspekten auch weiterentwickeln sollte (vgl. Mayer-Tasch/Mayerhofer, S. 91-95). In dem einige Jahre vor dem Erscheinen von Alberts Gartenbuch begonnenen und einige Jahre später vollendeten »Roman de la Rose« von Guillaume de Lorris und Jean de Meun(g), dem Prototyp eines spätmittelalterlichen Liebesromans, werden derartige säkularisierte Paradiesgärten ausführlich geschildert. »Der Garten nun im Durchschnitt war / Ein gleiches Viereck ganz und gar...« heißt es in Vers 1326 des Rosenromans (in der Übersetzung von Heinrich Fährmann, Berlin 1839, S. 62f.). Einen eindrucksvollen Einblick in die Gestaltung solcher Gärten und das in diesen Gärten spielende und gespielte gesellschaftliche Leben bieten nicht zuletzt auch die in mehreren Jahrhunderten entstandenen Illustrationen zu diesem immer wieder neu aufgelegten Werk (vgl. Hennebo, passion). Was hier in Szene gesetzt wurde, war die Verschiebung der Blickrichtung vom Jenseits auf das Diesseits unter Beibehaltung der ›biblischen‹ Formensprache und der ›himmlischen‹ Assoziationen.

Nicht nur die erstere, sondern auch die letzteren spiegeln sich noch lange in der bildnerischen und literarischen Darstellung von Gartenkunstwerken. Immer wieder erscheinen Gottvater und das erste Menschenpaar auf Gartenbildern. Auch Christus wird zuweilen – in Anspielung auf Joh. 20,17 – als Gärtner gezeigt, etwa auf einem Holzschnitt von Albrecht Dürer (vgl. Fröhlich, S. 382). Und für die Gartenliteratur gilt dasselbe. Noch zu Beginn des 17. Jahrhunderts schreibt Francis Bacon (1561-1626) zum Auftakt seiner detaillierten Anleitung zur Anlage fürstlicher Gärten: »Gott der Allmächtige pflanzte zuerst einen Garten, und in der Tat ist dies die reinste aller menschlichen Freuden: es ist die größte Erfrischung für den Geist des Menschen, ohne welchen alle Gebäude und Paläste nur rohe Machwerke sind...« (Fröhlich, S. 167ff.). Und um die Wende vom 17. zum 18. Jahrhundert unternimmt der Barockdichter Gottfried Arnold (1666-1714) gar einen lyrischen »Spaziergang mit Jesu«:

»Es ist ja wahr, im Feld sieht's lieblich aus,
Wo alles sich mit Blumen kann beziehren:
Ich aber geh' auch hier in meinem Haus
In aller Still' mit meinem Lamm spazieren.
Da scheint die Sonn', da singt die Nachtigall,
Da grünt's und blüht's, da rauschen frische Quellen.
Ich seh' da nichts als Jesum überall,
Sein Engelchor erfüllet alle Stellen.
Es ist die Sonn', die Liebe, der Gesang.
Dabei die Hoffnung grünt und reine Wasser springen.
Ist das nicht gnung bei meinem schönen Gang?
Er soll mich ja zum Paradiese bringen.«
(Fröhlich, S. 379)

Vereinzelte Anspielungen auf das Alte und das Neue Testament können jedoch nicht darüber hinwegtäuschen, daß die fortschreitende Säkularisierung der Gartenkultur und des Gartenlebens nicht mehr aufzuhalten war.

Der Versuch, den Garten von einem primär jenseitsbezogenen zu einem primär diesseitsbezogenen Paradies werden zu lassen, setzt sich über die Renaissance hinaus vom ausgehenden 16. bis zum ausgehenden 18. Jahrhundert in der Gartenkunst des Barock und des Rokoko fort. Im Zeichen eines in wachsendem Maße bedingungslosen Gehorsam fordernden Herrschaftsanspruchs des Menschen über den Menschen im Zeitalter des Absolutismus werden auch die Ein- und Zugriffe der fürstlichen »Herren der vier Quartiere« in und auf die Natur immer ungehemmter. Bäume haben nunmehr strammzustehen, Hecken zu salutieren. Und auch das Blühen erfolgt allmählich nur noch nach dem Taktstock der sich immer kapriziöser gebärdenden Maîtres de plaisir, zu denen sich die Gartenarchitekten unter dem Auftrags- und Erwartungsdruck ihrer hochherrschaftlichen Auftraggeber in wachsendem Maße entwickeln mußten. In den gedrechselten und gezirkelten Rokokogärten noch die Paradiese schaffende Hand des biblischen Schöpfergottes am Werk zu sehen fällt nun immer schwerer. Kein Wunder deshalb auch, daß die Mauern dieser nicht nur kunstvollen, sondern auch künstlichen und teilweise bis zum Exzeß verkünstelten Ersatz-Paradiese gegen Ende des 18. Jahrhunderts immer häufiger fallen – sorgfältig geplant von den Ahnungsvollen, hastig angeordnet von den Reaktionsschnellen und brutal geschleift von den Ewig-Gestrigen, die ihre abgehobenen Existenzen vergeblich hinter unübersehbar bröckelnden Barrieren zu bewahren versucht hatten.

Die freiwillige Öffnung der Garten-Paradiese nahm von England ihren Ausgang. Unter dem philosophischen bzw. poetischen Einfluß von Lord Shaftesbury und Alexander Pope erfolgte ab der ersten Hälfte des 18. Jahrhunderts eine allmähliche Umgestaltung des streng gegliederten geometrischen Gartens zum sanft ausschwingenden und -schweifenden Landschaftspark. In Shaftesburys »Moralists« aus dem Jahre 1709 wurden die »Gnaden der Wildnis« beschworen. Und in Popes »Epistel an Lord Burlington« aus dem Jahre 1731 spottete er über Gärten, in denen »Grove nods at Grove, each Alley has a Brother / And half the Platform just reflects the other« (Thacker, S. 181 ff.). In der zweiten Hälfte des 18. Jahrhunderts sollte der Umorientierung der englischen Garten-Architektur in einem Naturwüchsigkeit mit politischer Freiheit assoziierenden Sinne in der Gestalt des genialen Landschaftsplaners Lancelot Brown (1716-1783) ein Großmeister erstehen. Browns doppeldeutiger Spitzname »Capability« verweist auf seine hochentwickelte Begabung, die offenkundigen wie die versteckten Gestaltqualitäten und Gestaltungspotentiale im Medium seiner Kunst augenfällig werden zu lassen. Der erneuerte Garten Eden sollte nun wieder eher als wirkungsvoll zur Geltung gebrachte, vom anmaßenden Zugriff des Menschen befreite Gottesgabe denn als unverhohlenes Konstrukt von Menschenhand gefeiert werden. An die Stelle erhöhter Wälle, Mauern, Zäune und Hecken traten nun zur Umfriedung größerer Gartengelände immer häufiger grabenartige Absenkungen (die sogenannten

Ha-Ha's), die den Blick über behutsam auf Naturwüchsigkeit getrimmte Gartenlandschaften wie auch den Blick darüber hinaus auf Wald und Flur offen ließen. »Gottes freie Natur« wurde somit von den englischen Garten- und Landschaftsarchitekten stillschweigend in den Rang des eigentlichen Paradiesgartens erhoben.

Als die Zeit auch politisch reif war, fand der garten- und landschaftsarchitektonische New Deal auch auf dem Festland seine Freunde und Förderer. Rousseaus – in die spannungsgeladene Atmosphäre des vorrevolutionären Frankreichs hinein gesprochenes – ›Zurück zur Natur‹ tat ein übriges, diesen Trend zu beschleunigen (vgl. die Schilderung von Julias Garten in »La Nouvelle Héloïse«, 1761). Besonders leidenschaftliche Liebhaber fand die »englische Mode« in dem sächsischen Fürsten Franz von Anhalt-Dessau (1751-1817), der in Wörlitz, und Hermann Ludwig von Pückler (1785-1871), der in Muskau und Branitz weitberühmte Landschaftsparks schuf. Nicht selten beschleunigte aber auch politisches Kalkül den Siegeszug des – nun immer häufiger so genannten – Englischen Gartens. So etwa in München, wo Kurfürst Karl Theodor unter dem Eindruck der Erstürmung der Bastille im Jahre 1789 Wälle niederlegen und das Jagdrevier des Hofes als Huld- und Leutseligkeitsgeschenk an die Bevölkerung der Residenzstadt zu einem stadtnahen öffentlichen Park umgestalten ließ, um damit etwaigen revolutionären Umtrieben die Spitze zu nehmen.

Die Romantiker fühlten sich in solchen – mit pseudohistorischen und exotischen Gebäuden geschmückten – Landschaftsgärten ohnedies sehr viel wohler als auf hier und dort noch weiter bewahrten und gepflegten barocken Parterres. Die freie Natur, aber auch stille alte Gärten und behutsam gestaltete Kunstlandschaften boten dem romantischen Lebensgefühl – der Versonnenheit und dem zeitlich wie räumlich zum Ausdruck kommenden Fernweh – eine Zufluchtsstätte. Candides aus resignativer Weisheit geborenem »Il faut cultiver (son) jardin« setzte die sehnsuchtstrunkene Romanik ihr »Il faut chercher son jardin« entgegen. Und was sie dann auf der Suche nach dem verlorenen Paradies fand, waren entweder verwunschene Gärten oder aber »Täler weit« und »Höhen«. Hier wie dort konnte sich das romantische Lebensgefühl auch dann noch geborgen wissen, wenn es sich nur noch in der Vorstellung oder im Vorübergehen üben konnte oder wollte, wie dies in Eichendorffs Dichtungen immer wieder zum Ausdruck kommt: »Still, geh vorbei und weck sie nicht!« heißt es in dem Gedicht »Der alte Garten« – die Lautenspielerin nämlich, die am Springbrunnen sitzt, der »plaudert... von der schönen alten Zeit« (Baumgardt/Olbricht, S. 47). Und in den schon angeklungenen, wohlbekannten Zeilen, in denen die Natur als Fluchtburg beschworen wird, verdichtet sich das Gefühl der Vergänglichkeit in der Beschwörung des Vergehenden:

»O Täler weit, o Höhen,
O schöner, grüner Wald,
Du meiner Lust und Wehen
Andächtger Aufenthalt!
Da draußen, stets betrogen,
Saust die geschäftge Welt,
Schlag noch einmal den Bogen
Um mich, du grünes Zelt!«
(Baumgardt/Olbricht, S. 46).

Die »geschäftge Welt« der in Eilmärschen anrückenden industriellen Revolution überzog nicht nur »Gottes freie Natur« mit einem nolens volens geführten Eroberungskrieg; sie drang mit ihrem Schlachtgeschrei auch in die stillsten Gärten. Zwei Weltkriege taten dann im 20. Jahrhundert das Ihre, alte Gartenparadiese zu verunstalten oder doch ästhetisch gleichzuschalten.

Aus der allgegenwärtigen Bedrohung und Bedrängung der Natur durch die fortgeschrittenen Industriegesellschaften erwuchs schließlich eine neue Station auf dem Weg der nicht enden wollenden Suche nach dem Garten Eden. Ihr Stolz ist – neben den (älteren) Naturschutzgebieten und (jüngeren) Nationalparks – der als Kind der Ökologiebewegung des letzten Drittels unseres Jahrhunderts entstandene sogenannte Naturgarten als potentielle Jedermanns-Zuflucht vor der kreuz und quer reitenden Um- und Mitweltzerstörung. In ihm soll nun alles wieder blühen und gedeihen dürfen nach eigener Art, behutsam beschützt und begleitet von der Hand des sich in wachsendem Maße wieder als Teil der Natur begreifenden Menschen. Im – nunmehr metaphorisch verstandenen – Naturgarten versuchen sich die zivilisatorischen Gegenkräfte zu erholen, zu sammeln und neu zu formieren. So wird dieser bergende »Hort« zum Symbol der unzerstörbaren Hoffnung des Menschen, das verlorene Paradies doch noch wiederzufinden und von den Früchten des ihm vom Schöpfergott zunächst vorenthaltenen (1. Mose, 2,3) Baum des Lebens kosten zu können.

Karin Dzionara

Der Garten im alten Ägypten

»Die kleine Sykomore / die sie gepflanzt hat mit ihrer Hand, / sie bewegt ihren Mund zum Reden. / Wie schön sind ihre hübschen Zweige, / Sie ist beladen mit Früchten, / die röter sind als Jaspis. / Ihr Schatten ist kühl / Sie legt ein Briefchen in die Hand einer Kleinen, / der Tochter ihres Obergärtners, / sie läßt sie eilen zu der Vielgeliebten: / ›Komm und weile inmitten deiner Mädchen. / Man ist trunken, wenn man zu dir will, / ehe man getrunken hat. / Die Diener, die dir gehören / kommen mit ihrem Gerät; / sie bringen Bier von jeder Art, / allerhand Brot vermischt, / viele Blumen von gestern und heut / und allerhand erquickende Früchte. / Komm, und verbringe den Tag heut schön / und morgen und übermorgen, drei Tage lang ... / sitze in meinem Schatten.‹«

Ihren Lieblingen bescherten die Baumgöttinnen wohltuende Kühlung, süße Früchte, Schutz und Diskretion. Die Sykomore (Maulbeerfeige) pflanzten die alten Ägypter als Obst- und Schattenbaum schon vor Jahrtausenden in ihren Gärten an. Ihr Holz nutzten sie für den Bau von Möbeln, Schiffen, Särgen und Statuen. Den Milchsaft und die Früchte verwendeten sie als Heilmittel. Seit der Zeit des Alten Reiches um 2600 v. Chr. wurde die Sykomore auch als Liebesgöttin Hathor verehrt. Da erstaunt es nicht, daß sie später in der altägyptischen Poesie einen besonderen Platz erhalten hat. In der Liebeslyrik wird die Sykomore zur Verbündeten der Liebenden, die einander im Schatten der Bäume begegnen. Der Garten – Symbol des ewigen Lebens und Sitz der Götter – wird zum Treffpunkt der Liebespaare. Mit Blumen und Bäumen werden die geliebten Menschen gepriesen. In Wortspielen werden Blumennamen kunstvoll in die Liebesgedichte eingeflochten. Und so zeichnen die Verse zugleich ein bezauberndes Bild von der prächtigen Gartenkultur der antiken Nilbewohner:

»Ich bin deine erste Schwester, / ich bin für dich wie der Garten, / den ich gepflanzt habe mit Blumen / und allen süßduftenden Kräutern. / Schön ist der Kanal in ihm, / den deine Hand gegraben hat, / wenn der Nordwind kühl weht. / Der schöne Ort, wo wir uns ergehen, / wenn deine Hand auf meiner liegt, / und mein Herz wird satt von Freude, / weil wir zusammengehen. / Ein Rauschtrunk ist es, daß ich deine Stimme höre, / und ich lebe, weil ich sie höre. / Wenn immer ich dich sehe, ist es mir besser als Essen und Trinken.«

Der Garten spielte im Leben der alten Ägypter eine besondere Rolle. Unvergleichlich war ihre große Liebe zu Blumen und Bäumen. Gab es doch im Vorderen Orient zu jener frühen Zeit nirgendwo so liebliche Gärten, so viel schattige Ruhe, süße Früchte und Düfte wie im Land der Pharaonen, wo nahezu jedes Stück Grün der Wüste abgetrotzt werden mußte. Wohl kein Volk in der alten Welt war so innig mit dem Garten verbunden wie die Ägypter. Überall im Land, nicht nur in den Oasen oder im fruchtbaren Delta Unterägyptens, blühte und duftete eine vielfältige, bunte Blumenpracht. Bei Festen schmückten sich die Frauen mit Blumen; Sträuße, Kränze und Girlanden zierten die Säle, Tische und Weinkrüge, sogar die Erfrischungen wurden mit Blumen gereicht. In der Luft lag der Duft von Gewürzen wie Majoran, Rosmarin oder Dill. Blau und weiß blühte der Lotus – die Königin der Blumen –, roter Mohn und gelbe Alraunen setzten leuchtende Farbtupfer; Kornblumen, Iris und Lilien erblühten unter der unerbittlich heißen Sonne zum Wohl der Götter unter der Last und zur Lust der Menschen. Während sich die Nachbarn des Nilvolkes zunächst mit Baumparks und Grüngärten begnügten, erfreuten sich die alten Ägypter an ihrer unermeßlichen Blütenpracht und genossen voller Stolz ihre von hohen Mauern umgebenen Gärten. Ihre Gärten ließen sie auch in ihren Gräbern abbilden. Selbst im Jenseits wollte das antike Volk der Gartenfreunde auf das eigene Stück Grün zum Labsal der Seele nicht verzichten. Galt doch der Garten als Lieblingsaufenthalt des Toten.

Wie alle Kunst erreichte auch die des Gartens ihren Höhepunkt während der Zeit des Neuen Reiches zwischen 1550 und

1080 v. Chr. Es war die Phase der größten Machtentfaltung Ägyptens; legendäre Herrscher wie Thutmosis III., Echnaton, Tutanchamun oder Ramses II. haben in jenen Jahrhunderten die Geschicke des Landes gelenkt. Unübertroffen geblieben sind die überwältigenden Lust- und Luxusgärten, die Pharao Echnaton und seine berühmte Gemahlin Nofretete in ihrer Sonnenstadt Amarna in Mittelägypten um die Mitte des 14. vorchristlichen Jahrhunderts anlegen ließen.

Mitten in der Wüste zwischen den traditionellen Metropolen Memphis im Norden und Theben im Süden des Reiches ließ Amenophis IV., der sich zu Ehren des für ihn einzigen Gottes Aton »Echnaton« nannte, eine neue Stadt errichten. Diese Stadt war zugleich Sinnbild für sein revolutionäres Regierungsprogramm, das in sämtliche Lebensbereiche des Volkes eingreifen sollte. Die Gärten selbst wie die Gartendarstellungen in den Palästen von Echnaton und Nofretete in Amarna erinnern nicht nur an das luxuriöse Leben der königlichen Familie. Die Paläste, Tempel und Gärten vereinten sich zu einem mythischen Ort zur Feier der lebenspendenden Kraft der Sonne und der ständigen Erneuerung der Natur. Aton bekam die schönsten Gärten, die es im Alten Ägypten je gegeben hat. Heißt es doch in der großen Aton-Hymne:

»Alles Vieh befriedigt sich an seinen Kräutern, / Bäume und Pflanzen wachsen. / Die Vögel fliegen aus ihren Nestern, / (...) Alles Wild tanzt auf seinen Füßen, / alles, was auffliegt und sich niederläßt, / sie leben, wenn du für sie aufgehst. / Die Schiffe fahren stromab / und stromauf in gleicher Weise. / Jeder Weg ist geöffnet durch dein Erscheinen. / Die Fische im Fluß / hüpfen vor deinem Angesicht; / deine Strahlen sind im Innern des Ozeans.«

Archäologen haben in den Ruinen der königlichen Residenz von Amarna neben Gärten auch eindrucksvolle Wand- und Bodenmalereien entdeckt. Die Fußböden von Amarna mit ihrer Fülle an Blumen- und Tierdekors sind heute weltberühmt.

Echnatons Garten im Nordteil des Harems seines großen königlichen Palastes hatte eine terrassenförmige Vertiefung mitten im Hof. Darin lag ein rechteckiges Bassin. Das Wasser lieferte ein Brunnen, an dessen Rand die Titulatur der Nofretete geschrieben war. Über dem Brunnen stand ein von Papyrussäulen getragener Kiosk. Blumenbeete säumten die Terrassenstufen.

In einzigartiger Weise wurde der Garten in den königlichen Gemächern fortgesetzt: Die Fußböden ahmten bis weit in den Palast hinein eine Gartenlandschaft nach. Wasserbecken, Wasserlilien, Papyrusdolden, Lotusblüten, Mohn- und Kornblumen, Fische, Enten auf dem Boden wurden von riesigen Pflanzen in Form von Säulen umrahmt. Der Fuß dieser Säulen wiederum war mit einem Fries aus Pflanzen- und Tiermotiven verziert.

In einem anderen Teil des berühmten Nordpalastes umsäumten Bäume, die durch Bewässerungskanäle miteinander verbunden waren, mehrere große Wasserbassins. Auch ein Lustgarten befand sich in den Anlagen. Die rechteckige Fläche des Gartens war in quadratische Beete unterteilt. Die Räume aber, die diesen Teil des Gartens begrenzten, hatten Künstler mit erlesenen Wandmalereien geschmückt. Einer dieser Räume, der »Grüne Raum«, zählt gewiß zu den schönsten und lebendigsten Gartendarstellungen des Neuen Reiches. Faszinierende Szenen einer Sumpflandschaft mit einer Vielzahl von Vögeln, die das Papyrusdickicht bevölkern, sind an den Wänden festgehalten. Üppig grünt hier die Natur allerorten. Die vornehmsten Gärten von Amarna indes lagen in Maru-Aton im Süden der Stadt. Hier residierte Nofretete, umgeben von Luxus und Reichtum. Riesige Seen, künstliche Inseln, majestätische Baumalleen, Blumenbeete und prachtvolle Wand- und Bodenmalereien mit floralen Motiven im Innern der Paläste vermittelten ein Bild voll paradiesischen Überflusses.

Doch hat der Garten im Land der Pharaonen seine Ursprünge nicht in der altägyptischen Lust an Schönheit und Luxus. Denn zunächst galt es, wie überall zu Beginn der Gartenkultur, ein Stück Erde zu umhegen: Nutzpflanzen und Gemüse in unmittelbarer Nähe des Hauses sorgten für die tägliche Nahrung und den nötigen Hausrat. Schon in vordynastischer Zeit kannte das Volk am Nil verschiedene Nutzpflanzen. So lassen sich unterschiedliche Palmenarten – darunter die Dattel- und

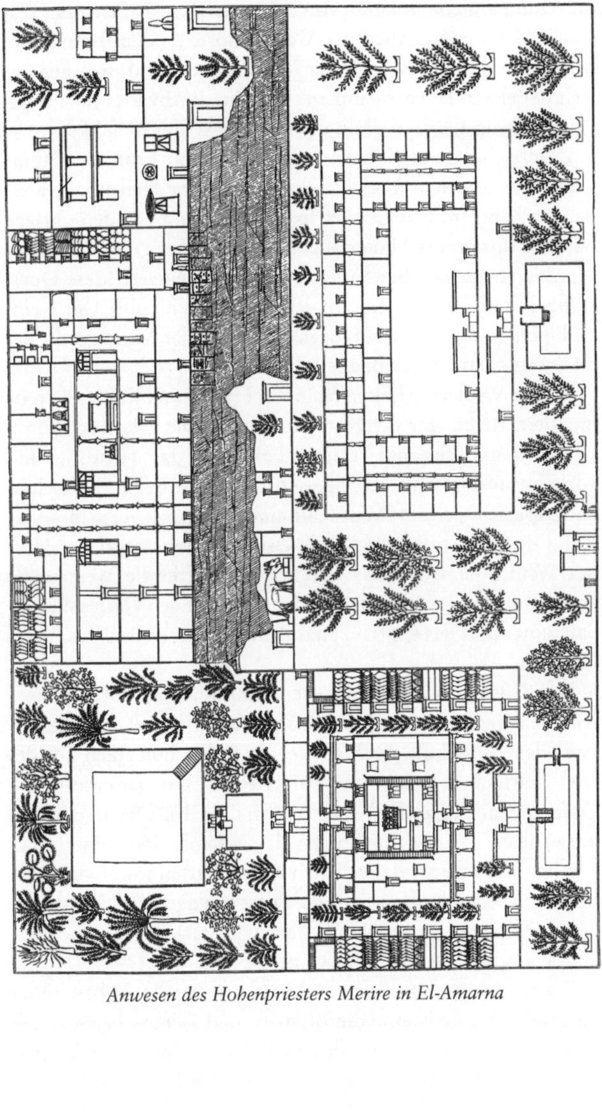

Anwesen des Hohenpriesters Merire in El-Amarna

die Dumpalme – anhand von Mattenresten, Fallen oder Fächern nachweisen. Auch der Wein gehörte zu den frühen Kulturpflanzen. Die Reste ältester Weintrauben fand man aus der Zeit der ersten Dynastie um 2950 v. Chr. in Abydos und aus der dritten Dynastie rund dreihundert Jahre später in Sakkara.

Zahlreiche Darstellungen von Anbau und Ernte des Weins sind schon aus dem Alten Reich bekannt. Die Weinstöcke wurden im Zentrum von Obstgärten gezogen und von den übrigen Bäumen durch eine Mauer abgetrennt. Wuchsen die Weinpflanzen, kletterten sie über Säulen oder eigens eingerichtete Querstangen und bildeten eine malerische Gartenlaube. Die Weinlaube blieb über die Jahrtausende hinweg der Mittelpunkt der altägyptischen Gartenanlage.

Bei der Weinernte halfen Männer, Frauen und Kinder. Bereits im Alten Reich war der Rotwein – bis in die griechisch-römische Zeit sind nur rote Trauben bekannt – das wichtigste und vornehmste Getränk auf Speisetischszenen. Seine Wertschätzung spiegelt sich im Wein-Kult eindrucksvoll wider. In seiner Rolle als Vegetationsgott wurde Osiris in alten Papyri als »Herr des Weines im Überfluß« verehrt. So wurde die Weintraube zum Symbol des sterbenden und auferstehenden Gottes und ihr Saft zum »Blut des Osiris«, analog dem späteren Bild des Blutes Christi.

Den Göttern und verstorbenen Pharaonen zu Ehren pflanzten die Ägypter große Tempelgärten an. Die Anlagen dienten zwar dem Totenkult, doch stellten sie früh schon einen Ort des wirtschaftlichen Reichtums dar. Der Garten garantierte die Opfergaben. Zugleich aber ernährten die Obst-, Wein- und Gemüsegärten sowie Palmenhaine das gesamte Tempelpersonal. Ähnlich wie die mittelalterlichen Klostergärten waren die Tempelgärten wirtschaftlich autark. Diese Anlagen zu Ehren einer Gottheit mögen veranschaulichen, wie stark die Religion die altägyptische Gartenkultur beeinflußt hat.

Wieviel Mühsal muß es den Menschen bereitet haben, unter sengender Wüstensonne die Blumen- und Gemüsebeete zu bewässern. Die Gärtner und ihre Gehilfen mußten harte körperliche Arbeit leisten. In Gärten und auf den Feldern schufteten sie in diesem trockenen Klima, schleppten Wasser mit einem Schulterjoch, an dem Krüge hingen, und gossen so jene Pflanzen, die an keinen Bewässerungskanal angeschlossen waren. In der »Lehre des Cheti« aus der 12. Dynastie um 1800 v. Chr. ist die harte Gartenarbeit beschrieben:

»Der Gärtner trägt das Joch; seine Schultern sind wie vom Alter gebeugt. Er hat so viele Geschwüre auf seinem Nacken, daß dieser einer eitrigen Wunde gleicht. Des Morgens begießt er das Gemüse und am Abend die Schat-Pflanzen, wobei er den ganzen Tag im Obstgarten verbringt. Dann fällt er todmüde um, und das gilt für ihn mehr als in jedem anderen Beruf.«

Von früh bis abends, wenn die Dunkelheit hereinbrach, arbeiteten die Gärtner im Wortsinn unter der Fuchtel des Obergärtners, der – im Gegensatz zu den einfachen Arbeitern – ein ähnlich hohes Ansehen genoß wie die Schreiber. Je nach Jahreszeit mußte gesät, gejätet oder geerntet werden – das alles in anstrengender Hockstellung. Wen wundert es, daß die Arbeiter auf vielen Wandmalereien in den Gräbern die Gelegenheit ergriffen, sich im Schatten der Bäume zu erholen, sobald ihnen der Vorarbeiter den Rücken zukehrte. Mußten doch im trockenen Wüstenboden die Gewächse in tiefe Gruben gepflanzt werden, die mit Nilschlamm gefüllt waren. In Tonkrügen wurden die Schößlinge in den Boden gesetzt, um so die Feuchtigkeit länger zu bewahren. Das Tongefäß wurde später von den Wurzeln gesprengt, und die Feuchtigkeit speichernden Tonscherben vermischten sich mit der Erde.

Welch ein Traum, im heißen Wüstenklima einmal ohne Mühsal die wohltuende Kühle unter schattigen Bäumen zu genießen, sich an den süßen Früchten zu laben und den Duft der Blumen einzuatmen. So nimmt es nicht Wunder, daß der Garten in den drei großen monotheistischen Religionen eine besondere Rolle spielt: Er symbolisiert die Idee vom Paradies.

Daß der Garten neben seiner kultischen wie wirtschaftlichen Funktion in der Vorstellung der alten Ägypter immer auch ein Ort der Erquickung und der Lust gewesen sein muß, belegt ein altes Märchen. Aufgeschrieben wurde es zur Zeit des Neuen Reiches, angesiedelt ist das Geschehen indes in der Regierungszeit der Ahnen, während der Herrschaft Pharao Snofrus um 2560 v. Chr. Der Pharao langweilte sich und erlebte schließlich auf den Rat eines Weisen hin einen wunderschönen Tag im Garten.

»An einem jener Tage schritt König Snofru durch die Gemächer des Palastes, sich eine Zerstreuung zu suchen. Doch fand er sie nicht. Da befahl er: Geht und holt den Obersten Vorlesepriester und Buchschreiber Djadja-em-anch. (...) Dieser sprach zu ihm: Majestät, begib dich zum See des Palastes und bemanne Dir ein Boot mit allen Schönen deines Palastinnern. Das Herz Deiner Majestät wird sich erfrischen, sie rudern zu sehen stromab, stromauf. Du siehst die Vogelteiche und die Schönheit deines Sees. Du siehst seine schönen Gefilde und Gestade. Dein Herz wird sich daran erfrischen.

Die Majestät König Snofru sagte: Zwar ist dies nicht gerade ein Wunder. Doch werde ich meine Ruderfahrt unternehmen. Man bringe mir zwanzig mit Gold beschlagene Ruder aus Ebenholz, deren Griffe mit Feingold verziert sind. Man bringe mir zwanzig Frauen, schöngestaltet an Brüsten und mit Locken, die noch nicht geboren haben. Man bringe mir zwanzig Perlennetze und gebe diese Netze diesen Frauen statt ihrer Kleider. Man tat alles, was seine Majestät gesagt hatte.

Sie ruderten stromab und stromauf. Dem Herzen seiner Majestät tat es wohl, sie rudern zu sehen. Eine der Führerinnen nestelte an ihren Locken, und ein Fisch aus neuem Türkis fiel in das Wasser. (...)

Seine Majestät sagte: Geht und holt den Obersten Vorlesepriester. Er wurde sofort gebracht. (...) Djadja-em-anch sprach etwas als Zauber. Er legte die Hälften des Wassers auseinander. Er fand den Fisch auf einer Scherbe liegen. Er holte ihn und gab ihn seiner Besitzerin.«

Jeder altägyptische Garten war mit mindestens einem See ausgestattet – einem rechteckigen, mit Treppen versehenen Bassin, das mit Grundwasser gespeist wurde. Manche dieser Bassins waren so groß, daß sogar Barken darauf fahren konnten. Diese Seen hatten kultischen Charakter: Sie dienten zur rituellen Reinigung, zugleich nährten sie die Hoffnung auf Wiedergeburt und entsprachen nach altem Glauben dem Wunsch der Könige wie dem der Götter nach Erfrischung im Diesseits wie im Jenseits.

Gärten mit großen Teichen ließen sich seit dem Alten Reich auch wohlhabende Privatleute anlegen. So hat uns auch Metjen, ein hoher Beamter des im Märchen erwähnten Königs Snofru aus der 4. Dynastie, in seinem Grab in Sakkara eine Beschreibung seines Gartens hinterlassen. Demnach besaß er eine stattliche Villa, die von einem großen Garten umgeben war: Darin wuchsen Palmen, Feigen und Akazien. Mehrere mit Grün gesäumte Bassins boten Schwimmvögeln eine Wohnstatt. Lauben und zwei Äcker mit Weinpflanzungen bescherten ihm reiche Ernte.

Über die genaue Anordnung dieser frühen Gärten können wir nur spekulieren. Vermutlich waren sie ähnlich gestaltet wie die späteren Gartenanlagen aus dem Mittleren und aus dem Neuen Reich: In streng symmetrischem Rhythmus verbanden die Ägypter Eleganz mit Nutzbarkeit. Weingärten, Gemüsegärten, schattige Baumalleen, Blumenbeete, Teiche und offene Gartenpavillons, teils mit Mäuerchen voneinander getrennt, lagen in einem Viereck, das von hohen Mauern begrenzt wurde. Das Wohnhaus hatte seinen Platz versteckt unter schattigen Bäumen.

Wie die Ägypter ihr Gemüse anbauten, ist häufig an den Wänden in den Gräbern des Alten und Mittleren Reiches dargestellt. Die Beete waren in Parzellen aufgeteilt. Abgebildet wurden vor allem zwei Arten: Lattich und Zwiebeln. Auch auf einem Bild aus den Gräbern von Beni Hassan aus der Zeit um 1700 v. Chr. sind quadratische Beete zu sehen, die mit grünem Gemüse bepflanzt sind. Ein Kanal endet in einem runden Bassin. Daraus schöpfen zwei Männer Wasser und gießen es über die Beete.

Ein kleines Garten-Modell fand sich im Grab des Meketre, des Kanzlers von Pharao Mentuhotep II. (2061-2010 v. Chr.). Wenig später baute sich Mentuhotep III. in Deir el Bahari einen gewaltigen Totentempel in dem Wüstenstreifen vor den thebanischen Westbergen. Auf einem der Fußböden fanden sich

Zeichnungen. Demnach säumten jeweils drei Reihen mit sieben Sykomoren und Tamarisken den Eingang zum Tempel. Unter jedem dritten Baum stand eine Statue des Pharao.

Auch Königin Hatschepsut, die erste Alleinregentin auf dem Pharaonenthron, die von 1490 bis 1468 v. Chr. die Geschicke des Landes leitete, hat sich in unmittelbarer Nachbarschaft zum Prachtbau Mentuhoteps in Deir el Bahari ein glanzvolles Denkmal gesetzt: Ihr Totentempel, wiederum auf Wüstenterrain gelegen, war von einer gewaltigen terrassenförmigen Gartenanlage umgeben. Vom Fluß her stieg das Gelände an, oben thronte der Tempel zu Ehren der Götter und zum Wohl der Seele der Herrscherin über drei breiten, von Säulenhallen eingerahmten Terrassen.

Eine Allee aus Akazienbäumen und Sphingen gewährte den Eintritt zu den Terrassen. Auch Weihrauchbäume standen in diesem Herrschaftsgarten. Sie waren mit einer spektakulären Expedition von weit her aus dem Land Punt – heute Somalia – von der Königin nach Ägypten geholt worden.

Eine Art Bestandsaufnahme all dessen, was in der Wüste grünte und blühte, liefern die Pflanzendarstellungen an den Wänden des Amun-Tempels von Karnak aus der Zeit Thutmosis III. (1490 bis 1435 v. Chr.). Ob dieser »Botanische Garten« allerdings der Wirklichkeit entsprach, weiß man nicht genau. Abgebildet waren auch Exoten, die er durch seine Feldzüge in andere Regionen, insbesondere nach Syrien, kennengelernt hatte. So wurde vermutlich während seiner Regierungszeit der Granatapfelbaum aus Asien in das Land der Nilbewohner importiert. Gezogen wurde er oft zusammen mit Wein, Feigen und Oliven und symbolisierte immer auch den Wohlstand seiner Besitzer. So ist aus der Zeit des Neuen Reiches ein Liebeslied überliefert, das den Granatapfelbaum preist:

»Meine Kerne gleichen ihren Zähnen / Meine Frucht ihren Brüsten. / Ich bin der Beste des Baumgartens, / weil ich zu jeder Jahreszeit bleibe. / Die Geliebte und ihr Geliebter / wandeln unter meinen Zweigen, / trunken von Wein und Süßwein, / gesalbt mit Öl und Balsam. / Allesamt vergehen außer mir / die Pflanzen in der Flur. / Ich verbringe zwölf Monate / in jedem Jahr und stehe. / Fällt eine Blüte ab, / sprießt eine Knospe aus mir. / So bin ich das Beste im Garten / und werde doch als Zweites angesehen. / Wenn es noch einmal wiederholt wird, / werde ich nicht mehr für sie schweigen / und sie nicht mehr verbergen. / Dann wird ihr Betrug erblickt. / Dann wird die Liebende belehrt, / und sie schont den Geliebten nicht mit ihrem Stock / aus weißem und blauem Lotus / aus Blüten und Knospen. / Er wird geständig durch Trunkenheit / von Bier vielerlei Art. Sie läßt dich den Tag schönstens verbringen. / Eine Schilfhütte ist das Gefängnis. / Schau an, der Granatbaum hat recht. Laß uns ihm schmeicheln! / Laß ihn den ganzen Tag veranstalten! / Ist er es doch, der uns verbirgt.«

Berühmt für ihre Gartendarstellungen sind die Beamtengräber des Sennefer, des Bürgermeisters von Theben unter Pharao Amenophis II., und des Nacht, des Chefflorsten unter Amenophis III.; beide stammen aus der Zeit des Neuen Reiches. Das Grab des Sennefer zeigt prachtvolle Wandmalereien. Ein kraftstrotzender Weinstock mit prallen Trauben überwuchert die in den Fels gehauene Grabkammer und läßt den Toten im Schatten dieser Weinlaube ruhen. Wie ein magischer Leitfaden verbindet der Rebstock das Reich der Toten mit dem der Lebenden. Die schönsten Blumengebinde sind im Grab des Nacht dargestellt. In einzigartiger Weise ist hier der Florist bei der Arbeit zu sehen – als Hüter einer Pflanzschule zu Ehren der Götter.

Besonders beeindruckend ist die Grabausstattung von Pharao Tutanchamun. Weltberühmt sind seine Goldschätze, und die vielen verschiedenen, nahezu unversehrten Pflanzenreste geben Auskunft über die damals angebauten Kulturpflanzen. Von atemberaubender Schönheit war der Blumenschmuck. In die Kränze, Girlanden oder Stabsträuße wurden verschiedene Gewürzkräuter gebunden, darunter Sellerieblätter oder Dill, die einen angenehmen Duft verströmten. Als Nahrungsmittel gab man dem Pharao neben Weintrauben – als Symbol des sterbenden und auferstehenden Gottes Osiris – Getreide, Datteln, Dumpalmnüsse und Christusdornfrüchte mit auf den Weg ins Jenseits. Zu den Gewürzen zählten Wacholderbeeren, Koriander und Schwarzkümmel. Das Repertoire reichte von der Akazie über die Küchenzwiebel bis zur Zypresse, vom Bockshornklee zur Wassermelone, von der Erbse zum Rizinus. Um die hundert verschiedene Pflanzenarten haben die Gärten jener Tage hervorgebracht.

Viele reich ausgestattete Gärten gab es im fruchtbaren Nildelta in Unterägypten. Das Gebiet zwischen den Nilarmen war eine berühmte Weingegend, hier lag auch der Weinberg Ka-en-keme von Pharao Ramses II., der um 1260 v. Chr. seine gewaltige Metropole Pi-Ramesse im Osten des Deltas erbauen ließ. Ein Brief, verfaßt unter Ramses II., beschreibt die imposante Stadt:

»Ich bin zum Hause des Ramses, des von Amon Geliebten, gekommen und habe gefunden, daß es sehr vortrefflich ist, ein schöner Thron, der nicht seinesgleichen hat, nach dem Grundriß von Theben. (...) Sein Feld ist voll von allem Guten, und es hat täglich Speisen und Nahrung. Seine Teiche sind voll von Fischen und seine Seen voll von Vögeln, seine Beete grünen von Kräutern, und seine Ufer haben Dattelpalmen. Seine Scheunen sind voll von Gerste und Weizen, und sie reichen bis zum Himmel. Knoblauch und Lauch für die Speisen sind da und Lattich von dem Garten, Granatäpfel, Äpfel und Oliven, Feigen aus dem Baumgarten, süßer Wein von Ka-en-keme, der den Honig übertrifft.«

Aus der Zeit Ramses III. (1193-1162 v. Chr.) existieren Listen, auf denen 513 Tempelgärten im gesamten Nilland verzeichnet sind. Ohnehin galt Ramses III. als großer und freigiebiger Gartenfreund. Überall im Land beschenkte er die Tempel aufs reichste und bescherte so seinem Reich eine blühende Landschaft.

Heißt es doch in einer Schenkungsurkunde an Heliopolis: »Ich schenke dir große Gärten, versehen mit ihren Baumstükken und Reben im Tempel des Aton, ich schenke dir Landstrekken mit Olivenbäumen in seiner Stadt On. Ich versah sie mit Gärtnern und zahlreichen Leuten, um reines Öl von Ägypten zu bereiten, anzuzünden die Lampen in deinem prächtigen Tempel. Ich schenke dir Baumplätze und Gehölz mit Dattelpalmen, Weiher, versehen mit Lotusblumen, Binsen, Gräsern und Blumen jedes Landes für dein schönes Antlitz.«

Eines der bezauberndsten literarischen Denkmäler unserer Zeit hat der Dichter Thomas Mann den altägyptischen Gärten gesetzt, in seinem Roman »Joseph in Ägypten«. Immer wieder schildert Thomas Mann die prachtvollen Anlagen, durch die er Joseph wandeln läßt: »Unterdessen trat Joseph durch das Pförtchen der Ringmauer in Potiphars Garten hinaus und fand sich unter den schönsten Sykomoren, Dattel- und Dumpalmen, Feigen-, Granat- und Perseabäumen, die in Reihen auf grüner Grasnarbe standen, und Wege aus rotem Sande gingen hindurch. Zwischen den Bäumen halb versteckt, lag auf einer kleinen Aufschüttung mit Rampe das zierlich buntbemalte Lusthäuschen und blickte auf das viereckige, von Papierschilf umstandene Teichbassin, auf dessen grünlichem Spiegel schöngefiederte Enten schwammen. Zwischen Lotusrosen lag dort ein leichter Kahn.

Joseph erstieg (...) die Stufen zum Kiosk. (...) Über den Teich hinweg sah man von hier auf die Platanenallee, die zu dem doppelt getürmten Tore führte, welches sich in der südlichen Außenmauer öffnete und von dieser Seite unmittelbaren Zutritt zu Potiphars Segensanwesen gewährte. Der Baumgarten, mit seinen kleinen Becken voll Grundwassers, setzte sich auch vom Ostrande des Teiches noch fort, und dann kam ein Weingarten. Liebliche Blumenfelder gab es auch: zu seiten der Platanenallee und um das Lusthäuschen herum. Das Heranbringen der schönen Fruchterde für all das Sprießen im ursprünglich Dürren mußte den Kindern des ägyptischen Diensthauses viel sauren Schweiß gekostet haben.«

Kai Brodersen

Die Hängenden Gärten von Babylon

»Anschauen durfte ich mir des ragenden Babylons Mauern,
die man mit Wagen befährt, dann den alpheïschen Zeus,
auch die Hängenden Gärten und den Koloß des Helios,
die Pyramiden, ein Werk, mächtig zur Höhe gereckt,
und das gewaltige Grabmal des Mausolos. Aber der Tempel,
der sich in Wolken verliert, heilig der Artemis, ließ
alles andre verblassen. Ich sprach: ›Vom Olymp abgesehen,
hat Gott Helios solch Wunderwerk niemals erblickt!«

Dieses Gedicht wird dem griechischen Dichter Antipatros von Sidon zugeschrieben, einem Autor des 2. Jahrhunderts v. Chr. Für uns ist es die älteste vollständige Liste der Sieben Weltwunder der Antike. Zu den Weltwundern zählte man sieben Bau- und Kunstwerke, die durch technische Meisterleistungen bei ihrer Erschaffung ausgezeichnet waren. Antipatros nennt die riesigen Stadtmauern von Babylon, die Statue des Zeus von Olympia (die aus Gold und Elfenbein verfertigt war), die Hängenden Gärten von Babylon, den Koloß von Rhodos (eine riesige Statue des Sonnengottes Helios), die gewaltigen Pyramiden von Ägypten, das Mausoleum von Halikarnaß (einen königlichen Grabbau, nach dem wir noch heute von Mausoleen sprechen) und schließlich den Tempel der Artemis von Ephesos.

Noch heute sprechen wir von diesen Weltwundern – von Dauer waren sie selbst jedoch nicht: Der Koloß von Rhodos stand überhaupt nur 66 Jahre lang, und bis auf die Pyramiden ist überhaupt keines dieser sieben Bau- und Kunstwerke erhalten geblieben. In der Phantasie der Menschen aber leben sie bis heute fort.

Babylon, die alte Königsstadt am Euphrat, das Babel der Bibel, kommt – wie wir gehört haben – gleich zweimal in der

Weltwunderliste des Antipatros vor. Als Weltwunder gelten für ihn zum einen die »ragenden Mauern« der Stadt, »die man mit Wagen befährt«, zum anderen die Hängenden Gärten, die man heute – allerdings ohne einen Anhalt in den historischen Quellen – oft auch als »die Hängenden Gärten der Semiramis« bezeichnet. Weder die Mauern noch die Hängenden Gärten von Babylon gehen nämlich auf Semiramis zurück, die um 800 v. Chr. in Babylon regierte; vielmehr sind beide Weltwunder von König Nebukadnezar in Auftrag gegeben worden, der 200 Jahre später herrschte. Auch ihn nennt die Bibel, wenn auch vor allem als den Zerstörer Jerusalems und als den Urheber der Babylonischen Gefangenschaft der Juden, die »an den Wassern zu Babel saßen und weinten«, wie der 137. Psalm sagt. Für Nebukadnezar freilich war dies ein militärischer Erfolg – einer von vielen, die es ihm ermöglichten, Babylon zur würdigen Hauptstadt seines Reichs ausbauen zu lassen.

So ließ der König die gewaltigen Stadtmauern Babylons errichten; zwar sind auch diese weitgehend zerstört, doch haben die Ausgrabungen, die der deutsche Archäologe Robert Koldewey von 1899 bis 1917 durchführte, etwa das prachtvolle Ischtar-Tor freigelegt, heute eines der Prunkstücke der Berliner Museen. Die Hängenden Gärten aber, das andere Weltwunder Babylons, sind bis heute nicht einmal mit Sicherheit lokalisiert.

Nebukadnezar selbst berichtet von seiner Bautätigkeit in einem Text, den uns eine mit Keilschrift beschriebene Steinplatte aus jener Zeit bewahrt hat. Er spricht dabei nicht nur von den Stadtmauern, sondern gibt auch folgendes an:

»Ich formte gebrannte Ziegel in der Art eines Berges und errichtete einen großen, stufenweise terrassierten ›kummu‹-Bau als königlichen Aufenthaltsort für mich, hoch zwischen den Mauern von Babylon.«

Was genau dieser »kummu«-Bau war, besagt Nebukadnezars Inschrift freilich nicht. Immerhin aber ist es möglich, daß Nebukadnezar hier von einem Garten beim Palast spricht. Zu den meisten altorientalischen Palästen gehörte ein Park, der mit den königlichen Gemächern durch einen direkten Zugang verbunden war und der es dem Herrscher ermöglichte, sich ungestört zu erholen. Das Wort für solche Gärten ging aus dem Orient ins Griechische und so auch in unsere Sprache ein: Aus persisch ›*pairidaeza*‹ wurde griechisch ›*parádeisos*‹ und deutsch ›Paradies‹.

Tatsächlich mag Nebukadnezars »königlicher Aufenthaltsort« also ein solches kleines Paradies beim Palast gewesen sein – aber war es auch ein Hängender Garten? Und wo genau lag es?

Eine Antwort auf diese Fragen könnten wir von den beiden frühesten Beschreibungen der Stadt erwarten, die auf uns gekommen sind: von einem alten Text aus Babylon selbst und von der Stadtbeschreibung, die der griechische Historiker Herodot gegeben hat.

Aus Babylon selbst stammt die älteste Beschreibung der Stadt. In mehreren Kopien in babylonischer Keilschrift hat sie die vielen Jahrhunderte überdauert; es gibt aber auch Bruchstücke einer Transkription, die den Keilschrift-Text mit griechischen Buchstaben wiedergibt (was übrigens für die Bestätigung der Entzifferung jener Keilschrift von Bedeutung war). Diese älteste Topographie Babylons ist stets ohne Verfassernamen überliefert; deswegen bezeichnet man sie nach ihren ersten Worten einfach als »Tintir ist Babylon«. Tatsächlich nennt dieser Text nun die beiden gewaltigen Stadtmauern Babylons – erwähnt aber mit keinem Wort einen königlichen Aufenthaltsort hoch über den Mauern oder gar die Hängenden Gärten.

Und Herodot? In seinem Werk gibt er, der »Vater der Geschichte«, an, er habe Babylon im 5. Jahrhundert v. Chr. selbst besucht und könne aus eigener Anschauung berichten. Tatsächlich schreibt er detailreich über die gewaltigen Stadtmauern, auf denen »in der Mitte zwischen den Aufbauten aber genug Platz für die Durchfahrt eines Viergespanns« sei. Doch einen königlichen Aufenthaltsort hoch über den Mauern oder die Hängenden Gärten erwähnt auch er mit keinem Wort.

Die ältesten Quellen über die Bauten von Babylon verweigern uns also die Antwort auf unsere Frage nach den Hängenden Gärten. Tatsächlich stammen die frühesten Aussagen über diese Gärten erst aus einer Zeit, die zwei und mehr Jahrhunderte *nach* Nebukadnezar liegt, nämlich frühestens aus dem 4. Jahrhundert v. Chr. Und selbst diese Werke sind insgesamt verloren; doch haben spätere Schriftsteller, deren Werke erhalten sind, aus diesen Schriften referiert oder zitiert und uns die älteren Texte dadurch teilweise bewahrt.

Als älteste ausführliche Angabe gilt die des Ktesias von Knidos, der um 400 v. Chr. mehrere Jahre als Arzt am Hof des Perserkönigs Artaxerxes gelebt und darüber ein umfangreiches und streckenweise sehr phantasiereiches Werk mit dem Titel »Persika« verfaßt hatte. Was er darin über Babylon schrieb, ist zwar weitgehend verloren, liegt aber vielleicht einer Passage zugrunde, die sich bei Quintus Curtius Rufus in dessen lateinischer Biographie Alexanders des Großen findet:

»Beim Palast von Babylon sind – ein in griechischen Erzählungen gefeiertes Wunder – die Hängenden Gärten. Sie liegen in der Höhe der Mauerkrone und sind durch viele schattenspendende, hochgewachsene Bäume anmutig.

Aus Naturstein sind Pfeiler errichtet, die das ganze Werk tragen, und über den Pfeilern ist ein Boden aus Quadersteinen verlegt für die Erde, die hoch darauf liegt, und auch für das Wasser, das diese feucht hält. Und derart mächtige Bäume trägt dieses Bauwerk, daß ihre Stämme 8 Ellen dick werden und sie bis zu 50 Fuß hoch in den Himmel ragen, ja sogar Früchte tragen, als würden sie vom Mutterboden genährt. Und während sonst der Zahn der Zeit nicht nur Werke von Menschenhand zernagt, sondern allmählich sogar die der Natur selbst, steht dieses wuchtige Bauwerk mit all der Last so vieler wurzelschlagender Bäume, ja eines ganzen Haines, noch in unangetasteter Dauer: 20 Fuß breite Wandmauern tragen es nämlich, die voneinander jeweils nur 11 Fuß entfernt sind. Schaut man von fern darauf hin, so glaubt man deshalb, natürliche Wälder ragten hier auf ihren Bergen empor.

Ein König von Syrien, der in Babylon herrschte, soll diesen Bau geschaffen haben, und zwar aus Liebe zu seiner Gemahlin. Sie hatte aus Sehnsucht nach ihren Hainen und Wäldern den Gatten dazu bewogen, mitten im Flachland mit einem derartigen Bauwerk die anmutige Natur nachzuahmen.«

Über das Aussehen der Gärten von Babylon bietet dieser Bericht manche wahrhaft phantastische Angabe: Bäume von 8 Ellen, also gut 3½ m Stammdurchmesser konnten im ganzen Orient wohl nicht einmal auf gutem Mutterboden wachsen!

Wo genau die Gärten lagen und wie sie bewässert wurden, gibt der Bericht nicht an. Gesagt wird nur, daß sie sich »beim Palast« befanden. Und als Bauherr erscheint gar nur ein nicht näher bestimmter »König von Syrien, der in Babylon herrschte«.

Konkreter sind hingegen die Aussagen, die sich zumindest in ihrem Kern auf Begleiter Alexanders des Großen zurückführen lassen, der erstmals im November des Jahres 331 v. Chr. in Babylon einmarschierte und acht Jahre später dort starb. Einer dieser Begleiter Alexanders war Onesikritos von Astypalaia, dessen Aussagen über Babylon zwar – wie die des Ktesias – im Wortlaut verloren sind, aber wohl den Äußerungen zugrunde liegen, die im 1. Jahrhundert v. Chr. der griechische Gelehrte Strabon in seiner »Geographica« macht. Dort heißt es:

»Zu den Sieben Weltwundern wird sowohl die Mauer [von Babylon] gezählt als auch der Hängende Garten, der bei viereckiger Gestalt an jeder Seite 4 Plethren mißt. Er wird getragen von Gewölben auf Bögen, die einer über dem anderen auf würfelähnlichen Pfeilern ruhen. Die Pfeiler sind hohl und mit Erde gefüllt, so daß sie die Wurzeln der größten Bäume fassen, und sowohl sie als auch die Bögen sind aus gebrannten Ziegeln und Asphalt ausgeführt. Das oberste Verdeck hat treppenähnliche Aufstiege und die anliegenden ›Schnecken‹, mittels derer damit beauftragte Leute unaufhörlich das Wasser aus dem Euphrat in den Garten emporbefördern. Der 1 Stadion breite Strom fließt nämlich mitten durch die Stadt, und der Garten liegt am Strom.«

Ein Stadion mißt 600 Fuß, etwa 180 m, ein Plethron 100 Fuß, etwa 30 m. Der Hängende Garten – Strabon verwendet wie die meisten der anderen Autoren die Einzahl – hatte demnach eine Fläche von 120 auf 120 m; er war mithin fast anderthalb Hektar groß. Bewässert wurde der Garten diesem Bericht zufolge mittels »Schnecken«, die es ermöglichten, Wasser aus dem Euphrat in die Höhe zu befördern; demnach lag der Garten an den »Wassern zu Babel«.

Auch Kleitarchos, wie Onesikritos ein Begleiter Alexanders, hat offenbar diesen Park beschrieben, denn auf seine Aussage bezieht sich wohl Diodor, ein älterer Zeitgenosse des Strabon:

»Da gab es auch den sogenannten Hängenden Garten beim Palast, und zwar nicht von Semiramis, sondern von einem der späteren Könige von Syrien, den dieser einer seiner Nebenfrauen zuliebe anlegte. Diese soll persischer Abstammung gewesen sein und, voller Sehnsucht nach ihren heimatlichen Bergwiesen, den König gebeten haben, mit Hilfe der Gartenbaukunst die Eigenart persischer Landschaft nachzuahmen.

Dieser Park ist an jeder Seite etwa 4 Plethren lang und zieht sich wie Berg-Terrassen über mehrere Stockwerke hinan, so daß das Ganze wie ein Theater [mit seinen ansteigenden Sitzstufen für die Zuschauer] aussieht. Unterhalb von diesen ansteigenden Lagen befanden sich Gänge, welche die Last der Gartenanlagen zu tragen hatten, jeder entsprechend der Neigung des Anstiegs etwas höher als der vorhergehende. Der oberste von ihnen war 50 Ellen hoch und trug die obersten Teile des Parks, etwa in gleicher Höhe mit der Brustwehr der Mauer. Die Stützmauern, die man für hohe Beträge errichtet hatte, waren 22 Fuß, ihre Zwischenräume aber nur 10 Fuß breit, die Decke bestand aus steinernen Quadern, die einschließlich des Spundes je 16 Fuß lang und 4 breit waren. Das Dach über diesen Quadern hatte zuerst eine Schicht aus Schilfrohr mit viel Asphalt, darüber eine doppelte aus gebrannten Ziegeln, die durch Gips verbunden waren; eine dritte Schicht bildeten Bleiplatten, damit nicht die Feuchtigkeit von der darauf geworfenen Erde in die Tiefe hinunterdringe. Obenauf lag eine Schicht Erde, tief genug auch für die Wurzeln größter Bäume. Der Boden selbst war geebnet und mit vielerlei Bäumen bepflanzt, wie sie in ihrer Höhe und sonstigen Schönheit die Betrachter in ihrer Seele erfreuen mußten. Die Gänge, die ihr Licht dadurch erhielten, daß sie voneinander abgesetzt waren, hatten zahlreiche verschiedenartige Räumlichkeiten für den Aufenthalt des Königs. Nur in einem dieser Räume, und zwar in der obersten Lage, befanden sich Öffnungen und Maschinen zum Heraufholen des Wassers: Mit ihrer Hilfe wurde Wasser aus dem Fluß [Euphrat] nach oben gebracht, ohne daß die Leute draußen etwas bemerkten.

Dieser Park also wurde, wie schon gesagt, erst später erbaut.«

Noch genauer als in dem zuvor zitierten Bericht wird hier beschrieben, wie der Garten angelegt war (der Autor spricht übrigens wiederholt von *parádeisos*). Daß der Garten am Euphrat lag, wird hier ebenfalls vorausgesetzt; als Bauherr aber erscheint ausdrücklich nicht Semiramis, sondern »einer der späteren Könige von Syrien«, wie Kleitarchos sagt. Nach Semiramis herrschten in Babylon, wie wir gehört haben, Nebukadnezar, aber später auch Alexander der Große und nach dessen Tod Seleukos, sein Sohn Antiochos und die Dynastie der Seleukiden. Welcher dieser »späteren Könige« die Hängenden Gärten angelegt hat, sagte Kleitarchos freilich nicht.

Hören wir daher schließlich einen Mann, der aus Babylon selbst stammte: Berossos. Er war dort in der Zeit nach Alexander dem Großen, im 3. Jahrhundert v. Chr., Priester und schrieb ein Werk mit dem Titel »Babyloniaka«, das von der Urzeit bis zum Tod Alexanders des Großen reichte und dem Antíochos, dem Sohn des Königs Seleukos, gewidmet war. Auch dieses Werk ist nicht ganz erhalten, doch hat der jüdische Historiker Flavius Josephus die für uns wichtige Passage gleich in zwei seiner griechischen Werke wörtlich zitiert:

»Als Nebukadnezar Babylon befestigt und mit prächtigen Toren versehen hatte, erbaute er einen mit dem Palast seines Vaters zusammenhängenden zweiten Palast, dessen Größe und glanzvolle Ausstattung zu beschreiben hier vielleicht zu weit führen würde, doch darf nicht unerwähnt bleiben, daß er trotz seiner gewaltigen Ausdehnung schon in 15 Tagen vollendet war.

In diesem Palast errichtete er steinerne Anhöhen, gab ihnen eine Gestalt, die der von Bergen sehr ähnlich war, bepflanzte sie mit vielerlei Bäumen und bewerkstelligte und vollendete so den sogenannten Hängenden Park, weil seine Frau nach bergiger Umgebung verlangte, da sie im Gebiet von Medien aufgewachsen war.«

Berossos verzichtet also auf phantastisch ausgeschmückte Berichte (hinter den 15 Tagen hat man wohl mit Recht eine Verschreibung für 15 Jahre vermutet), ja er lehnt sie hier sogar ausdrücklich ab. Seine Aussage zur Lage des Gartens widerspricht den bisher zitierten Angaben anderer nicht; über jene hinaus aber gibt Berossos an, wer als Schöpfer des Hängenden Gartens zu gelten habe (auch er verwendet übrigens das griechische Wort *parádeisos*). Nicht Semiramis, aber auch kein späterer König von Syrien ließ Berossos zufolge den Park bauen, sondern Nebukadnezar.

Die Frage, *wer* die Hängenden Gärten angelegt hat, beantworten die frühesten uns bewahrten antiken Aussagen also ganz unterschiedlich, die Frage, *wie* dieser Park gebaut worden war und *wo* er lag, wird jedoch übereinstimmend beantwortet: Ktesias, Onesikritos und Kleitarchos betonen die massive Konstruktion nicht nur aus Ziegel-, sondern auch aus Natursteinen, die ja im Zweistromland nicht vorkommen. Und die beiden Letztgenannten betonen auch, daß die Bewässerung der oberen Lagen des Parks mittels »Schnecken« oder »Maschinen« erfolgte.

Dieser technische Aspekt, der das Weltwunder der Hängenden Gärten auszeichnete, war auch für Philon von Byzanz von besonderem Interesse. In seinem kleinen Werk, das sich als Reiseführer zu den Sieben Weltwundern gibt, schreibt er:

»Der sogenannte Hängende Garten hat den Bewuchs überirdisch und wird so in der Luft bebaut, wobei er mit den Wurzeln der Bäume wie ein Dach von oben den gewachsenen Erdboden überdeckt. Unten sind steinerne Säulen aufgestellt, so daß der ganze Ort durch die Pfeiler unterirdisch ist. Auf den Pfeilern liegen Palmen als Querbalken, jede für sich, und lassen jeweils nur einen ganz engen Zwischenraum. Dieses Holz fault als einziges von allen nicht; befeuchtet und belastet, wölbt es sich nach oben, und es nährt die Triebe der Wurzeln, indem es die Wurzelknoten von außerhalb in seine eigenen Lücken aufnimmt. Auf diese Querbalken ist viel tiefe Erde aufgeschüttet, und schließlich sind breitblättrige und insbesondere Gartenbäume gepflanzt, ebenso vielerlei Blumen aller Art – kurz, alles was anzuschauen am erfreulichsten und zum Genuß am angenehmsten ist. Bebaut wird der Ort wie der gewachsene Boden, ja er läßt den Anbau von Sprößlingen ähnlich wie festes Land zu. Diese Äcker also liegen über den Häuptern derer, die bei den Tragpfeilern umhergehen. Wenn die Oberfläche von oben betreten wird, bleibt die Erde unten auf den Decken wie bei Orten mit sehr tiefer Erde unbewegt, ja völlig unberührt.

Die Zufuhr von Wasser, das Quellen an höher gelegenen Orten schütten, erfolgt teils, indem es in geradem Lauf bergab fließt, teils, indem es, in ›Schnecken‹ hinaufgedrückt, nach oben läuft; dabei fließt es durch mechanische Kräfte um die Schraubengänge der Maschinen. Es wird in zahlreiche große Bassins ausgeschüttet und bewässert den ganzen Garten, tränkt die Pflanzenwurzeln in der Tiefe und hält das Ackerland feucht, weshalb eben die Wiesen immerblühend und die Baumblätter, die an zarten Zweigen wachsen, taugenährt und windumweht sind. Indem nämlich die Wurzel unablässig durstlos gehalten wird, saugt sie immerfort die vorüberlaufende Feuchte der Wasser auf, und indem sie sich im unterirdischen Geflecht fest verklammert, bewahrt sie den hohen Wuchs der Bäume fest und sicher gegründet. Üppig und königlich ist das kunstvolle Werk und besonders überwältigend darin, daß es die Arbeit des Landbebauens gleichsam über die Häupter der Betrachter aufhängt.«

Wie die beiden Autoren, deren Aussagen man gewöhnlich auf die Begleiter Alexanders des Großen zurückführt, nennt also auch Philon Bewässerungsmaschinen oder »Schnecken«, die es ermöglicht hätten, die hochgelegenen Teile des Gartens ständig feucht zu halten.

Tatsächlich erlauben es die heute nach ihrem genialen Erfinder Archimedes benannten »archimedischen Schrauben« durch die Drehung einer Spirale, die in eine Röhre eingefügt ist, Wasser nicht durch die Saugkraft, wie sie eine Pumpe voraussetzt, sondern durch die Nutzung einer einfachen Drehbewegung in die Höhe zu befördern.

Gerade daraus aber ergibt sich für unsere Frage nach den Hängenden Gärten ein Problem: Zu der Zeit, in der Nebukadnezar seinen »königlichen Aufenthaltsort« errichten ließ, war diese Form der Wasserhebemaschine noch gar nicht erfunden – Archimedes lebte erst im 3. Jahrhundert v. Chr.!

Ist es vielleicht gar kein Zufall, daß Berossos – dessen Text der früheste uns im wörtlichen Zitat erhaltene ist – keine solchen Maschinen erwähnt? Sind sie in die anderen, eben nicht wörtlichen Zitate älterer Autoren nur von den jeweils späteren zitierenden Autoren eingefügt worden, weil ihnen einzig diese Maschinen aus der zeitgenössischen Erfahrung als nächstliegende Methode des Wasserhebens einfielen? Wie glaubwürdig sind dann aber ihre anderen Nachrichten?

Und ist es dann kein Zufall, daß weder die keilschriftliche Topographie »Tintir ist Babylon« noch Herodot überhaupt irgendwelche Gärten erwähnen? Sind die Hängenden Gärten vielleicht überhaupt erst im 3. Jahrhundert angelegt worden, also nicht von Nebukadnezar (und schon gar nicht von Semiramis), sondern wirklich erst von einem »späteren König von Syrien«, also etwa von einem der Seleukiden, die in diesem Land nach Alexander dem Großen herrschten? Und wenn ja, von welchem? Warum aber bezieht sich dann gerade der Babylonier Berossos in seinem Werk, das dem Seleukiden Antiochos gewidmet ist, ausdrücklich auf Nebukadnezar als Bauherrn der Gärten?

Dazu kommt die Frage, warum es bisher nicht gelungen ist, die Gärten in Babylon zu lokalisieren. Robert Koldewey, der Erforscher der Stadt, hat – mit aller wissenschaftlich-vorsichtigen Zurückhaltung – angenommen, die Gärten seien über einem in Ruinen erhaltenen Gewölbebau angelegt gewesen, für dessen Errichtung – wie von den antiken Quellen angegeben – Natursteine verwendet worden waren. Doch liegt dieser Bau an der vom Euphrat abgewandten Seite des Palastes in der Stadt, was allen antiken Angaben widerspricht, die ausdrücklich eine Lage des Parks am Euphrat bezeugen; auch mißt dieser Platz keineswegs anderthalb Hektar. Ebenso unbefriedigend sind auch neuere Versuche der Lokalisierung: Manche nehmen eine Lage an der dem Euphrat zugewandten Seite des Palastes an; dort aber fehlt jedweder archäologische Beleg für eine Gartenanlage oder gar für so gewaltige Unterbauten aus Natursteinen, wie sie von den antiken Autoren beschrieben werden. Andere vermuten sie bei dem außerhalb der Stadtmauern ganz im Norden des Stadtgebiets am Euphrat gelegenen sogenannten Sommerpalast; dies aber widerspricht Nebukadnezars eigener Aussage von einer Lage »hoch zwischen den Mauern von Babylon«, und auch hier hat man – zumindest bisher – ebenfalls keinerlei gewaltige Unterbauten aus Stein gefunden.

Wir müssen uns fragen, ob unsere Suche nach den Hängenden Gärten in den Ruinen von Babylon überhaupt sinnvoll ist. Sollten wir sie nicht eher an einer ganz anderen Stelle suchen – nämlich in der Phantasie der Menschen? Wäre es nicht sogar wahrscheinlicher, daß der für die Öffentlichkeit unzugängliche »königliche Aufenthaltsort hoch zwischen den Mauern von Babylon« die Phantasie der griechischen Autoren über Gebühr beflügelte? Hatte nicht schon der größte griechische Dichter, Homer, von einem Garten erzählt, der bei einem prächtigen Palast lag, der für die Öffentlichkeit unzugänglich war und der wahrhaft wundersame Eigenschaften hatte? In der »Odyssee« nämlich heißt es über diesen Garten beim Palast des Phäaken-Königs Alkinoos:

»Ragende Bäume standen darinnen, in üppigem Grünen,
Birnen, Granaten und Äpfel, behangen mit prächtigen
Früchten,
köstliche Feigen, dazu noch Oliven in prangender Fülle.
Niemals gehen hier aus und niemals verderben hier
Früchte,
Winter wie Sommer, das ganze Jahr; nein, immerfort
schmeicheln
westliche Winde, lassen Früchte hier keimen, dort reifen.
Birne auf Birne gelangt zur Reife, Apfel auf Apfel,
Feige auf Feige, am Weinstock jedoch auch Traube auf
Traube.«

Wenn jener Garten des Königs der Phäaken durch ewige Fruchtbarkeit ausgezeichnet war, ist es da so merkwürdig, wenn man dem Aufenthaltsort des Königs von Babylon andere

Wunder zuschrieb? Ja, drängte es sich nicht geradezu auf, in dem (vielleicht gar nicht so eindrucksvollen, aber eben unzugänglichen) Palastgarten im riesigen, von einem Weltwunder geschützten Babylon immer mehr ein Wunder zu sehen?

Für die zeitgenössischen babylonischen Texte und für Herodot gab es noch nichts Besonderes zu berichten; wie jeder König hatte Nebukadnezar eben einen »königlichen Aufenthaltsort«, einen Garten beim Palast, der aber als Teil der Palastanlage unzugänglich war und daher nicht beschrieben wurde. Erst spätere Autoren »sahen« in dem Palastgarten von Babylon immer größere Wunder und bemerkten dabei nicht mehr, daß ihre Annahmen über dieses Weltwunder immer unwahrscheinlicher wurden. Daß der Garten dann gar mit Maschinen bewässert wurde, die zu Nebukadnezars Zeit noch gar nicht erfunden waren, fiel ihnen (und ihrem Publikum) dann schon nicht mehr auf.

So ergibt sich tatsächlich ein Paradoxon – freilich eines, das eines Weltwunders wirklich würdig ist: Zwar mag es das archäologisch nicht faßbare und in den zeitgenössischen Quellen nicht erwähnte Weltwunder der Hängenden Gärten von Babylon, das Paradies am Palast des Nebukadnezar, gegeben haben. Was aber an späteren Beschreibungen vorliegt, zeugt von einer Gartenpracht nicht in der Realität, sondern vor allem in der Phantasie der Menschen.

Das freilich haben die Hängenden Gärten von Babylon mit den meisten der Sieben Weltwunder der Antike gemeinsam. Allein die Pyramiden stehen noch, die Statue des Zeus von Olympia aber ist ebenso vergangen wie der Koloß von Rhodos, das Mausoleum von Halikarnaß ebenso wie der Tempel der Artemis von Ephesos und eben das kleine Paradies beim Palast des Nebukadnezar. In der Phantasie der Menschen jedoch lebt es bis heute fort als die Hängenden Gärten von Babylon.

Marianne Beuchert

Die Gärten Chinas

Chinesische Gärten, vor allem die des alten China, sind Philosophen-Gärten, voll von Zeichen, Metaphern und Symbolen, die hinführen wollen, die Kunst des Lebens zu meistern.

Der Schwede Osvald Sirén schreibt in seinem 1949 in New York erschienenen Buch »Chinese Gardens«: »Die chinesische Sicht der Natur war durchweg symbolisch; das öffnet eine ganz andere Möglichkeit für die künstlerische Interpretation und nutzt solchen Naturgegenständen mehr als ein objektiver oder wissenschaftlicher Weg des Sehens, wie andere es getan haben.«

Die frühen Gärten, die etwa vor dreieinhalbtausend Jahren entstanden, wurden aus einem ähnlichen mythischen Denken geboren (wie es in dieser Zeit fast allen damaligen Kulturvölkern eigen war), das nach Lévi-Strauss sich bemühte, die Welt als große Einheit zu sehen, in die es sich sinnvoll einzufügen galt. Der Mensch als winziges Teil eines großen Ganzen.

Die bei der ersten Begegnung spröde erscheinenden chinesischen Gärten öffnen sich in ihrer wahren Bedeutung dem, der bereit ist, mit allen Sinnen zu genießen, Herz und Verstand aufnahmebereit zu halten, und der die Symbole lesen kann. Es sind Orte der Philosophen, die Lebensbewältigung durch Sinneserfahrung lehren.

In China sagt man, daß es für einen Gelehrten der alten Zeit unmöglich gewesen wäre, in einem Garten nur die Beglückung des Sehens und Erkennens zu erfahren. In gleicher Weise, wie seine Augen sich entzückten, sollten die Geräusche der Winde und des Wassers seine Ohren umschmeicheln. »Laß die welken Lotosblätter wie sie stehn, sie machen uns des Herbstes Klagelied verstehn«, heißt es in dem Roman »Traum der roten Kammer«. Die Düfte der Blumen und Blätter verwöhnten die Nase; wechselnde Temperaturen in besonnten und beschatteten Tei-

Hausgarten

len gaben dem Körper Wohlgefühl – und auch die Zunge kam zu ihrem Recht. Man suchte, um Ermüdung und Überdruß vorzubeugen, ständig wechselnde Szenerien sowohl in den großen wie in den kleineren Gärten zu schaffen, um durch Überraschungen das Interesse ständig neu zu wecken.

Die große Kunst chinesischer Gartengestaltung besteht darin, alle diese Gesichtspunkte in eine möglichst vollkommene Harmonie miteinander zu bringen, um auch die Besucher eine innere Harmonie finden zu lassen. In dieser Harmonie, nicht nur mit sich, sondern auch mit dem umgebenden Kosmos, versuchte man im alten China zur Gelassenheit gegenüber allen Wechselfällen des nicht immer ungefährlichen Lebens zu kommen.

Der Staatsmann Lü Buwei bemerkte dann im 3. Jahrhundert v. Chr.: »Ist eine Halle zu groß, so ist sie zu schattig, ist eine Terrasse zu hoch, so ist sie zu sonnig. Hat man zuviel Schatten, so bekommt man Rheumatismus, hat man zu viel Sonne, so wird man gelähmt. Das sind die Übel, die daher kommen, wenn Schatten und Sonne nicht das rechte Maß geben.« Nur durch Erkennen des rechten Maßes war das eigene Tao, der rechte Weg, zu finden.

Man stellte für die Gartengestaltung die Forderung nach der Harmonie der sieben Dinge auf: Erde, Himmel, Steine, Wasser, Gebäude, Wege, Pflanzen. Sie alle hatten, vor allem wenn sie in Harmonie miteinander waren, günstigen Einfluß auf den Menschen, der als Achter (chinesisch *Ba*, die unbedingte Glückszahl) mit ihnen zur vollkommenen Harmonie finden konnte. Die Neun als höchste Zahl (Zehn ist nur die Eins, mit einer »bedeutungslosen« Null ergänzt) stand ausschließlich dem Kaiser zur Verfügung. Nur seine Palast- und Gartentore durften mit neun goldenen Nägeln geziert werden. Durch die gesamte kaiserliche Repräsentation zieht sich diese Zahl.

Doch es war nicht nur die Gestaltung, es war auch die Lage der Häuser und Gärten, der man in China große Aufmerksamkeit widmete. Es gab eine eigene Wissenschaft, die Geomantie, und die in ihr Kundigen wurden hoch bezahlt (und werden es in Hongkong und in Taiwan heute noch). Als Geomanten hatten und haben sie das rechte Feng-Shui – die Lehre von Berg und Wasser – für Häuser, Gärten, aber auch für Gräber zu berechnen. Für die Lage gilt zum einen als Ideal: im Norden der Berg, im Süden der Fluß. Ist kein Berg vorhanden, der die schädlichen nördlichen Winde abwehrt, so wird das Grundstück nach Norden durch sehr hohe Mauern, künstliche Aufschüttungen, Felsgruppierungen und schnell wachsende Bäume abgeschirmt. Die wichtigere und schwierigere Aufgabe der Geomanten ist jedoch, die Kraftlinien der Erde und Gesteine, die »Dimei«, zu erkennen und in den Lagebestimmungen zu berücksichtigen.

In chinesischen Gärten sind Steine und stilles Wasser die wesentlichen Gestaltungselemente. Man sagt: »Steine übertragen ihre Kraft auf die Menschen.« Vielleicht verstehen wir besser die Formulierung: »Menschen sind in der Lage, in meditativer Betrachtung die Kraft der Steine in sich aufzunehmen.« Der Anblick stillen Wassers kann in gleicher Weise die Seele stillen.

»Dimei«, die Kraftlinien der Erde, werden häufig als Einschlüsse in Gesteinen, vorwiegend Basalt, gesehen. In China liebt man es, solche Steine gleich Skulpturen in den Gartenpavillons aufzustellen, man sieht sie auch auf den Schreibtischen der Gelehrten, oder kleinste Exemplare werden als Handschmeichler in Läden zum Verkauf angeboten.

Die äußere Form der Steine (die möglichst natürlich, d.h. ohne Nachhilfe der Bildhauer sein soll), ist von ebenso großer Wichtigkeit, wie »Dimei«-Einschlüsse es sind. Liebhaber zahlen auch heute noch für uns unvorstellbare Preise dafür. Als besonders wertvoll gelten phallisch geformte, himmelstürmende Steinsäulen, die meist in Dreiergruppen aufgestellt werden. Die größten Steinkostbarkeiten jedoch, deren Besitzer und Aufstellungsorte durch die Jahrhunderte aufgezeichnet und allgemein bekannt sind gleich adeligen Stammbäumen, sind jene oft riesigen Kalkfelsen aus dem Gebiet des Taihu-Sees, die tiefe Ausbuchtungen, skurrile, die Phantasie anregende Formen haben. Gelegentlich sind sie zu fensterähnlichen Durchblicken ein- oder mehrfach geöffnet. Besonders diese gelten als Lehrstücke der Erkenntnis, daß selbst bei dem Härtesten, dem Stein, eine Transparenz, ein Durchschauen möglich ist. »Daß das weiche Wasser in Bewegung mit der Zeit den mächtgen Stein besiegt, du verstehst, mein Freund, das Harte unterliegt«, läßt Bertolt Brecht den Begleiter Lao Tses auf der Flucht dem Zöllner sagen. Da in China keineswegs nur die äußere Größe wichtig ist, ja da gleich dem Samenkorn, in dem bereits die ganze Kraft eines großen Baumes wohnt, auch in einer kleinen Form das Große erfühlbar bleibt, werden solche skurrilen Lochsteine in Miniaturgröße als ganz besondere Freundesgaben verschenkt.

Auch die heutigen Gartenarchitekten fühlen sich als Medien, »den Geist der Steine zu wecken«, denn wesentlich entscheidet auch die gekonnte Aufstellung über die Aussagekraft. Früher sollen sie sich oft mehrere Wochen mit einem einzigen Stein beschäftigt haben, ehe sie sich für die ihrer Meinung nach gemäße Aufstellungsart entschlossen. Zur Kaiserzeit standen sie unter der Aufsicht höchster Regierungsbeamter, »da ihre Fehler hundert Jahre oder länger sichtbar blieben«. Heute sagt man: »Der Stein zieht viele Blicke auf sich, aber seine innere Festigkeit ändert sich dadurch nicht.«

Aus dem Denken, daß die Kraft des Großen auch im Kleinen verborgen sei, wurde vor mehr als 2000 Jahren in China die Idee der Bonsai, die dort Penjing heißen, geboren. Die wörtliche Übersetzung von Penjing ist »Topflandschaft«. Auf Grabfresken der Han-Dynastie (200 v. Chr. bis 200 n. Chr.) sieht man Diener, die ihren Herren zu Penjing geformte Kiefern nachtragen, die in Keramikschalen gepflanzt sind. Kiefern gehören in China zu der großen Gruppe der »Pflanzen des Langen Lebens«, alles Pflanzen, die sich durch Zähigkeit und Durchsetzungswillen in schwierigen Verhältnissen auszeichnen. In den polaren Denkstrukturen der chinesischen Philosophie gelten Kiefern als männliche Bäume; sie sind Vertreter des Yang. Weibliche Bäume, Vertreter des Yin sind unter anderem Pfirsich und Pflaume. Zum Prinzip des Yang gehören auch die Steine, Wasser ist Yin, der weibliche Gegenpol. In den Gärten soll Wasser nicht nur eine große, stille Fläche bilden, es soll auch möglichst tief sein. Wasser symbolisiert den Chinesen eine der wichtigsten Lehren des Tao: »Anpassung an vorgefundene Verhältnisse«. »Wasser« ist einer der meist gebrauchten Begriffe in der Symbolsprache und in Sprichworten. Man sagt: »Der weise Mann schickt sich in die Umstände, wie das Wasser die Form des Gefäßes annimmt, und doch das Gleiche bleibt.«

Höchstes Glück ist es, still in einem Boot über den See zu gleiten oder in einem Pavillon, der fast schwebend über das Wasser gebaut ist, zu sitzen, nachzudenken bei einem Glas Wein mit Freunden. Man schaut den Fischen zu oder in das Herz der Lotosblüten, die im Sumpf wurzeln, das Wasser (das auch für Gefühle steht) durchwachsen, um sich rein und unberührt im Licht der Sonne zu entfalten. In China sagt man, daß der Anblick stillen Wassers zu entspannter Meditation hinleitet und die Seele befreit. Dazu sind die Sitzbänke in den Booten und den Pavillons über dem Wasser so konstruiert, daß man sich bequem weit hinauslehnen kann.

Die Zuflüsse zu den Seen sind meist kleine, natürliche Bäche, die von Osten kommen, dem Lauf der Sonne folgend. Oft werden sie so geführt, daß sie, über Steine springend, ein sanftes Murmeln hören lassen. Es verwöhnt die Ohren und beunruhigt nicht. In einem Garten in Wushi trägt, von kaiserlicher Hand kalligraphiert, ein Stein die Inschrift: »Bächlein der acht Töne.« Schöne Kalligraphien sind in allen Gärten Chinas an besonderen Punkten zu finden. Fast alle sind von Freunden geschenkte Erinnerungsstücke an besondere Stunden. Im Roman »Traum der roten Kammer« wird eingehend darüber berichtet.

Die Führung der Wege ist im Chinesischen Garten, wie später auch im europäischen Landschaftspark, nur in Ausnahmefällen gerade. Meist passen sich die Wege den natürlichen oder geschaffenen Bodenbewegungen an, werden in ebenen Flächen jedoch in einer uns oft willkürlich erscheinenden Weise gewunden. »Yuan Ye«, das Lehrbuch der Gartenarchitektur aus der Ming-Zeit, empfiehlt »die Wege zu winden wie die Wege spielender Katzen«.

In zahlreichen alten, aber auch in neuen Gärten finden sich zickzackförmige Brücken. Wie fast alles in Schrift, Sprache und Symbolen Chinas haben sie mehrfach hintereinander liegende Bedeutungen. Die volkstümliche Erklärung dieser in keiner anderen Kultur der Erde zu findende Bauform ist: »damit die bösen Geister nicht herüberkommen können«. Böse Geister können sich nur geradeaus fortbewegen, niemals um scharfe Ecken. So können sie zickzackförmige Brücken nicht überqueren, so wenig wie sie die »Geisterwand«, eine in etwa einem Meter Abstand hinter dem Eingangstor frei stehende Wand, überwinden können; so bleibt das Glück der Familie ungestört.

Über die zickzackförmigen Brücken muß man tatsächlich sehr langsam, sehr bewußt gehen, um bei den meist geländerfreien Brücken nicht ins Wasser zu fallen. Die heutigen Gartengestalter sagen, solche Brücken, auch Wege, seien ein Zwang, aufmerksam aus den verschiedenen Wendungen heraus die unterschiedlichen Ansichten des Gartens zu betrachten. Taoistische Philosophen meinen dagegen, sie seien eine Mahnung, achtsam den Weg des Lebens zu gehen, der niemals geradeaus führe und selten zu überschauen sei. Die modernen Gartengestalter nahmen mit ihrer Aussage möglicherweise Bezug auf eine Stelle aus dem kleinen roten Buch von Mao Tse Tung, der sich selbst gerne als philosophischen Politiker sah: »Wir sollen uns wie eine Kröte im Brunnen vor dem Glauben hüten, daß der Himmel nicht größer als die Brunnenöffnung sei. Wärme des Herzens, Verantwortungsgefühl und moralische Integrität sind die größten aller Eigenschaften. Verabscheue Einseitigkeit und betrachte alles von verschiedenen Seiten.«

Die meisten alten Brücken in China, sowohl in den Gärten wie in der freien Landschaft, erheben sich halbkreisförmig über die Wasserfläche. Durch die Spiegelung im Wasser erscheint die Form als voller Kreis, das chinesische Himmelssymbol. »Mondbrücken« heißen sie, ähnlich den kreisförmigen Eingangstoren, die allgemein als »Mondtore« angesprochen werden. Das Durchfahren einer solchen Brücke, gleich dem Durchschreiten einer voll gerundeten Eingangspforte, hat auch eine versteckte erotische Bedeutung. Wenn in China ein Mann eine Frau begehrt, so sagt er: »Ich wünsche mir den Himmel« – und meint damit »das Spiel von Wolken und Regen«, das schon immer den Fortbestand der Menschheit gesichert hat.

Lao Tse nannte den Beginn der Welt: »die große Schöpfungskraft«, »das Ur-Eine«, »die Mutter alles dessen, was unter dem Himmel ist«, dann »Tao«, »das Dunkle«, »das dunkle Tor des Weibes«. Über einem Mondtor fand ich eine Kalligraphie, die besagt: »Wenn du dieses Tor durchschreitest, so hast du einen anderen Himmel über dir und eine andere Erde zu deinen Füßen.«

Tore und Fenster sind in der unvorstellbaren Vielfalt, die man in China findet, beliebte Elemente der symbolischen Gestaltung, deren Entstehung meist weit zurückreicht. Neben den Mondtoren ist z. B. in Schanghai ein Tor in der Form einer Blumenvase zu finden, ebenfalls ein ausgesprochenes Yin-Zeichen. Der chinesische Name für Vase ist »ping« – in einer anderen Tonhöhe ausgesprochen bedeutet »ping« Frieden. Die vasenförmige Toröffnung sagt ohne ein Wort dem Kundigen: »Tritt ein in das Reich des Friedens.«

Fenster haben oft die Form eines Artemisia-Blattes. Die Pflanze wird in den buddhistischen Einweihungszeremonien verwendet. Das Fenster in der Blattform heißt: »Hier wohnen Eingeweihte, Menschen, die wissen.« Auch die Form der alten, gelochten Geldstücke ist in den Gärten als Fenster anzutreffen. Einmal bedeutet dies vordergründig natürlich den Wunsch nach Reichtum, zum anderen wird die Öffnung in dem Geldstück als »Auge« gesehen und hat so die gleichen Schutzfunktionen, wie die vielfältigen Augensymbole aller alten Kulturen.

Der spielerische Erfindungsreichtum der Chinesen bildet ständig Formen zu Metaphern um. Bestimmt kann man nicht alle symbolisch bewerten. Einige sind reine Allegorien, oft gewiß nicht mehr als versteckte Zeichen zwischen Freunden, aus denen die sehr ausgeprägte Fantasie der Chinesen neue »alte« Geschichten erfindet. Zudem waren in den alten Gärten viele Andeutungen zur Mythologie und Literatur versteckt, die heute den jungen Chinesen kaum noch verständlich sind.

Ein treffliches Beispiel dafür ist in der Gartenstadt Suzhou erhalten. Als Alterssitz des Beamten Sun Chengyou wurde dort vor mehr als tausend Jahren an einem Kanal ein Garten mit zahlreichen Wohnpavillons erbaut. Sun Chengyou war ein früh pensionierter Beamter des Staates Wu-Yue. Mit dem Namen »Garten der dunkelgrünen Welle«, den er seinem Besitz gab, nahm er Bezug auf ein Gedicht der Tang-Zeit (618-907) in dem es sinngemäß heißt: Wenn das Wasser des Flusses klar ist, so wasche ich mir darin die Bänder meines Beamtenhutes, ist es dunkelgrün, so wasche ich mir darin die Füße. Das Gedicht meint: In einem sauberen Staat will ich Beamter sein, ist der Staat schmutzig (korrupt), so verlasse ich den Dienst. Sun Chengyou verließ den Beamtendienst und baute sich an einem trüben Kanal diesen wundervollen Garten und nannte ihn »Garten der dunkelgrünen Welle«. Noch heute gleichen viele Details des Gartens den Bildern, die von ihm in der Zeit seiner Entstehung gemalt wurden.

Die Literaten beschäftigten sich zu allen Zeiten gern mit der

Beschreibung berühmter Gärten. Wang Yinling, ein Poet der Tang-Zeit, führt in seinem Buch »Yu hai« (Jademeer) über den großen Garten des Sui-Kaisers Yangdi (581-618) aus: »... Der Kaiser ließ den Westgarten bauen, der einen Umfang von 200 Li (100 km) hatte. (...) Eine Million Arbeiter erbauten innerhalb des Parks sechzehn Wohnhöfe, schufen Hügel mit Felsen und fünf Seen und vier Meere. (...) Kanäle verbanden die Seen miteinander, so daß man mit Barken den ganzen Park befahren konnte. (...) Alle Landesteile sollten Blumen liefern. Von Yizhou kamen zwanzig Kästen Paeonien, mit verschiedenen Bezeichnungen wie ›Hergeflogenes Rot‹, ›Yaos Gelb‹ und vielen mehr.« Dieser Garten wurde sehr berühmt, nicht nur durch seine enorme Größe, sondern auch wegen der zu dieser Zeit ungewöhnlichen Vielzahl der Pflanzenarten und Namenssorten. In der Mitteilung »alle Landesteile sollten Pflanzen liefern« ist natürlich auch der Machtanspruch des Kaisers Yangdi dokumentiert. Doch dieser hatte offenbar den Bogen überspannt. Das Volk fühlte sich überfordert. Im Jahr 611 kam es, nach Überschwemmungen im Gebiet des Gelben Flusses, zu Bauernaufständen, in deren Folge im Jahr 618 Kaiser Yangdi und seine Dynastie gestürzt wurden.

In dieser Zeit ahnte man in Europa wohl kaum etwas von chinesischer Gartenkultur. Erst die Erzählungen Marco Polos (die man ihm zum großen Teil nicht glaubte) brachten Einzelheiten, die aus heutiger Sicht vollkommen der Wahrheit entsprachen. Die Stadt Hangzhou am Westsee fand wohl durch ihre Lage und die wundervollen Gärten seine besondere Liebe. »Rings um den See«, schreibt Marco Polo, »sind die schönsten Häuser und Paläste errichtet, von ausgesuchter Bauart, den Vornehmen der Stadt gehörig, auch Heidentempel sind viele an den Ufern. In der Mitte des Sees sind zwei Inseln, auf jeder steht ein reiches, schönes Gebäude, das eines Kaisers würdig wäre. Wenn einer der Städter ein Fest geben will, so tut er das in einem der Paläste. Und alles nötige Silbergeschirr, Teller usw. findet er dort.«

Der bereits damals verfallene Kaiserpalast mit seinen Gärten war in der Stadt selbst. Die einstige Schönheit und Vollkommenheit erfuhr Marco Polo wohl aus den Beschreibungen seiner Führer: »... Der andere Teil des eingefriedeten Grundstücks war bedeckt mit Schluchten und Seen, wundervollen Gartenpflanzen und Fruchtbäumen und behütete viele Tierarten. Hier erging sich der Herrscher in Heiterkeit mit seinen jungen Damen.«

Der begeisterte Europäer sah vor seinen geistigen Augen die verfallenen Gärten von einer üppigen Pflanzenwelt bewohnt. Tatsächlich waren Pflanzen im China der alten Zeit nur sehr sparsam benutzt worden. Sie wurden als letzte der sieben Harmonien benannt. Als verhältnismäßig kurz nach der Kulturrevolution die ersten chinesischen Gartenarchitekten nach Deutschland kamen, konnten sie sich nicht genug wundern über die Üppigkeit und Vielzahl der Pflanzen in unseren Gärten. Ihr Staunen kannte allerdings kaum noch Grenzen, als sie hören mußten, daß weit über die Hälfte unserer Gartenflora ihre Heimat in China hat. Sie war meist im 19. Jahrhundert von europäischen und amerikanischen Pflanzensammlern dort entdeckt und mit wissenschaftlichen Namen benannt worden. Ein erster, für westliche Ohren merkwürdiger Kommentar war: »Europa hat uns unsere Pflanzen gestohlen.« Tatsächlich erkennt man erst jetzt in China den unvorstellbaren Reichtum an Pflanzen der chinesischen Gebirge und Ebenen, und die Kenntnis wandert aus den Gelehrtenstuben nun zu den Gärtnern.

Etwa in der Zeit der Song-Dynastie (960-1279) hatte man entschieden, welche Pflanzen gartenwürdig seien. Alles, was man damals noch nicht als Gartenpflanzen akzeptierte, galt bis ins 19. Jahrhundert als »Wilde Blumen«, als »Unkraut«. Es scheint wesentlich, daß alle die Pflanzen in die Gärten geholt wurden, die nicht nur schön waren und eine besondere Ausstrahlung hatten, das wichtigste waren ihre Wachstumseigenschaften, aus denen der Mensch Lebensregeln ablesen konnte.

Man nutzte die Pflanzen auch, um Teile des Lebens, die tabuisiert waren, wie die Sexualität, unter Wissenden mitzuteilen. Daß die Trauerweiden, die in China in keinem größeren Garten fehlen, den Frühlingsbeginn anzeigen, daß sie mit dem sanften Hin- und Herwehen ihrer Zweige die Gedanken ferner Freunde aneinander symbolisieren, ist nur eine höchst vordergründige (aber doch schöne) Aussage. Tatsächlich sind sie in China, ebenso wie in Japan, ein Sex-Symbol. Früher durften sie nicht in die hinteren, von den Frauen bewohnten Höfe gepflanzt werden, da sie unkeusche Gedanken erzeugen könnten. Der Satz »Blumen suchen und Weiden kaufen« bedeutete den Besuch in einem Bordell. Andererseits verglich man die schlanken, biegsamen Taillen junger Mädchen mit Weidenzweigen. Doch die Weiden sollten durch ihre starken Wachstumskräfte auch in der Lage sein, Dämonen zu besiegen. Seit dem 16. Jahrhundert v. Chr. gibt es ein Schriftzeichen für den Weidenbaum, er heißt auf chinesisch »Qi«. »Qi« in einer anderen Tonhöhe ausgesprochen, ist aber auch der Lebensatem oder die Lebenskraft.

Wie fast in aller Welt werden die früh im Jahr blühenden und fruchtenden Pflanzen besonders verehrt. Der Liebling der chinesischen Maler, Poeten und Kunsthandwerker ist die im Westen als Pflanze kaum erhältliche Winterkirsche, Prunus mume. Sie öffnet ihre duftenden Blüten an frostfreien Tagen schon im Januar. Man bewundert an ihr den Mut, in einer so schwierigen Jahreszeit mit der Entfaltung ihrer Schönheit zu beginnen. Diese Bäume erreichen im Unterschied zu den ihnen nahe verwandten Pfirsichen ein hohes Alter. Es heißt von ihnen, ihr Stamm solle sein wie der Körper eines alten Mannes: »gekrümmt, doch froh seiner Jahre«.

Daß besonders schöne, möglichst duftende Blüten Frauenschönheit preisen, ist auch bei uns so. In China sind es in erster Linie die Magnolien, die Azaleen, der duftende Oleander und die Pfingstrosen. Die letzten stehen ganz speziell für ein in der Liebe erfülltes Frauenleben, doch sie symbolisieren auch Reichtum und wurden daher von zurückhaltenden Gelehrten nur sparsam gepflanzt.

Als die Chrysanthemen im vergangenen Jahrhundert nach Europa kamen, hat man sie hier wegen ihrer Herbstblüte rasch dem Totengedenken zugeordnet. In ihrer Heimat genießen sie hohe Achtung, da sie den Mut haben, mit dem Blühen zu beginnen, wenn in dem unwirtlichen Herbstwetter alle andere Vegetation abstirbt. Daher gehören sie zu der großen Gruppe der

»Pflanzen des Langen Lebens«, das nur durch Zähigkeit und Tapferkeit zu erreichen ist. Es überrascht, daß die Rosen, von denen die meisten Wildarten im chinesischen Großraum beheimatet sind, in den alten Gärten und in der Symbolik Chinas kaum eine Rolle spielen.

In den letzten zwanzig Jahren sind auch in die klassischen Gärten viele bunte Blumen in einem Übermaß eingezogen, wie es im alten China als höchst unfein gegolten hätte, da man dort, vor allem im Süden des Reiches, nur zurückhaltende Farben liebte. Trotzdem beeindruckt die erste Begegnung mit den Gärten Chinas fast jeden Europäer durch die Fremdartigkeit. Doch erst wenn es ihm gelingt, die Symbole zu entschlüsseln, wird er sich einem wirklichen Verstehen annähern. Konfuzius spricht: »Ich zeige eine Ecke, und wer die drei anderen nicht findet, dem wiederhole ich mich nicht.«

Seit Marco Polos »Il Millione« wußte man in Europa von großen Gärten in China. Doch seine Beschreibungen waren zu allgemein, als daß man sich diese Gärten grundsätzlich verschieden von den geometrischen Architekturen der westlichen Welt vorstellen konnte. Die entscheidenden Anregungen brachte der neapolitanische Franziskaner Missionar Matteo Ripa aus China mit, als er am 11. September 1724 mit einem Schiff der British Eastindian Comp. von Kanton kommend in London landete. In seinem Gepäck, über das er einen großen Streit mit dem englischen Zoll hatte, befanden sich Mappen mit Landkarten und ganz offenbar auch die von ihm gravierten und gedruckten sechsunddreißig Kupferstiche der kaiserlichen Sommerresidenz Jehol, etwa 250 km nördlich von Peking gelegen. Der Missionar war ausgebildeter Maler und hatte die Technik des Kupferstichs vor seiner Abreise 1711 in einer einzigen Sitzung in Rom erlernt. Vor seiner Ankunft war diese Technik in China noch unbekannt gewesen. Kaiser Kangxi (1662-1722), an allen unbekannten Techniken interessiert, hatte ihn offenbar mit dem Druck von Landkarten beauftragt. Ripa wollte seine Druckverfahren jedoch lieber mit der Vervielfältigung von Landschaftsbildern erproben. In seinen Lebenserinnerungen schreibt er: »Da er [der Kaiser] sah, daß ich einige Fortschritte in der Gravierkunst gemacht hatte, entschloß sich Seine Majestät, Stiche der 36 Ansichten des Wohnsitzes Jehol anfertigen zu lassen, den er selbst gebaut hatte. Folglich ging ich dorthin mit den chinesischen Malern, die der Kaiser mit der Herstellung der Zeichnungen beauftragt hatte, was mir die Gelegenheit bot, die gesamte Anlage zu besichtigen; eine besondere Ehre, die bislang keinem Europäer zuteil geworden war.«

Die Gravuren gelangen Ripa gut, der Druck bereitete ihm jedoch unerwartete Schwierigkeiten. Erst als er bemerkte, daß der dazu benötigte Essig in China nicht wie in Europa aus Weintrauben, sondern aus Zucker und Reis hergestellt wurde, gelangen die Paradestücke. Offenbar dauerte es von der Auftragserteilung bis zur Ablieferung der ersten Druckserie (1715) mehr als drei Jahre. In seinen Lebenserinnerungen berichtet Ripa darüber: »Als ich mit dem Gravieren der Ansichten des kaiserlichen Landsitzes Jehol fertig war, legte ich seiner Majestät die Stücke vor. Er war sehr damit zufrieden und befahl, daß eine größere Anzahl für seine Söhne und Enkel« (angeblich waren es 150 Prinzen, die Zahl der Töchter wurde nicht ermittelt) »gedruckt werden sollte. Ganz zufrieden, wie ich die 36 Ansichten von Jehol in einem Band zusammengefaßt hatte, beauftragte der Kaiser mich, das große Kartenwerk des Reiches auf die gleiche Weise zu gravieren und anzuordnen. Dieses führte ich danach in 44 Stichen aus.«

In London wurde er durch Vermittlung des sardischen Botschafters zweimal mit großen Ehren von König Georg I. zu ausführlichen Gesprächen über China empfangen. Bei der zweiten Einladung, kurz vor seiner Abreise im Oktober 1724, waren viele Vertreter des englischen Hochadels anwesend, darunter vermutlich auch Lord Burlington, der gerade mit William Kent versuchte, einen neuen Gartenstil für seinen Besitz Chiswick zu finden. Das Exemplar der 36 Ansichten von Jehol, das im Oriental Department des British Museum aufbewahrt wird, ist in rotes Maroquinleder gebunden und trägt den Bibliotheksstempel von Lord Burlington. Noch heute findet man im Park von Chiswick eine leicht geschwungene Wasserfläche (auf Darstellungen, die vor 1724 entstanden, ist es noch ein strenger Kanal im holländischen Stil), die von einer Brücke überspannt ist. Eine optisch fast gleiche Situation war im Park von Jehol noch 1981 zu sehen. Dies war der zündende chinesische Funke, die umgebende Landschaft im Garten nachzugestalten, der in das Pulverfaß der veränderungslustigen englischen High Society fiel. Fast einhundert Jahre lang nannte man den Landschaftsgarten in Europa »Les Jardins Anglo-Sinois«.

In Deutschland entstand 1744 der vermutlich erste Park in diesem Stil in der Nähe von Bayreuth. Seine Schöpferin, die Markgräfin Friederike Sophie Wilhelmine, war eine Schwester Friedrichs des Großen. Sie gab der gestalteten Landschaft, in der viele natürliche Elemente, vor allem Felsen, ihren Platz behielten, den Namen »Sanspareil«. Eine ihrer Schwestern baute in der Nähe von Stockholm einen vergleichbaren Park.

In den letzten zwanzig Jahren ist in Europa eine Reihe chinesischer Gärten im traditionellen Stil des Reiches der Mitte entstanden. Sie wurden von chinesischen Gartenarchitekten entworfen und von ihren Mitarbeitern hier aufgebaut. Ein solcher Garten ist z. B. in Frankfurt in den Bethmann-Park integriert.

Ralph-Rainer Wuthenow

Der japanische Garten

I

Was der Europäer gemeinhin für japanisches Naturgefühl hält, Zuwendung zu Pflanzen, liebevolle Züchtung, Freude an Blumen, zärtliche Stimmungen des leicht gerührten Gemüts, sentimentale Betrachtung, das schaut, schon ein Blick auf die Haiku-Dichtung könnte dies wohl zeigen, in Wirklichkeit recht anders aus. Es sieht so anders aus, daß wir im Westen Mühe haben, es nachzuvollziehen. Das Elegante, das Hübsche und Gefällige ist, wie in den Künsten Japans überhaupt – man denke nur an die alte Keramik, das Tuschbild (sumi-e) – bloße Randerscheinung.

Der Philosoph Watsuji Tetsurō bemerkt dazu in seinem Buch »Fudō«: »In Europa wurde die milde, geordnete Natur als etwas zu ›Eroberndes‹ behandelt, als etwas, dem eine zu entdekkende Gesetzmäßigkeit innewohnt. Wir sind zum Beispiel überrascht, mit welch großem naturwissenschaftlichem Interesse Goethe, der europäische Dichter schlechthin, die Natur betrachtete. In Europa wendet man sich mit seinem Verlangen nach Unendlichkeit einzig und allein an Gott, nicht an die Natur.« Wo man ihr Ehre erweist, gilt sie doch vor allem als Schöpfung Gottes, der sich in ihr offenbart, und wenn nicht er, so doch eine Weltvernunft. Folgt man dem japanischen Autor (und allein deshalb gestattet er sich diese sehr allgemeine Feststellung), so sieht es in Ostasien unverkennbar anders aus: Gerade wegen ihrer offenkundigen Irrationalität, also wegen ihrer Ambivalenz und irritierenden Widersprüchlichkeit, wurde die Natur nie als etwas angesehen, das es zu unterwerfen gelte. Das aus sich Seiende (dies ist die ursprüngliche Bedeutung von shizen = Natur!) ist durch seine unerfaßbare Tiefe geprägt. Ein Dichter wie Bashō hatte kein intellektuelles Interesse an der

Natur, aber sie war ihm ästhetisch-religiös, vielleicht sogar ethisch von größter Bedeutung. »Indem er sich selbst im Spiegel der Natur sah, spürte der Mensch, daß sich ihm der Zugang zu dem unendlich tief in ihr wohnenden Metaphysischen auftat« (Watsuji). So war es wahrscheinlich wichtiger, mit der Natur zu leben, als sie gegen ihren Willen zur Offenlegung ihrer Gesetze zu veranlassen.

Es ist nicht ganz verkehrt, auch klimatologische Gegebenheiten anzuführen, was nicht gleich etwas mit geopolitischer Geschichtsdeutung zu tun haben muß. Einen solchen Determinismus schiebt auch Kurt Singer in seinem Japan-Buch beiseite, indem er erklärt: »Keine Vorstellung ist dem Japaner fremder als die Idee eines ›Geistes‹, der der Natur feindlich gegenübersteht, ja sogar rebellisch bleibt, wo er ihr nachgibt, und seinen gebieterischen Anspruch auch dort behauptet, wo er sich ihrem Gang anpaßt. In Japan ist der Mensch niemals aus dem vertrauten Umkreis von Tieren, Blumen und Felsen herausgerissen worden, kein göttlicher Wille hat ihm die Verfügungsgewalt über seine Mitgeschöpfe erteilt. Ihm sind allein schon die Inseln, auf denen er lebt, wie ältere Kinder, welche von Göttern herstammen, die seine eigenen Vorfahren sind.« Das mag dem heutigen Japan-Reisenden übertrieben erscheinen, ist in dieser Verallgemeinerung wohl auch nicht mehr gültig, entspricht aber doch einer noch immer nicht abgestorbenen Auffassung.

Die klimatischen Bedingungen nun, alles, was mit dem Wechsel der Jahreszeiten wie der Vegetation zusammenhängt, prägt das Naturgefühl und dementsprechend Ausdruck und Form, die sich in Poesie, Malerei, Architektur und Parkanlage finden. Das Inselland besitzt ein feuchtes Klima, die Sonne ist intensiv, die Vegetation üppig, fast subtropische und beinahe noch arktische Elemente prägen den großen, von Nordosten nach Südwesten sich dehnenden Archipel. So gibt es neben kargen auch üppige Regionen mit einer dreifachen Fruchtfolge im Jahr, es gedeiht hier Reis und Weizen, Apfel, Pflaume, Zitrusfrucht und Teestrauch, im Winter deckt Schnee den grünen Bambus, indes an der Küste bereits die Kamelie blüht. Andererseits ist diese Natur mit Flutwellen und Taifunen, Vulkanausbrüchen und Erdbeben im wörtlichen Sinne verheerend.

Die europäische Kunstauffassung bestimmt Schönheit im allgemeinen als Resultat von Ordnung und Harmonie, die durchdachte Gestaltung zielt auf Proportion, Gleichmaß und Symmetrie; die Erscheinung wird übersichtlich gegliedert. Nicht immer wird die quasi mathematische Gesetzmäßigkeit genauestens befolgt, aber fast immer wird sie anerkannt. Das gilt dann auch für europäische Parkanlagen.

Die japanische Gartengestaltung scheint frei zu sein von aller rationalen Gesetzmäßigkeit, für die der französische Garten des 17. und 18. Jahrhunderts im Stil von Le Nôtre das bedeutende Paradigma abgibt. Die natürliche Landschaft wird nicht einer künstlichen Form unterworfen, der japanische Garten ist unberührt von Geometrie, die Natur wird nicht dressiert.

Das andere europäische Beispiel, das sich zum Vergleich anbietet, ist der englische Landschaftsgarten; man kann sich aber fragen, ob er wirklich eine Schöpfung ist und nicht eine natürliche Landschaft in einem vorgegebenen Raum, die sich zur weiter dahinter ausgebreiteten Landschaft öffnet, die für den französischen Garten immerhin als Vedute noch präsent bleibt.

Das japanische Verfahren sieht anders aus: »Will man die Natur mit künstlichen Mitteln ordnen, darf man das Natürliche nicht durch Künstliches überdecken, vielmehr muß das Künstliche sich der Natur unterordnen. Das Künstliche hingegen zähmt die Natur von innen her, indem sie es hegt und pflegt«, bemerkt Watsuji Tetsurō. Der unsichtbar gemachte Aufwand führt zu einer reinen Gestalt der sonst eher wild wuchernden, schwer zu bändigenden Natur, schwerer jedenfalls als in Europa. Die Naturschönheit, ihre Ausdruckskraft wird sozusagen konzentriert und geläutert. Dennoch (oder gerade deshalb) wirkt der Garten geschlossen. So besteht der einfachste Garten womöglich aus nur einer einzigen Kiefer auf einer ebenen Fläche aus gepflegtem Moos, in die einige Trittsteine eingelassen sind. »Da gibt es keine zu vereinheitlichende Vielfalt, hier kann von vornherein nur von einer einheitlichen Einfachheit die Rede sein.«

Entwurf eines ebenen Gartens

Auf das sorgsamste bemüht sich der Gärtner um das Verhältnis von weichem, grünem Moos und harten, dunkel- oder hellgrauen Trittsteinen, die gegeneinander versetzt sind. Das Moos bildet keine ganz gerade Fläche, sein weiches Grün »stellt eine von unten her anschwellende Welle dar. Dieses wellenförmige Wachstum ist zwar von Natur aus vorhanden; doch bringt der Mensch, der die subtile Schönheit dieser Wellenbewegung erkennt, sie durch sein pflegendes Eingreifen erst richtig zur Geltung.« Um dieses Verhältnis zwischen Moos und Steinen herzustellen, muß man die Form der Steine beachten, dann wie sie zu behauen und einander zuzuordnen sind. Auch wo sie flach und eckig gestaltet sind, geschieht dies nicht um eines geometrischen Eindrucks, gar der Symmetrie willen, sondern um den Gegensatz zur Fläche des welligen Mooses herzustellen. So bestimmt die wellige Moosfläche auch die Anordnung der Steine. »Hier wird Einheit nicht durch die geometrische Proportion erreicht, sondern durch eine Ausgewogenheit der Kräfte, die zum Herzen spricht, sozusagen in Einstimmigkeit mit dem Atem.«

Eine derartige Zurückhaltung und Kargheit unterscheidet auch den japanischen vom chinesischen Garten, der sozusagen üppig ist. Chinesische Gärten (die es auch in Japan gibt) sind weit entfaltet, japanische vielmehr konzentriert. Diese erscheinen dementsprechend als künstlich gegenüber den eher natürlichen chinesischen Gestaltungen, die elegant wirken neben den oftmals spröden, bescheidenen Schöpfungen der Japaner. Auf eine gleichsam menschliche Weise werden hier Fels und Fläche, Vegetation und Wasser zur Übereinstimmung gebracht. Was die Natur nur hin und wieder, ansatzweise zeigt, wird nun von einem einverständigen Gärtner zusammengebracht, zusammengefaßt, behutsam gesteigert; er hilft so der Natur weniger, über sich hinauszugehen, als vielmehr sich in idealer Weise zu verwirklichen. Das bedeutet keine Nachbildung, eben weil es sich um Steigerung und Konzentrierung handelt. Das heißt auch nicht Fülle, es kann mit Sand und Fels sogar eine extreme Reduktion sein, Rückführung auf die allereinfachsten Elemente – und deshalb wiederum auch keine Abstraktion.

Hinzu kommt nun, daß die Anlage, was von den weiträumigen Landschaftsgärten mancher Residenzstädte sowieso gilt, nicht auf einen Blick und also niemals endgültig zu erfassen ist. Auch sollte man lernen, diese Gärten japanisch, also auf dem Boden sitzend oder hockend, wahrzunehmen. Dann erst wird man aufmerksam werden auf die fast unmerklichen Abschattierungen, die denen der klassischen Tuschmalerei durchaus entsprechen können. Auch sie ist so konzipiert, daß, für den Europäer überraschend, eine subtile Ausgewogenheit ohne Symmetrie entsteht, eine Übereinstimmung zwischen perspektivischer Leere und kräftigerem Gegenstand wie Blatt, Zweig, Vogel, die eben durch eine weit vorangetriebene Sparsamkeit erst wirksam wird. Denn die Leere ist gespannt. Nicht das Gleiche, aber das Analoge gilt für die japanische Gartenanlage.

Die Vegetation pulsiert in Japan rascher als in Europa, dem trägt der Gärtner Rechnung, was dazu führt, daß der japanische Garten zu jeder Jahreszeit seine Blüten, seine Reize, seine Schönheiten darbietet, auch im Winter. Sichtbar werden sie vom Umgang oder Wohnraum des Hauses aus, also nicht durch den eng begrenzten Ausschnitt eines Fensterrahmens. Nach Watsuji reflektiert »die jeweilige künstlerische Verschiedenheit genau das, was der Mensch von der Natur verlangt«. Wurde die milde und vorgeordnete Natur als etwas behandelt, was zu erobern sei, um ihrer inneren Gesetzmäßigkeit habhaft zu werden, so gilt dies für die anders geartete Natur in Japan nicht: Der pflegende Geist unterwirft sich dem Eigensinn der Natur.

Eben deshalb kann der japanische Garten, anders als in Europa, jeder Jahreszeit entsprechend, die hier sehr aufmerksam wahrgenommen wird, lebendig sein, er ruht nicht eigentlich aus, oder doch nur wenig, wenn auch die Vegetation zu ruhen scheint. Fels, Sand und immergrünes Baumwerk, die oft eigentümlich gestaltete Kiefer, Bambus und Bambusgräser, vielleicht auch Moos oder Schilfgras sorgen dafür, daß auch der totgesagte Park nicht tot ist. Er bleibt eindrucksvoll auf unaufdringliche Weise, wenngleich die Azaleen und Schwertlilien im Teich nicht mehr blühen, selbst wenn Ahorn und Lackbaum ihre rotleuchtende, dunkel- und karmesinrote Färbung verloren haben. Immer wieder kommt der Besucher so auf den großen Unterschied zur europäischen Gartengestaltung zurück.

So empfand es auch Kawabata Yasunari, der in seiner Erörterung des Japanisch-Schönen und dessen, was es ihm bedeutet, kurz auf den japanischen Garten eingeht. Er nennt ihn symbolisch für die Größe und Weite der Natur. Das mag auch für den Westen gelten, aber dort ist eben alles symmetrisch ausgerichtet, in Japan nicht. Das Asymmetrische symbolisiert eher Vielfalt und Weite. »Doch ruht die Asymmetrie naturgemäß auf einem Gleichgewicht, das feinste Empfindung erzwingt. Nichts ist komplizierter, abwechslungsreicher und der Einzelheit zugewandter als die japanische Gartenkunst.« Das aber bezieht sich vor allem auf den Trockengarten, der aus Felsen besteht, die so angeordnet sind, daß der Eindruck von Flußlauf und Bergen entsteht, die als solche nicht vorhanden sind. Der Garten ist die komprimierte Landschaft.

II

Natürlich gibt es auch in Japan vielerlei Gärten und Parklandschaften, und nicht allein aus den verschiedenen Epochen. Es gibt die einem Tempel zugehörigen strengen Anlagen, die unter dem Einfluß des Zengeistes entstanden sind wie der Ryoanji in Kyōto, der nur aus geharktem Sand und ungleich verteilten Felsen besteht; es gibt die üppige, reich mit Blumen und Sträuchern und mit wechselnden Perspektiven ausgestattete weiträumige Parkanlage wie die bestimmter Residenzen (Mitō, Okayama, Kanazawa, Kumamoto) oder den Garten des Ginkakuji in Kyōto, den Ashikaga Yoshimasa, der Shogun, von Sōami anlegen ließ. Allgemein jedoch darf gelten: Der Garten ist selbst bei weiträumiger Anlage weniger im europäischen Sinne zum Spazierengehen und Schlendern da als vielmehr zum Betrachten und zum Sinnen. Man betrachtet ihn eher im Sitzen als im Vorübergehen.

Das Wohnhaus ist auf den Menschen bezogen, der Garten erweckt nun die Illusion, die Landschaft sei auf das Haus bezogen und nehme es allmählich in sich hinein. Der offene Landschaftsraum, als der sich der kleine Gartenbezirk seltsamerweise darstellt, wird einbezogen, an die Aussicht gefesselt, die nicht die aus dem Fenster eines europäischen Gebäudes ist, sondern aus der weit geöffneten Wand des fast zu ebener Erde befindlichen Wohnraums. Verkleinert (ohne daß wir dessen gewahr werden) ist der Garten nun selbst als vollkommene Landschaft gegenwärtig, als wäre er gar nicht der Ausschnitt, der er doch ist.

Diese Entwicklung setzt seit dem Anfang des 16. Jahrhunderts mit Sōami, Kōbori Enshu und anderen ein; wir wüßten allerdings gern mehr über die Gartenanlagen der vorausgehenden Jahrhunderte, doch aus der Literatur erfahren wir, daß sich der Hofadel auf einer Art Balustrade oder dem einer Veranda ähnlichen Umgang versammelte, um dem Flötenspiel zu lauschen, den Mond zu beschauen, die Kirschblüte, die Schönheit einer Kiefer, die Glyzinien im Frühsommer, den leuchtenden Ahorn im Herbst. Wir erfahren daraus einiges über konventionelle

Naturwahrnehmung, nicht aber über die Grundsätze der Gartengestaltung.

Sei Shōnagon, die aufmerksame kaiserliche Hofdame aus dem frühen 11. Jahrhundert, notiert in ihrem »Kopfkissenbuch« (Makura no sōshi) Interessantes zu dieser Wahrnehmungsweise, nichts aber über die Raumgestaltung, in der sie erfolgt. ›Garten an einem Herbstmorgen‹ heißt eine ihrer kurzen Aufzeichnungen: »Der Regen, der eine ganze Septembernacht hindurch goß, hat aufgehört, und strahlende Sonne glitzert im Garten. Über die Chrysanthemenblätter sind unzählige Tautropfen gestreut. An den Hecken und Gartentörchen hängen noch zerrissene Spinngewebe, und an ihren Fäden sind silberne Perlen aufgereiht.

Es wird Tag, und die sich verbergenden Süßkleezweige heben ihre Köpfe einen nach dem anderen erleichtert auf, weil der Tau auf den Blättern schon getrocknet oder gefallen ist.

Es ist für mich interessant zu denken, daß solche für mich interessante Beobachtungen für andere nicht interessant sein könnten.«

Mag die abschließende Reflexion ein wenig selbstgefällig wirken, erstaunlich bleibt doch die genaue und detailliert registrierende Aufmerksamkeit auf die unscheinbaren Momente des Gartengeschehens an einem Herbstmorgen. Doch vom Garten selbst erfahren wir nur etwas auf dem Umweg über die erwähnten Pflanzen. Es ist auch nicht die Rede von der auf kleinstem Raum weniger zusammengedrängten als vielmehr symbolisch arrangierten Natur (wie Fels und Sand, Kiefer und Pflaume), denn diese Art von Anlage war in der Heian-Zeit noch gar nicht entwickelt und gelangte erst Jahrhunderte später im Zusammenhang mit der beispiellosen Einwirkung des Zen-Buddhismus zur Entfaltung, was zu einer bis dahin nicht gekannten Darstellung von Ausdrucksformen der Natur führt – was sozusagen ihre vollständige Anwesenheit überflüssig werden läßt. Es geht nun in der Tat um die symbolische und nicht etwa nur um die auf den Kleinstmaßstab zurückgeführte Natur. Der Garten der Heian-Zeit hingegen dürfte noch ganz an dem chinesischen der Tang-Zeit orientiert gewesen sein.

Auch das rein japanische Kurzgedicht, das siebzehnsilbige Haiku, vermittelt keine Landschaft als Stimmung des Subjekts, es enthält natürlich keine beschreibenden Abschnitte, Natur ist in Ausschnitten gegenwärtig wie Mond und Teich, Zikade und Blume, Krähe und entlaubter Ast. Es werden also repräsentative Elemente evoziert, die der Geist des Aufnehmenden sich zu einem Ganzen zusammensetzen muß. Doch wird einmal bei Bashō die Wahrnehmungsweise beschworen, wobei er darauf verzichtet, die Elemente, die Park und Landschaft ausmachen, näher zu bezeichnen – weil es nicht nötig ist:

»Berge und Garten / sind bewegt, und sie rücken / in das Sommerhaus.«

Es gibt hier kein Gegenüber; auch wenn wir ihn betrachten, sind wir im Garten als in einem großen Ganzen.

Park oder Garten erscheinen hier stets als symbolische Ordnung, wie in der Tuschmalerei der Epoche auch, doch wenn wir die Maler schon kennen, weil ihre Namen überliefert sind, so kennen wir in vielen Fällen die der Gartenschöpfer nicht, was freilich nichts mit einer geringeren Wertschätzung zu tun hat. Vielleicht fragt man hier nur weniger nach der individuellen Leistung, so als hätte sich die Natur des Künstlichen nur bedient, um sich auf sublime Weise so zu erfüllen, wie es ihr unter normalen – also völlig ›natürlichen‹ – Bedingungen niemals gewährt wird. Das ist natürlich für Europäer nur schwer verständlich.

Auch Japanern kann es so ergehen: In einer seinerzeit berühmten, kurz nach dem Krieg erschienenen Erzählung hat Ōsaragi Jirō seinen Protagonisten nach langjährigem Europaaufenthalt den Weg zurück nach Japan finden lassen, der nun in Nara und Kyōto die alten Tempel im Gegensatz zu den Kathedralen in Europa als tot und museal empfindet. Nur von dem schönen Blick, den er über die alte Stadt hin gewährt, lebt noch der Kyomizu-Tempel. Der Kokedera und der Ryoanji sind nur noch lebendig, meint er, weil sie besonders schöne Gärten haben; sonst sind die berühmten Städte nur eine Wüste alter Tempel. »Der Moosgarten des Saihōji und die Felsengärten des Ryoanji fesselten ihn, weil ihre Schönheit unterschiedlich war.

Doch auch hier fand er den Geschmack eines Volkes, das gelernt hatte, die Kargheit seines Daseins dadurch zu überwinden, daß es die Neigung zu einfachen Dingen wie Gräser und Pflanzen entwickelte. Nur ein Volk, das Luxus als Laster und Armut als Tugend einschätzte, konnte diese Gärten von erlesener Reinheit entwerfen. Der durchschnittliche Ausländer würde nicht verstehen, wieso sie schön waren.« Den Garten des Kinkakuji aber könne jeder Europäer als schön empfinden; er spende Freude, sei frei, weiträumig und licht, elegant und praktisch dazu. »Er war geschickt bewässert und weithin geöffnet gegen den Himmel. Auch war das Gebäude architektonisch derart luxuriös, daß man kaum glauben konnte, daß es japanisch sei. Man hatte es sogar mit Goldblatt ausgestattet. Natürlich war es entworfen worden, bevor Tuschmalerei, Tee-Zeremonie und Zen ins Land gekommen waren. War es deshalb so prächtig?« Dagegen ist nun die Schönheit der Moos- und Felsanlagen ganz zurückgenommen, und die Reinheit dieses Stilgefühls, befürchtet Ōsaragi, könnte verlorengehen.

III

Natürlich ist auch der so angeordnete Garten das Ergebnis intensiver Pflege; die Üppigkeit der Vegetation des feucht-warmen Klimas fordert die ständige Entfernung von Unkraut und Wildwuchs mehr als in unseren gemäßigten Zonen. Er wird von fallenden Blüten und Blättern wie bei uns gesäubert. Aber sauber, rein (jap. kirei) bedeutet im Japanischen zugleich eine Art, schön zu sein. Wie anders diese gepflegte Reinheit in Japan ausschaut und wieder natürlich wird, zeigt eine Anekdote, die von Sen-no Rikyu überliefert wird. Er sah, wie sein Sohn den Gartenweg fegte und mit Wasser sprengte. Als der meinte, die Arbeit beendet zu haben, sagte der Teemeister nur »nicht rein genug« und ließ ihn die Arbeit noch einmal tun. Nach geraumer Zeit meinte der Sohn, es sei nun nichts mehr zu tun: Die Stufen waren wiederholt gewaschen, Steinlaternen und Bäume besprengt worden, Moos und Flechten schimmerten in frischem Grün, kein Zweig, kein Blatt lag mehr auf dem Boden. Da aber schilt ihn der Vater einen Narren; so gilt es nicht, einen Garten zu fegen. Der Teemeister tritt hinaus in den Garten und schüttelt einen Baum, so daß nun goldene und purpurfarbene Blätter, die ganze herbstliche Pracht, sich leuchtend über den Garten verteilte.

Sauberkeit ist sinnlos, wenn sie nichts ist als sterile Reinlichkeit, erst die natürliche Unordnung ist sinnvoll und dementsprechend schön. Doch sollten wir nicht vergessen, daß diese ›Unordnung‹ nicht die ursprüngliche ist, sondern sozusagen eine auf dem erreichten Gipfel der Ordnung wiederhergestellte – ein Prinzip, auf das der Betrachter in der japanischen Ästhetik immer wieder stoßen wird: Man scheut sich nicht, über die sichtbar erreichte vollkommene Form hinauszugehen, indem man die gewonnene Symmetrie, das vollkommene Rund, die perfekte Linie auf fast unmerkliche Weise wieder zerbricht.

Es läßt sich behaupten, daß die japanische Gartenanlage dem Landschaftskultus entspricht; der Garten ist gestaltete, nicht einfach nachgestaltete Landschaft. Es waltet hier durchaus ein Formgesetz. »Der Garten«, sagt Curt Glaser in seinem Werk »Die Kunst Ostasiens«, »folgt nicht jeder Laune der Bodengestaltung oder des natürlichen Wachstums. Aber ebensowenig zwingt er einem Stück Natur ihm fremde, architektonische Gesetze auf. Der Künstler schafft eine Landschaft nach seinem Willen. Norm der Gestaltung ist das Naturschöne.« Wasser, Steine und Pflanzen spielen dabei die wesentliche Rolle. Der Gärtner, so ergibt sich aus überlieferten Anweisungen, »soll nur Pflanzen verwenden, über deren Form er Herr bleibt. Kiefern und immergrünes Gesträuch sind ihm das liebste Material.« Pflanzen hingegen, die jedes Jahr neu aufkommen und wieder vergehen, würden den formalen Zusammenhang der Anlage stets wieder in Frage stellen; die Grundformen sollen erhalten bleiben, auch wenn der Garten im Rhythmus seines Jahres Kleid und Farben wechselt.

Der japanische Garten ist auf die vier Jahreszeiten ausgerichtet, er ist deshalb nicht als arrangierte Stimmungslandschaft im Kleinen anzusehen, eher schon als ein zuweilen auch konventionelles, wiewohl unaufdringlich symbolisches Werk mit den klassischen Topoi, wie eben Fels oder Kiefer sie darstellen. Mit den Mitteln der Natur selbst wird hier Landschaft real und zugleich symbolisch verständlich. Daher ist eine japanische Gartenkomposition auch nicht sofort zu entziffern, schon gar nicht, wenn man die in jüngerer Zeit überhandnehmenden Einsprengsel in Betracht zieht, von denen eine Steinlaterne etwa als Tempel steht, die Kiefer als Glückssymbol, ein Steinarrangement als die Schildkröte, die auf dem Berg des Paradieses ruht. Das macht den Garten zu einer Reihe lern- und erklärbarer Signale, er hört damit auf, ein Ort zu sein, an dem die Natur selbst wieder zu einem Bildwerk wird.

Es gibt in Japan drei kanonische Landschaften: die Landzunge von Amanohashidate (bei Kanazawa), Matsushima, eine Bucht mit lauter kleinen, z. T. von Kiefern bewachsenen Felseninseln von unterschiedlicher Größe (in der Nähe von Sendai), schließlich Miyajima, Tempel und rotleuchtender Tori, der im flachen Wasser steht und den Blick auf die Schreinanlage lenkt. Es gibt weitere berühmte Ansichten, so die acht vom Biwa-See und die des wunderbar gleichförmig gebildeten Gipfels des Fujisan. Außerdem spricht man noch von drei berühmten Landschaftsgärten, dem Kōraku-en in Okayama, dem Kairaku-en in Mito und dem Kenraku-en in Kanazawa. Sie alle, Aussichten wie Parkanlagen, sagen uns etwas über das durch die Wahrnehmungsweise gelenkte Naturempfinden des japanischen Menschen, aber sie erklären uns nicht die eigentümliche Komposition der japanischen Gärten, die nur selten so zur umgebenden Landschaft geöffnet sind, daß in einer bestimmten Perspektive Wälder und Berghänge als unaufdringliche Kulisse das Gartenbild zu erweitern und endlich abzuschließen scheinen.

Im allgemeinen ist der japanische Garten abgeschlossen, umfriedet von einer schlichten, nicht eben hohen Mauer aus Lehm oder einem Zaun aus natürlichem Material (Flechtwerk mit Bambus). Er ist also gleichsam gerahmt, d. h. von der Naturwirklichkeit, von Wald und Straße unauffällig abgegrenzt. Was sich alsdann drinnen, in der Betrachtung, vollzieht, ist keineswegs eindeutig und festlegbar – auch hier setzt der Besucher das

Bild des Ganzen in seinem Sinne zusammen, er vollendet es. Auch der so überaus strenge und einfache, ja auf herausfordernde Weise leere Felsgarten des Ryoanji zeigt, was man darin sehen will.

Es könnte dies mit der Tatsache korrespondieren, daß die ostasiatische Malerei eine Zentralperspektive nicht kennt. Vielleicht gibt uns die Malerei mehr als einen Schlüssel zum Verständnis der aus ähnlichem Geist entstandenen strengen Gartenarchitektur mit ihrem Verweis auf Berg und Wasser (san-sui heißt Landschaft), die nicht als Kontrast erfahren werden, sondern als zusammengehörig. Polarität ist hier nicht Abgrenzung, sondern Spannung. Auch der Mensch steht nicht als Subjekt der Landschaft gegenüber, er gehört zu ihr. Auch ein Tuschbild hat mehrere mögliche Blickpunkte, anschauend scheint sich der Betrachter im angedeuteten Bildraum zu bewegen. Das Bild ist also weniger Wiedergabe angeschauter Wirklichkeit als Produkt, sagen wir: einer inneren Vorstellung. Deshalb bedarf es im Tuschbild auch keiner Beleuchtung; wir sehen wohl Hell und Dunkel, aber es wird keine Lichtquelle erkennbar.

Auch der Garten kennt keine Zentralperspektive, mag er zuweilen auch auf die Front des Wohnraums hin ausgerichtet sein. Nichtsdestoweniger ist das Gebilde gegliedert, doch wird die Gliederung eher in Übergängen und Zugehörigkeit erkennbar als in Abgrenzungen. Es ist dies eine eigentümliche japanische Gestaltungsweise, die sich erst in der Muromachi-Epoche (15./16. Jahrhundert) entfaltet und dann weiterentwickelt wird, vor allem im Zusammenhang mit dem sich ausbreitenden Kult der Tee-Zeremonie. Wir denken dabei an den weisen Tee-Meister Sen-no Rikyu, sollten aber vor allem an den Meister des Gartens im Ryoanji und den des Ginkakuji (Silberpavillon), an Sōami, an Sesshū, denken und an den vielleicht größten der japanischen Gartenarchitekten, an Kōbori Enshu (1579-1647), dem nicht nur die Gartenanlage von Katsura zugeschrieben wird, sondern auch die beispiellos klare, unaufdringlich reine und strenge Gestaltung des Gebäudes, das wir aus lauter Verlegenheit als kaiserliche Villa, gar als Palast bezeichnen. Die Begriffe fehlen uns.

War der Garten der Heian-Zeit vor allem gekennzeichnet

durch Teich und Insel, die das Fabelland Hōrai symbolisierte, in dem nach chinesischer Überlieferung das alterslose ewige Dasein die Sterblichen erwartete, so ist der sparsame und von Stereotypen und Allegorien befreite Gartenstil der Muromachi-Epoche zuerst von Muso Kokushi, einem Zen-Mönch der ausgehenden Kamakura-Zeit, als eine neue Schöpfung entwickelt worden, für die der Moos-Tempel auf eindrucksvolle Weise Zeugnis ablegt. Hier im Westen von Kyōto mit den sanft geschwungenen Höhenzügen im Hintergrund wechselt das dunkle Grün der Kiefern mit dem helleren Grün des geschmeidigen Bambus. Über eine Brücke führt der gepflasterte Pfad an einer weißen, mit Dachziegeln gedeckten Mauer entlang zum Tempeltor, hinter dem sich der nicht eben große Garten mit seinen Ahornbäumen und der grünen Moosdecke zeigt, der dementsprechend im Herbst seine größte Schönheit entfaltet. Die Sage berichtet, daß Muso Kokushi bei seiner Tätigkeit einen geheimnisvollen Gehilfen hatte: Es war der Jizō, die Gottheit der Wege und der Beschützer der Kinder.

Das Gebilde von höchster Einfachheit, das dabei entstand und in dem auf Sträucher, Stauden und Blumen verzichtet wird, um das Grün verschiedener Moosarten herrschen zu lassen, zeigt dennoch eine ständig wechselnde Szenerie; die Baumkronen spenden Schatten, es ist, als wäre die Anlage ein sich selbst überlassener ursprünglicher Naturausschnitt, ohne Großartigkeit und Pracht, ohne kostbare Gewächse. Auch ist es Muso Kokushi als erstem gelungen, einen kara-san-syi, einen Trockengarten, anzulegen; die Gestaltung des Wassers im Park erfolgt durch – Steine. Er ist überdies auch der Schöpfer des Tempelgartens von Tenryū in Arashiyama, eines Gartens mit weißem Sandboden, einem Teich und dem dahinter sich erhebenden dichtbewaldeten Berghang des Kameyama. Die umgebende Landschaft ist offenbar bewußt als Begrenzung in das Parkgefüge hineinkomponiert worden. Er mag übrigens sogar für Spaziergänge gedacht gewesen sein. Mit jedem seiner anders gearteten Gärten hat Muso ein Muster geschaffen. Es ist eine Schrift von ihm überliefert, in der es heißt: »Echte Wahrheitssucher lieben die Landschaft.«

Der heute weltweit berühmteste Tempelgarten ist der des Ryoanji. Es handelt sich dabei um eine kleine Anlage von größter Spannung (23 zu 9 Meter), die nichts aufweist als eine weiße feingeharkte Sandfläche und scheinbar willkürlich verteilte Gruppen von Steinen, fünfzehn insgesamt, in fünf Gruppen aufgeteilt. Hierzu bemerkte der Abt des Klosters: »Laßt uns in Stille hinsitzen und diesen Garten aus Sand und Stein betrachten. Sōami, der berühmte Künstler, der diesen Garten schuf, bringt hier sein Verständnis des Zen mit großartiger Schlichtheit zum Ausdruck, die weder Worte noch Regeln erheischt, um eine unermeßliche Botschaft zu übermitteln.« Man kann den Garten als Inselgruppe sehen oder als Gipfel über den Wolken, er kann auch das Meer sein, das sich unendlich dehnt. »Selbst ein Grashalm offenbart im Zen die letzte Wirklichkeit. So können wir sagen, daß dieser schlichte Garten uns von selbst auf den wahren Weg weist. Es ist ein Garten von tiefstem Inhalt, unvergleichbar mit jeglichem anderen Garten der Welt (...).« So sollte er, meint der Abt, nicht der Garten der Steine heißen, sondern der Garten der Leere oder der Garten des Nichts.

Aus dem 17. Jahrhundert stammt die seit Bruno Taut allgemein bewunderte Anlage von Katsua in der Nähe von Kyōto, ein Wunderwerk der Reinheit und der Schlichtheit, wie es gewiß ein zweites nicht gibt. Gegen den Prunk, das sozusagen barocke Element, das sich in der großen Anlage von Nikkō zur Schau stellt, zeigt sich hier die Würde des Unscheinbaren. Gebäude der Palastanlage, Teehäuser und Haupttrakte, stehen in enger Harmonie mit dem Garten, der eine abwechslungsreiche Miniaturlandschaft darstellt. Dazu gehört ein Teich und mit Kiefern bestandene Inseln, die durch Brücken zu einer Landzunge werden, ferner ein Wasserfall, Steinlaternen und eine erlesene Bepflanzung. Immer bietet sich dem Betrachter ein anderer Blick; die Außenwelt ist verschwunden.

Heute gilt es als ungewiß, ob Kōbori Enshu wirklich der Schöpfer dieser Anlage war, gewiß ist aber, daß der Geschmack des Bauherrn, eines kaiserlichen Prinzen, nicht nur als der des Auftraggebers, der bloß akzeptierte, was man ihm bot, eine fördernde, ja lenkende Bedeutung dabei besaß. Bruno Taut hat als erster Europäer die Aufmerksamkeit auf diese unvergleichliche Komposition gelenkt und darf als der Wiederentdecker von Katsura-Rikyu gelten. In seinem Vortrag über die »Grundlinien der Architektur Japans« sagt er: »Soviel Herrliches man auch an Shugakuin und anderen findet, in Katsura allein existiert die überwältigende Freiheit des Geistes, die kein Element des Baus oder des Gartens einem Schema unterordnet.« Er nennt ihn ein in der Welt »völlig alleinstehendes Wunder«. An anderer Stelle notiert er: »Letzte notwendigste Einfachheit, Bescheidenheit und deshalb Freiheit.« Und schließlich: »Das Werk von Kōbori Enshu steht vollkommen allein in der Welt.«

Maureen Carroll

Antike griechische Gärten

In der griechischen und römischen Antike haben nicht nur herausragende Bauwerke, sondern gelegentlich auch besondere Gärten großen Ruhm erlangt. Die Hängenden Gärten der Semiramis von Babylon beispielsweise galten seit dem 3. Jahrhundert v. Chr. bei den Griechen als eines der Sieben Weltwunder. Auch die Baum- und Tierparks oder *paradeisoi* der persischen Könige wurden von Griechen und Römern bewundert. Die Römer selbst waren ausgesprochene Gartenliebhaber, und zum Besitz eines reichen, berühmten Römers wie Lucullus oder Maecenas gehörten berühmte Gärten und Parkanlagen (*horti*). Von all diesen antiken Gärten haben die der römischen Welt die umfangreichsten Spuren hinterlassen, sei es in Form von Pflanzgruben, Wurzellöchern und Beetkonturen in der Erde oder als Motiv in der Wandmalerei und der Dichtung. Griechische Gärten dagegen sind selten im Boden archäologisch nachgewiesen worden. Griechische Dichter und Historiker schrieben ebenso selten über die Gärten ihrer Zeit, und die Darstellung von Gärten in der bildenden Kunst ist nicht überliefert. Wir sind daher auf Hinweise und Indizien angewiesen, um uns die antiken griechischen Gärten skizzenhaft vor Augen stellen zu können.

In den alten natürlich gewachsenen Städten wie Athen gab es kein regelmäßiges Straßennetz. Herakleides beschrieb um 200 v. Chr. Athen in seiner »Geographie« (I,1) als eine verwirrende, von winkligen Straßen durchschnittene Stadt. Die hohe Bebauungsdichte dieser alten Städte im 5. und 4. Jahrhundert v. Chr. ließ die Schaffung von Grünflächen und Gärten im innerstädtischen Bereich nicht zu. Das von einer Umfassungsmauer eingeschlossene Stadtareal wurde von Straßen, Häusern und öffentlichen Bauten voll ausgenutzt. Die Wohnhäuser hatten unregelmäßige Größen und nahmen immer das ganze Baugrundstück in Anspruch. Der in fast allen Häusern vorhandene offene Innenhof war meistens mit einem Estrichfußboden oder einem festen Belag aus Feldsteinen, Flußkieseln oder seltener Mosaik versehen, der diese Fläche für eine Gartenanlage ungeeignet machte, obwohl die Existenz von Pflanzen in Tonkübeln in diesem Hausbereich nicht auszuschließen ist. In den in klassischer Zeit neugegründeten Rasterstädten mit langen, geraden Straßen bestanden die Insulae oder Wohnquartiere aus gleichgroßen Reihenhäusern, die ebenfalls Mauer an Mauer standen und bis an die Straße reichten. Die Parzellen waren mit einer Durchschnittsgröße von 250 qm auch recht klein. Auf dieser Fläche mußten Haus, Hof und Nebengebäude untergebracht werden, so daß für einen Garten kaum Platz blieb. In keiner ausgegrabenen und untersuchten städtischen Wohngegend wurde die Existenz eines Gartens im Zusammenhang mit dem Wohnhaus nachgewiesen. Anders sah es sicherlich in vorstädtischen und ländlichen Gebieten aus, wo aufgrund der weniger beengten Bedingungen Gärten in Hausnähe zu vermuten sind. Dies bestätigen auch die Inschriften mit Besitzangaben in Verkaufslisten und Hypothekenurkunden. So kennen wir ein Haus mit Gärtchen vor der Stadtmauer in Halikarnass in Kleinasien und viele Häuser mit Gärten in den ländlichen Teilen Attikas und Mysiens. Diese Anlage sind als »Haus und Garten« (*oikia kai kepos*) beschrieben, gelegentlich wird ein Acker hinzugezählt. Die Paarung von Haus und Garten als Immobilienobjekt kommt in den auf bürgerlichen Besitz im inneren Stadtbereich bezogenen Urkunden nicht vor.

Die Begrünung der Stadtzentren beschränkte sich auf den sakralen und öffentlichen Bereich. Pflanzungen um die Tempel der Stadt sind archäologisch und schriftlich belegt, und der politische und wirtschaftliche Mittelpunkt der Stadt, die Agora, war oft begrünt. Im 5. Jahrhundert sorgte der athenische Staatsmann Kimon dafür, daß die Agora in Athen mit Platanen bepflanzt wurde. Laut Plutarch war er »der erste, der die Stadt mit den vornehmen und schönen Erholungsorten schmückte, die wenig später sich so außerordentlicher Beliebtheit erfreuten« (Plutarch, »Kimon« 13). Die Bäume der Agora in Athen scheinen entlang den Wegen und den Wasser- und Abwasserleitungen, besonders an den von den Brunnenhäusern führenden Kanälen, gestanden zu haben.

Dies entspricht den Idealvorstellungen des Platon, der die Ableitung von überschüssigem Wasser aus den Brunnenhäusern in die Gärten der öffentliche Bezirke und der Tempel vorschlug (Platon, »Gesetze« 761 C-D). Durch diese Maßnahme wurde eine schattige Umgebung für den Hauptversammlungsort der griechischen Stadt geschaffen.

In den ländlichen Gärten der Gutshöfe wuchsen Obst und Gemüse. Bei Sonnenaufgang strömten die Händler vom Land in die Stadt hinein, um ihre Gartenprodukte auf dem Markt zu verkaufen. Sogar die Mutter des Dichters Euripides pflanzte Gemüse auf ihrem Hof und verkaufte es in der Stadt. Die Bauern züchteten außer Obst und Gemüse auf ihren Gutshöfen blühende Pflanzen wie Rosen und Myrte sowie Efeu. Diese Zierpflanzen wurde gezogen, um sie bei religiösen Festen zum Kauf anzubieten. Auch Wildblumen wie Wiesenanemonen wurden gesammelt und in der Stadt auf dem Markt verkauft, wo sie zu Kränzen für kultische Zwecke verarbeitet wurden. Ein ganzer Marktbereich auf der athenischen Agora war dem Verkauf von Kranzblumen gewidmet.

Für die Stadtbewohner, die auf einen nahegelegenen Garten nicht verzichten wollten, gab es Platz in unmittelbarer Nähe in den Vororten. Kleine Vorstadtgärten konnten für einen relativ niedrigen Preis jährlich gepachtet werden, falls man nicht im Besitz eines solchen Grundstücks war. »In der Nähe der Stadt ist es ratsam, einen Garten (*sub urbe hortum*) mit allen Sorten von Gemüse und Blumen für Kränze, megarischen Zwiebeln, Hochzeitsmyrte, weißer und schwarzer Myrte, delphischem, zyprischem und wildem Lorbeer und auch mit Nußbäumen wie die abellanischen, praenestinischen und griechischen Varianten zu haben. Der Vorstadtgarten, besonders wenn er der einzige ist, sollte so vorteilhaft wie möglich angelegt und bepflanzt werden« (Cato, »De Agri Cultura« 8). Diesen Rat des Cato (234-149 v. Chr.) wiederholte einige Zeit später Varro (116-27 v. Chr.) in seinem Werk über die Landwirtschaft. »Es ist ge-

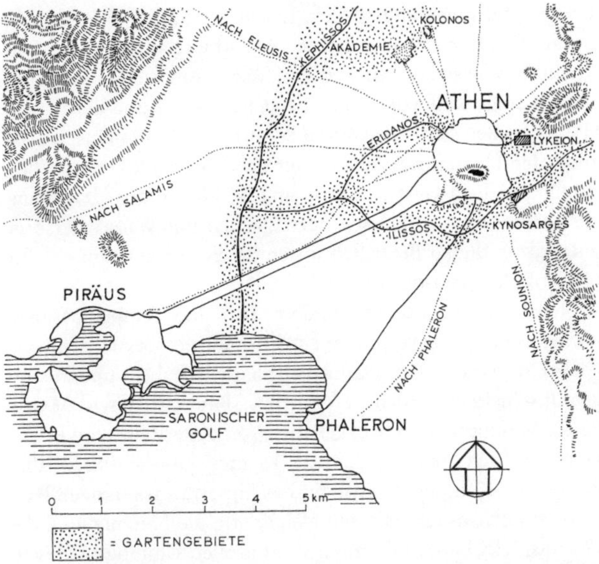

Athen. Die Stadt und Umgebung mit Gartengebieten

winnbringend, Gärten größeren Umfangs in der Nähe einer Stadt anzulegen, zum Beispiel mit Veilchen und Rosen und vielen anderen Gartenprodukten, für die es in der Stadt eine Nachfrage gibt« (Varro, »Res Rusticae« I, 16,3). Obwohl diese Beschreibungen in nachklassischer Zeit niedergeschrieben worden sind, haben sie auch für die Vorstadtgärten des 5. und 4. Jahrhunderts Gültigkeit. Hier wird deutlich, daß diese Gärten als Nutzgärten für den Eigenbedarf und für den Verkauf der Produkte auf dem Markt angelegt worden sind.

Die Inschriften, die die Gärten mit Ortsangaben aufführen, bestätigen die vorstädtische und ländliche Lage der Gärten nahe einer Wasserquelle. Die Wasserversorgung der griechischen Städte war oft schwierig, so daß man sich bei dem hohen technischen Aufwand und in Anbetracht der störungsanfälligen unterirdischen Tonleitungen auf das Notwendige beschränken mußte. Die einzelnen Häuser waren auf Zisternen und öffentliche Laufbrunnen angewiesen. Erst in römischer Zeit wurden private Wohnhäuser an staatliche Aquädukte angeschlossen. In Athen beispielsweise spielten drei Bäche um die Stadt herum eine wichtige Rolle: der Eridanos, der Kephisos und der Ilissos. Hier befanden sich viele Gärten der privaten Wohnhäuser, aber auch der Heiligtümer und Gymnasien. Die antiken Quellen nennen vielfach Gärten, Haine und Wälder in der Umgebung der Städte, die von Flüssen oder Quellen mit Wasser versorgt wurden. In diesen Bereichen waren die Bodenbedingungen für Gartenkultur günstig.

Nicht nur die Bürger, sondern auch die Tempel besaßen Nutzgärten, die sie verpachteten. Sie scheinen überwiegend den Charakter von kleinen Plantagen gehabt zu haben, und in einigen Inschriften werden verschiedene Baumarten wie Myrte, Feige, Maulbeere und Nuß genannt. Aus einer Reihe von Pachtverträgen geht hervor, daß ein Pächter für die Pflege aller Bäume des Kultlandes sowie für das Einsetzen von jungen Bäumen verantwortlich war und gleichzeitig die Nutznießung des Grundstücks hatte. Pflanzungen im großen Umfang in Privatbesitz waren im 5. und 4. Jahrhundert unüblich, jedoch traten sie oft als Bestandteil des Tempelbesitzes auf. Die vielen z. B. in den Ausgrabungen von Delos gefundenen Inschriften betreffen die Ländereien des Apollontempels auf den Inseln Delos, Rheneia und Mykonos in der Zeit nach dem 5. Jahrhundert. Seit dem 3. Jahrhundert besaß der Apollontempel 23 verpachtete Güter auf diesen Inseln, deren finanzielle Erträge aus Weinbau, Obstanbau, Ackerbau oder Viehzucht in die Geldtruhen des Tempels zurückflossen. Die Bepflanzung der Gärten bestand aus Feigen-, Oliven-, Apfel-, Nuß- und Myrtebäumen sowie Wein.

Heiligtumsgärten und -haine, die die Tempel umgaben und nicht als Nutzgärten angelegt waren, existierten in allen griechischen Städten, sowohl in der Stadt selbst wie auch in den Vororten und in ländlichen Bereichen. Gewisse Baumarten waren bestimmten Gottheiten heilig. Die Eiche war mit Zeus, der Lorbeerbaum mit Apollon, der Olivenbaum mit Athena und der Myrtebaum mit Aphrodite verbunden. Aphrodite als

Fruchtbarkeitsgöttin war die Göttin der Vegetation schlechthin. Alljährlich pilgerten anläßlich des Festes der Aphrodisien die Verehrer dieser Göttin vom Hafen der Stadt Paphos auf Zypern entlang der Küste durch den ihr heiligen Garten (Hierokepis), um zu dem Aphroditeheiligtum zu gelangen. Archäologische Zeugnisse bepflanzter Heiligtumsbezirke finden sich vielerorts. Baumgruben und Pflanzgräben wurden beispielsweise um den Altar der zwölf Götter und den Hephaistostempel auf der Athener Agora, am Asklepiostempel in Korinth, in Nemea am Zeustempel und im Heiligtum des Apollon Hylates bei Kourion auf Zypern freigelegt. Für ihre offenen Flächen und Haine um Heiligtümer, Nymphäen und das Gymnasion im Akropolisbereich war die Stadt Rhodos bis in die römische Zeit bekannt.

Keine Abhandlung der Heiligtumsgärten und -haine ist ohne eine Berücksichtigung der berühmtesten Grünanlagen der Antike außerhalb der Stadt Athen vollständig. In den Vororten Akademie, Lykeion und Kynosarges lagen grüne, schattige und bewässerte Idyllen, Gärten und Haine an alten geheiligten Orten. Diese können durchaus als Parkanlagen bezeichnet werden. Die Schönheit der Akademie wurde in antiken Schriftquellen besungen:

»Lustwandeln wirst Du im friedlichen Hain Akademos', im Schatten des Ölbaums, Mit schimmerndem Laube die Stirne bekränzt, an der Seite des sittsamen Freundes, Von Eiben umduftet in müßiger Ruh und den silbernen Blättern der Pappel, In der Wonne des Lenzes, wenn flüsternd leis zu der Ulme sich neigt die Platane.« (Aristophanes, »Die Wolken«, 1005 ff.).

In allen drei Vororten lagen jeweils Gymnasien, Sportplätze, Bibliotheken und Vortragssäle als Ausbildungsstätten, an die die Schulen der Philosophen Platon, Aristoteles, Epikur und Theophrast angeschlossen waren. Die Gymnasien auch anderer Städte klassischer Zeit, wie Sparta, Elis und Delphi, lagen in der Regel außerhalb des Zentrums in bewaldeten, grünen Zonen, in denen frisches Wasser aus Bächen und Quellen für die Sport- und Badeanlagen zur Verfügung stand. Die athenischen Philosophenschulen in der Nähe der Gymnasien verfügten ebenfalls

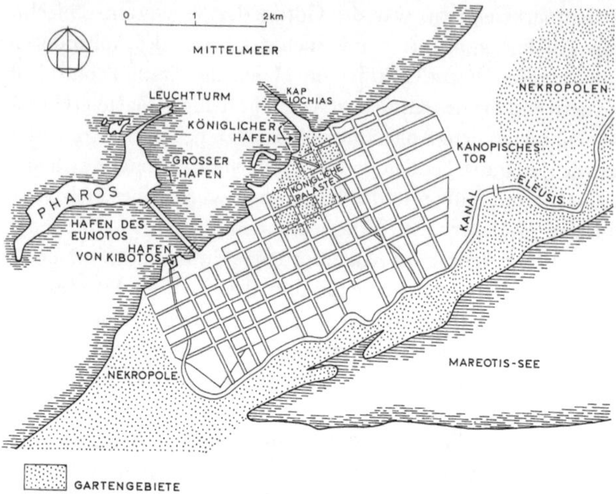

Alexandria. Die Stadt und Umgebung mit Gartengebieten

über Gärten, die mit Blumen, Rasenflächen, Wegen und Skulpturen wie verkleinerte Parks gestaltet wurden.

Bildliche Darstellungen von Bäumen und Pflanzen im Zusammenhang mit privaten Wohnhäusern sind selten. Einen Hinweis auf Topfpflanzen im Haus geben die wenigen Darstellungen von bepflanzten und als Adonisgärtchen bekannten Tongefäßen, die im Rahmen der Frauenfeier des Adoniskultes auf das Hausdach hinaufgetragen und zusammen mit einer Adonispuppe aufgestellt wurden. Häufiger sind Bäume und Pflanzen im heiligen Hain auf Vasenbildern dargestellt, jedoch ist das baumbestandene Areal in der Regel lediglich durch einen einzelnen Baum symbolisch gekennzeichnet. Soweit wir wissen, ist das Genre der Landschaftsmalerei der griechischen Kunst fremd.

Unter Alexander dem Großen (336-323 v. Chr.) verstärkte sich der Kontakt Griechenlands mit Ägypten und dem Orient. Beeinflußt von den östlichen Traditionen ließen die hellenistischen Könige nach dem Tode Alexanders in ihren Residenzstädten große Paläste errichten, die herrschaftliche Wohn- und Repräsentationsbauten, kulturelle Einrichtungen, Heiligtümer und Gymnasien einschlossen und ganze Viertel der Stadt dominierten. Im Palastbezirk in Alexandrien, der Hauptstadt des Ptolemäerreichs, gab es Haine, in denen auch die ptolemäischen Königsgräber, das Mouseion und Heiligtümer lagen, die traditionell mit Pflanzungen verbunden waren. Diese Grünzone hatte gewiß einen repräsentativen Charakter und erinnerte sowohl an die alten griechischen Parks der Gymnasien und Haine der Tempel als auch an die altägyptischen Gärten der pharaonischen Paläste. Königliche Baumgärten oder *paradeisoi* für die Jagd und zeremonielle Handlungen wurden in Anlehnung an persische Hofsitten besonders in Syrien, dem Seleukidenreich, unterhalten.

Aber hatten diese neuen ungriechischen Sitten im Palastbereich einen Einfluß auf die hellenistischen Städte und die private Wohnbebauung allgemein? Die neugegründeten Städte hellenistischer Zeit verfügten in der Regel über ein streng regelmäßiges Straßennetz und unterschieden sich in dieser Hinsicht nicht von ihren Vorgängern der klassischen Zeit. Weiterhin standen die Wohnhäuser unmittelbar nebeneinander ohne Platz für einen privaten Garten. Unterschiede gab es jedoch sowohl in der Größe der neuen Städte als auch in der großzügigen Flächenausdehnung der einzelnen Bauparzellen für die Wohnhäuser. Das hellenistische Alexandrien beispielsweise mit einem Durchmesser von mehr als 4 km stand im krassen Gegensatz zu allen Städten klassischer Zeit. Möglichkeiten waren dadurch gegeben, Grünflächen im nichtprivaten Bereich großzügig anzulegen. Bei der allgemeinen Tendenz zu einer luxuriösen Gestaltung hellenistischer Häuser können wir im Falle von Alexandrien davon ausgehen, daß die Häuser auf Baugrundstücken von knapp 500 qm über größere Peristylhöfe als Repräsentationsräume verfügten. Auch die nach 166 v. Chr. errichteten Wohnhäuser auf der Insel Delos erreichten nicht selten eine Größe von 600 qm und schlossen einen dieser Peristylhöfe ein, die oft mit Mosaiken geschmückt waren.

Trotz der Ausdehnung hellenistischer Städte ist eine Tendenz, Hausgärten vom Umland oder den Vororten der Städte in die Stadt selbst zu verlegen, nicht nachweisbar. Außer den Palastgärten in Alexandrien beispielsweise kennen wir Gärten dieser Stadt nur außerhalb der Mauer im Westen und Osten, wo die Grabgärten der Nekropolen lagen, und im Süden am Mariotissee. Von der bewußten Verbindung zwischen Landschaft und Architektur, die sich vor allem in der gezielten Lokalisierung von öffentlichen und sakralen Bauten bemerkbar macht, blieben die Wohnviertel der griechischen Städte hellenistischer Zeit im wesentlichen unberührt. Die Wohnbezirke waren nicht auf landschaftliche Ausblicke gerichtet, zumal die Wohnhäuser nach außen hin abgeschlossene Einheiten bildeten.

Die hellenistische Zeit ist in der Agrarwirtschaft und im Gartenbau eine Ära der Großländereien. Zahlreiche Papyri sind erhalten, die ein Bild der Landwirtschaft und Verwaltung der Ländereien in Ägypten unter ptolemäischer Herrschaft vermitteln. Zwei große Ländereien mit Weingärten, Baumgärten und Plantagen, die Apollonios, der Oberfinanzverwalter des Königs Ptolemaios Philadelphos im 3. Jahrhundert vom König als Geschenk erhielt, umfaßten je 2756 ha. Einige Ländereien werden in den Papyri als *paradeisoi* bezeichnet. Zu ihren Produkten zählten Oliven, Feigen, Granatäpfel, Aprikosen, Mandeln, Rosen, Wein und Gemüse. Solche plantagenartigen *paradeisoi* wurden auch im Euphrattal in Syrien bei Dura Europos angelegt, die nicht mit den alten persischen, als Baum- und Tierparks genutzten *paradeisoi* zu verwechseln sind. Die Ländereien des hellenistischen Ägypten produzierten nicht nur für den einheimischen Bedarf, sondern auch für die Märkte des Mittelmeers. Eine Spezialisierung der Agrarwirtschaft auf bestimmte Erträge läßt sich in den Tempelländereien des delischen Apollonkultes erkennen. Auf den Inseln Delos und Rheneia gab es große Pflanzungen von bis zu 20 000 Weinstökken auf einer Fläche von 78 ha, während die Insel Mykonos vor allem Obstgärten aufwies.

Wenn wir schließlich aufgrund verschiedener Hinweise versuchten, einen griechischen Garten zu rekonstruieren, hätten wir lediglich mit dem Nutzgarten Erfolg. Ob auf dem Lande oder in den Vororten, der Garten war von einer Mauer, einem Zaun oder einer Hecke eingeschlossen und durch eine Tür oder ein Tor zu betreten. Im Garten standen in Reihen gepflanzte Bäume wie Nuß, Feige, Myrte, Maulbeere, Granatapfel und Apfel. Die Pflanzgruben für Obstbäume und Reben sollten einen Durchmesser von ca. 60 cm und eine Tiefe von ca. 75 cm haben. Um zu verhindern, daß die Baumfrüchte auf den Boden des Nachbarn fielen, wurde je nach Baumart ein Abstand zwischen 1,50 und 2,70 m zur Grundstücksgrenze eingehalten. Entweder in einem eigenen Gartenbereich oder zwischen den Baumreihen wuchsen Gemüsesorten wie Kohl, Spargel, Lauch, Salat und Zwiebeln. Sowohl weitere Nutzpflanzen wie Mohn, Minze, Basilikum und Sesam als auch Rosenstöcke und Efeu gehörten zum Pflanzenrepertoire eines solchen Mischgartens. Blumen wie Veilchen blühten in mit aufgehäufter Erde angelegten Beeten. In den Weingärten waren Beete für Zwiebeln, Melonen, Kürbisse und Knoblauch zwischen den Weinstockreihen, wie es heute noch in Griechenland und Italien üblich ist. Der Garten ließ sich mittels Gräben und Kanälen künstlich bewässern. Schließlich wurde der Garten mit dem aus der eigenen Tierhaltung entstandenen Mist sowie abgemähten Pflanzen und Gräsern gedüngt. Im 5. und 4. Jahrhundert verrichtete der Gartenbesitzer selbst mit Hilfe seiner Sklaven solche Arbeiten. Erst in hellenistischer Zeit, als sich die Nachfrage nach Fachkräften auf den großen landwirtschaftlichen Betrieben verstärkte, gab es den Beruf Gärtner in allen griechischen Regionen.

Anders als die Arbeit eines Gärtners muß die Aufgabe eines Gartenkünstlers oder *topiarius* gesehen werden. Dieser Beruf führt uns zwangsläufig zu den römischen Gärten. Er ist erstmalig in einem Brief Ciceros an seinen Bruder Quintus im Jahre 54 v. Chr. belegt. Cicero überwachte die Gestaltung des Gartens seines Bruders bei Laterium und berichtete ihm folgendes: »Deinen Gartenkünstler (*topiarius*) muß ich loben. Er hat alles mit Efeu verkleidet, nicht nur den Sockel der Villa, sondern auch die Lücken zwischen den Säulen der Wandelhalle, so daß die griechischen Statuen eine Kunstgärtnerei zu betreiben und den Efeu zu verkaufen scheinen« (Cicero, »Epistulae ad Quintem Fratrem«, 3, 1, 5).

In den letzten Jahrzehnten des 1. Jahrhunderts waren in Italien durch *topiarii* gestaltete Kunstgärten mit in Gestalten oder Figuren geschnittenen Bäumen sehr beliebt. Hier kann man zum ersten Mal von Ziergärten sprechen. Es gibt keine Anhaltspunkte, daß vor den Römern die Griechen diese Art von Gartenbau praktiziert hätten. Um solche Ziergärten zu unterhalten, bedarf es einer ausreichenden und konstanten Wassermenge, die erst mit dem verstärkten Bau von Aquädukten im 1. vorchristlichen Jahrhundert in Italien zur Verfügung stand. Wasser als spezifisches Mittel der Gartengestaltung wurde daher erst in römischen Gartenanlagen eingesetzt. Römische Stadthäuser seit dem 2. Jahrhundert v. Chr. erhielten immer häufiger einen säulenumstandenen Innenhof, der, im Gegensatz zu griechischen Häusern, als Garten gestaltet wurde. Die Wohnhäuser der Vesuvstädte wie Pompeji und Herculaneum beispielsweise waren von Peristylgärten geprägt, die mit Skulpturen, Gartenmobiliar, Wasserbecken, Kanälen und Springbrunnen zwischen Bäumen und Pflanzungen ausgestattet wurden. Römische Villen auf dem Land bereicherten häufig Gärten und Parks. Die statuarische Ausstattung und Wandgemälde in den Gärten der Stadt- und Landhäuser verdeutlichen, daß griechische Heiligtümer, Gymnasien, Parks und Paläste sowie orientalische *paradeisoi* evoziert werden sollten, mit denen der gebildete römische Besitzer gesellschaftlich repräsentieren konnte. Man sucht vergebens nach Vorbildern für einen solchen Gartenluxus in den privaten Wohnhäusern der griechischen Welt. Auch nach der Einverleibung Griechenlands ins römische Reich blieb die griechische Gartenkultur eher konservativ und wurde wenig von den Entwicklungen in Italien beeinflußt.

Christian Meier

Der römische Garten

Die Eigenart der römischen Gärten und Parks hat sich in einer bestimmten Phase der römischen Geschichte ausgeprägt, nicht zufällig, sondern aus bestimmten Bedürfnissen heraus. Sie war, wie so vieles in Rom, eine Schöpfung der Aristokratie. Freilich konnte diese vielerlei Wissen und Kunstfertigkeit von anderswoher beziehen, vor allem auf griechische Vorbilder zurückgreifen. Es entstand hier eine sehr eigenartige Mischung von Griechischem und Römischem; zahlreiche Übernahmen aus der griechischen Kultur, in der sich die Adligen auf den Villen außerhalb der Stadt schon früh recht freizügig zu bewegen anfingen, Übernahmen aber auch aus der römischen Tradition, und das Ganze schließlich Ausdruck eines kultivierten Herrentums in einer Zeit, da Rom seiner selbst unsicher zu werden begann.

Gärten hatten die Römer natürlich schon früh gekannt: Gerade wie die Bauern auf dem Land und auf andere Weise die Städter sie brauchten, um Gemüse, um Kräuter zu ziehen; für Obstbäume, mag sein auch für einige Blumen. Man nimmt mit gutem Grund an, daß sich die römischen Häuser nach hinten normalerweise auf ein kleines Stück Garten öffneten. Wieweit das typisch für Rom und die Römer war, worin also, sofern es so etwas gab, die Eigentümlichkeit des frühen römischen Gartenbaus bestand, ist jedoch schwer zu sagen. Man bräuchte sonst gutes Vergleichsmaterial und vergleichende Arbeiten, und was man dabei gewönne, ist unklar.

Was sich dann aber im letzten vorchristlichen Jahrhundert, in Anfängen wohl schon seit der Mitte des vorletzten, herausbildete, die Kultur der römischen Villen – das war etwas ganz Eigenes, trotz der Vorbilder, die es in hellenistischen Häusern und Palästen hatte.

Das römische Haus hatte sein Zentrum ursprünglich im Atrium, einem zunächst geschlossenen großen Hauptraum. Später wurde es üblich, in der Mitte des Daches eine viereckige Öffnung zu lassen, um Licht hereinzubekommen. Im Boden unterhalb der Öffnung wurde das sogenannte Impluvium angebracht, ein Becken zum Sammeln des Regenwassers.

Im 2. Jahrhundert v. Chr. begannen dann verschiedene vornehme, wohlhabende Römer, das Atriumhaus durch das von den Griechen übernommene sogenannte Peristyl, einen weit offenen Säulenhof, zu erweitern. Das Peristyl lag in der Regel in der Achse des Hauses. Der – vom Eingang her gesehen – hinter dem Atrium liegende Raum, das sogenannte Tablinum, wurde jetzt mit einem breiten Fenster geöffnet, so daß man von dort, wie auch vom Atrium, in das Peristyl blickte.

Diese Höfe nun wurden bei den Römern regelmäßig bepflanzt. Ganz anders als bei den Griechen, wo die Fußböden normalerweise gepflastert waren, Blumen also bestenfalls in Kübeln hätten aufgestellt werden können. Künftig enthielten sehr viele römische Häuser also ein Stück Natur in ihrem – neuen – Zentrum. Für das Stadthaus mußte man sich zumeist damit begnügen. Oft war der Garten so klein, daß er eher zum Betrachten als zum Betreten geeignet war. Doch legten die Römer größten Wert auf das Grün.

Aus der Stadt Rom hören wir, daß von Balkons und Dächern Blumen und Sträucher viel Duft ausströmten. Auch kleine Leute hätten auf ihren Fensterbänken Blumen gehabt. Vom Stadthaus des Redners Crassus (der 91 v. Chr. starb) verlautet, es sei von sechs Lotosbäumen nahezu überragt worden, die erst mehr als 100 Jahre später dem Brand Roms unter Nero zum Opfer fielen. Im 2. Jahrhundert v. Chr. kam die Sitte auf, sich auf dem Land – vor allem in den besonders schönen Gegenden des Sabinerlandes, auf den Albaner Bergen, an den Küsten südlich Roms und besonders am Golf von Neapel – Villen zu errichten. Sie waren in manchem, und insbesondere im Naturbezug, vorbildlich für die Häuser in der Stadt. *Pseudourbanae* wurden sie genannt, das heißt, sie lagen auf dem Land, doch waren sie keine Gutshäuser mehr, sondern eben urbane Sitze, für Städter und mit allerlei städtischem Komfort ausgestattet.

Die Villen konnten sich im offenen Land ganz anders ausdehnen als in der Stadt. Hier war es möglich, viele größere, zum Teil mehrere Peristyle und weitere Gärten, an andere Teile der Villa grenzend, anzulegen. Vielfach schufen sich die Herren auch noch jenseits des Villengeländes mehr oder weniger weite Parks.

Wir sind über diese Villenkultur durch eine vergleichsweise reiche literarische Überlieferung unterrichtet. Ausgrabungen haben die Reste zahlreicher Villen freigelegt, und speziell in den vom großen Ausbruch des Vesuvs zerstörten Villen war es möglich, sogar die Weise, in der sie mit Bäumen bepflanzt waren, genauer zu ermitteln. Untersuchungen von Resten von Früchten lassen weitere Schlüsse zu.

Auffällig ist das große Maß an Mühe und Aufmerksamkeit, das die Römer auf ihre Gärten und Parks verwandten, übrigens auch darauf, daß man aus ihren Häusern und Villen eine möglichst gute Aussicht auf die »wilde« Natur hatte. Die Anlage der Leitungen spricht verschiedentlich dafür, daß man das über Aquädukte herangeschaffte Wasser vorrangig in die Gärten führte. Nach dem ersten Erdbeben von 62 n. Chr. hat man in der Vesuvgegend an einigen Stellen zunächst die bepflanzten Peristyle auf- und umgebaut, während die Wohnräume noch in Schutt und Asche lagen.

In den Gärten fanden sich zum einen nach Möglichkeit schattenspendende, vielfach aber auch früchtetragende Bäume, neben den Platanen Zitronen-, Feigen-, Nuß- und Ölbäume. Später, als man über reichlich Wasser verfügte, kamen zunehmend Blumenbeete und Sträucher hinzu, zum Beispiel Myrtengewächse, Akanthus, Oleander und Rosmarin: Es gab auch Rasenstücke, zumeist von kleinen Hecken gesäumt.

Der Garten sollte möglichst einen Springbrunnen erhalten, unter Umständen legte man schmale offene Wasserrinnen an, vielleicht mit kleinen Brücken. Und selten fehlten Skulpturen, insbesondere Kopien berühmter griechischer Werke. Seit der Mitte des letzten vorchristlichen Jahrhunderts sind besondere Gärtner für Ziergärten bezeugt.

Besonders beliebt war der Buchsbaum. Wir hören von vielen

Figuren, die man daraus schnitt. Tiere, mythische Szenen, Jagden, ja ganze Kriegsflotten ließen sich bewundern, doch fanden sich auch Treppen aus Buchsbaum und Buchstaben, gelegentlich erfährt man, daß sich der Name des Besitzers, aber auch der des Gartenkünstlers in Buchsbaum geschnitten fand.

Jedenfalls ist mit größter Raffinesse der Gartenbaukunst zu rechnen, gerade auch in den kleinen, begrenzten Gärten in den Städten. Bedenkt man, daß an den Wänden der Häuser gern durch Gemälde die Illusion weiterer Gärten und Landschaften geweckt wurde, so ist offensichtlich, daß die Natur, soweit wie möglich, auch in die städtischen Wohnhäuser einbezogen werden sollte; in Wirklichkeit oder im Bild.

Solche Freude am Grünen, an Blumen, Sträuchern und Bäumen ist gewiß nicht einfach »natürlich«. Sie ist den einen Völkern und den einen Zeiten mehr zu eigen als anderen. Und so mag es eine Rolle gespielt haben, daß die Besitzer der Häuser, etwa in Pompeii, entsprechend aber auch in Rom, am neuen Lebensstil der römischen Adligen und Reichen teilzunehmen suchten; vermutlich auch an Moden. Jedenfalls geschah hier im Kleinen, was in den Villen auf dem Land im großen und auf ganz andere Weise ins Werk gesetzt wurde.

Die römische Villa wurde, vor allem in den letzten Jahrzehnten der Republik, gern auf einer beherrschenden Anhöhe errichtet. Denn die Herren liebten es, einen weiten Blick zu haben; wobei das Meer und die Küste, sofern man sich in der Nähe befand, eine besondere Anziehungskraft ausübten. Aber auch der Blick über Höhen und Berge war hocherwünscht. Um aus dem Brief eines Senators aus dem frühen 2. Jahrhundert n. Chr., des jüngeren Plinius, zu zitieren, in dem er seine – freilich nicht hochgelegene – Villa im Tibertal beschreibt:

»Die Landschaft ist ganz herrlich. Stell Dir ein riesiges Amphitheater vor, wie es allein die schöpferische Natur hervorbringen kann. Eine weit ausgedehnte Ebene wird rings von Bergen umschlossen, die Berge zeigen um ihre Gipfel hochgewachsenen, alten Baumbestand; mit viel Wild von mannigfacher Art. Alsdann senken sich schlagbare Waldungen zugleich mit dem Gebirge zu Tal. In sie eingestreut ergiebige, erdreiche

Babar beaufsichtigt die Gartenarbeiten.
Indische Miniatur, 16. Jahrhundert
(Foto: Victoria & Albert Museum)

Ägyptische Grabmalerei
(Foto: Bildarchiv Preußischer Kulturbesitz)

Die hängenden Gärten von Babylon
(kolorierter Kupferstich aus Athanasius Kircher,
Foto: Archiv für Kunst und Geschichte)

Sommerpalast Peking:
Siebzehn-Bogen-Brücke, die größte Steinbrücke
in den alten chinesischen Parks

Japanischer Garten in Kyōto
(Foto: Eberhard Grames/Bilderberg)

Wandmalerei in Pompeji, um 40/30 v. Chr.
(Metropolitan Museum of Art,
Foto: Archiv für Kunst und Geschichte)

Granada:
Blick in den Innenhof des Generalife
(Foto: IFA-Bilderteam)

Erhebungen – schwerlich trifft man irgendwo, selbst wenn man nachgräbt, auf Felsen –, die den Feldern in der Ebene an Fruchtbarkeit nichts nachgeben und eine fette Ernte erst ziemlich spät, aber doch zu voller Reife bringen. Unterhalb der Waldungen breiten sich, wohin man blickt, Weingärten aus und geben der Landschaft weit und breit ein gleichförmiges Gepräge; an ihrer Grenze, sozusagen am unteren Rande, steht Jungholz. Dann Wiesen und Felder; Felder, die nur gewaltige Stiere und ganze feste Pflüge umbrechen; so große Schollen wirft der Boden auf, wenn er zum ersten Mal gepflügt wird, daß er erst beim neunten Durchpflügen gebändigt wird. Die Wiesen, mit Blumen übersät und wie mit Edelsteinen bestickt, lassen Klee und andere Kräuter sprießen, immer zart und weich und wie neu. Denn alles wird von nie versiegenden Bächen berieselt; aber auch wo viel Wasser steht, bildet sich kein Sumpf, weil der Boden sich senkt und alle Feuchtigkeit, die er empfängt und nicht aufsaugt, in den Tiber strömen läßt. Dieser durchschneidet die Felder in der Mitte, ist schiffbar und trägt alle Feldfrüchte in die Stadt, jedenfalls im Winter und Frühjahr; im Sommer trocknet sein Bett aus, und er legt den Namen eines großen Flusses ab, um ihn im Herbst wieder anzunehmen.

Es wird für Dich ein großer Genuß sein, wenn Du von einem Berge aus auf diese Landschaft hinunterblickst. Denn es wird Dir so vorkommen, als sähest Du nicht Ländereien, sondern ein in außergewöhnlicher Schönheit gemaltes Landschaftsbild, an dessen Buntheit und Gliederung Deine Augen sich erquicken werden, wohin auch immer sie blicken.«

Anschließend wird die Lage der Villa selbst beschrieben, sie »liegt am Fuße eines Hügels und schaut doch gleichsam von oben in die Welt; so sanft und gemächlich geht es bergan in unmerklicher Steigung, daß man nicht zu steigen meint und es erst merkt, wenn man oben ist. Im Rücken hat sie den Apennin, aber doch in ziemlicher Entfernung; von ihm erhält sie selbst bei heiterstem, ruhigstem Wetter frischen, doch nicht scharfen, ungestümen, sondern eben durch die Entfernung geschwächten, gemilderten Wind. Ein großer Teil der Baulichkeiten blickt nach Süden und lockt gleichsam die Sonne in die breiten, vorgelagerten Arkaden, im Sommer von der sechsten Stunde ab, im Winter wesentlich früher.«

Die landschaftlichen Gegebenheiten waren freilich nicht immer nach Wunsch. So mußte man vielfach nachhelfen, unter Umständen mehrstöckige Substruktionen anlegen – in großartiger Ingenieurkunst –, auch große Terrassen, um die Villen an den besten Stellen wunschgemäß errichten zu können; mitunter auch, um sie entsprechend raffiniert zu gestalten. Man scheute es auch nicht, künstliche Aufschüttungen vorzunehmen; ebenso wie man störende Anhöhen einebnen ließ. Wo nichts wuchs, schaffte man Muttererde herbei. »Diese Stellen begünstigte die Natur«, heißt es bei Statius, »hier wich sie bezwungen dem kultivierenden Menschen und zähmte sich gelehrig zu ihr unbekannten Zwecken. Ein Berg war hier, wo du Ebenes siehst, und Wildnis waren die Gemächer, die du jetzt betrittst. Wo du jetzt ragende Haine siehst, da gab es nicht einmal Erde. Gebändigt hat der Besitzer die Natur, und ihm, der die Felsen formt und erobert, folgte freudig der Boden. Sieh, jetzt lernen die Felsen das Joch tragen, Häuser kommen herbei, auf Befehl zieht der Berg sich zurück.«

Die Natur also beugt sich dem Willen der römischen Herren. Einmal ist auch von einem *nobile servitium*, einer »vornehmen Knechtschaft«, die Rede, zu der man sie gezwungen habe. Doch baute man auch Häuser ins Meer – genauso wie man Meerwasser in Kanäle und (mitunter große) Teiche leitete, um etwa Meeresfische auf dem eigenen Grundstück zu züchten.

Neben den Äußerungen des Stolzes auf die Möglichkeiten der Menschen stehen die literarischen Bekundungen der Kritik, vielleicht auch einer gewissen Beklommenheit angesichts der als vermessen empfundenen Unterwerfung der Natur. Der Geschichtsschreiber Sallust spricht von den »Reichtümern, die sie ausschütten, um auf dem Wasser zu bauen und Berge eben zu machen«.

»Die Fische fühlen das Meer durch stolze Paläste, / mitten im Meere, verengt. Hier senket rastlos / mit seinen Dienern des Baues Meister / und der Besitzer, des festen Landes / müde, Lasten von Steinen hinab,« heißt es in einem Gedicht von Horaz.

Größten Wert legten die Villenbauer, zumindest mit der Zeit, darauf, daß die Fenster besonders schöne Ausblicke gewährten. Gegebenenfalls ordnete man sie so an, daß die gewünschte Blickachse – und nicht die Achse des Baus – den Grundriß bestimmte. Und besonders wichtig war es, daß sich im Fenster ein ganz bestimmter Ausschnitt aus der Landschaft bot. Man wollte gleichsam weniger aus dem Fenster sehen als den Fensterrahmen mitsamt dem, was er an Landschaft freigab, betrachten, und dies oft von einer an einem bestimmten Platz fixierten Sitz- oder Liegegelegenheit aus. Man richtete es aber auch gern so ein, daß man von einem bevorzugten Platz durch hintereinandergestaffelte Raumfluchten einen bestimmten Blick in die Landschaft hatte.

Plinius ließ in seiner nahe bei Ostia gelegenen Villa seinen Speiseraum, der bis an den Strand herausragte, durch Flügeltüren oder ebenso hohe Fenster derart gliedern, daß er, wie er sagt, »drei Meere« sehen konnte. Die Weite des Meeres wurde also in eine Reihe einzelner Durchblicke aufgespalten, in jedem Fenster erschien eine andere Landschaft.

Von einer Veranda berichtete er, sie enthalte ein Sofa und zwei Stühle. Zu Füßen habe man das Meer, im Rücken Landhäuser, zu Häupten Waldungen. »So viele Landschaftsbilder scheidet und vereint sie durch ebenso viele Fenster.« Sosehr man also das Panaroma genießen konnte – und gelegentlich dafür sogar Türme baute –, so sehr wollte man vom Inneren her die Landschaft in Rahmen eingefangen haben.

In sprachlich auffälliger Weise werden die Villa und ihre Räume in den Schilderungen immer wieder zu Subjekten des Hinaussehens. Sie »blicken«, »schauen«, »sehen herab auf das Meer«, ja sie »genießen« einen Blick. So muten sie wie große Wunderwerke mit vielen Augen an: geformt zwar vom Willen des Bauherrn, zugleich aber auch die Bewohner bestimmend, indem sie ihnen – freilich sehr reiche, vielfältige – Ausblicke vorgeben. Denn das Gegenteil, daß dem Betrachter weniger schöne Ausblicke erspart werden sollten, war wohl selten.

Wo aber die Landschaft in der Ferne, sosehr man ihr raffiniert besonders schöne Perspektiven abgewinnen konnte, letztlich vorgegeben war, konnten sich die Villenbesitzer in der Nähe ihre Augenweiden selber formen. Das gilt weit mehr noch als für ihre Gärten für ihre Parks. Plinius beschreibt eine Villa im Tibertal so: »Vor den Arkaden eine Terrasse, in Blumenbeete von vielerlei Gestalt aufgeteilt, von Buchsbaumhecken eingefaßt; weiterhin ein sanft abfallender Rasenteppich, in den der Buchsbaum paarweise einander gegenüberstehende Tiergestalten eingezeichnet hat; beim Übergang in das Flachland geschmeidiger, beinahe möchte ich sagen: wogender Akanthus. Den Rasenteppich umzieht eine von niedrigem, mannigfach zugestutztem Buschwerk eingefaßte Promenade; zur Seite eine zirkusförmige Allee, die um vielgestaltigen Buchsbaum und künstlich niedrig gehaltene Bäumchen herumführt. Das Ganze ist von einer Lehmmauer eingefriedet, die von einer treppenförmigen Buchsbaumhecke verdeckt (...) wird. Dahinter eine Wiese, nicht weniger hübsch in ihrem urwüchsigen Zustand als obige Dinge in ihrer Künstlichkeit; dann weiter weg Felder, wieder viele Wiesen und Jungholz.«

Die Gärten in den Villen wurden mit der Zeit immer reicher ausgestattet. Sowohl durch Skulpturen wie durch kleine Bänke und Tempelchen. Plinius berichtet von einem besonders schönen kleinen Ort, dort sei »eine halbkreisförmige Rundbank aus weißem Marmor von einem Weinstock beschattet, den vier karystische Säulchen stützen. Unter der Rundbank hervor, als würde es durch das Gewicht der darauf Liegenden herausgedrückt, fließt Wasser in Röhrchen; es fällt in eine Steinmulde, sammelt sich in einer zierlichen Marmorschale und wird auf geheimnisvolle Weise so reguliert, daß es sie füllt, aber nicht überläuft.« Diese Schale dient zugleich als raffinierte Anrichte: »Vorgericht und schwerere Schüsseln werden auf den Rand gestellt, leichtere schwimmen auf Schiffchen und künstlichen Vögeln umher. Gegenüber speit ein Springbrunnen Wasser und fängt es wieder auf, denn in die Höhe gestoßen, fällt der Strahl wieder in sich zusammen und wird durch nebeneinanderliegende Öffnungen aufgesogen und emporgeschleudert. Der Rundbank gerade gegenüber gibt ein kleines Lusthaus ihr das reizvolle Bild zurück, das es von ihr empfängt. Es schimmert

Gartenwandbild aus dem Frigidarium der Stabianer Thermen im Pompeji

von Marmor; mit seinen Flügeltüren öffnet es sich und führt hinaus ins Grüne; auf anderes Grün schaut es aus seinen Fenstern oben und unten hinaus und hinab. Alsdann springt eine kleine Veranda hervor, sozusagen ein Teil des Zimmers und doch ein besonderer Raum. Sie enthält ein Ruhebett und hat auf allen Seiten Fenster und doch gedämpftes Licht, da Schatten auf ihr liegt. Denn ein üppiger Rebstock strebt über das ganze Gebäude hin zum First und erklettert ihn. Man liegt dort nicht anders als im Walde, nur daß man den Regen nicht spürt wie dort. Bei diesem Häuschen entspringt auch eine Quelle, um sich gleich wieder unter der Erde zu verlieren.«

Dieses kleine Ambiente findet sich im sogenannten Hippodrom, einer großen, wie eine Reitbahn geformten Anlage, die von Platanen eingefaßt ist, welche mit Efeu bewachsen sind, »so daß sie oben mit ihrem eigenen, unten mit fremdem Laub grünen«. In diesem Hippodrom sind an mehreren Stellen Marmorsitze aufgestellt, die wie das Häuschen selbst den vom Spaziergang Ermüdeten erfreuen. Neben den Sesseln sind kleine Brunnen; überhaupt plätschern über den ganzen Hippodrom hin in Röhren herangeführte Wässerchen und folgen der Hand, wie sie sie führt; mit ihnen werden die Rasenflächen bald hier, bald dort besprengt, bisweilen alle zugleich. Auch die Spazierwege in der Villa sind also vielfach vorgegeben, vermutlich in höchst ausgeklügelter Planung. Soweit sie durch gebaute Hallen führen, bieten sich zwischen den Säulen oder durch Fenster wiederum Ausblicke auf Gärten oder in die Landschaft.

Die Anlage der Wege war in der Regel auf bestimmte Blickachsen orientiert. Ein System kleiner Kanäle kam gelegentlich hinzu, denn der Aufenthalt am Wasser galt mit gutem Grund als besonders angenehm; das Plätschern verlieh dem ganzen Garten den Charakter von Fruchtbarkeit und Frische. Aber es gab auch größere Alleen. Denn man traf nicht nur Vorkehrungen für Spaziergänge, sondern auch für Fahrten durch die Landschaft. Selbstverständlich waren auch Düfte in das Kunstwerk dieser Villen eingeplant. »Vor der Wandelhalle«, so nochmals Plinius, »erstreckt sich eine veilchenduft-erfüllte Terrasse.« Besonders interessant war, daß stets neben den Zierpflanzen die Nutzpflanzen großen Raum einnahmen. Plinius nennt das *ruris imitatio*, Nachahmung – man könnte auch von Zitat sprechen – der Landwirtschaft, Aufnahme gleichsam einer alten römischen Tradition; denn die Römer taten sich ja etwas zugute darauf, ein Bauernvolk zu sein. Entsprechend gab es, wie Plinius zeigt, auch naturbelassene Wiesen.

Es wurden aber auch Wildgehege gebaut, in denen man auf die Jagd gehen konnte; was die römischen Herren übrigens von den hellenistischen Herrschern gelernt hatten, denn zuvor hatten sie in der Jagd keine vornehme Beschäftigung gesehen, vielmehr nur etwas Nützliches, das man gern auch durch andere verrichten ließ. Doch legten sie andererseits auch Wert darauf, daß die wilden Tiere ihnen gleichsam zahm begegneten. Wir hören etwa von einem mächtigen Adligen, er habe zusammen mit seinem Gast inmitten des Wildgeheges in einem etwas höher gelegenen Raum gespeist und dabei plötzlich nach »Orpheus« gerufen. Es sei darauf ein als Orpheus verkleideter Bediensteter aufgetreten, habe auf einem Horn geblasen, und die verschiedenen Waldtiere des Geheges seien allesamt bereitwillig herbeigetrottet. Übrigens wird auch berichtet, daß die Leidenschaft der Fischzucht sich darauf erstreckt habe, daß Fische auf den Zuruf ihres Herren herbeischwammen.

Nicht zu vergessen: In den Villen wurden, zum Teil große, Vogelhäuser errichtet; schon für Lucullus ist bezeugt, daß er Krammetsvögel züchtete. Gelegentlich speiste man auch dort – wenn der Lärm nicht zu groß wurde.

Insgesamt stellten die Villen je eine Welt im Kleinen dar. Tiere, die zu Lande, zu Wasser und in der Luft zu Hause waren, gezähmte und wilde sowie gezähmte wilde, vielerlei Nutzpflanzen, Bäume, Weinreben und ein reicher Schmuck an Ziersträuchern und Blumen dazu. Die Villen näherten sich also einer Autarkie, zumal im Luxus. Aus verschiedenen Quellen erfahren wir, daß die römischen Herren ihre Villen als *regna*, »Königreiche«, auffaßten.

Quo usque regnabis, wie lange willst du noch König sein?, konnte man einen Freund fragen, wenn man wissen wollte, wann er endlich von seinem Landhaus nach Rom zurückkehre. Der Geograph Strabo spricht von den »hervorstechenden Bauten der Könige«, die man in den Albaner Bergen sehe.

Diese Welten im Kleinen, diese Königreiche, wandten sich bewußt von Rom und seiner Öffentlichkeit ab. Sie waren privat. So gehörte es zur Erholung, daß man nicht die Toga trug, das offizielle Gewand des Römers. Und die *contentio animi*, die anspruchsvolle geistige Unterhaltung, war dadurch bestimmt, daß man ganz in die griechische Welt eintauchte. Dafür sprachen nicht nur die vielen griechischen Skulpturen und Architekturelemente, sondern auch die Bibliotheken und Pinakotheken, die man sich errichtete, die griechischen Namen – mit denen man verschiedene Teile der Villa bezeichnete –, Plinius' Hippodrom etwa, aber auch die Wasserläufe, die man *nili* (mit dem Plural von Nil) oder *euripi* (wie den Sund zwischen Euböa und dem griechischen Festland) benannte, oder die »Gymnasien«, die man sich baute. Man zitierte griechische Mythen, Götter oder Orte griechischer Götterverehrung, inszenierte gar Szenen aus dem Homer, wie in der Grotte der großen Villa in Sperlonga. Und man fühlte sich wie in Griechenland. »Erscheint dieser Ort hier nicht geeignet für Streitgespräche, indem die Porticus selbst, in der wir auf- und abgehen, und die Palästra und die vielerorts aufgestellten Bänke in gewisser Weise die Erinnerung wachrufen an die Gymnasien und Diskussionen der Griechen?« läßt Cicero einen seiner Protagonisten in einem Dialog fragen. Umgekehrt finden sich in den Villen keine römischen Tugenden, keine der großen Szenen römischer Vergangenheit dargestellt; auch Bildnisse der großen Römer fehlen. Statt dessen Portraits hellenistischer Herrscher, nicht nur Alexanders – neben denen der griechischen Philosophen, unter denen man gern disputierte, der Dichter und Redner. Erst seit Augustus kommen Römerportraits auf, des Kaisers etwa und von Mitgliedern seines Hauses.

Man könnte sagen, diese römischen Adligen hätten die hellenistischen Könige in ihren »Königreichen« nachgeahmt. Aber es war nicht einfach nur Spiel. Vielmehr drückte sich in dem monarchischen Gehabe (mit Hilfe so vieler griechischer Zitate) eine eigentümliche Spannung aus, der die römische Aristokratie seit langem ausgesetzt war. Schon im frühen 3. Jahrhundert hatte der griechische Gesandte Kineas den römischen Senat eine Versammlung von Königen genannt. Und königlich war die Macht dieser Herren in vielem durchaus; je mehr die Republik wuchs, um so mehr. Als Statthalter in ihren Provinzen walteten sie oft monarchisch, genossen im Osten des Reiches zum Teil göttliche Ehren.

Doch waren sie zugleich Aristokraten unter anderen. Sie waren in die strenge Standesdisziplin des Senats eingebunden. Schon das mochte zu manchen Reibungen und Konflikten führen. Der erste, von dem wir wissen, daß er sich außerhalb Roms eine – gar befestigte – Villa baute, war der ältere Scipio, der Sieger über Hannibal, der sich, selbstbewußt wie er war, mit der Senatsmehrheit überworfen hatte.

Ein halbes Jahrhundert später begannen die heftigen, mitunter bis zum Bürgerkrieg sich steigernden Kämpfe, in denen die überkommene Republik allmählich zerrieben wurde. Die Senatoren hatten noch die Verantwortung für das Ganze, aber sie hatten nicht mehr die Macht, sie durchwegs wahrzunehmen. Immer wieder blieben sie weit hinter den Erwartungen, den Verpflichtungen zurück. Immer weiter öffnete sich also die Schere zwischen dem, was sie (in vielem) immer noch waren, nämlich »Könige«, und dem, als was sie sich vielfach erfahren mußten, nämlich unfähig, ihre Aufgaben wahrzunehmen. Da lag es nahe, daß sie nicht nur, wie zuvor, auf dem Lande gelegentlich Ferien machten, sondern sich dorthin regelrecht flüchteten. Nicht nur der ungesunden Luft, des Lärms der Großstadt und vieler Beschränkungen wegen, sondern auch, um die Politik hinter sich zu lassen; daß sie ihre schwierige Situation in Rom dadurch kompensierten, daß sie auf dem Land ihre Königreiche errichteten.

Wir finden, daß die Adligen schon in der späten Republik mehrere Villen besaßen. Sie pflegten, wenn sie konnten, von einer zur anderen zu reisen, bald hier, bald dort nach dem Rechten zu sehen, Villa und Landschaft zu genießen und weiter daran zu bauen. An den meisten Orten trafen sie mit vielen anderen Villenbesitzern zusammen. Eigentlich wollten sie ja auf ihren Königreichen *ad arbitrium*, ganz nach Gusto leben. Aber so ganz konnten – und wollten – sie der Gesellschaft nicht entraten. An manchen Orten war zeitweilig halb Rom versammelt. Plinius schildert die Küste bei Ostia: Es »schmücken sie in lieblicher Abwechslung die Gebäude der Villen, hier zusammenhängend, dort einzeln stehend, die wie viele Städte aussehen, magst du dich auf dem Meer oder unmittelbar am Gestade befinden«.

Die Kultur dieser Villen war durchaus eigenständig. Wie ja auch durch Nachahmung nicht einfach das Vorbild zum zweiten Mal entsteht. Bemerkenswert die spezifisch römischen Züge, die Einbringung der landwirtschaftlichen Tradition mit den vielen Nutzpflanzen, die Hineinziehung des Gartens in das Peristyl, auch die spezielle Organisation der Landschaft und der Ausblicke, die ihre Entsprechung in den römischen Landeinteilungen, dem Drang, Raum zu organisieren, hatte.

Jedenfalls finden wir, daß die römischen Adligen – und manche, die es ihnen gleichtaten – auf diesen Villen eine ganze, für spätere Zeiten vorbildliche, Kultur entwickelten. Für den Stil, in dem das geschah, mag eine Stelle bei Cicero Aufschluß geben, auch wenn darin manches allzu schön erscheint.

Cicero läßt zwei seiner politischen Dialoge in äußerst dramatischen Situationen stattfinden, beide Male kurz vor dem Tod des wichtigsten Teilnehmers. Man spricht über Politik, stellt schlimme Prognosen, und dann heißt es: Doch besaß der Gastgeber »so viel *humanitas*, daß, als man sich gewaschen und zu Tisch gesetzt hatte, alles Bedrückende des vorangegangenen Gesprächs verflogen war. Und es war in seinem Wesen so viel Liebenswürdigkeit, in seiner Sprache so viel feine Anmut, daß der Eindruck entstand, der Tag sei unter ihnen für die Politik, der Abend dagegen für die entspannte urbane Heiterkeit der Villa reserviert gewesen.« Keine Lebenslage gibt es, so heißt es später, in der nicht Heiterkeit und Witz am Platz wären. Dort kann sich die von Cicero gerühmte »geschliffene Feinheit der alten Urbanität und des kultiviertesten Gesprächs« bewähren; das heißt »menschlich leben«, und dieser Stil muß sich irgendwie auch in den Villen niedergeschlagen haben. Auf ihn tat sich die römische Herrengesellschaft etwas zugute. Cicero erläutert das am Begriff *ineptia*, Unfug.

»Wer nicht sieht, was die Umstände erfordern, wer zuviel redet, wer sich aufspielt, wer keine Rücksicht auf den Rang oder das Interesse der Leute nimmt, mit denen er es zu tun hat, ja wer überhaupt in irgendeinem Punkte Takt oder Maß vermissen läßt, von dem sagt man, er treibe Unfug. Besonders ausgeprägt ist dieser Fehler bei dem so gelehrten Volk der Griechen, (...) die an jeder Stelle und in jedem Kreis, wo es ihnen paßt, über besonders knifflige oder unwesentliche Fragen besonders scharfsinnig diskutieren.«

Was die römischen Adligen sich leisten konnten, wurde dann noch einmal übertroffen durch die großen kaiserlichen Villen, sowohl in der Stadt wie außerhalb. Tacitus berichtet über die *domus aurea* des Nero, sie zeichne sich nicht so sehr durch Edelsteine und Gold aus, vielmehr durch Wiesen, Teiche, durch Wechsel von Hainen, freien Plätzen und Ausblicken, als ob man sich auf dem Lande befände. Besonders großartig – und in ihren Trümmern noch zu besichtigen – ist die Villa des Kaisers Hadrian in Tivoli; er baute dort nicht nur berühmte Monumente aus aller Welt nach, sondern auch bekannte Naturschönheiten wie das Tempe-Tal.

Schon in der späten Republik hatten sich einzelne Adlige wie Lucullus, Pompeius, Caesar und der Geschichtsschreiber Sallust große Grundstücke am Rande Roms zusammengekauft, um dort riesige Parks anzulegen. Caesar hat den seinen dem römischen Volk vermacht.

Spötter mochten darauf hinweisen, daß die Römer in ihre Villen Lebensmittel importieren mußten, weil dort nicht genügend wuchs, um sie zu ernähren. Und sie mochten behaupten, daß immer mehr Land verbaut werde. Schon der Kaiser Tiberius warnte in einem Schreiben an den Senat davor, daß man wegen der reduzierten Agrarproduktion auf die Dauer allzusehr von den Provinzen abhängig sein werde. Und es klingt fast modern, wenn Seneca seine Standesgenossen ironisch fragte, wie lange es wohl noch dauern werde, bis es keinen See, keinen Fluß und keine Meeresbucht mehr gebe, über die nicht die Giebel ihrer Villen ragten – in diesen Tagen, wo ein Stück Land, das einst ein Volk getragen habe, für einen einzigen Herrn zu eng zu werden beginne. Das war zum Teil gewiß übertrieben – und soweit es das nicht war, drückte sich darin jene Schwierigkeit aus, in die Zeiten besonderer Wohlhabenheit gelegentlich geraten. Man mag darüber philosophieren, ob sie glücklicher sind, wenn es ihnen wenigstens gelingt, eine solche Kultur aufzubauen, wie sie in den römischen Villen dann entstand.

Rainer W. Kuhnke

Byzanz und die Islamischen Gärten

Byzanz

Mit der zunehmenden Bedeutung der bereits im Altertum als »heilig« bezeichneten Stadt Byzanz erwachte auch die Gartenkunst langsam wieder aus einem langen »Dornröschenschlaf«. Als Kapitale des griechisch-orientalischen Teils eines seit 395 n. Chr. geteilten Römischen Reichs avancierte Byzanz – jetzt Konstantinopel genannt – zu einem »zweiten Rom« und zur kaiserlichen Residenz. Konstantin gab sogleich den Befehl zum Bau eines großartigen Palastes, »... der sich in achthundertjähriger Baugeschichte zu mächtigem Umfange und in einer Pracht entwickelte, die mittelalterliche Reisende noch in ihrem Verfall bewunderten« (M. L. Gothein). Leider gibt es weder Planskizzen noch Meßdaten zu diesem Palast und seinen Gärten, doch wird sich auch hier die byzantinische Kultur insofern treu geblieben sein, als sie asiatische und hellenistisch-römische Elemente aufgriff und diese zu einer eigenen Kunstform miteinander verband. Man weiß, daß sich der Palast mit einer Seite dem Meer zuwandte und seine Gärten reich an Bäumen, architektonischem Schmuck und Wasserspielen waren. Es mögen vor allem die Wasserspiele gewesen sein, die bei den Reisenden jener Tage die angesprochene Bewunderung hervorriefen und deren überbordender Reichtum an Phantasie auch noch heute in Erstaunen versetzt. Mehr noch als durch archäologische Erkenntnisse wird ihre Existenz durch literarische Quellen bekundet. Wenn auch derartige Ausführungen mit einer gewissen distanzierten Zurückhaltung zu interpretieren sind, bleibt trotzdem unstreitig, daß die byzantinische Lebensart zur Schaffung solch »versponnener« Figurationen durchaus imstande gewesen sein muß:

»Die Kaiserloge mit dem Thron war ein besonderer, von vier Säulen getragener Baldachin. Stufen führten von hier in den

Hof hinab, die wiederum als Schaubänke für das kaiserliche Gefolge dienten. Auf der Mitte der Treppe erhob sich eine säulengetragene Laube, wohl auch ein bevorzugter Platz. (...) Die Schautreppe der Sigma führt zu dem Hof, der ein Peristyl war, herab. Dieser umschloß in der Mitte eine eherne Brunnenschale, deren Rand mit Silber eingefaßt war und die von einem goldenen Pinienzapfen gekrönt wurde. Dieses Becken wurde an bestimmten hohen Festtagen mit den jedesmal zeitigen Früchten, Pistazien, Mandeln und Piniennüssen gefüllt, während aus dem Pinienzapfen süßes Getränk floß.«

Von einem weiteren Garten heißt es bei Marie Luise Gothein, daß er vorrangig repräsentativen Zwecken diente: »Man konnte direkt aus dem Brautgemach hereinkommen, fließendes Wasser war darin, denn man schritt über eine Brücke, die über ein Bassin oder Kanal zum Bade herabführte, das sich am Ende des Gartens befindet.«

In wieder anderen Erzählungen ist, wie in der des Eustathius, von Tiernachbildungen die Rede, die ein Wasserbecken zieren und innerhalb der Abgeschiedenheit der höfischen Gemächer das auswärtige Leben imitieren sollen: »Eine Säule von buntem Marmor steht in der Mitte einer Schale von thessalischem Stein, deren Grund mit schwarzem und weißem Marmor ausgelegt ist, so daß das herabfließende Wasser sich tausendfältig bricht. Auf der Säule sitzt ein Adler mit ausgebreiteten Flügeln, als ob er sich in der Schale baden wollte, aus dem Schnabel speit er Wasser, dieses fließt an der Säule herab und erscheint durch ihre Buntheit hundertfarbig... Im Kreise umher stehen Marmorbänke und Fußschemel, und die Myrten, die ringsum stehen, sind zu einem grünen Dach darüber verschnitten« (M. L. Gothein). Mechanisch flügelschlagende Vögel und brüllende Löwen mit »beweglichen Zungen« und Schweifen sowie künstliche Bäume aus Edelmetallen flankierten den kaiserlichen Thron und schmückten die prächtigen Bäder. Unter der Regentschaft Kaiser Theophilos' (829-842 n. Chr.) strebten derartige Bizarrerien einem Höhepunkt entgegen. In seinem Wettstreit mit dem Kalifenhof um den größtmöglichen Prunk und Zierat ersann der Kaiser immer neue, noch ausgefallenere Spielarten der Belustigung. Wie wir einem Bericht des italienischen Gesandten Liutprand (Luidprand) aus dem Cremona des 10. Jahrhunderts entnehmen können, saßen auf den Ästen eines vergoldeten Baumes im Palast Theophilos' »Vögel jeglicher Gattung, und auch die Vögel waren aus Bronze. Jeder Vogel sang sein arteigenes Lied.« Neben dem verschwenderischen Umgang mit Wasser und der Entwicklung technologischer Kuriositäten schmückten Dekken- und Wandmalereien und vor allem Mosaike die Räume byzantinischer Häuser. Auch hier werden Adaptionen römischen Kulturguts deutlich, denn schon dort war es in wohlhabenden Kreisen üblich, Fußböden und Wände der Häuser mit szenischen Darstellungen zu versehen. Die Gemächer des Theophilos zierten dagegen »Mosaiken, deren Hintergrund ganz aus Gold ist, mit Bäumen und grünen, ornamentalen Motiven«, und Liutprand rühmt einen Rosengarten des Palastes, »in dem vielfarbige, zierlich verschiedenartige Steinchen die Gestalt frisch wachsender Bäume nachbildeten, die von Schlingpflanzen umschlossen waren und durch diese Zusammenfügung ganz unvergleichlich wirkten«.

Das Paradies auf Erden

Eine auf das feinste präzisierte Kunstsinnigkeit gepaart mit dem Wissen um die Bedeutung staatstragender Symbolismen bildeten am Hof eines der letzten Sassanidenfürsten, Chosro, den geistigen Hintergrund für alle dort zur Schau gestellten Reichtümer. Auch weiß man von ihm, daß er es vorzog, hinter den hohen Mauern seiner Lustschlösser die eigenen Gärten zu durchwandeln, anstatt sich in der Hauptstadt Maidan den Regierungsgeschäften zu widmen.

Dem schwelgerischen, zu jeglicher Art von Größe neigenden Gemüt König Chosros I. (531-579 n. Chr.) entsprach auch dessen Anliegen, man möge ihm einen Teppich knüpfen, dem als Motiv ein Garten zugrunde liegen sollte, damit er sich auch während der Wintermonate am Anblick von Blumen und sprudelndem Wasser berauschen könne. Selbstverständlich leistete man seinem Wunsch gehorsamst Folge und fertigte einen Teppich, der – so will es zumindest die Überlieferung – mehr als fünfzig Meter im Quadrat maß: »Der Fond des Teppichs stellte den eigentlichen, von Bächen durchrieselten und von Pfaden durchkreuzten Lustgarten dar, mit Bäumen und lieblichen Frühlingsblumen geschmückt. Die umfassende breite Bordüre zeigte bepflanzte Blumenbeete in buntfarbigem, durch blaue, rote, gelbe, weiße und grüne Steine dargestellten Blütenschmuck. Am Fond des Teppichs war die gelbliche Färbung des Erdbodens durch das Gold nachgeahmt. Streifen vertraten darin die Ränder der Bäche, dazwischen gaben kristallhelle Steine die Gewässer täuschend wieder. Die Kiespfade waren durch perlengroße Steinchen angedeutet. Stengel und Äste bestanden aus Gold und Silber; die Baum- und Blumenblätter wie das sonstige Pflanzenwerk waren aus Seide, die Früchte aus buntem Gestein« (Karabaceck, »Die persische Nadelmalerei«, 1881, Zit. n. Gothein).

Solche »Garten-« oder »Winterteppiche« geben uns annähernden Aufschluß über das Aussehen damaliger persischer Gärten, wie sie wohl viele Häuser umgeben haben müssen. Augenfällig ist dabei stets die das gesamte Areal unterteilende Gestalt des Kreuzes, dessen vier Achsen Wasserläufe darstellen, die wiederum den Garten in vier gleich große Abschnitte gliedern. In der Mitte befindet sich ein Brunnen oder Bassin, das nicht selten nochmals durch eine winzige Insel oder ein Podest zentriert wird. Die an den vier Kanälen angrenzenden Flächen lassen Blumenbeete erkennen, die wiederum in jeweils zwei oder mehrere Rabatten separiert sein können.

Dieses Bild muß man sich ergänzt denken durch Pavillons und Kioske, die meist in der Nähe eines Sees oder Teiches standen. Baumbepflanzungen – zu nennen sind hier: Pinien, Eschen, Ulmen, Weiden, Ahorn und immer wieder Zypressen und Platanen – spendeten den so begehrten Schatten, wie dies auch die früchtetragenden Aprikosen-, Mandel-, Kirsch- und Limonenbäume taten. Darunter wuchsen noch verschiedenartige Stauden und Zierblumen, während Schwäne und Pelikane die Teiche bevölkerten und hinter den Gittern der Volieren buntgefiederte Singvögel zwitscherten.

Man kann sich leicht ausmalen, welch nachhaltigen Eindruck diese »irdischen Paradiese« auf die arabischen Eroberer gemacht haben müssen, die im Jahre 637 der byzantinischen und persischen Vorherrschaft ein jähes Ende bereiteten. Sie, die als »Söhne der Wüste« kaum etwas anderes als Hitze, Staub und Trockenheit kannten, die Pflanzen bestenfalls als Nahrungsquelle für sich oder ihr Vieh zu schätzen wußten, sie dürften angesichts dieser Gärten – die durchaus mit den paradiesischen Gärten, die ihnen der Koran als Lohn für ein untadeliges Leben nach dem Tod versprach, konkurrieren konnten – von tiefster Bewunderung gerührt gewesen sein. Hier sahen sie sich plötzlich mit einer ihnen bis dahin gänzlich unbekannten Lebensart konfrontiert. Eine Lebensart, die den Genuß zur Prämisse erhoben und in welcher der arabische Schriftgelehrte Ibn Chaldun seinen Beweis für »die Überlegenheit des Orients über den Okzident« zu erkennen glaubte.

Auf diesen Spuren sollten die Muslime von nun an wandeln. Sie traten im 7. Jahrhundert in Damaskus das byzantinische, in Bagdad das persische Erbe an. Unter dem Banner ihres Propheten Mohammed setzte eine islamische Eroberungswelle an, die halbe Welt zu überrollen. Geeint durch ihren Glauben an Allah erreichten sie Indien und im Jahre 711 schließlich auch das spanische Festland.

»Er erzählt die wunderbare Geschichte von seinem Paradies, in das dieser schlafend seine Auserwählten tragen ließ ... Dies Paradies selbst aber ist ein Garten, wie wir ihn wohl kennen: In einem schönen, von zwei Bergen eingeschlossenen Tal hatte der Herrscher einen überaus prächtigen Garten angelegt, in welchem köstliche Früchte und die duftigsten Blumen, die man sich nur denken kann, wuchsen.« Dort durften die für immer Heimgekehrten »unter mit allen Früchten behangenen Bäumen, die immer grünen, im kühlenden Schatten sitzen, unringt von schwarzäugigen Mädchen, die, nur in Erwartung einer Aufforderung, stets zu Diensten sind«.

Dieses Bild vom »Paradies«, also einem der Wirklichkeit in Zeit und Raum entrückten Ort immerwährender Glückseligkeit, zieht sich durch die muslimische Vorstellung einer nachweltlichen Endlichkeit. Dort würde demnach der zu Lebzeiten seinem Glauben an Gott und den Lehren des Korans stets treu ergebene Muslim diese wohlverdienten Annehmlichkeiten genießen dürfen. Denn der Prophet selbst verkündete: »Das Paradies, das den Gottesfürchtigen versprochen ist, ist so beschaffen: In ihm sind Bäche mit Wasser, das nicht faul ist, andere mit Milch, die unverändert schmeckt, andere mit Wein, den zu trinken ein Genuß ist, und andere mit geläutertem Honig.«

Wo sonst als auf den kargen, von der Sonne verbrannten Böden der Wüste konnte der Same eines so gerichteten Glaubens besser gedeihen? Sollte es den Gläubigen in seinem Bewußtsein um Gott bestärken, dann mußte die Beschaffenheit des »Paradieses« den in seiner Umgebung vorherrschenden irdischen Bedingungen entgegengesetzt sein. Gerade diejenigen, die um die Beschwerlichkeit der Weidewirtschaft und des Ackerbaus am besten wußten, die Viehhirten und Bauern also, dürften sich somit von Beginn an dieser neuen religiösen Verkündigung gegenüber aufgeschlossen gezeigt haben. Nicht erst die Nabatäer »... betrachteten den Himmel als den Ort der tätigen und zeugenden, die Erde aber als den Ort der geduldigen und empfangenden Kraft des Weltalls«. Von diesem Himmel ergoß sich der seltene Regen, der die Wüsten Jordaniens für kurze Zeit erblühen ließ, und nur dank des Wassers trugen die Bäume und Sträucher Früchte, reiften die Trauben zu Wein heran – in all diesen Naturerscheinungen lag für die Menschen bereits sehr früh eine erkennbare, wenn auch noch nicht näher bestimmbare Göttlichkeit verborgen. Beschreibt der Koran das »Paradies« also als einen »Garten«, gewinnt er dadurch auch für das einfache Volk an Allgemeingültigkeit und Verständlichkeit. So betrachtet überrascht die kaum zu übersehende »Weltlichkeit« innerhalb des islamischen Paradieses nicht mehr, in dem nahezu alle sinnlichen und materiellen Wünsche befriedigt werden: Den Männern gesteht Gott außerdem zu, dort die Gesellschaft von »Huris« in Anspruch zu nehmen, jenen »weiblichen Wesen«, die »die Augen niederschlagen (...), die vor ihnen weder Mensch noch Dschinn entjungfert hat«. Den zu Gott befohlenen Frauen widerfährt insofern eine Art himmlischer Gerechtigkeit, als ihnen der einst im Leben favorisierte Gatte zurückgegeben wird.

Diese Visionen wahrhaft »paradiesischer Zustände« führten schon bald dazu, daß sich immer häufiger weltliche Herrscher islamischen Glaubens nicht mehr mit den irdischen Unzulänglichkeiten zufriedengeben wollten. Sie begannen damit, sich ihr »Paradies auf Erden« zu schaffen, ja, versuchten das himmlische noch an Glanz und Reichtum zu übertreffen. Erst später sollten derartige Anmaßungen den Unmut anderer, sich wieder an Grundwerten der islamischen Lehre orientierender Muslime, der Mystiker oder »Sufis«, erregen. Diese glaubten, mit dem Eintritt ins Paradies vollziehe sich eine »Vereinigung der menschlichen Seele mit Gott«; sie betrachteten somit auch den irdischen Garten viel mehr als einen Ort der Spiritualität, der zur Findung eines inneren und von Gott durchdrungenen Gleichgewichtes dient. Aus dieser von allem materiellen Überschwang befreiten Einstellung spricht eine bewegende – da sich auf das Wesentliche beschränkende – Kraft und Liebe zur Natur, die einzig und allein zu Gott gehört: »Sieh die aufrechte Haltung der syrischen Rose, und wie das Veilchen auf die Knie sinkt, das Blatt ist zum Sichniederwerfen gelangt: Wiederhole nur den Ruf zum Gebet. O Gott, niemals lauschte ich den Stimmen der Tiere oder dem Rauschen der Bäume. (...) Doch spüre ich in alledem ein Zeugnis deiner Einzigkeit, einen Beweis deiner Unvergleichlichkeit, daß du der Allesvorhersehende, der Allwissende, der Allwahre bist.«

Kennzeichnen den islamischen Garten also in erster Linie folgende Eigenschaften, nämlich die symbolische Interpretation, die tiefe, bisweilen zum Mystizismus hin tendierende Religiosität, die poetische Atmosphäre sowie eine sinnliche, jedem eigentlichen »Zweck« entsagende Leichtigkeit, so gibt es trotzdem auch ein gestalterisches Charakteristikum: die formale Unterteilung nach »paradiesischem Vorbild«. Dadurch erfährt der islamische Garten eine ihm innewohnende Symbolik, die ihn vom hellenistisch-römischen »Hortus conclusus« unterscheidet. Seine Ausgrenzung von der Umgebung – meistens erreicht durch hohe, alle Blicke abschirmende Mauern – steigert somit die Bedeutung eines »außergewöhnlichen« und bewehrten Raumes, der nur demjenigen zugänglich wird, der sich den Zutritt auch »verdient« hat. Wie auch beim Zutritt zum Paradies bedarf es also zuvor einer zu erbringenden »Leistung«, die den nachfolgenden Genuß zu rechtfertigen hat. Obwohl derartige, auf einer axialen Anordnung basierende Gärten auch schon aus vorislamischer Zeit bekannt sind, erfährt diese Gestalt erst durch die Verkündung des Korans eine sinnbildliche Erklärung: Die Klarheit der Form und die Reinheit des Wassers symbolisieren dieselbe Klarheit und Reinheit, wie sie im Paradies vorherrscht; gleich jenen vier Flüssen des Paradieses – Pison, Gihon, Euphrat und Tigris – durcheilt das Wasser die Gärten in Bächen und schmalen Kanälen.

Im islamischen Garten wird das Wasser in allen nur denkbaren Formen variiert; in der elementaren Lebendigkeit eines sprudelnden Strahls oder in der majestätischen Ruhe und Erhabenheit einer marmornen Brunnenschale; in der geheimnisvollen, unergründlichen Dunkelheit eines moosbewachsenen Bassins oder als fröhlich dahinplätscherndes Rinnsal inmitten dunkelgrüner Buchsbaumhaine – die Allgegenwärtigkeit des Wassers ist ein untrügliches Merkmal der islamischen Gartenkunst. Schon sehr früh errichteten islamische Baumeister Aquädukte und gruben lange Tunnel, um das Wasser zu allen erdenklichen Orten zu leiten. So besaßen die größeren Städte im islamischen Spanien wie Córdoba oder Granada nicht selten mehrere hundert Bäder, die überwiegend als »öffentlich« bezeichnet wurden. Reich dekoriert, dienten sie nicht nur der Körperpflege, sondern sie nahmen auch einen hohen gesellschaftlichen Stellenwert ein. Wie hinter den verschwiegenen Mauern einer Moschee konnte man auch in den Bädern Geschäftliches vertraulich besprechen und den einen oder anderen Handel abschließen. Dennoch ist die verfeinerte Badekultur keine islamische Erfindung. Sie entwickelte sich nach dem Vorbild römischer Thermen, ließ sich aber nahtlos in den Lebensstil der Araber integrieren.

Nirgendwo sonst ließ sich Wasser so ausdrucksstark und universell verwenden wie innerhalb der Gärten. Das erkannten auch die damaligen Schöpfer islamischer Gärten und nutzten so die Möglichkeit zur Schaffung signifikanter Freiräume. Wie einem natürlichen Wegweiser konnte man so dem leisen Plätschern eines noch gar nicht sichtbaren Brunnens folgen, bis man ihn schließlich nach ein paar Windungen und Kurven zu sehen bekam. Auch die für jede gelungene Architektur so entscheidende Einheit von Garten und Gebäude ließ sich mit Hilfe des Wassers vorbildlich erreichen. Bis weit in die Wohntrakte hineingezogene Kanäle wiesen – wie beispielsweise in den Gartenhöfen der Alhambra im andalusischen Granada – wie ausgestreckte Zeigefinger von innen nach außen und umgekehrt. Angesichts dessen empfinden wir das Kompositum »Wasser-Garten« als vollkommen natürlich, ja, dem Sinn nach sogar als untrennbar. Der Begriff »Wasser« assoziiert den der »Fruchtbarkeit« und führt somit letztendlich zurück zu einer bildhaften Vorstellung von einem paradiesischen Urzustand. Sieht man den Garten demnach als ein – wie in der islamischen Lehre festgeschrieben – vom Menschen erschaffenes »Paradies auf Erden«, dann ist die Verwendung von Wasser als gestalterisches Mittel nur eine logische Konsequenz: »Lasset in der Nähe des Wasserbeckens Sträucher pflanzen, die im Winter ihre Blätter nicht verlieren und das Auge erfreuen; und etwas weiter ab lasset Blumen verschiedener Arten pflanzen, und noch weiter dahinter immergrüne Bäume, und rings im Umkreis Weinranken. (...) Und unter den Weinranken führt Wege entlang, die den Garten umsäumen und als Grenze dienen.«

Von schier unermeßlichen Reichtümern waren der Überlieferung zufolge die legendären Gärten im islamischen Andalusien geprägt. So wird von der Residenz des Maurenherrschers Abd al-Rahmân in Madînat al-Zahra, in der Nähe von Córdoba, berichtet, daß dort ein prachtvoller Pavillon auf Marmorsäulen die Folge von Gärten und Wasserbecken überblickte, darunter auch ein Bassin mit zwölf Tierstatuen, die – wie die Quellen stolz betonen – aus Córdoba stammten.

In den Geschichten und Legenden der mohammedanischen Erzähler waren mit Brunnen bestandene Gärten oder großzügige, von Wasserbassins beherrschte Wohnräume stets beliebte

Schauplätze des Geschehens. Von König Salomon, dem in der islamischen Literatur eine erstaunlich große Beachtung zukommt, wird berichtet, er soll »einen goldenen Garten mit goldenen Bäumen haben anlegen lassen, deren Früchte aber nach Gottes Beschluß ebenso schmeckten wie die natürlicher Bäume«.

Mogulgärten

Auch innerhalb der östlichen Welt hinterließ der Islam gartenkünstlerische Spuren, die heute jedoch leider zu einem großen Teil verwischt sind. Eine neue Ära in der Gartenhistorie begann mit der Eroberung Indiens durch die zentralasiatischen Mongolen aus Afghanistan. Einer ihrer Feldherren, Zehir-ed-Din Muhammed Babur, begründete eine Mogul-Dynastie, die bis ins Jahr 1761 dauern sollte, als schließlich die Engländer Indien besetzen konnten. Es war auch jener Babur, der Indien erste prachvolle Gärten schenkte, die einzig und allein der Erbauung seines Besitzers dienten. Inspiriert von seinen Reisen nach Samarkand, legte er unmittelbar nach der Eroberung von Kabul durch seine Truppen im Jahre 1504 auch dort Gärten an, von denen der »Garten des Frohsinns« gartenhistorische Berühmtheit erlangte. Doch erst in Agra ließ er sich nieder, wenn auch zunächst mit Widerwillen. Über die Ufer des Jumna berichtete er, sie seien »so häßlich und abscheulich, daß ich den Fluß völlig abgestoßen und angeekelt wieder überquerte. Wegen meines Schönheitsbedürfnisses und des nicht zufriedenstellenden Anblicks des Landes gab ich meine Absicht auf, ein *Charbagh* (ein Garten mit einem viergeteilten Bezirk) zu machen, aber da sich mir keine bessere Lage in der Nähe von Agra bot, war ich schließlich gezwungen, das Beste aus diesem Flecken zu machen.«

Was er schließlich dort schuf, war an Pracht und Ausdehnung kaum zu überbieten. In schon fast anmaßender Bescheidenheit beschrieb er seine Arbeit: »Auf diese Weise, ohne Zierlichkeit, ohne Anordnung, in der Hinduart, produzierte ich

Garten in Fin-nahe

Gebäude und Gärten, die doch eine beachtliche Regelmäßigkeit aufwiesen. In jeder Ecke legte ich passende Gärten an; in jeden Garten säte ich Rosen und Narzissen gleichmäßig.«

Ein anderes Beispiel bilden die Gärten von Lahore (Pakistan). Auch sie waren nach persischem Muster geformt, viergeteilt, mit weiteren internen Separationen, die von abgesenkten Blumenbeeten akzentuiert wurden. Die Shalimar-Gärten von Lahore erstreckten sich entlang eines Kanals, des »Schah Nahr« oder »Königskanals«, der 1639, vom Wasser des Flusses Ravi gespeist, auf Geheiß von Schah Dschahan erbaut worden war. Der an einen Hügel angelehnte Garten war in drei Terrassen unterteilt. Man betrat die Gärten zu jener Zeit von der untersten Terrasse her. Auf diese Weise öffneten sich dem Betrachter die dort installierten Darbietungen, wie Wasserspiele in allen erdenklichen Formen, Pavillons, Lauben und Pflanzenbeete, erst nach und nach, indem er den Garten Stufe um Stufe erstieg: ganz im Gegensatz zu vielen Hang- und Terrassengärten, die man von der obersten Ebene, unmittelbar nach Durchschreiten des Eingangstors, in ihrer Gesamtheit zu überblicken vermochte. Diese Annäherung von unten her lag wesentlich in den zeremoniellen Gepflogenheiten des höfischen Lebens begründet. So mußte der Ankömmling stets sein Haupt zum Palast auf der obersten Terrasse erheben, während der Kaiser und sein Hofstaat auf ihn herabblicken konnten. In Lahore gehörte die oberste Terrasse allein der Herrscherfamilie. Ein Privileg, das auch in der Bepflanzung der Gärten zum Ausdruck kommt. Füllten hier die Beete des Kaisergartens die erlesensten Blumen, zentrierten kostbarste Brunnen die sich kreuzenden Achsen der gemauerten Kanäle, so dienten die Pflanzen und Wasserläufe der untersten Terrassen eher agrarischen Zwecken. Dort wuchsen Apfel, Kirsche, Orange, Pfirsich und Mango.

Der Hofgarten

In islamischen Gärten vollzieht sich die Verbindung von baulichen und gärtnerischen Elementen über das Dekor. So erinnert der Schattenwurf eines vielfach durchbrochenen Stuckstalaktiten an das von dem passierenden Sonnenlicht einer Baumkrone hervorgerufene und auf den Boden gezeichnete Muster von Blättern. Und tatsächlich sind derartige Formen vegetabilen Vorbildern entnommen. Innerhalb der Dekorbänder wechseln häufig florale Motive mit kalligraphischen Darstellungen. Überhaupt scheinen in der islamischen Architektur den zierenden Strukturen der Fassaden keinerlei Grenzen gesetzt. Folgt er diesen Ornamenten im Umlauf eines Raumes, ergreift den Betrachter nicht selten ein Schwindelgefühl; so sehr ist alles in sich verschlungen, verästelt und ineinandergeschachtelt. Diese handwerkliche Leistung ruft um so mehr Bewunderung hervor, wenn man bedenkt, daß die Bearbeitung aus dem gewachsenen Stein erfolgte.

Neben den Rauten, Gittern und Waben der Mauern und Fassaden sind es vor allem die Fayencen, die dem islamischen Garten das Unverwechselbare verleihen. Doch auch sie sind keine arabische Erfindung. Bis in das alte Ägypten des 3. Jahrtausends v. Chr. reicht die Verwendung von glasierten Kacheln als Schmuckelement zurück. Die zunächst einfarbigen, meist in grünen und blauen Nuancen gehaltenen Kacheln (arabisch: zellij) zierten schon assyrische und babylonische Palastgärten.

Mosaiken und Fayencen schmücken noch heute die »Patios«, die Hofgärten, in der Judería Córdobas und dem Quartier Santa Cruz von Sevilla wie auch die der neueren, jedoch nicht weniger großartigen Hotelgärten in Marrakesch und Fez. Sie begrenzen mit ihren in geringer Höhe den gesamten Hof umlaufenden Bändern die Ebenen des Gartenbereichs. Erst darüber erhebt sich das eigentliche Gebäude, beginnt die funktionale Architektur.

Die schönsten islamischen Gärten verstecken sich heute hinter hohen Mauern. Nur wenige Meter von der Mezquita, der Großen Moschee Córdobas, entfernt, ducken sich die weißen Kuben der Häuser in langen unüberschaubaren Reihen. Wie von der Mittagssonne niedergedrückt, harren sie in den Gassen der »Judería« der abendlichen Kühle. Dabei ähneln sie einander so sehr, daß man schon bald die Orientierung verliert. Oft ohne ein einziges Fenster zur Straße oder nur von einem winzigen, kaum begehbaren Balkon verziert, wirken die Fassaden der Häuser eintönig und uniform. Nichts auf der Welt wäre langweiliger als das andalusische Wohnhaus, hätte es nicht den individuellen Reichtum eines »Patios« zu bieten. Denn wer einen Blick durch die Schmiedegitter der Eingangstore wagt, schaut nicht selten in ein kleines Paradies: Efeu und Jasmin beranken die weißen Mauern; Granatapfel, Oleander und Mimosen überdachen schmale Rabatten und niedrige Hecken von immergrünem Buchs.

Was einem zuerst auffällt, sind die Farben. Der Kontrast zu den weiß gekalkten Fassaden ist derart scharf gezogen, daß einem manchmal die Augen schmerzen, wenn man sich zu plötzlich mit der Buntheit der blühenden Pflanzen konfrontiert sieht.

Da gibt es das leuchtende Rot der Topfgeranien, die verschiedenen Grüntöne riesiger Blattpflanzen, und in orangenfarbenen, gelben oder blauen Blütenkleidern wuchern alle nur erdenklichen Exoten.

Die Wände sind zumeist mit farbigen »Azulejos« verkleidet, deren lasierte Oberfläche das von oben einfallende Licht zu allen Seiten hin reflektiert. Den Fußboden bedecken rote Kacheln und weißer Marmor, zu geometrischen Motiven angeordnet. In der Mitte des Gartens steht fast immer ein Brunnen oder ein bescheidenes Wasserbecken. Vergessen sind hier die staubigen Gassen Córdobas, vergessen der gerade während der Sommermonate oftmals brackige Geruch, der vom Guadalquivir in die Stadt hinüberweht, und vergessen ist vor allem die lähmende Glut der Sonne, denn ein Baldachin aus bunten Stoffen verwehrt ihr zum Patio den Zutritt.

Der Patio ist das »Herz« des islamischen Hauses. Durch das Gitter sieht man auf die Straße hinaus, sieht man den Alltag hinter Arabesken, und der Alltag scheint so weit weg – ein Gitter und ein dunkler Vorraum trennen uns davon, und es ist, als könnte nie die Flut des Lebens durch diese Gitter dringen.

»Selamlik«, eigentlich der Empfangsraum in einem arabischen Haus, kann also überall sein. Individuellen Charakter erfährt der Patio erst durch seinen Gartenschmuck, denn er gehört bereits zum »Haram«, zum privaten Bereich des Hauses, und mag sein Besitzer in noch so bescheidenen Verhältnissen leben, man findet doch immer ein paar Töpfe oder ausgediente Gläser, die, rasch mit einer Handvoll Erde gefüllt, den Wurzeln einer Pflanze Halt und Nahrung bieten. Diese Begabung des Arabers, aus dem Wenigen heraus stets noch etwas Reiches und Schönes zu erschaffen, erstaunt immer wieder aufs neue. Jeder Erker, jeder noch so im verborgenen liegende Winkel wird so lange bearbeitet, bis er zu einer kleinen Zierde erwachsen ist.

Viele der Pflanzen, die wir in unseren Gärten mittlerweile als heimisch ansehen, sind eigentlich ein »frühes Exportgut« der arabischen Welt. Während noch im mittelalterlichen Europa flächendeckende Wälder vorherrschten, die bodennahen Pflanzen nur wenig Raum zur Entfaltung ließen, kultivierte man in den islamischen Ländern bereits verschiedene Wildsorten und -arten zu blühendem Gartenschmuck. Von einem Schloßgarten im Bagdad des 10. Jahrhunderts heißt es: »Die Blumenbeete sind mit Stein eingefaßt, zur Seite der Wege steht stark duftendes Kraut, geschnittenes Strauchwerk, Salbei, Myrten- und Lorbeerhecken; Schlingpflanzen ziehen sich von Baum zu Baum.«

Die Pflanzenwelt der frühen islamischen Gärten muß beeindruckend gewesen sein. Der Islamforscher James Dickie hat im Zusammenhang mit seinen Studien einige dieser Pflanzen systematisch zu erfassen versucht. Er beschreibt allein zweiundfünfzig verschiedene Arten, die den Arabern bereits im 11. Jahrhundert bekannt waren. Dazu zählen »Jasmin, Narzissen, Veilchen, Malve, gelbe Mauerblume, rote Rose, weiße Lilie, blaue Iris, Wasserlilie, Margerite, Mohn, Granatapfelblüte, Myrte, Nelke, Lorbeer, Birne, Quitte, Feige, Kirsche, Wein, Zypresse und Weide« – um nur einige zu benennen.

Eine besondere Spielart islamischer Gartenkunst waren die sogenannten »Senkbeete«, oftmals mehr als einen Meter unterhalb des begehbaren Gartenniveaus gelegene Gruben, in denen man Töpfe mit Blumen plazierte, deren Blütenköpfe genau mit der Wegoberkante abschlossen. Dadurch entstand die Illusion, als wandle man inmitten eines Blütenteppichs.

Auch noch heute, lange nach der Hochzeit der islamischen Gartenkunst, erfreut der Anblick von Blumen in den Straßen und Gassen Südspaniens, Marokkos oder Tunesiens. Sie bestimmen das Bild der Städte, und auch in den »weißen Dörfern« der entlegensten Provinzen leuchten sie – schon von weither sichtbar – in den herrlichsten Farben im Wettstreit mit dem Blau des südlichen Himmels. Blumen, wohin man schaut: In Körben aus Drahtgeflecht oder Töpfen aus Ton hängen sie vor den Häusern, stehen vor Türen und auf den Fensterbänken; in der Abgeschiedenheit der Patios schmücken sie die weißgekalkten Wände, bis weit unter die Dächer reichend; sie flankieren Brunnen und Wasserbecken, umstehen Tische und Sitzmöbel. Es sind vielfach nur Gärten »im Taschenformat«, die nicht einen Meter zuviel an Raum für sich benötigen. Und all das ist islamisches Erbe. Die Orientalen waren es, die blühende Sträucher in Töpfe pflanzten oder sie zu bunten Sträußen banden und Blumen nahezu kultisch verehrten.

Die Rose war den Arabern heilig. Sie war die Königin aller Blumen. Man schätzte sie aber auch als wertvolle Duftpflanze, und schon bald erfuhren die Damen an den europäischen Höfen von der Existenz eines Parfüms, das ihnen selbst diesen königlichen Duft, tausendfach verstärkt, für einige Stunden des Abends verleihen konnte.

Das Verhältnis des Islams zu Pflanzen und Gärten ist geprägt von der Allgegenwärtigkeit Gottes. Der englische Islamist A. V. Pope schreibt in seinem »Survey of Persian Art« dazu: »Der Garten ist in der persischen Lebensauffassung etwas so Wesentliches, daß sowohl die jetzige Realität als auch die letzte Seligkeit in Worten der Gartenkunst beschrieben werden: Die ›bewegende Schönheit von Blumen‹ wurde von den Persern beispielsweise als Zeichen einer unbestimmten erinnerten Einheit angesehen.« Und wenn »die äußerste Realität in der stillen, aber durchdringenden Kontemplation einer roten Rose intensiv wahrgenommen werden kann, (...) dann sieht der Mystiker Gott in einem Garten und sich selbst im Gras.«

Herbert Heckmann

Walahfrid Strabos Hortulus – der ideale Klostergarten

Ob die Germanen unabhängig von römischen Vorbildern schon Gärten angelegt haben? Diese Frage läßt sich nur anhand archäologischer Funde beantworten. Diese fehlen jedoch. So sind wir einzig und allein auf Zeitzeugnisse des frühen Mittelalters angewiesen, die auf den Gartenbau eingingen. Daß die Römer im eroberten und dem Imperium eingegliederten Germanien nach heimatlicher Gewohnheit zu ihrem Nutzen und ihrer Ergötzung den Gartenbau pflegten, steht außer Zweifel, aber wann und wie die germanischen Völker diese Gartenkultur für ihren eigenen Hausgebrauch übernahmen, ist bis zum heutigen Tag ein weites Feld von Annahmen. Decimus Magnus Ausonius, der als Erzieher der Kinder des Kaisers Valentinian nach Trier gekommen war und um 395 n. Chr. starb, beschreibt in seinem Gedicht »Mosella« sehr eindringlich, wie römisches Leben an der Mosel blühte; zu den römischen Villen auf den Höhen längs des Flusses gehörten selbstverständlich prächtig angelegte Gärten, die freilich dem strengeren Klima angepaßt sein mußten. Ausgrabungen bestätigten diese Gartenlust.

Das Wort *gart* bedeutet im Althochdeutschen »Haus als umzäunter Besitz«. Sicherlich gab es schon bei den seßhaften Germanen vor dem Einfall der Römer ein zum Haus gehöriges, in unmittelbarem Dienst der Hausbewohner stehendes, dem Nutzen und Ergötzen dienendes, mit dem Spaten bearbeitetes Grundstück. Wenigstens wird dies durch die Etymologie von Garten und Spaten nahegelegt.

Den Garten im engeren Sinne erwähnt jedoch erst Karls des Großen aus dem Jahre 812 stammendes »Capitulare de villis et curtis imperialibus«, was am besten mit »Verordnung für die Krongüter« zu übersetzen ist. In ihm sind die Blumen und die

Küchengewächse des Gartens und die Obstsorten, die gezogen werden sollen, aufgeführt; darunter Lilien, Rosen, Salbei, Raute, Gurken, Bohnen, Kümmel, kurzum wohl all das, was damals in unseren Breiten an Eßbarem wuchs oder durch die Römer heimisch geworden war. Karl dem Großen kam es offensichtlich nicht nur darauf an, daß überhaupt Gärten in seinen Krongütern entstanden, sondern ihm lag vor allem auch die Vielfalt der Pflanzensorten am Herzen. Sein Capitulare verrät überdies, daß er (von dem wir durch Einhart wissen, daß er ein mäßiger Esser gewesen sei) neben Fleisch, Wildbret und Fisch auch gern Gemüse gegessen haben muß.

Auch für die Klöster wurde das Capitulare verpflichtend, wie es der um 820 unter Abt Gosbert fertiggestellte St. Gallische Klosterplan zeigt, der auch einen Garten vorsah, einen Obstgarten, der zugleich Friedhof war, mit Äpfel-, Birn-, Pflaumenbaum, Eberesche, Mispelbaum, Lorbeer-, Kastanien-, Feigen-, Quitten-, Pfirsichbaum, Haselnußstrauch, Mandel-, Maulbeer- und Walnußbaum; sodann den Gemüsegarten, der nach diesem Plan folgende Gewächse enthalten sollte: Zwiebeln, Lauch, Sellerie, Koriander, Dill, Mohn, Rettich, Mangold, Schnitt- und Knoblauch, Schalotten, Petersilie, Kerbel, Kopfsalat, Bohnenkraut, Pastinak, Kohl und Schwarzkümmel. An diesen Gemüsegarten schloß sich das Gärtner- und Vorratshaus an. Wesentlich kleiner war das Arzneikräutergärtlein, das neben der Wohnung des Arztes und dem Spital geplant war. Für es sind genannt: Salbei, Raute, Schwertel, Poleiminze, Liebstöckel, Fenchel, weiße Lilie, Rosen, Bohnen, Bohnenkraut, Bockshornklee, Rosmarin und Pfefferminze.

Das friedliche, beschauliche Leben, das die Mönche im Kloster führten und das sich im gemeinsamen Gebet und in der Arbeit erfüllte, machte sie zu ebenso fleißigen wie experimentierfreudigen Gärtnern, die ihren Garten als ein irdisches Abbild des Paradieses ansahen. Doch barg diese mönchische Gartenlust auch ihre Versuchungen. Herard von Landsberg, Äbtissin des elsässischen Klosters Odilienberg, hat in der illuminierten Handschrift des »Hortus Deliciarum«, des »Gartens der Köstlichkeiten«, darauf hingewiesen. Da ist auf der Darstellung der

Himmelsleiter ein Eremit zu erkennen, der kopfüber in seinen kleinen Garten stürzt, über dem er das wirkliche Paradies vergessen zu haben schien. Der »Hortus Deliciarum«, der wohl in der zweiten Hälfte des 11. Jahrhunderts entstand, war schon vom cluniacensischen Reformgeist geprägt. Im 9. Jahrhundert verstanden die Mönche die Gartenarbeit noch als eine irdische Notwendigkeit und zugleich als Vorarbeit für das himmlische Paradies, das die Kirchenväter als den vollkommenen Garten schilderten, den Gott dem Menschen schuf. So schrieb Irenäus von Lyon:

»Indem Gott so den Menschen als Herrn der Erde und alles dessen, was auf ihr ist, erschuf, erhob er ihn auch zum Herrn derer, die als Diener auf ihr leben. Seine Ernährung und sein Wachstum sollten dabei von Freude und Wonne sein. So ward für ihn dieser Ort schöner bereitet als die übrige Erde: voll von Luft, Schönheit, Licht, Nahrung, Pflanzen, Früchten und Wasser und allem andern, was zum angenehmen Leben nötig war. Sein Name war Paradies. Herrlich und schön war das Paradies. Gott wandelte immer darin umher, verkehrte und sprach mit dem Menschen über die Zukunft und belehrte ihn zum voraus über das Künftige. So wollte er bei ihm wohnen, mit den Menschen reden und weilen und sie in der Gerechtigkeit unterweisen. Der Mensch war noch wie ein Kind, seine Gedanken waren noch nicht vollkommen geklärt; daher wurde er auch leicht vom Verführer betrogen. Bei seinem Verweilen im Paradies führte Gott dem Menschen, während dieser darin umherging, alles Lebende vor und befahl, es ihm zu benennen. Wie immer Adam ein Lebewesen bezeichnete, so wurde es benannt.«

In den neulateinischen Gedichten von Alkuin und Hrabanus Maurus spürt man etwas von dieser paradiesischen Freude an der Natur, vor allem jedoch in Walahfrids Strabo poetischer Beschreibung der Pflanzen im Reichenauer Klostergarten, die unter dem Titel »Hortulus« auf uns gekommen ist. Walahfrid, der zwischen 808 und 809 als Sohn einfacher Leute im Alemannischen geboren worden war, kam schon als kleiner Junge in die Schule des Klosters Reichenau, das damals zu den einflußreichsten Abteien des fränkischen Reiches zählte. Dort lernte er lesen, schreiben und rechnen sowie die lateinische Grammatik nach Donat, Priscian, Beda und Alkuin. Der Unterricht beschränkte sich vornehmlich auf die Einübung von Regeln, Wörtern und Phrasen. Von den alten Dichtern nahm man sich besonders des Vergil an, aber auch Ovids und Horaz', Lucians und Statius'. Auf dem Versemachen lag ein großes Gewicht, wobei jedoch die lateinischen Vorbilder weidlich ausgeschlachtet wurden. Fünfzehnjährig trat Walahfrid in den Konvent ein, in dem er nach der Regel des heiligen Benedikts zeitlebens bleiben sollte. Den Beinamen Strabo verdankte er seinem Augenfehler. Er schielte, was jedoch seine Beobachtungskraft, die den »Hortulus« auszeichnet, keineswegs beeinträchtigte. Schon sehr früh betätigte er sich als Schriftsteller und dichtete mit achtzehn Jahren die Jenseitsvision des Mönches Wetti in Hexametern, die seine gute Beherrschung des Lateinischen zeigen. Er soll auch, was damals nicht gerade oft der Fall war, des Griechischen ein wenig mächtig gewesen sein. Nach einer Auseinandersetzung mit dem Abt Erebald ging er 826 nach Fulda, wo er unter Hrabanus Maurus studierte und die Freundschaft des Dichters und später als Ketzer verdammten Gottschalk von Orbais gewann. In den Jahren 829 bis 838 wirkte er als Kaplan der Kaiserin Judith am Hof zu Aachen und übernahm die Erziehung Karls des Kahlen. Ludwig der Fromme, dem die Fähigkeiten des umsichtigen Mönchs nicht entgangen waren, ernannte ihn 838 zum Abt von Reichenau, aber lange hatte dieser das Amt nicht inne. Nach dem Tod des Kaisers mußte er als eifriger Anhänger der durch Kaiser Lothar vertretenen Reichseinheit im Sommer 840 dem von Ludwig dem Deutschen in Reichenau eingesetzten Abt Ruadhelm weichen und ging nach Speyer. Nach Lothars Niederlage bei Fortenay 841 versöhnte er sich mit Ludwig und kehrte 842 auf die Reichenau zurück. Auf einer Gesandtschaftsreise zu Karl dem Kahlen ertrank er 849 beim Übergang über die Loire.

Trotz Anlehnung an die klassischen Vorbilder war Walahfrid Strabo ein formgewandter Poet, der auch eigenes Erleben in seine Dichtungen miteinbezog. Sein bekanntestes Werk »De cultura hortorum« oder kurz »Hortulus« beschreibt 23 Pflanzen des Reichenauer Klostergartens. Es ist eines der ältesten Denkmäler zur deutschen Pflanzenkunde und verrät bei aller Abhängigkeit von römischen Autoren, daß Walahfrid Strabo selbst in seinem Garten gearbeitet hatte und die Eigentümlichkeiten und die medizinische Verwendbarkeit der Pflanzen aus eigener Anschauung und Erfahrung kannte. Er liebte die Landschaft am Bodensee und empfand sie als seine Heimat, die ihm an Leib und Seele wohltat. Das wird in seinem Abschied vom Kloster Reichenau deutlich, der mit den beiden Strophen beginnt:

»Muse unser, Schwester, besing die Schmerzen,
Künde von dem traurigen Abschied und dem
Dasein in der Fremde in Schmach und Armut,
Das mich betroffen!

Ach, ich Armer trachtete Weisheit zu gewinnen fern der Heimat und klagte darum,
Preisgegeben bitterster Unbill, als ein
Feind unter Fremden.«

Walahfrid Strabo kannte natürlich das Capitulare Karls des Großen und berücksichtigte die meisten Pflanzen, die dort aufgeführt waren. Er kannte aber auch das 1100 Hexameter lange medizinische Lehrgedicht des Quintus Serenus, das aus der zweiten Hälfte des 4. Jahrhunderts n. Chr. stammte. Sein Mitbruder Jacobus hatte die Heilkräuterverse im Auftrag Karls des Großen handschriftlich überliefert. So nimmt es nicht wunder, daß Walahfrid Strabo gerade den Quintus Serenus für seinen »Hortulus« heranzog. Die Krankentherapie spielte in den Klöstern eine große Rolle. So hatte schon der Mailänder Diakon und spätere Erzbischof Benedictus Crispus, offensichtlich ein Langobarde, kurz vor 681 in 241 Hexametern ein Heilsgedicht verfaßt, das sich auf Serenus wie auch auf die Medicina Plinii stützt, ein aus der Naturgeschichte des Plinius gezogenes Brevier zum alltäglichen Gebrauch. Zur Zeit Walahfrids Strabo konnte man auf mehrere Werke antiken Kräuterwissens zurückgreifen, die überdies auch die römische Gartenliteratur berücksichtigten. Der Reichenauer Mönch durchwirkte seine Kenntnisse antiker Autoren mit seinen eigenen Erfahrungen. Im Klostergarten war er Gärtner und in der Klosterbibliothek poetisch beflügelter Gelehrter.

In dem einleitenden Gedicht seines »Hortulus« besingt er die Vorzüge des ruhigen Lebens, auf die schon Vitruvius in seinem Werk über die Architektur hingewiesen hat, als er von den Gartenanlagen der Stadt redete, wo sich die Leute unter freiem Himmel ergehen und ihre Augen an dem frischen Grün laben konnten. Aber Walahfrid Strabo verbindet die erholsame, ruhige Abgeschiedenheit des Klostergartens mit der frommen Beschaulichkeit, die auch die Gartenarbeit selbst gewährt. Die bloße Muße lehnt er ab. Seine Erwähnung der Rosenstadt Paestum geht auf eine Stelle in Vergils »Georgica« zurück, die von einer zweimaligen Blüte der Rosen in Paestum spricht (»biferi rosaria Paesti«). Auf diese Blütenfruchtbarkeit bezieht sich seine Erwähnung des stets lüsternen Gottes Priapus, dessen Begattungslust ihm als Mönch wohl entgangen sein muß. Das Gedicht lautet in der hexametergetreuen Übersetzung von Hans-Dieter Stoffler:

»Zahlreich gewiß sind Zeichen und Vorzug des ruhigen Lebens.
Nicht das Geringste ist es jedoch, der Rosenstadt Paestum
Kunst sich zu weihn in der Arbeit des fruchtbaren Gottes
Priapus.
Was für Land du immer besitzest, und wo es sich finde,
Sei's, daß auf sandigem Strich nur Steine unfruchtbar lasten,
Oder es bringt aus fetter Feuchte gewichtige Früchte,
Liegend auf ragenden Hügeln erhöht oder günstig im weiten,
Niedrigen Feld oder lagernd geschmiegt an die Lehne des
Tales –
Nirgends weigert es sich, die ihm eignen Gewächse zu zeugen,
Wenn deine Pflege nur nicht ermattet in lähmender Trägheit,
Nicht sich gewöhnt zu verachten den vielfachen Reichtum des
Gärtners
Törichterweise und nur sich nicht scheut, die schwieligen
Hände

Bräunen zu lassen in Wetter und Wind, und nimmer versäumet,
Mist zu verteilen aus vollen Körben im trockenen Erdreich.
Dies entdeckte mir nicht landläufiger Rede Erkenntnis
Und nicht allein Lektüre, die schöpft aus den Büchern der
Alten:
Arbeit und eifrige Neigung vielmehr, die ich vorzog der Muße,
Tag für Tag haben dies mich gelehrt durch eigne Erfahrung.«

Die Arbeit im Garten ist ihm also mehr als nur eine poetische Anspielung. Das zweite Gedicht des Zyklus geht noch stärker auf das Praktische ein und schildert die schweißtreibenden Arbeiten des Gartenbaus. Auch hier zeigt sich, wie Walahfrid Strabo antiken Vorbildern nacheifert. Er praktizierte freilich seine Lektüre. Hauptquelle dieser Hinweise für die Gartenarbeit sind Columellas zwölf Bücher »De re rustica«, um die Mitte des 1. Jahrhunderts n. Chr. entstanden, von denen das erste Buch sich ganz auf die Notwendigkeiten der Gartenarbeit beschränkt. Columella war ein Praktiker, der weniger auf die poetische Verklärung des bäuerlichen Lebens Wert legte wie Vergil, sondern sehr genau und ausführlich alle Pflichten des Gärtners behandelt. So schreibt er, die Zeit, den Garten in Ordnung zu bringen (ordinare) und umzugraben (pastinare) sei teils im Herbst, teils im Frühjahr, denn zu beiden Zeiten wird Gemüse gesät. Es ist dafür zu sorgen, daß die Beete, die wohl kastenförmig auf der Reichenau angelegt waren und die im Frühjahr besät werden sollten, schon im Herbst um den ersten November umgegraben werden; was im Herbst besät werden soll, wird dagegen im Mai umgegraben. Im ersteren Fall wird der Boden durch die Winterkälte, im zweiten durch die Sonnenhitze mürbe, und die Wurzeln des Unkrauts werden getötet. Columella zählt zu den wichtigsten Autoren einer praktischen Anleitung zur Gartenarbeit für das ganze Mittelalter und bereitete die Hausväterliteratur vor. So stand er auch Pate bei der Schaffung der ersten Klostergärten. Damals las man noch Bücher mit einer praktizierenden Hingabe und Konzentration, und der Umstand, daß das Kloster auf der Reichenau in einem südlich milden Klima lag, schenkte dieser Lektüre auch noch Erfolg.

Auch das dritte Gedicht des Zyklus verweilt noch bei der Gartenarbeit und lobt den Fleiß des Gärtners, der eine gute Ernte erwarten kann.

»Nun braucht es Dichtertalent, Erkenntnis und Schönheit der Rede,
Um zu verkündigen die Namen und Kräfte so reichlicher Ernte,
Daß auch das Kleine dadurch mit hoher Ehre sich schmücke.«

Die erste Pflanze, der Walahfrid Strabo sich zuwendet, ist Salbei, ein Kraut, das heute fast nur noch in der Küche Verwendung findet, während es für die Alten ein vielseitiges Heilkraut war, dem Dioscorides, der im 1. Jahrhundert als Armeearzt wirkte und ein großangelegtes Kräuterbuch verfaßte, gleich eine ganze Fülle von Wirkungen nachsagte. Walahfrid Strabo sah in der Pflanze nachgerade ein Symbol der Selbstzerstörung.

»Leuchtend blühet Salbei ganz vorn am Eingang des Gartens,
Süß von Geruch, voll wirkender Kräfte und heilsam zu trinken.
Manche Gebresten der Menschen zu heilen, erwies sie sich nützlich,
Ewig in grünender Jugend zu stehen hat sie sich verdienet,
Aber sie trägt verderblichen Zwist in sich selbst: denn der Blumen
Nachwuchs, hemmt man ihn nicht, vernichtet grausam den Stammtrieb,
Läßt in gierigem Neid die alten Zweige ersterben.«

Ebenso wie beim Salbei geht Walahfrid Strabo in den beiden folgenden Gedichten über die Raute und über die Eberraute auf die therapeutischen Kräfte der Pflanzen ein. Auch hier folgt er ganz dem Kräuterwissen der Alten, für die die freie Natur eine einzigartige Apotheke war. Doch merkt man seiner poetischen Beschreibung an, daß ihn nicht nur Buchweisheit beflügelte, sondern auch die tägliche Beobachtung. Sein Gärtchen auf der Reichenau lag nicht, wie der St. Gallener Klosterplan es vorschlägt, nach Westen, sondern an der Ostseite des Klosters, direkt vor seiner Tür, so daß er es mit wenigen Schritten von seiner Zelle aus erreichen konnte, um das Wachstum der Pflanzen zu verfolgen oder sich ganz einfach zwischen den Beeten zu ergehen. In seiner Zueignung, die den »Hortulus« beendet, wendet er sich an den von ihm hochverehrten Abt Grimaldus des nahen Klosters St. Gallen:

»Dir, geehrtester Vater Grimaldus, widmet dein Schüler
Strabo ergebenen Sinns den Tribut dieser kleinen Geschenke,
Ohne Gewicht und Anspruch und nur von bescheidenem
  Nutzen.
Wenn du einmal verweilst im Geheg deines grünenden Gartens,
Unter dem laubreichen Wipfel der schattigen Obstbäume
  sitzend,
Wo der Pfirsich mit ungleichen Schatten die Strahlen zerstreuet,
Während die spielenden Knaben, die fröhliche Schule des
  Klosters,
Dir die weißen Früchte mit zarter, flaumiger Schale sammeln.«

Aber ihn interessierte nicht nur die Heilkraft der Kräuter, sondern auch die Nährkraft und der Wohlgeschmack des Gemüses und des Obstes, das den strengen Speisezettel der Benediktiner bereicherte. Doch beschränkte er sich dabei einzig und allein auf den noch nicht lange heimischen Kürbis und die Melone. Die Gemüsesorten, die das Capitulare erwähnt, findet er keiner poetischen Erwähnung wert. Zu alltäglich und zu vertraut werden sie ihm gewesen sein, daß man sie gar noch in Hexametern traktieren mußte, um sie besser bekannt zu machen. Der St. Gallener Klosterplan hat sie hinlänglich berücksichtigt. Was bedurfte es mehr! Das war Küchenalltag, gleichsam Küchenprosa. Wie groß ihre Bedeutung für die Klosterküche war, das hat Johann Wilhelm Stuck später mit polyhistorischem Eifer in seinem Werk »Antiquitatum Convivialium Libri III« (Drei Bücher über die Gastmähler der Alten, 2. Auflage Zürich 1597) zusammengetragen.

Daß Walahfrid Strabo die Melone bedichtete, hatte sicherlich klimatische Ursachen. Wo anders hätte sie auch in Deutschland zur Süße reifen können als am Bodensee. Sie stammt ursprünglich aus Südasien und wird schon zur Zeit der alten Griechen und Römer in Südeuropa häufig im Freien gezogen worden sein. Hippokrates erwähnt sie als Diätkost. Walahfrid Strabo hebt jedoch auch ihren Wohlgeschmack hervor:

»Zerteilt man das hohle Gehäuse von Hand
Zahlreicher Stückchen, so freut sich der Gastfreund bei Tische des guten
Leckerbissens der Gärten. Denn Weiße des Fleischs und Aroma
Schmeckem dem Gaumen, und nicht wird solcherlei Speise die harten
Backenzähne erschrecken.«

Der Garten, den Walahfrid Strabo besang, war hauptsächlich ein Kräutergarten, wie er zur Stärkung und Gesundung des Leibes schon von den Römern angelegt worden war. So bedichtete er in seinem »Hortulus« neben dem schon Genannten noch den Wermut, Andorn, den Fenchel, Liebstöckel, Gartenkerbel, Schlafmohn, den die Römer, wie Plinius berichtet, schon in ältester Zeit im Garten eingesät hatten, Muskatellersalbei, Frauenminze, Minze, Polei, den Sellerie, Betonie, Odermennig, Katzenminze und den Rettich. Den Namen Ambrosia, den er einer Pflanze gibt, läßt keine sichere Zuweisung zu. Hier steht wohl der Saft für die Pflanze selbst. Da Ambrosia gewöhnlich die Speise der Götter genannt wird, läßt sich vermuten, daß er sehr lecker geschmeckt haben muß. Daß Ambrosia die beschönigende Bezeichnung eines Bitterkrauts gewesen sein könnte, muß man bezweifeln. Die alten Wörterbücher beschränken sich bei dem Stichwort Ambrosia stets auf den Hinweis, es handele sich dabei um einen wohlschmeckenden Saft oder Sirup.

Zierde des Gartens sind für Walahfrid Strabo die Rose und die Lilie, die er auch in seinen beiden schönsten Gedichten des »Hortulus« preist. Er sieht sie sowohl als Blumen wie auch als Sinnbilder göttlicher Offenbarung. Schon für die Dichter der Alten galt die Rose als die herrlichste Blume. Die Götter liebten sie, und die Menschen pflanzten sie in ihre Gärten, um ihre

Schönheit und ihren Duft genießen zu können. Welche Rosenart im Klostergarten auf der Reichenau blühte, wissen wir nicht mit letzter Sicherheit. Wahrscheinlich war es die rosa gallica officinalis, die in kleinen Büschen bis über einen Meter hoch wuchs und rosafarbene und karminrote Blüten hatte. Sie stammte aus dem Südwesten Europas und war schon im 12. Jahrhundert v. Chr. bekannt und ihrer Heilkraft wegen geschätzt. Durch die Ausbreitung des Benediktinerordens, der die Kultivierung Europas auf allen Gebieten vorantrieb, ist sie wohl auch in Deutschland heimisch geworden, wenn es nicht schon vorher einheimische wilde Rosen gegeben hatte, die eine gärtnerische Pflege erduldeten. Rosengärten erfreuten sich im ritterlichen Mittelalter größter Beliebtheit. So hielt Kriemhild, wie die Heldensage erzählt, Hof zu Worms, wo sie einen schönen Rosengarten besaß, als dessen Hüter Siegfried und eine Anzahl seiner Recken bestimmt waren. Wer diese Hüter besiegte, der erhielt von Kriemhilds Vater ein Stück Land zum Lehen. Die Rose war aber nicht nur ein Symbol der Liebe, sondern wurde schon sehr früh mit dem Kreuzestod Christ in Verbindung gebracht. Mit ihr zusammen ist die Lilie Sinnbild der höchsten Ehre der Kirche:

»Die im Blut des Martyriums pflückt die Geschenke der Rose
Und die Lilien trägt im Glanze des strahlenden Glaubens,
Jungfrau Maria, Mutter, die du den Sohn hast geboren,
Jungfrau, im Glauben ohn' Makel, du Braut nach des
  Bräutigams Namen.
Braut und Taube, du Hort und Herrin, verläßliche Freundin,
Pflücke Rosen im Streite und brich frohe Lilien im Frieden.
Aus dem Königsstamm Jesse ist dir eine Blüte entsprossen,
Retter und Bürge allein des erneuerten alten Geschlechtes.
Er hat die lieblichen Lilien geweiht durch sein Wort und sein
  Leben,
Färbend im Tode die Rosen, hat Frieden und Kampf seinen
  Jüngern
Auf dieser Erde gelassen, die Tugenden beider verbindend,
Beiden Siegen verheißend die Krone des ewigen Lebens.«

So schufen sich die Mönche am Bodensee einen Garten, in dem sie das ewige Paradies sinnbildlich vorausahnten. Er schenkte ihnen nicht nur Heilung von Gebrechen und Schwäche durch die Kraft der Natur, sondern ernährte sie auch und lud sie zur frommen Beschaulichkeit ein. Sie erkannten in der Natur das Wirken Gottes, so daß der Garten für sie so etwas wie eine Schule des Glaubens wurde. Und diese Schule machte Schule. Überall dort, wo die Benediktiner ein Kloster gründeten, legten sie sogleich auch einen Garten an. Auf diese Weise erfüllten sie den Wunsch Karls des Großen, in all seinen Krongütern einen Garten vorfinden zu können. So gesehen, bildete der Garten den Anfang unserer Kultur.

Hansjörg Küster

Italienische Gärten

»Es war unstreitig in den schönen und von einem so milden Himmel beglückten Gefilden Italiens, wo in den neuern Zeiten Europa die ersten Gärten wieder aufblühen sah. Hier erwachte zuerst das Gefühl für das Schöne, und weckte zugleich die edlern Künste aus ihrem langen Schlummer auf. Man weiß, daß diese wichtige Revolution sich besonders in Toscana durch die großmüthigen Bemühungen des Geschlechtes Medici erhob. Und hier scheint auch mit der Liebe des Ackerbaues die Gartencultur zuerst in Italien wieder erweckt zu seyn.«

Christian Cay Lorenz Hirschfeld, der berühmte Gartenkenner des 18. Jahrhunderts, beginnt so den Abschnitt »Kurze Nachrichten von Gärten, Lustschlössern, Landhäusern, Gartengebäuden und Gartenprospecten«, in dem zuallererst von den Gärten Italiens die Rede ist. Genauso wie Hirschfeld denken wir bei Italienischen Gärten an das Schöne, an die Klimagunst des »Landes, in dem die Zitronen blühen«, an die Ackerbaukultur der Toskana, die mit ihren zahlreichen Felderterrassen an steilen Hängen zu einem Inbegriff von Kulturlandschaft geworden ist. Selbstverständlich begünstigten das milde Klima und die abwechslungsreiche Landschaft die Entstehung der ersten neuzeitlichen Gärten im Abendland. Dafür aber, daß diese Gärten am Ende des Mittelalters gerade in Italien angelegt wurden, gibt es noch einen anderen, und, wie es scheint, sehr wichtigen Grund. Kunstvolle Gärten befanden sich zunächst nur in der Nähe von Städten; sie wurden von Stadtbewohnern angelegt. Befaßt man sich mit der ursprünglichen Bedeutung des Wortes »Garten«, wird eine bemerkenswerte Wesensverwandtschaft zwischen Garten und Stadt deutlich. Ein Garten ist nämlich in vielen Sprachen eigentlich nicht das gestaltete Stück Land mit vielerlei Bäumen, Sträuchern und Kräutern, sondern das, »was eingezäunt, eingehegt ist«. Im Lauf der Zeit wandelte sich die Bedeutung des Begriffs in der deutschen, aber auch in anderen Sprachen. In den slawischen Sprachen bezeichnet man mit den etymologisch verwandten Wörtern »grad«, »gorod« oder »hrad« die Stadt, also genauso einen nach außen abgegrenzten, aber aus heutiger Sicht landschaftlich ganz anders wirkenden Bereich.

Stadt und Garten sind begrenzt, Dorf und Wildnis sind es nicht. Nach außen abgegrenzte, im weitesten Sinne private Bereiche konnten sich gerade dort entwickeln, wo Menschen individuelle Privatpersonen sein wollten, sich also zwar weltoffen gaben, aber doch ihre Privatsphäre vor der Öffentlichkeit abschirmen wollten. Jacob Burckhardt nennt in seinem berühmten Werk »Die Kultur der Renaissance in Italien« einen ganzen Abschnitt »Entwicklung des Individuums« und schreibt:

»(...) gerade innerhalb der allgemeinen politischen Machtlosigkeit gediehen wohl die verschiedenen Richtungen und Bestrebungen des Privatlebens um so stärker und vielseitiger. (...) Der politisch indifferente Privatmensch mit seinen teils ernsten teils dilettantischen Beschäftigungen möchte wohl in diesen Gewaltstaaten des 14. Jahrhunderts zuerst vollkommen ausgebildet aufgetreten sein.«

Einige Bewohner der italienischen Stadtrepubliken waren durch Handel und Gewerbe zu großem Reichtum gelangt. Im Zeitalter der Renaissance besannen sie sich auf die kulturelle Vergangenheit des Landes zur Zeit der Antike, auf die klassischen Lebensformen der Reichen im alten Rom. Die Bildungsbürger dieser Städte hatten natürlich Plinius und Cicero gelesen; sie wollten es ihren klassischen Vorbildern gleichtun und als wohlhabende Stadtbürger ebenfalls eine Villa mit Garten besitzen. Man konnte sich dank der detaillierten antiken Beschreibungen ein genaues Bild davon machen, wie das urban geprägte ländliche Leben vor der Stadt auszusehen hatte. Das Leben in der Stadt hatte gerade in Italien keineswegs nur positive Seiten. Das warme Klima begünstigte die Ausbreitung von Seuchen besonders dort, wo viele Menschen unter ungünstigen hygienischen Bedingungen dicht beieinander wohnten. Wer es sich leisten konnte, besaß auch deswegen eine Villa mit Garten und Zaun vor der Stadt, um sich dorthin zurückziehen zu können, wenn die Pest grassierte.

Von der Flucht wohlhabender, kulturbeflissener Bürger aus Florenz, wo die Pest wütete, in die Villa vor der Stadt berichtet Boccaccio am Beginn seines berühmten Romans »Decamerone«. Pampinea, eine junge Florentinerin, die in den Augen von Jacob Burckhardt sicher eine Individualistin war, macht einigen Altersgenossinnen einen Vorschlag:

»Damit wir nun nicht aus Trägheit oder Sorglosigkeit einem Unglück erliegen, dem wir, wenn wir wollten, auf irgendeine Weise entgehen könnten, dächte ich, wiewohl ich nicht weiß, ob ihr die gleiche Meinung habt, es wäre am besten, wir verließen, so wie wir sind, diese Stadt, wie es viele vor uns getan haben und noch tun. Die bösen Beispiele anderer wie den Tod verabscheuend, könnten wir mit Anstand auf unseren ländlichen Besitzungen verweilen, deren jede von uns eine Menge hat, wo wir uns dann Freude, Lust und Vergnügen verschafften, soviel wir könnten, ohne die Grenzen des Erlaubten irgendwie zu überschreiten. Dort hört man die Vöglein singen, dort sieht man Hügel und Ebenen grünen, dort wogen die Kornfelder nicht anders als das Meer, dort erblickt man wohl tausenderlei Bäume und sieht den Himmel offener, der, wie erzürnt er auch gegen uns ist, seine ewige Schönheit nicht verleugnet, was alles zusammen viel erfreulicher ist als der Anblick der kahlen Mauern unserer Stadt.

Außerdem ist die Luft dort frischer, und der Vorrat an Dingen, die man zum Leben braucht, ist dort größer und geringer die Zahl der Unannehmlichkeiten.«

Gesagt, getan; der Zufall will es, daß sich den Damen noch drei junge Männer beigesellen. Die Gesellschaft bricht auf. Boccaccio schreibt weiter:

»Sie verließen die Stadt, waren aber noch nicht mehr als zwei kleine Meilen weit von ihr entfernt, als sie schon an dem Orte anlangten, den sie fürs erste verabredet hatten.

Dieser Landsitz lag auf einem Hügel, nach allen Richtungen ein wenig von unseren Landstraßen entfernt, und war mit mancherlei Bäumen und Sträuchern bewachsen, alle grünbelaubt und lieblich anzusehen. Auf dem Gipfel dieser Anhöhe stand ein Palast mit einem schönen und großen Hofraum in der Mitte, reich an offenen Gängen, Sälen und Zimmern, die, sowohl insgesamt als jedes für sich betrachtet, ausnehmend schön und durch den Schmuck heiterer Malereien ansehnlich waren. Rings umher lagen Wiesen und reizende Gärten mit Brunnen voll kühlem Wasser und Gewölben, die reich an köstlichen Weinen waren, so daß sie eher für erfahrene Trinker als für mäßige, sittsame Mädchen geeignet schienen.«

In dieser berühmten Rahmenerzählung des »Decamerone« wird viel Bezeichnendes für Villa und Garten der Mitte des 14. Jahrhunderts zum Ausdruck gebracht. Das Landhaus lag nicht weit von der Stadt entfernt, nur »zwei kleine Meilen«. Und liest man die Beschreibung des ländlichen Ortes, denkt man weder an einen Palast noch an einen Park, sondern eher an einen Bauernhof. All das, was später im Italienischen Garten eine ganz andere Bedeutung erhalten sollte, hatte hier seinen praktischen Sinn: Das Wasser diente zur Bewässerung der Wiesen und Gärten, und im Gewölbe lagerte der Wein, das einzige Getränk der damaligen Zeit, das über lange Zeit haltbar blieb und nicht wie das von Abfällen verseuchte Flußwasser des Arno Nährboden der Pest war. Landsitze wie derjenige, der im »Decamerone« beschrieben wird, gab es schon im Mittelalter; burgartige Gebäude standen inmitten von agrarisch genutzten Ländereien, die in vielen Fällen im Besitz städtischer Bürger waren, die auf dem Lande investierten. Die Villa war ein landwirtschaftliches Produktionszentrum mit aufwendigen Anlagen zum Pressen von Öl, zum Keltern von Wein und mit vielfältigen Lagerräumen. Seit der Mitte des 14. Jahrhunderts befaßten sich die Stadtbürger intensiver mit ihren Villen und ihren Gärten. Die Villen wurden, wie im »Decamerone« beschrieben, zu Zentren der Kultur, und aus den Nutzgärten des Mittelalters wurden die Lustgärten der Neuzeit. Gerade wenn man bedenkt, daß die Hinwendung der Städter zum Land in der Pestzeit im 14. Jahrhundert intensiver wurde, kann man die Paradiese, zu denen die Villengärten in der Folgezeit wurden, auch als Gegenentwürfe zu den ökologischen Problemen des Stadtlebens ansehen. Nach Hirschfeld ist der älteste der berühmten Italienischen Gärten derjenige des Lorenzo Medici in Florenz, der in der zweiten Hälfte des 15. Jahrhunderts angelegt wurde. Damals schrieb in Florenz Leon Battista Alberti sein umfangreiches Werk »De Re Aedificatoria«, in dem er auch auf Gärten eingeht, die aber noch nicht wesentlich anders aussehen als die Gärten der Antike; es gibt Grotten und Buchsbaumrabatten, genauso wie in früheren und späteren Gartenanlagen. Während Alberti vor allem die Gewächse des Mittelmeergebietes in seine Gärten pflanzte, holten sich andere Florentiner in etwas späterer Zeit besonders Gewächse aus dem Süden Italiens, aus Spanien und dem Orient; vor allem die Pflanzen und Bäume der berühmten maurischen Gärten fanden auf diese Weise zunächst Eingang nach Italien und dann auch in andere Gegenden des Abendlandes. Was man im kälteren Norden nicht ins Freiland ausbringen konnte, wurde dort in Kübel gepflanzt, die man im Sommer ins Freie stellte, im Winter in speziellen Häusern schützte, beispielsweise in einer Orangerie.

Die ältesten in unserem heutigen Sinne typischen Gärten Italiens entstanden dann aber nicht in Florenz, sondern in Rom. Diese Stadt hatte gegen Ende des Mittelalters gegenüber Florenz und den oberitalienischen Städten erheblich an Bedeutung verloren; damals residierte der Papst nicht in der »ewigen Stadt«, sondern in Avignon. Nach dem Ende der »Babylonischen Gefangenschaft« in Südfrankreich 1377 kehrten die Päpste nach Rom zurück. In der Folgezeit gab es noch zahlreiche weitere innerkirchliche Konflikte, die das Papsttum schwächten. In Rom war städtische Kultur während dieser Zeit nahezu vollständig zum Erliegen gekommen, wobei allerdings die Spuren ehemaliger Stadtkultur überall präsent blieben. In der Zeit um 1500 sollte Rom wieder Mittelpunkt der Welt werden; die Päpste förderten unter anderem Architekten und Künstler, wofür sie allerdings einen hohen Preis zu bezahlen hatten. Der Ausbau Roms fand nicht nur Zustimmung; die Reformation wurde nicht zuletzt dadurch befördert.

Papst Julius II. holte neben Michelangelo und Raffael auch

den Architekten Bramante nach Rom. Darüber schreibt Giorgio Vasari: »Diesem Papst war der Einfall gekommen, den Raum zwischen dem Belvedere und dem Palast zu einer viereckigen theaterähnlichen Anlage auszubauen und damit das kleine Tal zu umschließen, welches zwischen dem alten päpstlichen Palast und dem Gebäude gelegen war, das Innozenz VIII. zum neuen Wohnsitz der Päpste bestimmt hatte. Zu beiden Seiten des Tälchens sollten loggienartige Gänge den Palast mit dem Belvedere verbinden und außerdem verschiedene Treppen angelegt werden, damit man vom Grunde des Tales auf mannigfaltige Weise zur Plattform des Belvedere emporsteigen könnte. Bramante, der in solchen Dingen viel Geschmack und Erfindungsgabe an den Tag legte, errichtete als unterstes Geschoß zwei sehr schöne übereinanderliegende Arkadengänge im dorischen Stil, ähnlich denen im Kolosseum der Savelli, nur daß sie statt von Halbsäulen von Pfeilern getragen wurden, die er wie den ganzen Bau aus Travertinstein anfertigte. Darauf erhob sich als Obergeschoß ein geschlossener, mit Fenstern versehener Säulengang im ionischen Stil, der von den obersten Zimmern des päpstlichen Palastes ins Erdgeschoß des Belvedere führte. So entstand zu jeder Seite des Tales eine mehr als vierhundert Schritt lange Loggia, die eine mit der Aussicht auf Rom, die andere dem hintengelegenen Wäldchen zugewandt; den Talgrund selbst gedachte man zu ebnen und alle Gewässer vom Belvedere hinabzuleiten, um dort einen schönen Brunnen anzulegen.«

Julius II. und Bramante starben bald, so daß das Werk unvollendet blieb. Vasari berichtet, man habe Bramantes Schöpfung für etwas so Herrliches gehalten, daß man zunächst zögerte, es zu vollenden; heute ist die Anlage nicht mehr in der ursprünglichen Form erhalten. Jahrhundertelang aber war der Belvedere-Garten Vorbild für die Anlage von anderen Gärten. Ein »Belvedere« ist seitdem ein Aussichtspunkt auf einer Terrasse mit besonders schöner Fernsicht; das wohl berühmteste Belvedere schuf Hildebrandt von 1721 bis 1723 für Prinz Eugen in Wien.

Im Belvedere-Garten gab es nicht nur die Loggien der antiken Vorbilder; Bramante hatte etwas ganz Neuartiges in die

Gartenanlage eingefügt. Durch Treppen, die er für eine optimale Nutzung des Geländes anlegen mußte, hatte der Garten nicht nur Breite und Tiefe erhalten, sondern noch eine weitere Dimension, die Höhe. Für einen solchen Garten bekam die Architektur eine besondere Bedeutung, was dadurch augenfällig wurde, daß gerade in den römischen Villengärten besonders viel Stein als Baumaterial verwendet wurde.

Nicht nur im Belvedere-Garten, sondern auch bei der Villa d'Este oder der Palazzina Farnese entwickelte sich im 16. Jahrhundert gewissermaßen der Archetyp des Italienischen Gartens. Dieser besitzt nicht nur eine Grundfläche, sondern ist ein dreidimensionaler Raum. Er hat Haupt- und Nebenachsen, aus denen sich ein orthogonaler Grundriß ergibt. Die Wege, die entlang der Achsen laufen, haben ein klares Ziel, die Villa, den Aussichtspunkt, ein Kunstwerk oder einen Brunnen. Die Zielpunkte können, ja sollen sehr verschieden sein. Beim Durchschreiten des Gartens soll man aus der düsteren und feuchten Grotte ins gleißende Sonnenlicht treten, um dabei den Gegensatz der vier Elemente wahrzunehmen, von Erde und Wasser in der Grotte und am Brunnen zu Feuer und Luft auf der Terrasse. Auf dem orthogonalen Grundriß entstand der Raum durch steinerne Mauern und lebende Hecken aus den immergrünen Gehölzen Steineiche und Buchsbaum oder aus den schlanken Zypressen und den schirmförmig geschnittenen Pinien.

Am besten lassen sich die Prinzipien des Italienischen Gartens dort erkennen, wo eine Villa mit ihrem Garten am Hang errichtet wurde. Auf einer ebenen Terrasse kann man weit hinaus ins helle mediterrane Sonnenlicht gehen und die Aussicht genießen; zu ebener Erde führt der Weg in die Grotte hinein, wenn man in Richtung des Berghanges geht – oder, vielleicht besser: wandelt. In den Grotten verwendeten die Architekten des 16. Jahrhunderts häufig das »Baumaterial« natürlicher Quellen; ist das Quellwasser reich an Kalk, setzt sich durch Ausfällung Tuffstein ab, den man auch als Baustoff für die »gestaltete Natur« in den künstlichen Grotten schätzte. Ebenfalls wie in der »richtigen Natur« bepflanzte man den Stein mit Lebermoos und Farn, worüber das Wasser rieselte und tropfte.

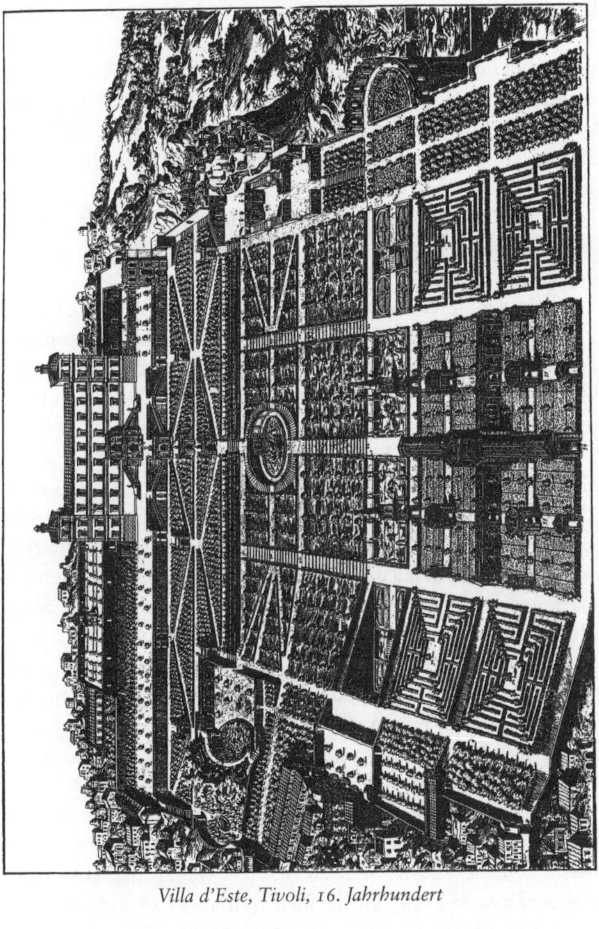

Villa d'Este, Tivoli, 16. Jahrhundert

Um die Grotte herum konnte man einen Bosco anlegen, einen Busch oder Wald. Hier pflanzte man häufig Eiben, und auch das machte man der »wilden Natur« nach, denn Eiben wachsen an kalkhaltigen Quellen mit ihren Tuffabsätzen. Eiben lassen sich gut schneiden; so konnte man darauf achten, daß ihre Zweige in die Breite wucherten und den Eingang der Grotte verdeckten. Eiben haben eine religiöse Bedeutung, und diese Bedeutung gab man auch manchen Boschi. Im Bosco Sacro z. B., im Heiligen Hain, stehen Skulpturen von Eicheln und Pinienzapfen.

Unter der Terrasse wurden in vielen Fällen Wirtschaftsgebäude versteckt. Die Terrassen über geschlossenen Räumen nennt man »Hängende Gärten« und beabsichtigt damit natürlich, vom Begriff her einen Bezug zu anderen Hängenden Gärten herzustellen, nämlich zu denen in Babylon.

Von den Terrassen aus erreicht man die Wirtschaftsgebäude, aber auch das Parterre des Gartens, seine Grundfläche, über zum Teil aufwendige Treppenanlagen. Weil manche Villen in sehr steilem Gelände angelegt wurden, sind die Höhendifferenzen zwischen den niedrigsten und den höchsten Punkten im Garten zum Teil erheblich. In Bramantes Belvedere-Garten überwanden die Treppen eine Höhendifferenz von zwanzig Metern. Bramante war dadurch gezwungen, die Treppe nicht zu verstecken, wie dies in den älteren Gärten in der Toskana geschehen wäre. Er mußte die Treppe bewußt in den Mittelpunkt seiner Gartenarchitektur stellen; und dies wurde immer wieder von anderen Architekten nachgeahmt.

Neben den Treppen rinnt Wasser von der Grotte zur tiefsten Stelle des Gartens. Bei der Gestaltung der Wasserläufe waren der Phantasie kaum Grenzen gesetzt. Der Wasserlauf kann durch Wasserbecken und Rinnen führen, es können Wasserspiele und Brunnen in seinen Lauf eingebaut sein, und manche Gartenbesitzer machten sich einen Spaß daraus, Ventile in verborgene Wasserleitungen einbauen zu lassen, die spontan geöffnet werden konnten, um Gartenbesucher zu beregnen. Auf diese Weise war aber auch die Voraussetzung dafür geschaffen, Wasser in verschiedene Regionen des Gartens zu versprengen.

Für viele Gewächse war dies lebensnotwendig, gerade im zeitweise trockenen und heißen Mittelmeerklima. An den Brunnen und Kaskaden herrscht höhere Luftfeuchtigkeit als anderswo, weil dort Wasser staubfein versprüht wird. Das lokale Klima des Gartens ist daher feuchter als das der Außenwelt; für die Pflanzen im Garten und auch für dessen Besucher ist daher die Atmosphäre vieler Italienischer Gärten beinahe tropisch zu nennen.

Noch heute sind die Brunnen Roms berühmt, nicht nur die, die in den Gärten stehen. Oft sind sie aus Tuffstein gebaut, und in ihnen rinnt das Wasser von Schale zu Schale. Conrad Ferdinand Meyer schrieb über einen dieser Brunnen ein berühmtes Gedicht:

»Aufsteigt der Strahl, und fallend gießt
Er voll der Marmorschale Rund,
Die, sich verschleiernd, überfließt
In einer zweiten Schale Grund;
Die zweite gibt, sie wird zu reich,
Der dritten wallend ihre Flut,
Und jede nimmt und gibt zugleich
Und strömt und ruht.«

Ein besonders markanter Brunnen oder auch ein Pavillon steht in der Mitte des Parterres vieler Gärten. Das Parterre, eigentlich der traditionelle Teil des Italienischen Gartens, hat Haupt- und Nebenachsen von Wegen, die mindestens vier gleich große Beete voneinander teilen. Ursprünglich standen auf den Beeten beispielsweise Obstbäume, später kam es den Gartengestaltern mehr darauf an, mit dem Parterre eine gute optische Wirkung zu erzielen; in vielen Fällen soll von einer Loggia im Dach der Villa aus, die an den Garten grenzt, der Blick auf das Parterre gelenkt werden. In besonders kunstvoll gestalteten Parterres säumen die sauber geschnittenen Buchsbaumhecken keine Beete, sondern Wasserbecken, oder man legte dort entweder aus Stein oder Buchsbaumhecken ein Labyrinth an. Man kann hier auch Zitronen- und Orangenbäumchen in Kübeln aufstellen, die im Winter unter den hängenden Gärten vor der Kälte geschützt werden müssen, vor der man selbst in Italien vielerorts nicht sicher ist.

Eine besondere Zierde des Italienischen Gartens ist die Pergola, ein Rankgerüst für Schlingpflanzen und Rosen, für das es altägyptische Vorbilder gibt. Erbaut wurde die Pergola entweder aus Holz oder dauerhafter aus Stein, wobei auch Säulen errichtet wurden, über die man Holzbalken legte.

Ursprünglich ließ man vor allem Wein an der Pergola ranken; wer darunter entlanggeht, kann von den herabhängenden Trauben naschen. Aber auch Geißblatt oder Glyzinien zieht man in einer Pergola.

Der Schmuck der Italienischen Gärten besteht außerdem aus Skulpturen. Ursprünglich stellte man antike Statuen in den Gärten auf, die man in Rom allenthalben finden konnte. Genauso wie skulpturierte Steine, Grabmäler und andere Bauteile, die man als Spolien in neue Gebäude einbaute, fanden also auch antike Standbilder eine sekundäre Verwendung, als man an die glorreiche Vergangenheit Roms anknüpfte und der Stadt eine neue glanzvolle Rolle gab. Manche Gärten wurden zu ansehnlichen Antikensammlungen. Bald ging man dazu über, Skulpturen nach alten Vorbildern zu formen, weil in den Überresten der untergegangenen Metropole nicht mehr genügend Antiken zu finden waren.

In und bei Rom entstanden im 16. Jahrhundert mehrere Villen mit den klangvollen Namen derer, die sie bewohnten. Sie waren von prächtigen Gärten umgeben. Der wohl berühmteste Garten Italiens wurde der an der Villa d'Este in Tivoli. Die Planung dieser Anlage war ungeheuer aufwendig, wie in Marieluise Gotheins Standardwerk »Geschichte der Gartenkunst« nachzulesen ist: »Welch mächtige Vorteile natürlicher Wasserreichtum einem Künstler in die Hand gibt, das zeigt zuerst die Villa d'Este in Tivoli. (...) Den Kardinal Ippolito D'Este, der im Jahre 1549 als Statthalter in Tivoli einzog, reizte die herrliche Aussicht, die sich von der Höhe des Stadthügels auf die Sabiner Berge und das hochgelegene Städtchen Montorsoli nach Norden hin öffnete. Dort auf der Höhe wollte er sich sein Haus bauen, und davor sollte sich der Terrassengarten in strenger

Symmetrie in der Hauptachse des Gebäudes herabziehen. Unbekümmert darüber, daß das Gerippe des Berges nordwestlich verläuft, ließ er den Garten nach Norden anlegen, wodurch eine kolossale Untermauerung fast einer Hälfte des Gartens nach Westen zu notwendig wurde. Ippolito aber war nicht der Mann, der vor Schwierigkeiten oder Extravaganzen zurückschreckte. Der Garten zerfällt deutlich in zwei Teile, den ebenen unteren Garten und den in fünf steilen Terrassen zum Hause aufsteigenden Berggarten. Diagonale Wege und gerade Seitentreppen stellen die Verbindung untereinander her. Die Hauptlängsachse, vom Mittelportal des Hauses ausgehend, wird durch eine Wiederholung dieses Portalmotivs in immer einfacheren Formen in den Futtermauern der Terrassen bezeichnet; sie dienen hier als Eingänge in die Grotten. Eine besondere Betonung erhält diese Hauptachse durch die große, von mächtigen Rampentreppen flankierte Drachenfontäne auf der fünften Terrasse, kleinere Brunnen sind auf den höheren Terrassen in der Mitte angelegt. (...) Ein unerschöpflicher Reichtum herabbrausenden Wassers stand dem Baumeister zur Verfügung. Ein Teil des Anio, der den ganzen Stadthügel mit seinen Wasserarmen umklammert, wurde von Osten her in den Gärten hineingeleitet und von dem Künstler benutzt, um in äußerst wirksamer Weise die Querachse zu bezeichnen. Die untere trennt den ebenen von dem terrassierten Garten durch vier breite Bassins. Östlich endet sie aufsteigend in der imposanten Wasserorgel, von der ein mächtiger Wasserfall in den darunterliegenden Teich fiel, ein brausender Gegenklang gegen den stillen Spiegel der Teiche; westlich trug ein Vorsprung, der heute verschwunden ist, vielleicht nie ausgeführt wurde, eine Wasserkunst. Die zweite Querachse beginnt auf der dritten Terrasse mit dem östlichen Wassertheater: riesige Tuffsteinblöcke, von einem springenden Pegasus gekrönt, fassen den Sturz des Wassers; in kleinen unregelmäßigen Nischen sitzen Quellgottheiten, unter dem Fels ist ein halbrunder Säulengang um ein mächtiges elliptisches Wasserbassin gebaut; zwischen den Säulen schmücken Statuen eine Reihe von Nischen. Die drei übrigen Seiten des Theaters sind quadratisch ummauert, an der südlichen, in den

Berg schneidenden Seite befindet sich noch eine Badegrottenanlage. Ein schmaler Durchgang führt aus diesem Theater auf die Prachtstraße des Gartens, die den Berg entlang von dreistufigen Wasserkanälen begleitet wird; unzählige Gebilde: Adler, Schiffchen, Fratzen usw. speien das Wasser aus einem Kanal in den andern, dazwischen sind Reliefs angebracht, die die Metamorphosen Ovids verherrlichen.«

Das Wasser bekam hier eine überragende Bedeutung für die Gartenanlage. Die Wirkung der so verschiedenen Wasserkünste ist in einem Land besonders groß, in dem es während des Sommers lange Trockenperioden geben kann; im Garten versiegt das lebensspendende und lebenserhaltende Wasser dennoch nicht. In einem weiteren Ensemble aus Villa und Garten kommt dem Wasser ein noch stärker hervorgehobener Platz zu. Im Garten der Villa Lante bei Bagnaja, 70 Kilometer nördlich von Rom gelegen, bildet die Anlage der verschiedenen Wasserkünste die Mittelachse. Die Villa ist in zwei Teile geteilt: Zwei kleinere Häuser sind an den Rand des Grundstücks gerückt. Die Mittelachse der Anlage besteht aus einer ganzen Reihe von Brunnen, die nacheinander vom Wasser durchflossen werden. Ein besonders großer Brunnen bildet die Mitte des Parterres; ursprünglich stand an der Stelle des Brunnens eine Wasserpyramide, aus der das Wasser einmal höher, einmal niedriger aufstieg. In den vier Bassins des Brunnens, die das Zentrum des Parterres bilden, befinden sich vier Schiffchen. Michel de Montaigne hat den Garten im 16. Jahrhundert besucht und beschrieben. Zu seiner Zeit waren in den Schiffchen Musketiere, die mit Wasser schossen oder es unter Geräuschentwicklung durch eine Trompete bliesen; später wurden die Schiffchen mit Blumen bepflanzt. Es gibt noch weitere Brunnen in diesem Garten, so beispielsweise einen mit zwei großen Flußgottheiten; dort läuft Wasser aus den Scheren eines Krebses in ein steineres Becken.

Weitere Villen und prachtvolle Gärten wurden in anderen Gegenden Italiens errichtet, so in Neapel und Frascati, wo Garten und Villa Aldrobandini besonders besuchenswert sind, in Genua und selbstverständlich auch in Florenz und in seiner toskanischen Umgebung, wo man die Villa Gamberaia und die

Villa Capponi besuchen sollte. Fast immer wurden die Häuser und Gärten an den Hängen der Gebirge errichtet, am Abhang des Apennin, in den Albaner Bergen. Berühmte Bauten entstanden am Rand des höchsten Gebirges, an das Italien grenzt, und zwar am Südrand der Alpen. Dort ist das Klima regenreicher als im Herzen Italiens, aber dennoch nicht kälter: Von Norden weht der warme Föhnwind, der Südwind treibt entweder mediterrane Wärme oder dicke Regenwolken an den Alpenrand, was zu sintflutartigen Wolkenbrüchen führen kann, die tagelang nicht enden wollen. Daraus resultiert ein fast schon tropisch zu nennendes Klima, in dem alles bestens grünt und blüht. Berühmte Italienische Gärten befinden sich auf der Isola Bella im Lago Maggiore und an der Villa Carlotta am Comer See. Zahlreiche architektonische Meisterwerke des Villenbaus, darunter berühmte Bauten des Andrea Palladio, liegen in der Umgebung von Venedig. Auch sie werden oder wurden von schönen Gärten umgeben, die aber architektonisch in der Regel wesentlich weniger aufwendig gestaltet wurden. Der Grund dafür liegt auf der Hand: Diese Landhäuser mit ihren Gärten wurden in der Ebene errichtet. Etwas Wesentliches, was den Italienischen Garten im engeren Sinne auszeichnet, konnte so in der Po-Ebene nicht ausgeführt werden, nämlich die Überwindung des Höhenunterschiedes bei einer Lage am Hang.

Mit allen seinen typischen Elementen ist der Italienische Garten ein Mikrokosmos, in dem der Privatmann, sein Besitzer, mit seinen Gästen umhergehen kann. Die Menschen sollen in diesem Garten sehr verschiedene Empfindungen haben können, wofür vielfältige Reize in die Anlage eingebaut sind. Der Mensch wandert nicht nur zwischen dem Dunkel der Grotte und dem Licht der Terrasse. Er blickt auf weißen Tuffstein und das Dunkel von Lebermoos, Zypressen und Eiben. Das Wasser plätschert und kühlt, man läßt sich am Rand der Wasserbecken nieder, zieht sich in die Grotten zurück, lustwandelt unter einer Pergola und geht auf der ebenen Terrasse entlang, wobei man stets den Gegensatz zu den steilen Hängen, die hier von Natur aus bestehen würden, vor Augen hat. Oder man schreitet durch das Parterre des Gartens, trifft sich am Brunnen in seiner Mitte und schlägt danach wieder getrennte Wege ein. Eine ganze Gesellschaft von Gartenbesuchern kann sich an der Brüstung der Terrasse treffen, um Wein zu trinken, den man schnell aus den Kellerräumen unter der Terrasse herbeiholt. Von der Terrasse aus genießt man dann die schöne Aussicht auf eine Gegend, die unmittelbar vom Garten aus nur mit den Augen zu erreichen ist. Der Zaun oder die Mauer, die den Garten umgibt, soll unübersteigbar sein. Man kann sich auf der Terrasse geistig mit seiner Umgebung auseinandersetzen, doch bleibt sie strikt von der privaten Sphäre des Gartens getrennt. Besonders reizvoll im wahrsten Sinne des Wortes ist es, die Treppen hinauf und hinab zu steigen, von jeder Stufe aus festzustellen, wie sich der Blick auf die Umgebung wandelt. Dabei verändert sich nicht nur die Sicht auf den Garten, sondern auch die Beziehung zu anderen Menschen, die sich auf der Treppe und im Garten bewegen. Gerade die Treppen regen die Gartenbesucher dazu an, sich selbst zu inszenieren, ein wenig Theater zu spielen wie auf einer Bühne. Die verschiedenartigen Empfindungen, die man beim ruhigen Gehen in einem Italienischen Garten hat, sollen Freude hervorrufen; jeder Mensch will einem eintönigen Alltagsleben entfliehen und Vielfältigkeit in seiner Umgebung wahrnehmen. Der Italienische Garten kann ihm diesen Abwechslungsreichtum bieten. Diese Lebensfreude, die dabei entsteht, inspiriert die Menschen; offenbar ist dies nicht nur den Managern moderner Industriebetriebe bekannt, sondern auch schon die Gartenarchitekten der Renaissance in Italien hatten eine Ahnung davon.

Die Gegensätzlichkeit der Reize eines Italienischen Gartens überhöhen die Kontraste, die für eine Gebirgslandschaft am Mittelmeer ohnehin charakteristisch sind. Landschaften mitteleuropäischen Charakters und die Mediterraneis grenzen dort unmittelbar aneinander. Der Schweizer Botaniker und Reisende Martin Rikli hat dies zu Anfang des 20. Jahrhunderts folgendermaßen beschrieben:

»Wo wir uns auch immer von Mitteleuropa nach Süden wenden mögen, überall erwartet uns dasselbe Schauspiel: beim Austritt einer Klamm öffnet sich wie durch Zauberschlag die ganze Fülle des Südens im entzückten Auge. Ich brauche nur an Namen wie die Schlucht von Iselle im Val di Vedro (Simplon), an das Felsenriff der Porta im Bergell, an das fruchtbare Becken von Brusio im Puschlav zu erinnern, oder weiter im Osten an Meran und nach Überschreitung des Karstes an Abbazia bei Fiume. Der Übergang zu einer anderen Vegetation ist ein plötzlicher, es ist ein förmlicher Szenenwechsel, der beim Austritt aus den südlichen Alpentälern in das Gebiet der mediterranen Florenwelt sich vor uns vollzieht.«

Es ist ganz selbstverständlich, daß sich selbst der Wissenschaftler der Theatersprache bedient, wenn er die Gegensätzlichkeit der Landschaft am Mittelmeer beschreibt. Er faßt in Worte, was im 18. und 19. Jahrhundert viele Reisende aus dem Norden in Italien gesucht haben, nämlich den abrupten Übergang von der vertrauten, in ihren Augen viel eintönigeren Welt Mitteleuropas zur ganz anderen, reizvolleren am Mittelmeer. Natürlich besuchten die Reisenden besonders gerne die Gärten, um sich dem Schauspiel der Gegensätze auszusetzen, und berichteten davon in Wort und Bild. Dunkle Bäume bilden den Rahmen zu vielen Bildern, auf denen der Blick auf die sonnendurchflutete Landschaft Italiens dargestellt ist. Johann Joachim Winckelmann schrieb am 5. Mai 1756 in Rom: »Meine Freunde! es ist nicht zu beschreiben, wie schön die Natur in diesem Lande ist. Man gehet in schattichten Lorbeerwäldern und in Alleen von hohen Cypressen, an eine Viertelmeile weit in etlichen Villen, sonderlich in der Villa Borghese. Je mehr man Rom kennenlernet, je besser gefällt es. Ich wünschte, beständig hier bleiben zu können.«

Carl Blechen malte die düsteren Zypressen im Park der Villa d'Este bei Tivoli und das helle Sonnenlicht, das zwischen den säulenförmigen Bäumen durchbricht; auf dem von den Zypressen gesäumten Weg setzen sich Gartenbesucher förmlich in Szene, gehen mal im Schatten, mal im grellen Licht entlang. Die Villa selbst liegt im Halbdunkel des Hintergrundes.

Natürlich waren die Gärten Italiens in den Jahrhunderten seit ihrer Schöpfung mancherlei Wandlungen unterworfen. Zunächst pflanzte man nur typisch mittelmeerische Gewächse in ihnen an, beispielsweise Platane, Steineiche, Zypresse und Pinie, dazu Rosmarin, Myrte, Lorbeer und Mäusedorn. Später kamen, wie schon erwähnt, Pflanzen aus dem Orient hinzu, unter ihnen die Zitrusbäume, Flieder und Jasmin. Im 18. und 19. Jahrhundert brachten die Engländer zahlreiche Gewächse nach Europa, und auch in Italien fand man Gefallen an diesen Exoten. Heute wachsen nordamerikanische Magnolien, Azaleen und Rhododendren aus dem Himalaya, Hortensien, Bougainvilleen und Glycinien in vielen Italienischen Gärten. Wo es möglich war, pflanzte man sogar Palmen an.

Hirschfeld beklagte schon im 18. Jahrhundert, daß viele Parks Italiens verfielen, und diese Klage wird auch heute immer wieder laut. Die Architekten Günter Mader und Laila Neubert-Mader regen in ihrem sehr instruktiven Buch über Italienische Gärten die Gründung einer Organisation an, die dem englischen National Trust ähnelt: Sie sollte sich den Erhalt der Gärten Italiens aufs Panier schreiben! Aber wie bewahrt man das Bild eines Gartens, dessen Pflanzen wachsen und absterben, in dem morsche Bäume gefällt und durch neue ersetzt werden müssen, die nicht sofort die Größe der alten Gehölze aufweisen?

Italien behielt seine Vorrangstellung in der Gartenkunst bis zum Beginn des 17. Jahrhunderts. Palladio und Bernini wandten sich mehr der »reinen« Architektur zu und schufen glanzvolle Bauwerke, aber keine neuen Gartenkonzepte. Anderswo in Europa griff man die in Italien entwickelten Leitlinien der Gartenarchitektur auf. In Frankreich, Deutschland, Belgien und anderen Ländern legte man Italienische Gärten mit hohen Hekken, dem Parterre, einer Grotte und einer Terrasse an. Nicht alle Pflanzen des Mittelmeergebietes konnten darin wachsen; man mußte sie im Winter in der Orangerie vor dem Frost schützen. Im 17. Jahrhundert gingen die wichtigsten Impulse der Gartenkunst dann von Frankreich aus. Bei der Gestaltung eines Französischen Gartens diente der Italienische Garten als Vorbild, besonders bei der Anlage des Parterres mit seinen Beeteinteilungen und Rabatten mit Buchsbaumhecken. Der Französische Garten war aber nie der in sich abgeschlossene Besitz des

Privatmannes, sondern der Park des absolutistischen Herrschers. Die Achsen des Französischen Parks enden nicht an einem Zaun, sondern führen im Idealfall ohne Ende in das gesamte Land hinein.

Andere Elemente des Italienischen Gartens griffen die Engländer auf, die im 18. Jahrhundert in der Gartengestaltung führend wurden. Sie übernahmen vor allem Züge der Villenarchitektur. Manche Englischen Gärten waren oder sind auch heute noch private Gärten, in ihnen soll man aber von Architektur auf den ersten Blick nichts sehen; sie wirken daher völlig anders als die Italienischen Gärten.

Bis heute blieb für den Italienischen Garten seine private Abgeschlossenheit charakteristisch. Im Unterschied zu den später entworfenen Parks ist der Italienische Garten von einem Zaun, einer Mauer oder einer Hecke umgeben, also abgetrennt von seiner Umgebung. Der Italienische Garten ist damit ein Garten im wahrsten Sinne des Wortes, bei dem es ja nicht auf seine Anlage an sich ankam, sondern auf das Abgegrenzt-Sein. Alle späteren Parks gaben dieses Prinzip auf. Sie öffneten sich gegenüber ihrer Umgebung ebenso wie die Städte, die über ihre mittelalterlichen und frühneuzeitlichen Befestigungsringe hinauswuchsen. Im Umfeld der Städte entstanden aber vielerorts Villensiedlungen mit kleinen Privatgärten. Wenn man diese gestaltete, griff man immer wieder auf Elemente des Italienischen Gartens zurück.

Michael Brix

Französische Gärten

Daß der Garten à la française kein Ort der Muße ist, hat am treffendsten sein Schöpfer André Le Nôtre zum Ausdruck gebracht. In einer Rückschau auf sein Lebenswerk gab er einem kleinen, ganz untypischen Nebengarten am Trianon in Versailles den Vorzug, dem »Jardin des sources«, den er wie ein Stück wilder Natur angelegt hatte: »Er ist, abgesehen von den Tuilerien, der einzige Garten, den ich kenne, wo man angenehm promenieren kann, und er ist der schönste. Ich überlasse die anderen ihrer eigenen Schönheit und Größe« (Le Nôtre 1693). Die großen Gärten Le Nôtres, geometrisch organisierte Freiräume mit zwingenden Blickachsen bis zum Horizont, setzen bei aller Faszination dem Verständnis einige Hürden entgegen. In Versailles erlebt man das Paradox, daß die kalten Materialien der Skulpturen, Marmor und Bronze, weicher und lebendiger wirken als die Naturelemente in ihrer strengen Interpretation (Lablaude 1995, S. 56f.). Erde, Wasser und Vegetation sind einem so ausgeprägten Formwillen unterworfen, daß sich, wiederum paradox, die Natur als Kunst darbietet, so pur und so austariert, daß schon geringste Eingriffe wie die nachträgliche Aufstellung von Skulpturen empfindliche Störungen bewirken. Ausgerechnet bei einem Gartenspaziergang, in Vaux-le-Vicomte oder Versailles, kann dem empfänglichen Besucher eine Heimsuchung durch den »göttlichen Schock der Vollkommenheit« widerfahren (Corpechot 1937, S. 33).

Schon früh war der Französische Garten der Kritik ausgesetzt, am heftigsten und nicht selten haßerfüllt später von seiten der Verfechter des Englischen Gartens. Aber den einen gegen den anderen Gartentyp auszuspielen wurde schließlich zum Klischee, das sich bis in die jüngste Literatur hartnäckig behauptet. So konfrontiert beispielsweise der Philosoph Gernot

Böhme in seinem Buch »Für eine ökologische Naturästhetik« noch einmal den englischen Gartentyp als zukunftsweisendes Modell mit dem französischen: »Dieser entsprach nämlich genau der Naturbeziehung, die in Europa bis heute vorherrschend ist«, darauf gerichtet, »die Folgen der Selbsttätigkeit der Natur zu vernichten« (S. 85). Das aber kann nicht der Gehalt der Kunstwerke Vaux-le-Vicomte oder Versailles sein. Böhmes Urteil beruht auf einer Projektion, insofern dem Barockzeitalter eine ursächliche Schuld an unserem gegenwärtigen ökologischen Desaster zugewiesen wird. Die Aktualität der Gartenkunstwerke Le Nôtres erscheint in einem anderen Licht, wenn man sie unter dem Blickwinkel betrachtet, »daß sie auf metaphysische Weise Begriffskonflikte ihrer Epoche enthüllen, jener Grundsatzdiskussion (›querelle‹), von der unsere eigene Modernität herrührt« (Weiss 1992, S. 122).

I

Der Französische Garten als eigenständiger Typus, der auf ganz Europa ausstrahlte, ist eine Schöpfung des »Grand Siècle«, der Epoche, die von König Louis XIV geprägt wurde. Darauf will sich dieser Beitrag konzentrieren. Zur Einstimmung und zur Erkundung der Vorgeschichte sollen Abstecher zu zwei berühmten Loire-Schlössern dienen, die besonders dichte Eindrücke französischer Renaissance-Kultur vermitteln: Chenonceaux und Villandry.

Chenonceaux liegt an einem Nebenfluß der Loire, dem Cher. Das Hauptgebäude ist quer in den Fluß gestellt, ein Wasserschloß *par excellence*. Als »château des dames«, Schloß der Damen, wurde es zu einer Legende, von der auch der Essay »Ah, mon beau château« von Marguerite Yourcenar zehrt. Das Anwesen gelangte 1512 in den Besitz des Finanzmannes Thomas Bohier, und er hatte die Idee, das Schloß im Fluß auf den Fundamenten einer ehemaligen Mühle zu errichten. Die Architektur ist betont zierhaft, typisch für die französische Renaissance: runde Ecktürmchen und steile Dächer, geschmückt mit reich ornamentierten Fenster-Erkern. Im Jahre 1547 schenkte König Henri II das Schloß seiner Geliebten Diane de Poitiers. Sie galt als die schönste aller Frauen, woran ein berühmtes Gemälde der Schule von Fontainebleau erinnert, das die Maitresse außerordentlich freizügig als nackte Göttin Diana mit Pfeil und Bogen zeigt. Diane de Poitiers ließ das Schloß instand setzen und ab 1551 einen Garten anlegen. Obwohl ein Juwel früher französischer Gartenkunst, wissen die Reiseführer und auch das Buch von Marguerite Yourcenar kaum etwas darüber zu sagen – Beispiel für die Sprachlosigkeit angesichts einer Kunstgattung, die im Vergleich mit den traditionellen Gattungen wie Architektur und Malerei sträflich unterschätzt ist.

Der Garten, unabhängig vom Schloß, ist ein großes Geviert, gestaltet als flaches Parterre in streng ornamentaler Aufteilung, die man sich ursprünglich viel kleinteiliger vorstellen muß als in der heutigen Rekonstruktion. Eine Seite grenzt direkt an den Fluß, und mit ihm ist der Graben verbunden, der die drei anderen Seiten des Parterres umgibt. Um es vor Hochwasser zu schützen, wurde es durch mächtige, steinverkleidete Wälle mit einer Mauerkrone eingefaßt. Das verleiht dem Garten eine einzigartige Wirkung: Vollkommen eigenständig behauptet er sich neben dem Wasserschloß wie eine Wasser-Festung für die Hortikultur. Über die einstige Bepflanzung geben die Quellen ungewöhnlich detailliert Auskunft (Woodbridge 1986, S. 70-73). Apfel- und Aprikosenbäume, Johannisbeersträucher sowie Gemüse: Erbsen, Artischocken und Zwiebeln. In großen Mengen wurden Erdbeeren und Veilchen gepflanzt. Außer den Veilchen waren Blumen rar; die Quellen nennen nur noch Lilien und Moschusrosen. Von alldem ist heute nichts mehr zu sehen; statt dessen eine konventionelle Mischung aus Rasen, beschnittenem Buchs und Blumenrabatten.

Man weiß, daß die französische Renaissance von der italienischen beeinflußt ist. Das gilt natürlich auch für den Garten der Diane de Poitiers. Und doch erkennt man spezifisch Französisches: die betont flächenhafte Gestaltung des Parterres und seine Verbindung mit spiegelnden Gewässern, Vorboten der

»miroirs d'eau«. Typisch auch die hochliegenden Spazierwege, die den Mauern gartenseitig wie Terrassen vorgelegt sind und eine gewisse Aufsicht auf das Parterre gestatten. Noch in den Gärten Le Nôtres, zum Beispiel in Vaux-le-Vicomte, werden wir diesen Promenierterrassen begegnen. Bemerkenswert ist schließlich, daß die Quellen zu Chenonceaux nichts über Grotten oder Skulpturen berichten, die den Garten geziert und ihm jene mythische Tiefe verliehen hätten, die den italienischen Renaissance-Gärten eigen ist.

Ein Mekka aller Gartenfreunde ist Villandry, etwa 15 Kilometer südwestlich von Tours. Die ausgedehnten Anlagen sind die einzigen, die eine Vorstellung von französischer Gartenkunst der Renaissance in solcher Größenordnung vermitteln. Dabei muß man allerdings jeden Anspruch an Originaltreue vergessen, denn es handelt sich um eine komplette Rekonstruktion. Wir verdanken sie einem Besessenen namens Joachim Carvallo, Doktor der Medizin. 1906 erwarb er das Anwesen, gab seine nicht unbedeutende wissenschaftliche Karriere auf und verwirklichte seinen Lebenstraum. Er ließ das Renaissance-Schloß von den üppigen Überformungen reinigen und rundherum zurückzaubern, was längst verloren war, zuletzt durch die Neugestaltung der Gärten im 19. Jahrhundert als Englischer Park. Der aber war dem Docteur Carvallo zutiefst verhaßt, er beseitigte ihn mit Stumpf und Stiel. Als ein Bauer die Massakrierung von hundertjährigen Bäumen beklagte, entgegnete ihm der Besessene: »Mag sein, daß es euer Herz bricht, aber was zählt, ist Intelligenz, nicht Gefühl« (zit. nach Woodbridge 1986, S. 288). In gut französischer Tradition argumentiert Carvallo gegen den Sensualismus, dem sich der Englische Garten verdankt; in seinen Träumen figuriert das Verlorene Paradies als »Garten der Intelligenz«. Als solchen läßt er jedoch nur den Renaissance-Garten gelten. Den Barockgarten à la Versailles verurteilt er wegen seiner entmutigenden Perspektiven, die, so meint er, auf einen Talmi-Olymp zielen – »ces décourageantes perspectives baroques qui débouchent sur un Olympe de pacotille« (zit. nach Fleurent 1989, S. 20).

Carvallos Rekonstruktion der Gärten im streng geometrischen Stil war beflügelt von einer zutiefst restaurativen Weltanschauung. Er betrachtete die alten Schlösser mit ihrer hierarchischen Abfolge von Gebäuden und Gärten als vollendete Sinnbilder einer untergegangenen sozialen Ordnung: »Unsere Vorfahren hatten eine andere Konzeption des Lebens als wir (...) So hatten die unterschiedlichen Elemente der häuslichen Ordnung je ihren eigenen Ort, in engem Bezug zueinander und ohne daß man sie verwechseln konnte. Die *Tiere* standen unter den *Dienern*, und die Diener standen nicht auf der gleichen Stufe wie die *Herren* (...) Diese Ordnung begann um die Mitte des 18. Jahrhunderts zu verschwinden (...) Das 19. Jahrhundert, durchdrungen von den Prinzipien eines absurden Egalitarismus, wider die Natur und den gesunden Menschenverstand, stößt die häusliche Ordnung vollständig um, zerstört all ihre Hierarchien und wirft den Menschen auf das Niveau von Tieren zurück...« Dieser weltanschauliche Geist des Docteur Carvallo, wenn er denn je in Villandry verspürbar war, hat sich längst verflüchtigt. Unbeschwert kann man sich der Faszination eines der am liebevollsten gepflegten Gartenkunstwerke Europas ergeben.

Das Schloß liegt in einiger Entfernung von der Loire, am Rand eines idyllischen Dorfes und am Fuß eines bewaldeten Hanges. Der berühmte Gemüsegarten ist an drei Seiten umgeben von hohen Terrassen mit sorgfältig gearbeiteten Stützmauern und Freitreppen aus dem weißen Stein der Touraine. Diese großzügige Grundstuktur stammt aus dem 18. Jahrhundert – ein spürbar barocker Akzent des Gartens. Zwei Terrassen sind als reiner Ziergarten, als »Jardin d'ornement«, gestaltet. Niedrig gehaltene gestutzte Buchshecken fügen sich zu bizarr anmutenden Ornamentfiguren, gefüllt mit Blühpflanzen je nach Jahreszeit oder Kräutern. Im zweiten Salon des »Jardin d'ornement« entdeckt man, allerdings erst nach entsprechenden Hinweisen des Führers, daß der Buchs die Form von Instrumenten wie Lyra und Harfe angenommen hat. Der Docteur Carvallo dürfte mit diesen originellen Details, für die er bei seinen ausgedehnten Quellenstudien kaum Anregungen gefunden haben konnte, einen synästhetischen Effekt beabsichtigt haben: Der

Besucher des Gartens sollte beim Schauen zugleich einen musikalischen Klang der untergegangenen höfischen Welt empfinden. Ähnliches ist mit den zunächst rätselhaft anmutenden Buchsornamenten des ersten »Salon d'ornement« beabsichtigt, der dem Schloß am nächsten und damit von besonderer Bedeutung ist. Es sind Symbole der Ritterromantik: die Dolche der tragischen Liebe, die Hörner und Fächer der unbeständigen Liebe, die intakten Herzen der zärtlichen Liebe und die gebrochenen Herzen der wahnsinnigen Liebe. Allerdings bedarf es auch hier der Hilfestellung des Führers; denn sowohl die Wuchseigenschaften des Buchses als auch die Schnittkünste des Gärtners geraten an die Grenze zur Überforderung.

Das größte Entzücken aller Villandry-Besucher ist der Gemüsegarten, der »Potager«. Das ausgedehnte Parterre, mehr als einen Hektar beanspruchend, besteht aus neun quadratischen Kompartimenten, jeweils mit einem Wege-Kreuz. In jedem Kompartiment sind die von niedrigen Buchshecken eingefaßten Beete mit großer Akkuratesse so ausgelegt, daß sie ein komplexes Ornamentgefüge bilden. Dabei variieren die Muster wie kunstvoll intarsierte Brettspiele. Im Frühjahr füllen sich die Beete mit 60 000 Gemüsepflanzen, im Sommer folgt eine zweite Pflanzung mit 30 000. Hinzu kommen Blumen, die aber auf die Einfassung der Kompartimente beschränkt bleiben; auch Rosenstöcke gehören zum Inventar des »Potager«. Die Fruchtfolge verlangt, daß jedes Jahr ein neuer Pflanzplan erstellt wird, und jedesmal ist es das Ziel, eine möglichst breite Variation von Wuchsformen, Wuchshöhen und Farben der Gemüsepflanzen zu erzielen. Der größte Stolz der Gärtner sind die Zierkohlköpfe, die im Herbst von Schneeweiß bis Purpur leuchten (Carvallo, R. 1991).

Im »Potager« bekundet sich am deutlichsten der nostalgische Elan, der den Docteur Carvallo bei seinem Rekonstruktionswerk beflügelte. Der dekorative Gemüsegarten ist eine typische Schöpfung der französischen Renaissance, eine Synthese aus mittelalterlichem Klostergarten und italienischem Ziergarten der Renaissance. Den klösterlichen Ursprung wollte Carvallo durch die Kreuzformen verdeutlichen, in die mehrere Beete gebracht sind, aber auch durch die hochstämmigen Rosenstöcke. Sie sollten daran erinnern, daß die Rose während der Kreuzzüge nach Frankreich gebracht worden war.

Villandry – das ist die perfekte Simulation eines großen Garten-Ensembles der Renaissance, derart vereinnahmend, daß selbst Puristen kapitulieren müssen. So schreibt die Gartenhistorikerin Monique Mosser: »Indem Dr. Carvallo die wundervollen Gärten in Villandry entwarf, eine Verbindung von ›post-Troubadour‹-Renaissance und *fin-de-siècle*-Symbolik, schuf er ein inspiriertes Kunstwerk« (Mosser 1991, S. 528).

II

Im Frankreich des 17. Jahrhunderts gewann die Gartenkunst eine Schlüsselrolle in der nationalen Kultur. Damit erreichte sie, erstmals in der europäischen Geschichte, eine Gleichstellung mit den traditionellen Kunstgattungen, wenn nicht gar eine vorrangige Stellung. Was als der Französische Garten zum Begriff wurde, spiegelt vielleicht am vollkommensten die Ideale des »Grand Siècle« wider. Der Genius dieser Schöpfung ist der Gärtner André Le Nôtre, der es verdiente, gleichrangig neben den größten Barock-Künstlern wie Nicolas Poussin, Claude Lorrain, Gianlorenzo Bernini oder Peter Paul Rubens genannt zu werden. Der Ruhm von Versailles überstrahlt alle anderen Gärten Le Nôtres. Aber sein vollkommenstes Werk ist Vaux-le-Vicomte. Hier wurden Grundlagen für den Stil des »Grand Siècle« geschaffen.

Vaux-le-Vicomte liegt südöstlich von Paris in der Nähe der Stadt Melun. Auftraggeber war Nicolas Fouquet, den Kardinal Mazarin zum Oberintendanten der Finanzen ernannt hatte. Neben dem König trat Fouquet als der bedeutendste Förderer der Künste hervor. Er war eine der faszinierendsten Persönlichkeiten des »Grand Siècle«; überlieferte Portraits zeigen einen weltläufigen Mann mit funkelndem Blick und verhaltenem Lächeln. 1656 wurde mit dem Bau von Schloß und Garten begonnen, und 1661 war die Anlage soweit fertig, daß Fouquet ein pompöses Einweihungsfest zu Ehren des jungen Königs Louis XIV geben konnte. Es sollte ihm zum Verhängnis werden...

Das Schloß, von Louis Le Vau entworfen, wirkt massig und stark zergliedert mit steilen Walmdächern in altfranzösischer Manier. Gartenseitig ein betonter ovaler, überkuppelter Mittelrisalit. Er enthält den Gartensaal und akzentuiert auf seine Weise die Hauptachse, an der die Gesamtanlage aufgefädelt ist und die gleichsam durch den Saal hindurchgeht, in den Vorhof sich fortsetzend. Das Schloß ist allseitig von einem breiten Wassergraben umgeben. Das entspricht französischer Tradition, gewiß, aber der Wassergürtel hat hier eine präzise, mit älteren Anlagen nicht vergleichbare Funktion: Entschieden grenzt er das Schloß aus seinem gärtnerisch gestalteten Umfeld aus, und zwar als das einzige Element, das als kraftvolles Volumen in Erscheinung tritt. Im Garten dagegen dominiert die Kunst der Flächen-Komposition.

Versetzen wir uns in einen zeitgenössischen Besucher von Vaux-le-Vicomte. Er durchmißt das Schloß in der Achse, tritt aus dem ovalen Saal in den Garten. Ein Anblick bietet sich ihm dar, für den der amerikanische Architekturhistoriker Vincent Scully die angemessensten Worte gefunden hat: »...eine nie dagewesene Entfesselung von Energie bis zum Horizont« und »in gewisser Hinsicht eine äußerst moderne, eine befreiende Sicht...« (Scully 1991, S. 244 u. 248).

Ein Freilicht-Raum, ins Riesenhafte ausgedehnt und doch nicht maßlos. Alle herkömmlichen Kennzeichen der Hortikultur haben sich verflüchtigt. Natur ist hier in pure Kunst verwandelt, mit klarer Vorherrschaft des Konstruktiven. Unangebracht wäre hier ein »Potager«, und selbst Blumen machen sich äußerst rar. Nur ein einziges »Parterre des fleurs« zierte den Garten, und zudem in Randlage (heutiger Zustand verändert). In der Hauptachse dagegen sind betont künstliche, wie Stickerei anmutende Ornamente aus beschnittenem Buchs mit Füllungen aus zerkleinerter Terrakotta ausgelegt (1920 frei rekonstruiert von Achille Duchêne). Diesen Broderie-Beeten kann der Wechsel der Jahreszeiten nichts anhaben. – Auch in Versailles hat Le Nôtre den Blumen nur eine Nebenrolle zugedacht. Dazu eine Äußerung von ihm, die der Herzog von Saint-Simon in seinen Memoiren überliefert: »Von den Blumenparterres sagt er, sie seien nur für die Ammen, die, weil sie ihre Kinder nicht verlassen könnten, die Augen darauf herumspazieren ließen und sie vom zweiten Stockwerk [des Schlosses] aus bewunderten« (Saint-Simon, Ed. Gallimard I, S. 739).

Vaux-le-Vicomte – ein durch und durch konstruiertes Paradies, in dem das Tabu des Baumes der Erkenntnis aufgehoben ist; ein »Garten der Intelligenz« (Corpechot, 1910 u. 1937). Ein dichtes Gefüge aus teppichartigen Parterres, Kieswegen und Wasserbassins bildet eine enorme offene Plattform, freilich mit subtilen Niveau-Unterschieden. Dem Augenschein nach endet die Plattform an einer Brunnenwand mit seitlich anschließenden Rampen und Treppen – ein breitgedehnter architektonischer Akzent. Diese Anlage bildet gleichsam den Sockel für das nun ansteigende Gelände mit einfacher Rasenbegrünung, bekrönt von einer kolossalen Herkules-Statue, die das Blickziel der Hauptachse bildet und den hohen Horizont markiert. Die Entfernung zwischen Statue und Schloßfassade beträgt gut einen Kilometer. Trotz seiner Weite wirkt der Garten räumlich geschlossen. Dazu tragen wesentlich die seitlichen Säume aus dichtem Wald bei, mal gegen den offenen Raum brandend, dann wieder zurückweichend. Am Hang sind die Bäume in der Art barocker Theaterkulissen gestaffelt, enggeführt und rücken schließlich dicht an die Herkules-Statue heran. Erschöpft lehnt sich der athletische Held auf seine Keule, so als wäre der Garten eine seiner mit übermenschlicher Kraft vollbrachten Taten.

Erst nach längerem Umherwandern im Garten bemerkt man, nicht ohne Irritation, daß im Bereich der Plattform die Hauptachse von Querachsen durchkreuzt wird, die asymmetrisch ausgelegt sind; die wichtigste, dem Schloß vorgelagerte Querachse sehr betont asymmetrisch. Die Gratwanderung zwischen Symmetrie und Abweichungen davon ist ein Hauptthema Le Nôtres, das die Rede von der tyrannischen Geometrie seiner Gärten Lügen straft; auch in Versailles ist dieses Thema gewichtig behandelt. Die individuellen Teile des Gartens formieren sich zu einer großen Ordnung, aber sie darf sich nicht einfach, schon gar nicht schematisch darstellen. War doch die Naturphilosophie des 17. Jahrhunderts, von der auch Le Nôtre Kenntnis gehabt haben muß, beherrscht von einem Prinzip: Die Welt ist komponiert aus gegensätzlichen Elementen, und ohne deren Widerstreit gäbe es kein Leben. Grundmodell dieser Vorstellung ist die Koexistenz der vier Elemente Erde, Wasser, Luft und Feuer. Der Mensch soll in seinen Werken die Gegensätze und Mißklänge der Natur nicht unterdrücken, sondern durch Kunst regulieren (Vérin 1991, S. 136). Le Nôtres Gärten sind eine Antwort auf diese theoretische Herausforderung des 17. Jahrhunderts.

Ein weiteres Hauptthema Le Nôtres sind optische Kunstgriffe, ja Täuschungsmanöver, mit denen er seine Vision vom Paradies in Szene setzt. Ihr Nachvollzug kann dem Besucher noch heute zu einem ästhetischen Erlebnis besonderer Art werden (Hazlehurst 1980). Kieswege, in der Perspektive kontinuierlich erscheinend, setzen sich aus Abschnitten unterschiedlicher Breite zusammen. Vom Schloß her gesehen, formieren sich vier Wasserbecken zu einer ausgewogenen Gruppe. Beim vorderen mag man die perspektivische Verzerrung aufgrund von Erfahrung noch korrigieren: Es muß kreisrund sein. Bei den seitlichen Bassins mit gekurvten Einfassungen ist solche Korrektur schon nicht mehr möglich; sie wirken vierpaßförmig, sind aber beträchtlich in die Tiefe gestreckt. Das hintere Bassin, bandartig breit erscheinend, beschert endgültig eine optische Täuschung; es ist quadratisch. Täuschend ist auch der erste Eindruck, als seien die Becken trotz ihrer unterschiedlichen Formen gleichgewichtig; bei näherer Betrachtung erweisen sie sich als sehr unterschiedlich in den Größen.

Hier zeigt sich ein bedeutsamer Unterschied zur Kunst der Renaissance, für die beispielhaft das große Parterre der Villa Lante in seiner ursprünglichen Form genannt sei (Lazzaro 1990, S. 243 ff.). Zwölf quadratische Beete, jeweils geviertteilt und mit einem Kreis in der Mitte, umgaben das zentrale Bassin mit dem Brunnen, und in dieser Wasserkunst-Anlage ist die Grundfigur der Beete zur großen Form gesteigert: das quadratische Becken angehoben und durch Brücken geviertelt, der zylindrische Brunnen wie ein Zentralbau *en miniature* betont. Der Gartenraum ist nach den Regeln vollkommener Proportion gestaltet, bezogen auf den Maßstab des Menschen. Das Bild im Auge des Betrachters ist zwar perspektivisch verzerrt, aber es kann kein Zweifel an der tatsächlichen Reinheit der Grundformen Quadrat und Kreis aufkommen. Diese wahren ihre Autonomie gegenüber dem Betrachter. In den Gärten Le Nôtres ist es umgekehrt. Die Formen sind auf das perspektivische Sehen zugeschnitten, häufig gestreckt und gedehnt, um ein unverzerrtes Bild zu ergeben. In den Tuilerien hat Le Nôtres es gewagt, einem kreisförmigen Kies-Rondell ein ebenfalls rundes Bassin a-zentrisch einzufügen; bei der denkmalpflegerischen Neugestaltung des Gartens in jüngster Zeit hat man sich nicht getraut, diese exzentrische Form zu rekonstruieren.

Alle großen Gärten Le Nôtres sind auf der Grundlage des Wissens um die optischen Gesetze der Verkürzungen, der Verzerrungen und Spiegelungen konzipiert (Charageat 1955). Damit hat sich dieser Gartenkünstler einem Problem gestellt, das die Wissenschaftler des 17. Jahrhunderts so intensiv beschäftigte. René Descartes etwa verfaßte seine »Discours de la Dioptrique«, Abhandlungen über die Lehre von der Brechung der Lichtstrahlen, und dabei interessierten ihn besonders Probleme der optischen Täuschung (Descartes 1637). Le Nôtre nutzte solches Wissen zu künstlerischen Zwecken: zur Schaffung von Harmonie, die jedoch – im Unterschied zur Kunst der Renaissance – auf Illusionen beruht. Illusionismus aber gehört definitorisch zur Kunst des Barockzeitalters.

Die perspektivischen Kunstgriffe, die Le Nôtre zur Schaffung harmonischer Raumwirkung einsetzt, enthüllen sich geradezu spektakulär an der Nahtstelle zwischen der offenen Plattform und dem dahinter ansteigenden Gelände. Es sieht zunächst so aus, als stünde die Grottenwand auf dem Rand des bandartig breit erscheinenden Bassins wie auf einem Sockel. Näherkommend ahnt man einen trennenden Abgrund. Der Zusammenhang zwischen der ruhigen Wasserfläche einerseits und der Grottenwand mit den beidseitig anschließenden, kontrastreich verdichteten Gefügen aus Treppen, Rampen und Taxuskegeln andererseits wirkt zunehmend irreal – ein Coup optischer Verführung. Und dann tut sich der weite Abgrund auf. Es eröffnet sich eine bisher nicht einmal geahnte Dimension des Gartens: eine grandiose Querachse, ein breiter Kanal von fast einem Kilometer Länge, erweitert zu einem großen Becken vor der Grottenwand und ihrem Gegenüber, einer Kaskadenwand, die dem Blick bisher völlig verborgen war. Diese beiden im Abgrund stehenden Wände sind gleichgewichtig. Aber während die Grottenwand bisher immer *auf* der Plattform des Gartens stehend erschien, wirkt die Kaskadenwand wie das Fundament von Plattform und Schloß.

Nur hier unten wird man an die urtümliche Kraft erinnert, die das Element des Wassers in den Italienischen Gärten hatte, einschließlich der Geräusche. Aber wenn man den Blick links und rechts wendet, beruhigt sich das Szenario wieder. Die Arme des Kanals sind Spiegelflächen des Himmels, »miroirs d'eau«, und damit sind sie den Bassins oben auf der Plattform angeglichen. Sie haben gerade in diesem tiefen Bereich des Gartens eine lichtbringende, aufhellende Wirkung. Deshalb hat Le Nôtre die Waldsäume auf beträchtlichen Abstand von den Rändern des Kanals gehalten und ihren verdunkelnden Spiegelungen Grenzen gesetzt. Bei der Anlage des Grand Canal in Versailles wird er den Wald noch entschiedener auf Distanz halten.

Das größte optische Wunder von Vaux-le-Vicomte: Auch in der Rückschau stellen sich Bilder vollendeter Harmonie ein. Wenn man, hinter dem großen quadratischen Bassin stehend, gegen das Schloß blickt, sieht man seine Fassade vollständig im Wasser gespiegelt; die enorme Distanz zwischen Bassin und Schloß scheint wie durch eine Zauberformel aufgehoben. Die Perspektive des Gartens bietet sich jetzt wie teleskopisch gerafft dar; die Parterres verdichten sich zu einem gestuften Sockel des Schlosses. Vom Hügel jenseits des Kanals präsentiert sich der Garten wiederum in perfekter Vernetzung seiner Einzelteile, obwohl sie ja jetzt in ganz anderen Proportionen erscheinen als vom Schloß her gesehen. In Versailles wird sich dieses Wunder so nicht noch einmal einstellen. Hier gibt es Stellen, wo der

Blick zurück auf das Schloß wie einer »durch die falsche Seite des Teleskops« wirkt (Hazlehurst 1980, S. 144).

17. August 1661: Nicolas Fouquet feiert die Vollendung seines Gesamtkunstwerks. Er empfängt den jungen König Louis XIV, die Königinmutter und den größten Teil des Hofstaates; Schätzungen kommen auf die schier unglaubliche Zahl von etwa 6000 Gästen (Bechter 1993, S. 24). Es gibt Feuerwerke und Theaterdarbietungen, darunter das Stück *Les Fâcheux* von Molière, in dem der Dichter selbst auftritt. Aber die größte Attraktion bilden Schloß und Garten. Vergleichbares hat der König noch nicht aufzuweisen. Er läßt wenige Wochen später Fouquet verhaften. Die Anklage lautet auf Veruntreuung von Staatsgeldern. Fast drei Jahre lang wird sich die Sammlung von Beweismaterial hinziehen. Im Gerichtshof gibt es eine Mehrheit, die für Fouquets Verbannung und Einziehung seines Besitzes stimmt. Louis XIV bleibt unerbittlich und besteht auf lebenslanger Haft, die Fouquet bis zu seinem Tod 1680 in einer Festung verbüßen wird. Der Garten sinkt in Vergessenheit. Der Dichter La Fontaine – er gehört zu der von Fouquet geförderten Künstler-Elite – hat den Mut, in Versen seine Trauer zu bekunden: »Remplissez l'air de cris en vos grottes profondes. / Pleurez, nymphes de Vaux...« – »Erfüllet die Luft mit Klagerufen in euren tiefen Grotten. / Weinet, ihr Nymphen von Vaux...« (La Fontaine 1661).

Man weiß, daß Fouquets Fall schon lange eine beschlossene Sache war. Das Fest bot eine willkommene Gelegenheit. Auch wenn Fouquet für seine Bauten öffentliche Gelder verwendet hatte, wie es andere damals gleichfalls taten, erweckte sein wahrhaft königliches Gesamtkunstwerk den Verdacht, er habe dieses Maß überschritten. Bei der Anklage Fouquets ging es eben nicht nur um Geld, sondern wesentlich auch darum, daß er sich die Führungsrolle in der Kunst angemaßt hatte. Nachdem König Louis XIV seinen Rivalen ausgeschaltet hatte, übernahm er den Künstler-Trupp von Vaux-le-Vicomte, und mit ihm begann er 1662 sein Versailles. Später wurden aus Fouquets Gärten – Vaux-le-Vicomte und Saint-Mandé – Statuen und Orangenbäume wie Spolien in den Garten des Königs verbracht. Indem Louis XIV das geniale Konzept Fouquets usurpierte, bereicherte er sich auf seine Weise. Versailles – ein geraubter Garten …

III

Das Kunstwerk Versailles wurde einem denkbar ungünstigen Gelände abgetrotzt, das der Herzog von Saint-Simon als den tristesten und unangenehmsten aller Plätze bezeichnete: »le plus triste et le plus ingrat de tous les lieux …« (Saint-Simon, Ed. Gallimard V, S. 532). Nicht nur dies, sondern auch die Größenordnung des Projekts bedeutete eine in der Gartenkunst nie dagewesene Herausforderung. Le Nôtre begegnete ihr mit einer Vision, die anfangs noch ungreifbar schien, dann in vielen Schritten der Planung und Planänderung konkrete Gestalt annahm. Mehr als zwei Jahrzehnte lang sollte sich das hinziehen (Lablaude 1993).

Entschiedener als in Vaux ist die Hauptachse betont, zum Horizont drängend in einem dramatischen Wechsel von räumlicher Verengung und Weitung. Dem gewaltigen Maßstab antwortete Le Nôtre mit noch kühneren Kunststücken optischer Raumverkürzung, mit einer noch gewagteren Kontrapunktik von Symmetrien und Asymmetrien. Schon der Makrokosmos Versailles ist alles andere als geometrische Schablone. Ursprünglich besaß der Garten zudem eine mikrokosmische Struktur, die mit einer Fülle phantasievoller Inszenierungen für immer neue Überraschungen, auch für Unterhaltung sorgte. In den Waldstücken des »Petit Parc« waren Binnenräume wie Salons ausgespart, mal als Freilichtbühne oder Freilichtmuseum, mal als offener Brunnensaal oder als Labyrinth ausgeziert. Diese »Bosquets« waren eine der größten Attraktionen von Versailles. Hier im Verborgenen war sogar ein Miniatur-Park zu besichtigen, der wie eine Vorwegnahme des Englischen Gartens anmutet: das »Bosquet des sources«. Mit ihm wollte Le Nôtre an den Urzustand der Natur erinnern, wohl wissend, wie weit er sich mit der großen geometrischen Ordnung seines Gartens davon entfernt hatte. Schon früh ging der Mikrokosmos

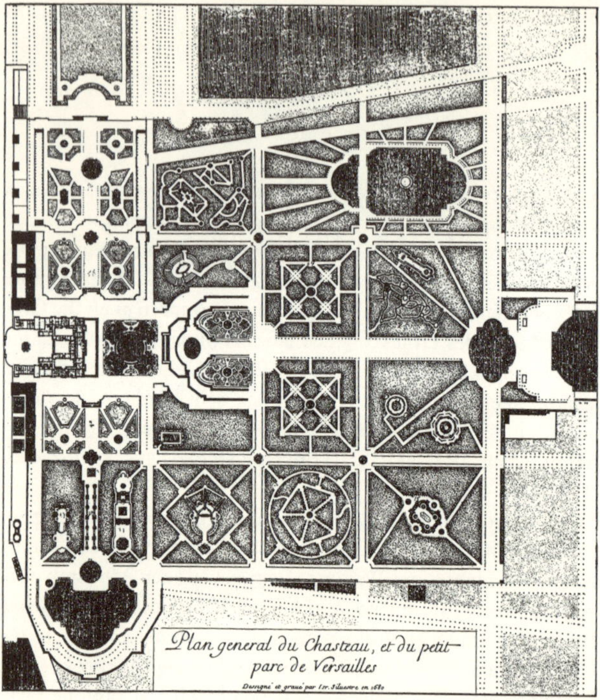

Versailles, Plan des »petit parc«, 1680

der »Bosquets« und damit eine ganze Dimension von Versailles verloren. Läßt sie sich zurückgewinnen? Rekonstruktionen sind geplant und bereits begonnen im »Bosquet de l'Encelade«.

Nachdem König Louis XIV 1682 seine Residenz von Paris nach Versailles verlegt hatte, gewann auch der Garten eine erhöhte Bedeutung als Schauplatz höfischer Repräsentation. Seine politische Botschaft wurde sofort begriffen; am klarsten vom Herzog von Saint-Simon, dessen Polemik noch heute von manchem Kritiker des Französischen Gartens wie ein Trumph gegen diesen ausgespielt wird. In der Sicht des Herzogs offenbaren die Anlagen den Despotismus des Königs: »Es gefiel ihm, die Natur zu tyrannisieren, sie mit dem Aufgebot der Kunst und der Staatskasse zu zähmen. (...) Die Gewalt, die hier überall der Natur angetan ist, wirkt abstoßend und erweckt Widerwillen« (Saint-Simon, Ed. Gallimard V, S. 532). Die heftige Kritik des Herzogs ist indirekt auf die zentralistische Politik des Königs gemünzt, die ja nicht zuletzt auf die Entmachtung des französischen Adels zielte. Als Angehöriger dieser Klasse begriff sich Saint-Simon als ein Opfer, er war voreingenommen. Unsere heutige, historische Sicht kann nicht dieselbe sein.

Natürlich spiegelt der Französische Garten den Stand der Naturbeherrschung im 17. Jahrhundert, nicht zu trennen von den gesellschaftlichen Herrschaftsverhältnissen. Die Strukturen, die Le Nôtre der Natur aufprägte, haben ihre Entsprechungen im streng reglementierten höfischen Zeremoniell mit seinen Mechanismen der Kontrolle und Bändigung. Im Garten wie in der Gesellschaft bezieht sich die Modellierung der Formen auf das zentrale Problem des Barockzeitalters: die Konstruktion von Ordnung. Diese auch in der Natur zu erkennen gehört zu den großen Wunschbildern der Epoche. René Descartes schreibt in einem Brief an Mersenne über die mathematischen Gesetze, »daß es Gott ist, der diese Gesetze in der Natur erlassen hat, so wie ein König Gesetze in seinem Reich erläßt« (Descartes 1630). Als Kunstwerk konkretisiert der Garten das Wunschbild, das keineswegs nur dem König vorschwebte. Der Französische Garten zeigt eine offene Formensprache bezüglich der damals angestrebten beziehungsweise erreichten Herrschaftsverhältnisse. Der Englische Garten wird darauf mit einem Gegenmodell antworten.

Für das Weltbild des Barockzeitalters ist der Französische Garten, nicht ablösbar von den Anlagen des Schlosses, ähnlich aussagekräftig wie die Französische Kathedrale für das Weltbild des Hochmittelalters. Der Vergleich erscheint gewagt, weil nach traditionellen Maßstäben die Gartenkunst weit unter der Baukunst rangiert, aber dieses Wertgefälle beginnt fraglich zu werden. Unlängst hat der Architekturhistoriker Vincent Scully den Französischen Garten auf der höchsten Ebene angesiedelt, und bei ihm findet man auch die Parallelisierung mit der Kathedrale (Scully 1991, S. 237ff.). Sowohl der Garten als auch die Kathedrale kreist um den König, aber in dem einen wie in dem anderen Fall ist nicht er der Urheber der Idee, sondern einer seiner intelligentesten Untertanen. Saint-Denis ist die Schöpfung des Abtes Suger, Vaux-le-Vicomte die des Ministers Fouquet. Soweit die Parallelen (nach Scully). Aber es gibt einen bedeutsamen Unterschied: Die Kathedrale ist vor allem Innenraum, ihr entscheidendes Merkmal das Streben in die Höhe; der Garten ist ganz Außenraum, sein entscheidendes Merkmal die Ausdehnung gestalteter Erdoberfläche. Das mag einen Schlüssel zum tieferen Verständnis des Französischen Gartens als eines vollkommenen Sinnbildes barocker Weltsicht liefern.

Die Kathedrale wie der Französische Garten repräsentieren jeweils für ihre Epoche Spitzenleistungen der Technik, basierend auf dem Stand der Wissenschaft. Vaux-le-Vicomte und Versailles ließen sich in ihren Dimensionen nicht mehr auf der Grundlage von Anschauung und traditioneller Handwerkstechnik realisieren. Modernste Methoden der Vermessung kamen zum Einsatz. Bei den Vorbereitungen der Gelände-Nivellierung für den Grand Canal in Versailles wurden Mitglieder der Akademie der Wissenschaften herangezogen. Sie arbeiteten so präzis, daß sich bei mehr als eineinhalb Kilometern Länge des Kanals ein Fehler-Spielraum von lediglich 5-8 cm ergab (Vérin 1991, S. 140). – Bei den gewaltigen Erdverschiebungen und Geländemodellierungen, die mit der Anlage seiner Gärten einhergingen, griff Le Nôtre auf Erfahrungen zurück, die man bereits seit einem Jahrhundert im Festungsbau gesammelt hatte (Vérin 1991, S. 135ff.; Scully 1991, S. 275ff.). Dem Festungsbaumeister Vauban stellte sich ein ähnliches Problem wie dem Gartenkünstler: die Kontrolle des Raumes; hier nach der Reichweite der Feuerwaffen, dort nach der Reichweite des Blicks. – Unübersehbar sind in Le Nôtres Gärten die Bezüge zu den großen Verkehrsprojekten, insbesondere zu den Kanälen, die als neue Handelswege das Königreich durchzogen und ein Fundament merkantilistischer Politik unter Louis XIV bildeten. André Le Nôtre hätte den Grand Canal in Versailles am liebsten mit Seeschiffen in verkleinertem Maßstab bestückt, um diesen Bezug anschaulich zu machen. Einige Kupferstecher haben ihm seinen Wunsch zumindest im Bild erfüllt. – Das größte technische Problem in Versailles war die Deckung des gewaltigen Bedarfs an Wasser. Über riesige Distanzen mußte es hergeleitet werden mittels Pumpwerken und Viadukten. In Marly betrieben 257 Pumpen 14 Schöpfräder, die das Wasser der Seine auf den Hügel schafften. Von hier aus führte ein Aquädukt nach Versailles und speiste die Reservoirs.

Mit Versailles entstand eine Größenordnung künstlerischer Raumgestaltung, die beispielhaft für den expansiven Drang des Barockzeitalters ist. Die Dimensionen erforderten eine grundsätzlich neue, hierarchische Komposition der Wege, Plätze und baulichen Anlagen. Damit hat Le Nôtre die großen urbanistischen Konzepte des bürgerlichen Zeitalters vorgezeichnet (Mariage 1990, S. 125 ff.; Scully 1991, S. 292 ff.). So diente Versailles nachweislich als Vorbild für den Idealplan von Washington um 1790, dessen kompliziertes Gefüge aus Hauptachse, Nebenachse und Sternplätzen als ein Grundmuster der freiheitlichen Werte Amerikas gedacht war. Und die Umwandlung des mittelalterlichen Paris zur Hauptstadt des 19. Jahrhunderts, ebenso rücksichtslos wie genial geplant vom Baron Haussmann, wäre ohne Le Nôtres Pionierleistungen kaum möglich gewesen. Ja, der Französische Garten eröffnete in mancher Hinsicht eine äußerst moderne Perspektive.

Mit der Weiträumigkeit verknüpft ist ein anderes, auffälliges Merkmal des Französischen Gartens: die rigorose Betonung der Oberfläche. Sie gewährt den »königlichen Blick«, dem es – freilich nur als Illusion – vergönnt ist, das Ganze im Auge zu behalten. Am bezeichnendsten ist in Versailles das der Gartenfassade vorgelagerte »Parterre d'eau«, um dessen Gestaltung lange und mit mehreren Abänderungen gerungen wurde. Das endgültige Ergebnis, abgestimmt auf die flächige Gartenfassade des Schlosses von Mansart, war eine weite Kiesfläche, in die Wasserbassins mit denkbar niedrigen Einfassungen integriert sind. Die Radikalität dieser Lösung hat auf seine Weise der Herzog von Saint-Simon benannt: »... une vaste zone torride«, »... eine riesige wüsten-ähnliche Fläche« (Saint-Simon, Ed. Gallimard V, S. 532).

Zum Vergleich seien noch einmal Eindrücke aus italienischen Renaissance-Gärten – Villa d'Este, Villa Lante, Bomarzo – in Erinnerung gerufen; die Stimmung der schattigen Wäldchen, das Getöse oder Gurgeln des Wassers, auch das Eigenleben der Skulpturen, in denen sich Natur-Mythen verkörpern. Diese Orte scheinen verzaubert zu sein. In Vaux-le-Vicomte und Versailles ist die Natur entzaubert. Nichts mehr erinnert an ihre Urgewalten, ihre dunklen Seiten, an ihre mythische Tiefe. Der Wald hat alles Wilde verloren. Gebändigt auch das Element des Wassers, stillgestellt als lichtreflektierende Spiegelflächen. Sie offenbaren am deutlichsten den Sinn der rigorosen Betonung der Oberflächen: Der Garten soll mit dem Himmel kommunizieren. In Versailles regiert der griechische Sonnengott Apollo, aber dieser Mythos erscheint gezähmt, säkularisiert durch die allzu offenkundige Instrumentalisierung zum Lob des Herrschers Louis XIV. Apollo repräsentiert die lichte, auch die vernunftmäßige Seite der Natur. Mit seinem Rosse-Gespann aus dem Meer aufsteigend und wieder untertauchend, lenkt er den Aufgang und Untergang der Sonne und damit einen ewigen, die Welt regierenden Zyklus. König Louis XIV hat sich in jungen Jahren diesen Mythos buchstäblich an den Leib geheftet, ist in einem Ballett als Apollo aufgetreten, das Kostüm von den Schuhen bis zur Haarpracht mit Sonnensymbolen übersät. Le Roi Soleil...

Aber der Französische Garten hat nicht nur diese strahlende Seite, er hat auch eine melancholische Kehrseite. Seine expansive Räumlichkeit machte nämlich den Menschen klein bis zu dem Grad, daß er auf die Größenordnung eines Punktes schrumpfte. Welch ein Unterschied zur Kunst der italienischen Renaissance, etwa zum großen Parterre der Villa Lante, in sich ruhend in seiner wahrhaft maßvollen Staffelung der Volumen. Im Französischen Garten ist das humanistische Proportionsideal aufgekündigt, und ihn an den Regeln eines Alberti zu messen, bedeutet ein fundamentales Mißverständnis (Woodbridge 1986, S. 192f.). Viele barocke Kunstwerke zeigen diesen Wandel des Maßstabs, zum Beispiel auch die Gemälde von Claude Lorrain. Le Nôtre besaß zwei Werke von Lorrain, eine Landschaft sowie eines seiner berühmten Hafen-Bilder, das er 1693 dem König schenkte und das sich heute im Louvre befindet: Seehafen bei untergehender Sonne. Ein Landschaftsraum, der den Blick sogartig in die Tiefe zieht; die Menschen klein und im Gegenlicht fast zu Schattensilhouetten reduziert. Alles in dem Bild ist auf das leuchtende Gestirn der Sonne ausgerichtet. Lorrain hat seine ganze Malkunst aufgeboten, um dem Betrachter ein transitorisches Natur-Schauspiel zu suggerieren: daß nämlich die Oberfläche der Erde, Land und Wasser, von der Sonne ihr vibrierendes, vergängliches Licht erhält und daß sie wieder in Dunkelheit tauchen wird.

Solche Bilder konnte Lorrain nur malen, weil er durchdrungen war von dem, was man das kosmische Weltbild des Barockzeitalters genannt hat. Le Nôtre muß ähnliche Vorstellungen von der Erde und vom Kosmos gehabt haben. Sein Thema als Gartenarchitekt konnte nicht die Dunkelheit sein. Aber leidenschaftlich war er mit dem Horizont und dem Himmel befaßt. Manche Details seiner Gärten bezeugen dies in einer Weise, die noch heute Verblüffung hervorrufen mag, im 17. Jahrhundert aber als grenzgängerische Kühnheit empfunden werden mußte. Versailles. Das Nordparterre erscheint, von einem tiefen Standpunkt betrachtet, wie schräg gegen den Himmel gestellt; auf der Horizontlinie figurieren Spaziergänger als winzige Staffage. Einen ähnlichen Effekt bietet die berühmte, zur Anlage der Orangerie gehörige »Treppe der hundert Stufen«, an deren Planung Le Nôtre beteiligt gewesen sein muß. Sie ist eine barocke Himmelsleiter. Le Nôtre hat solche unvermittelten Begegnungen von Bau- und Erdwerken mit dem Firmament geliebt. Und dann die triumphale Hauptachse, zunächst eng und vertikalbetont, dann weit und ganz Fläche mit dem Lichtband des Grand Canal. Dieser präsentiert sich, vom »Parterre de Latone« gesehen, in schiefer Ebene, dem Betrachter zugeneigt. Im Universum Le Nôtres grenzt das Reich der Geometrie an das der Metaphysik.

Ist der Mensch solchem Pathos der Raumgestaltung überhaupt noch gewachsen? Im Französischen Garten schrumpft sein Maßstab, aber keineswegs im Sinne von Verlorenheit oder Bedeutungslosigkeit. Nur äußerlich klein geworden, behauptet er um so selbstbewußter seine sinnlichen und rationalen Fähigkeiten, den ins Unendliche ausgeweiteten Raum in Besitz zu nehmen. Dies ist die entscheidende barocke und die moderne Botschaft der Kunstwerke Vaux-le-Vicomte und Versailles.

Adrian von Buttlar

Englische Gärten

Das 18. Jahrhundert kann man mit gutem Recht als Jahrhundert der Gartenkunst bezeichnen. Gartenleidenschaft überflügelte damals sogar die traditionelle »Bauwut«. Gerade die glanzvolle Spätzeit des Ancien régime und die Morgendämmerung des aufgeklärten bürgerlichen Zeitalters führten die Gartenkunst im Diskurs um das Schlagwort »Natur« zu Höchstleistungen. Im Widerstreit zweier weltanschaulich konkurrierender Modelle, des streng formalisierten Barockgartens französischer Provenienz und des in idealen Bildfolgen frei komponierten englischen Landschaftsgartens, erhob sich Gartengestaltung zum Rang einer Kunst, die nicht mehr nur die traditionellen Ansprüche glanzvoller Repräsentation und höfischen Spiels, sondern auch die neuen utopischen Sehnsüchte und sentimentalen Bedürfnisse der Epoche zu befriedigen vermochte.

Wie kam es zu dieser sogenannten »Gartenrevolution«, die sich selbst als anschauliches Symptom der politischen und geistesgeschichtlichen Umwälzungen des Jahrhunderts verstand?

England entwickelte sich im Laufe des 18. Jahrhunderts technisch, wirtschaftlich und politisch zum liberalsten und fortschrittlichsten Land Europas: Nach den Glaubens- und Bürgerkriegen des 17. Jahrhunderts war eine konstitutionelle Monarchie entstanden, ein bis heute funktionsfähiges parlamentarisches System mit geregeltem Wechselspiel zwischen Regierung und Opposition. Es gab nun wirtschaftliche und politische Freiheit, durchlässige Grenzen zwischen neureichem Bürgertum und eingesessener Aristokratie, zwischen städtischem Kapital und feudalem Großgrundbesitz.

Die Herrschaft bürgerlicher Vernunft und ökonomischer Effektivität brachte – namentlich in Kunst und Literatur – bald auch ihre Kehrseite hervor: die Entdeckung des Gefühls, der

Affekte, der Innerlichkeit. Das empfindsame Zeitalter, die sentimentale Natursehnsucht, aber auch die Ästhetik des Schrecklichen und Erhabenen, die romantische Flucht ins Mittelalter, Neugotik und Schauerroman – all dies sind englische Exportartikel des 18. Jahrhunderts. Neben Italien wurde England nun wichtigstes Reiseziel. Der »bestseller« des englischen Kulturexports – zugleich Schmelztiegel all dieser Ideen und Strömungen – war zweifellos der Landschaftsgarten, der nach seinem Mutterland auch »englischer Garten« genannt wird. Der englische Gartenstil prägte die europäischen und nordamerikanischen Parks und Gärten fast zweihundert Jahre lang.

Der Landschaftsgarten entstand ab 1720 im Umkreis Londons, wo Dichter, Handelsherren, Militärs und Politiker Landhäuser, stadtnahe Villen und Gärten anzulegen begannen. Eine antiabsolutistische Haltung führte zur strikten Ablehnung des formalen Gartens im französischen oder holländischen Geschmack: »Fürstliche Laune hat all das erfunden, und höfische Sklaverei und Abhängigkeit hält es am Leben«, schrieb schon 1711 der Naturphilosoph Shaftesbury, der sich als erster über die »formal mockery of princely gardens« – das eitle Gehabe der Fürstengärten – lustig machte und damit gegen das allgegenwärtige Vorbild von Versailles protestierte. Wo individuelle Freiheit aus dem Naturrecht begründet wurde, konnte umgekehrt unberührte Natur zum Freiheitssymbol werden.

Der kritische Dichter Alexander Pope, der sich um 1720 in Twickenham an der Themse ein Refugium mit einem neuartigen Garten schuf, das bald legendäre Berühmtheit erlangte, verglich den akkurat beschnittenen Baum des Barockgartens mit dem zurechtgestutzen Höfling, während ihm ein frei wachsender »edler als ein Monarch in seinem Krönungsornat« erschien. Anstelle der Vergewaltigung der Natur durch Schere und Lineal wurde nun die freie Entfaltung der Pflanzen propagiert, anstelle geometrischer Ordnung ein scheinbar planloses und doch harmonisches Nebeneinander gleichberechtigter Naturmotive.

War das der Natur geradezu entgegengesetzte und sorgfältig aus ihr ausgegrenzte barocke Gartenkunstwerk Symbol mathematisch-kosmischer Gesetzlichkeit und hierarchischer Staats-

und Weltordnung, so sollte der neue Landschaftsgarten gerade umgekehrt die Grenzen zur freien Landschaft vergessen machen und all ihre Naturschönheiten – Hügel, Täler, Wiesen, Bäche, Bäume, Teiche und Waldstücke – in sich aufnehmen: Als Kunstwerk zugleich konzentriertes und idealisiertes Abbild der Schöpfung und Ausdruck einer neuen, liberalen Paradies-Vorstellung.

So bekam der Landschaftsgarten – nicht nur in England, sondern bald in ganz Europa – mehr oder minder die Bedeutung eines »Gartens der Freiheit«. Die politische Interpretation der gegensätzlichen Gartenstile findet sich in zahlreichen literarischen Quellen. James Thomson dichtete in seinem Politepos »Die Freiheit« (1736) über Versailles: »Verhaßte Formen!, die dem Auge aufgezwungen, das ganze Zeitalter verwirren, verrohen und korrumpieren.« Im gleichen Sinne sprach der Maler Wilhelm von Kobell noch um 1800 vom französischen Schloßpark Nymphenburg bei München als dem »garstigen Versaillischen Bankert«. Umgekehrt traute der Plöner Amtmann August von Hennings 1797 den idealen Naturbildern des Landschaftsgartens eine politische und moralische Kraft zu, die jeder Revolution vorzuziehen sei:

»Wohl möglich ist es also, daß, indem der politische Reformer vergebens daran arbeitet, eine Revolution in der Denkart der Menschen zu würken, unvermerkt die schöne Gartenkunst eine gänzliche Reform in den Gesinnungen und Vorstellungen der Menschen würken wird.«

Doch zurück zu den Anfängen des englischen Gartenstils: Wie sollte der neue Garten aussehen? Wie ließen Kunst und Natur sich versöhnen, welche Vorbilder gaben der Phantasie Halt und Orientierung?

Zwischen 1715 und 1730 läßt sich zunächst die Auflösung der vorherrschenden barocken Gartenstrukturen beobachten. An ihre Stelle traten kleinteiligere, asymmetrische, irreguläre und somit im Verständnis der Zeit bereits »natürlichere« Grundrisse. Denn mehr Natur bedeutete zunächst einmal mehr Vielfalt und Abwechslung. So war in Popes Twickenham allein der Reichtum der Szenen und der Ausblicke neuartig, darunter die Aussicht aus der im Sockelgeschoß der Villa angelegten Grotte auf die vorüberfließende Themse: ein Bild wie ein klassisches Landschaftsgemälde! Joseph Addison hatte wenige Jahre zuvor in einem Aufsatz »Über die Freuden der Einbildungskraft« geschrieben, daß ein Kunstwerk uns um so mehr gefalle, je perfekter es die Natur nachahme, die Natur aber, je mehr sie einem Kunstwerk, genauer: einem Gemälde gleiche. Dieses malerische Prinzip ist – wie wir sehen werden – der Schlüssel zu Gestaltung und Wahrnehmung des Landschaftsgartens, zum Verständnis seiner ästhetischen Qualitäten und subtilen Bedeutungsschichten.

Die neue Gestaltungsweise kann man recht gut in Chiswick, dem Garten des Pope-Freundes Lord Burlington westlich von London, nachvollziehen, der gleichfalls im zweiten und dritten Jahrzehnt des 18. Jahrhunderts entstanden ist. Ein Stich aus der bedeutendsten englischen Architekturpublikation jener Jahre, dem »Vitruvius Britannicus« (1739), zeigt den ursprünglichen Zustand der durch ein System von dreistrahligen Alleen und schlängelnden Wegen in abwechslungsreiche Kompartimente und zahlreiche Sternplätze aufgelösten Anlage, während die Randveduten die verschiedenen Schmuckbauten präsentieren. Als Blickfänger der durch Bäume und Gebüsche begrünten Gartenszenen präsentieren sie sich dem Betrachter wie auf der Bühne eines Theaters: Badehaus, Grotte, Orangerie, Pantheon-Tempel, Pavillons, Säulen, Tore, Obelisken und Statuen, schließlich in drei Ansichten die Villa. Lord Burlington, ein einflußreicher Politiker, hatte alle diese Gebäude selbst entworfen – nach Vorbildern des oberitalienischen Renaissance-Architekten Andrea Palladio. Chiswick-House, ein Nachkomme von Palladios fast zwei Jahrhunderte älterer Villa Rotonda bei Vicenza, und auch der Garten erinnerten an Italien, das Burlington 1717 und 1725 – wie zahlreiche englische Lords und Großbürger – auf seiner Bildungsreise schätzengelernt hatte.

Die Staffagen des Landschaftsgartens sollen nicht nur vielfältige Assoziationen und Gedanken wecken, sondern auch im Gemüt des Betrachters bestimmte Empfindungen und Gefühle erregen. Ihre Rolle als Motiv in einem dreidimensionalen Gemälde führte im Extremfall dazu, daß nur eine zweidimensionale Kulissenarchitektur, ein sogenannter »eyecatcher« oder Blickfang, errichtet wurde. Kein geringerer als Goethe hat sich im »Triumph der Empfindsamkeit« (1777) über den Widerspruch zwischen dem idealen Schein und den häufig höchst banalen Zwecken solcher Schmuckbauten lustig gemacht:

»... Denn notabene! in einem Park
Muß alles Ideal sein
Und salva venia jeden Quark
Wickeln wir in eine schöne Schal' ein.
So verstecken wir zum Exempel
Einen Schweinestall hinter einem Tempel;
Und wieder ein Stall – versteht mich schon –
Wird geradewegs ein Pantheon.
Die Sach' ist, wenn ein Fremder drin spaziert,
Daß alles wohl sich präsentiert...
Freilich der Herr vom Haus
Weiß meistens, wo es stinkt.«

Zu diesem Zeitpunkt im letzten Drittel des 18. Jahrhunderts hatten die klassischen Tempel, gotischen Ruinen, ägyptischen Pyramiden, chinesischen Brücken, türkischen Moscheen und tahitischen Hütten sich mit der neuen Gartenmode schon inflationär auch auf dem Kontinent ausgebreitet. Aus Zeitschriften und Musterkatalogen konnte man Zierbauten für jede Gelegenheit auswählen. Anfänglich verbanden sich jedoch mit den verschiedenen Stilen recht genau definierbare Bedeutungen, wie sich etwa am Beispiel des Landschaftsparks von Stowe in Buckinghamshire zeigen läßt, den Lord Cobham – ebenfalls dem Freundeskreis um Pope und Burlington zugehörig – ab etwa 1733 durch William Kent überarbeiten ließ.

Mit dem Namen William Kent verbindet sich die zweite Stilphase des Landschaftsgartens. Kent, der von Burlington gefördert wurde, war in Italien ausgebildeter Maler, wandte sich aber unter dem Einfluß seines Gönners der Architektur und Gartenkunst zu. Er gab den Beschnitt der Pflanzen Mitte der

1730er Jahre endgültig auf und ersetzte die letzten Spuren ordnender Geometrie und architektonischer Geländebehandlung durch die malerische Kompositionstechnik. Der Garten wird von nun an in sanft ineinandergleitenden begehbaren »Bildern« gestaltet, die sich in programmatischer Abfolge vor dem Blick des Betrachters entfalten. Kent orientierte seine klassisch-arkadischen Gartenszenen an den großen Vorbildern der Landschaftsmalerei des 17. Jahrhunderts – Claude Lorrain, Gaspard und Nicolas Poussin. Wildere Partien erinnerten an die rauhen Waldszenen des Neapolitaners Salvatore Rosa oder des Holländers Jakob von Ruisdael. Fortan nutzten die Gartengestalter alle malerischen Kunstgriffe, etwa rahmende Repoussoirs zur Begrenzung der Szene, asymmetrisch gestaffelte Bildgründe, akzentuierende Baumgruppen, sorgsam berechnete Licht- und Farbperspektiven. Die Lenkung des Betrachterblickes ist von einer genau kalkulierten Wegeführung abhängig: »Der Fuß sollte niemals dem Weg folgen, den das Auge zuvor gegangen ist«, sagt eine alte Regel der Landschaftsgärtner. Doch muß die Inszenierung der Natur stets wie zufällig wirken.

Poetische Inschriften aus antiker und moderner Dichtung konnten die bildlichen Assoziationen des idyllischen Schäferstaates Arkadien und anderer mythologischer Schauplätze, des Elysiums oder des »Verlorenen Paradieses«, wie es John Milton poetisch beschrieben hatte, verstärken, den Betrachter gleichsam programmieren. Das schönste und besterhaltene Beispiel eines Gartens im Geiste der klassischen Landschaftsmalerei ist um 1750 in Stourhead in Wiltshire für den Bankier Henry Hoare entstanden. Man hat Stourhead oft mit dem rund hundert Jahre älteren Gemälde »Aeneas in Delos« von Claude Lorrain verglichen, denn wie dort blickt man hier über eine römische Bogenbrücke und den klaren Spiegel eines künstlich aufgestauten Sees auf die Fassade eines römischen Pantheontempels. Tatsächlich finden sich auf dem Rundgang Hinweise auf und Zitate aus Vergils »Aeneis«, die sich auf die Gründung Roms beziehen und damit auf den mühsamen Weg des Menschen aus der Wildnis in eine zivilisierte Gesellschaft anspielen.

Die Deutung solcher Gartenbilder aus heutiger Perspektive

ist außerordentlich schwierig und muß sich häufig auf Andeutungen und Vermutungen beschränken. Ein Beispiel für ein ausgesprochen politisches Programm bietet der schon erwähnte Garten von Stowe in der Zeit zwischen 1733 und 1749. Im lieblichen künstlichen Flußtal der Elysischen Gefilde, das Kent nach einer literarischen Idee von Joseph Addison gestaltete, sollte der klassische Rundtempel der »Alten Tugend« an die berühmtesten Vertreter antiker Dichtung, Philosophie, Gesetzgebung und Kriegskunst erinnern (denn der Bauherr war ranghoher General gewesen). Die heruntergekommene »moderne Tugend« der Gegenwart stellte sich hingegen als Ruine und die politische Führung als Statue ohne Kopf dar (eine satirische Anspielung auf den verhaßten Premierminister Sir Robert Walpole). Den Weg in die Zukunft weist ein Denkmal jenseits des Totenflusses Styx mit den Büsten der »Edlen Briten«, vorbildlichen Persönlichkeiten vom Mittelalter bis zur Gegenwart aus allen Bereichen des öffentlichen und geistigen Lebens Großbritanniens, darunter der legendäre Schwarze Prinz, der eben wiederentdeckte Dichter Shakespeare, der Naturrechtsphilosoph Locke, der Physiker Newton und der Begründer der Londoner Börse, Sir Thomas Gresham. Der nahe »Freundschaftstempel« war dann der Vision einer besseren Zukunft gewidmet. Hier pflegten sich Lord Cobham und seine politischen Freunde – zu ihnen gehörte auch der spätere Premierminister William Pitt – unter den Insignien von Freiheit, Gerechtigkeit und Brüderlichkeit zu versammeln; die Gotik fand im wenig später erbauten »Tempel der Freiheit«, der den glorreichen Ursprüngen der Familie gewidmet war, ihre früheste Wiederverwendung. Dieser Gartentempel aus dem Jahre 1741 nahm die spätere romantische Identifikation des gotischen Stiles mit den alten Freiheiten des Rittertums und mit der eigenen Nationalgeschichte vorweg. Schließlich erinnerte der sogenannte »Griechische Tempel« an Athen als Wiege der Demokratie.

Unmittelbar mit der Freiheitsmetapher verbunden ist die naturreligiöse Dimension des Landschaftsgartens im Geiste des Deismus, so daß man die Gärten gleichsam als »Kathedralen der göttlichen Natur« im Zeitalter von Aufklärung und Empfindsamkeit verstehen kann. Nicht mehr aus der Bibel und dem Evangelium offenbare sich Gott. Der Große Baumeister aller Welten, wie er nun häufig heißt, werde vielmehr in der mit allen Sinnen aufgenommenen Schönheit seiner Schöpfung erfahrbar. Sie wird nicht nur über den Verstand, sondern auch durch Gefühl und Empfindung wahrgenommen. Entsprechend der sensualistischen Wirkungsästhetik, wie sie Edmund Burke in seiner Abhandlung über den Ursprung unserer Ideen vom Schönen und Erhabenen (1756) formulierte, galt es nun, in der Gartengestaltung das ganze Spektrum menschlicher Empfindungen angesichts der »göttlichen Natur« hervorzurufen. Übrigens waren viele Bauherrn und Auftraggeber Mitglieder von Freimaurer-Logen, jenen Bruderschaften, die sich 1717 in London zu einem Bund der Humanität zusammenfanden, um sich auf der Grundlage der neuen moralischen Werte der deistischen Naturphilosophie der Arbeit an der ethischen Selbstvervollkommnung des einzelnen und der Gemeinschaft zu widmen. So können etwa Freundschafts- und Tugendtempel, Altäre der Wahrheit, Einsiedeleien, Höhlen, Gräber und Scheidewege auf freimaurerische Vorstellungen hindeuten.

Nicht selten finden sich in den Gärten des 18. Jahrhunderts Gartenpartien, die den Weg von der Initiation in das Geheimnis der Natur über mancherlei Prüfungsstationen bis zum Ziel, dem Weisheits- und Tugendtempel, versinnbildlichen: Von den Sphingen, den alten Symbolen der Selbsterkenntnis, gelangt der Lehrling der Weisheit in Eremitagen und Grotten, die einsamen Orte der Weltferne und Gottessuche. Über Irrwege und vielerlei Szenen des Schreckens absolviert er als Geselle manche Mut- und Tugendprobe und überwindet schließlich als Meister den Tod in Form eines Grabes, um endlich zum fernen Tempel hinaufzusteigen.

Die Beschreibung einer Szene im Wörlitzer Schloßpark des Fürsten Leopold-Friedrich Franz von Anhalt-Dessau, der zwischen 1764 und 1817 einen der frühesten und vielleicht schönsten Landschaftsgärten in Deutschland schuf, vermag uns die wechselnden Stimmungen eines solchen Prüfungsweges zu vermitteln. Sie stammt aus dem 1788 erschienenen Wörlitzer Gar-

Ruine in Kew Gardens

tenführer des Gelehrten August von Rode. Er schildert zunächst, wie man auf einer gefährlich schwankenden Kettenbrücke eine Schlucht und ein Gewässer überquert und über eine Felsentreppe in eine schwach erleuchtete Höhle gelangt:

»Längs der Wand sich ziehende steinerne Sitze, nebst einem steinernen Tische, ingleichen in Nischen aufgestellte Aschenkrüge – memento mori! – bringen uns bald den Gedanken bei, daß wir uns in einer Einsiedelei befinden ... Wir kehren in den unterirdischen Gang wieder zurück; bevor wir jedoch dessen Ende erreichen, verräth zur Rechten schimmerndes Tageslicht noch einen anderen ähnlichen Gang. Wir folgen demselben und kommen auf einem offenen runden Platze hervor, welcher der Betplatz des Eremiten genannt wird. Tiefliegend, von Platanen, Aeschen und anderen Bäumen beschattet, ringsumher aber mit einer schwarzen Felswand umgeben, über welche hohes, dunkles, immergrünes Gehölz hervorragt, flößt dieser Platz bei der dort herrschenden Einsamkeit stille Andacht ein.«

Eine der Inschriften des Felsenaltars lautet: »Einsamkeit und Stille führen zu Gott wie einiges Unglück zum Guten führt«. Von dort führt der unterirdische Weg weiter zu einem Platz, mit dem – wie Rode schreibt – »die mystische Partie« beginnt:

»Eine Art Zelle ... erhebt sich zur linken Hand, von allerlei Bäumen beschattet. Ich nenne sie die Zelle des Einführers in die heiligen Geheimnisse – des Mystagogen. Zwei Wege gehen von derselben aus. Der eine, nach rechter Hand zu, ist gleichsam der gedankenlose mühselige Steig des Menschen ohne Kenntnis und Geisteskultur. Auf rohen unterbrochenen Stufen klimmt er zwischen düsterem Gehölze den steigenden Boden hinan, bald hiehin, bald dorthin ohne Absicht sich wendend, jedoch immer ohne freudige Abwechslung, ohne Aussicht ... Der andere Weg, zur Linken, ist der geheimnisreiche Pfad der Mysten, der Lehrlinge erhabener Weisheit, welche ihren Anhängern über hier und dort geheime Aufschlüsse ertheilt, die das Leben durch süße Hoffnungen erheitern ... Auf diesen Wanderungen glaubt man ... Proserpinens Schwelle zu betreten, und auf der Grenzscheide zwischen Leben und Tod sich zu befinden. Endlich kommen wir in einem lieblichen Thale, dessen felsige Seiten ein frisches Grün schmückt, wieder zu Tage hervor. Den ersten Gegenstand, den hier das Auge erblickt, ist auf der Höhe eines gegenüberliegenden Felsens ein runder Tempel, das mystische Heiligthum der himmlischen Venus ...«

Bevor dieses Ziel erreicht wird, muß der Wanderer aber noch einmal im Inneren der Erde die Elemente Feuer, Wasser und Luft durchlaufen. Man denkt an die Tugendprüfungen in Mozarts zeitgleicher Freimaureroper »Die Zauberflöte«. Auch wenn hier am Ende nicht der Tempel der Weisheit, sondern – in Anlehnung an antike Mysterienkulte – des Eroskultes zu finden war: Immer ging es um den moralisierenden Gedanken der Veredelung und sittlichen Läuterung, um den Aufstieg von roher zu kultivierter Natur, von irdischer zu himmlischer Liebe.

Haben wir bislang hauptsächlich von den Schmuckbauten als Bedeutungsträgern gesprochen, so darf darüber nicht vergessen werden, daß das zentrale Medium der Gartenkunst natürlich die Natur selbst ist: die Formung des Terrains, die Führung des Wassers, das Pflanzenmaterial und seine kunstvolle Komposition im Freiraum. Stets sollte dabei der »Genius loci«, sollten die natürlichen Gegebenheiten eines Grundstücks genutzt und verbessert werden. Anfänglich gestaltete man überwiegend mit Bäumen und Sträuchern aus der heimischen Flora, die als Gürtel- und Kulissenpflanzungen eingesetzt wurden, aber schon Kent hatte mit frei gestreuten Baumgruppen, sogenannten »clumps«, gearbeitet.

Der professionelle Landschaftsarchitekt Lancelot Brown entwickelte in der zweiten Hälfte des 18. Jahrhunderts eine regelrechte »Gartengrammatik« mit einem typischen Formenrepertoire: Weitläufige Serpentinenformen prägen die Grenzpflanzungen und die Uferlinien künstlicher Seen und Flußläufe. Brown formte die Erde zu sanft modellierten Hügeln und besetzte den »undulating ground« mit majestätischen Baumgruppen und prächtigen Solitären, zwischen denen sich weite Ausblicke in die Landschaft öffneten. Bisweilen wurden ganze Dörfer aus dem Weg geräumt, weil sie das Panorama störten! Brown bearbeitete nahezu dreihundert Parks großer englischer Landlords und lehnte einen Auftrag aus dem Ausland mit dem Ausspruch ab, er habe »England noch nicht beendet«. Tatsächlich verwandelte er ganze Landstriche Mittel- und Südenglands in eine kontinuierliche Parklandschaft. Sein Stil fand bei den drei großen deutschen Landschaftsgärtnern des frühen 19. Jahrhunderts, Friedrich Ludwig von Sckell, Fürst Hermann Pückler-Muskau und Peter Joseph Lenné eine durchaus eigenständige Fortentwicklung.

Im letzten Drittel des 18. Jahrhunderts nahmen der Import und die Verwendung ausländischer Bäume und Pflanzen, darunter vor allem amerikanischer Spezies, aufgrund des wachsenden botanischen Interesses immer mehr zu. Die Garten-Flora gewann an Reichtum und Differenzierung. Nun tauchten auch die lange verbannten farbenprächtigen Blumenbeete im Umfeld der Herrenhäuser und Gartenbauten wieder auf. In dem von William Chambers gestalteten königlichen Landschaftsgarten von Kew bei London entstand unter George III. der berühmte Botanische Garten. International operierende Pflanzenhändler siedelten sich an. Der aus Niedersachsen stammende Gärtner Johann Busch belieferte beispielsweise von London aus die Gutsbesitzer seiner Heimat; etwa die Herren von Münchhausen, von Veltheim und von Hinüber, die auf ihren Gütern

Harbke, Schwöbber und Marienwerder deutsche Wald- und Naturgärten mit einem bisher unbekannten dendrologischen Spektrum schufen. Zu Buschs Kundenkreis gehörte auch Katharina die Große, die ihn später nach St. Petersburg berief, um den kaiserlichen Landschaftspark von Zárskoje Sjeló zu betreuen. Fürstliche, adelige und bürgerliche Auftraggeber, Architekten und Gartenkünstler aus allen Ländern Europas reisten nun zu Dutzenden auf Gartentour nach England, um Musterbücher, Pflanzensamen, Architekturideen und sogar englische Gärtner mit in die Heimat zu nehmen.

Mehr noch als Frankreich, das seiner hochentwickelten formalen Gartenkultur am längsten treu blieb, verfiel der deutschsprachige Kulturraum einer regelrechten Anglomanie. Die aufgeklärten deutschen Kleinfürsten seien die geeignetsten Erben der englischen Landschaftsgartenidee, hatte schon der erste Chronist des englischen Stils, Horace Walpole, um 1770 in seinem Werk »On Modern Gardening« vermutet. Tatsächlich breitete sich in den kleineren, aber auch in manch größeren Residenzen Deutschlands der englische Gartentypus in den 1770er Jahren wie ein Lauffeuer aus: der Weimarer Ilmpark Großherzog Karl-Augusts, der unter der Mitwirkung Goethes entstand, die neue Schwetzinger Gartenpartie des Kurfürsten Karl Theodor, die Erweiterung der barocken Herkulesanlage zum Bergpark Wilhelmshöhe in Kassel unter Landgraf Wilhelm IX., die Schöpfung des merkwürdigen, auf den Trümmern einer Nachbildung Roms angesiedelten Dörfles von Hohenheim durch Herzog Karl Eugen von Württemberg, der schöne Eutiner Schloßpark Herzog Peter Friedrich Ludwigs und der Neue Garten König Friedrich Wilhelms II. in Potsdam seien hier beispielhaft genannt. Im 19. Jahrhundert folgten die kunstvollen Parklandschaften des Fürsten Pückler in Muskau und Branitz und der Potsdamer Parkgürtel des Preußischen Gartendirektors Peter Joseph Lenné, der kürzlich in die Liste des Weltkulturerbes aufgenommen wurde.

Da die Fürsten zunächst vielfach noch vom Selbstverständnis des Ancien régime geprägt waren und auf ihren Repräsentationsanspruch nicht völlig verzichten mochten, kam es etwa in

Kassel, Schwetzingen, Charlottenburg, Nymphenburg und Sanssouci zu originellen Mischformen. Man fragte sich, »ob es denn unumgänglich nöthig [sei], wegen der Annehmlichkeiten, die ein englischer Garten bietet, die französischen ganz zu verwerfen? ... Eine Allee von großen ehrwürdigen Bäumen, ein schönes Berceau [d. h. ein geschnittener Laubengang], ein spiegelndes Bassin d'Eau haben eigene, mit Pracht verknüpfte Schönheiten und kündigen einen über andere erhabenen Besitzer an«, schrieb Freiherr von Racknitz 1792. Im Sinne des aufgeklärten Absolutismus suchte man den »Garten des Königs« und den »Garten der Freiheit«, das französische und das englische Vorbild, miteinander zu verbinden.

Wörlitz mit seinen abwechslungsreichen Gartenszenen und seinen zahlreichen, durch Blickachsen aufeinander bezogenen Bauwerken, die den Betrachter wie in einer Bildergalerie von Gemälde zu Gemälde locken, verkörpert nicht nur eindrucksvoll die ästhetischen Prinzipien, sondern auch den aufklärerischen Anspruch eines modernen fürstlichen Gartens der Aufklärung. So zeigt das Brückenprogramm den Fortschritt der Zivilisation von der primitiven urzeitlichen Baumbrücke bis zur Kopie der modernsten Eisenbrücke von Coalbrookdale aus dem Jahre 1779, die Fürst Franz auf seiner Englandreise besichtigt hatte. Die Nachbildung der Pappelinsel mit dem Grabmal Rousseaus aus dem Park von Ermenonville bei Paris und die Denkmäler für Gellert, Lavater und Herder spiegeln die geistesgeschichtliche Diskussion der Zeit. Die Gleichsetzung von Kirche, Synagoge und Naturaltar in einem einzigen Blickfächer signalisiert den aufgeklärten Toleranzgedanken im Geiste Lessings.

Die fortschrittlichen Absichten des Fürsten, der allmählich sein kleines Land durch die Verbindung mehrerer Parkanlagen in ein zusammenhängendes »Gartenreich« verwandelte, wird auch in der Einbeziehung der Landwirtschaft in die Gartenbilder deutlich – »ornamented farm« nannte man solche Zierfarmen in England. Förderung des öffentlichen Obstanbaues und Verschönerung der Dörfer – nicht zuletzt soziale und pädagogische Reformen machten Anhalt-Dessau zum fortschrittlichen

Musterländle. Die dreißigtausend Einwohner lebten nicht nur in ihrem Gartenreich, sogar der Schloßgarten war jedermann zugänglich. Dies war ein Schritt zur Demokratisierung der Gartenkunst, deren Genuß bislang im wesentlichen den privilegierten Ständen vorbehalten gewesen war.

Die Schöpfung des ersten öffentlichen Volksparks, des Englischen Gartens in München, dem wir uns abschließend zuwenden, stellte eine direkte Reaktion auf die Französische Revolution dar. Die Anlage von öffentlichen Gärten hatte schon der Theoretiker Hirschfeld als Aufgabe einer »gesunden Staatskunst« gefordert: »Die verschiedenen Stände gewinnen, indem sie sich hier mehr einander nähern, auf der einen Seite an anständiger Sittsamkeit ... und auf der anderen an herablassender Freundlichkeit«, schrieb er 1785 in dem Kapitel über öffentliche Gärten. Friedrich Ludwig von Sckell, der Gestalter des Englischen Gartens, bekräftigte rückblickend, sein Park solle »zum traulichen und geselligen Umgang und Annäherung aller Stände dienen, die sich hier im Schoße der schönen Natur begegnen«.

Als Kurfürst Karl Theodor im Juli 1789 unter dem Eindruck des Pariser Bastillesturms auf Anraten seines amerikanischen Ministers Graf Rumford das Reskript zur Anlage eines Volksparks unterschrieb, galt es, auf Programme, die nur einer Bildungselite verständlich gewesen wären, weitestgehend zu verzichten. Großmaßstäbliche Naturbilder in der Kompositionstechnik Browns, die durch wenige Bauwerke wie den Chinesischen Turm, der als Gastwirtschaft schnell zum populärsten Münchner Ausflugsziel wurde, geschmückt sind, verbinden sich mit Aussichten auf die ferne Stadtsilhouette Münchens. Spazierwege und getrennte Reitwege bieten abwechslungsreiche Szenen, die an Gemälde Claude Lorrains oder Ruisdaels erinnern. Der Hesseloher See lädt zum Bootfahren, eine Freilichtbühne zu Musik und Theater ein. Hirschfelds und Sckells Forderung nach Luft und gesunder Bewegung für alle Bürger bildete den Auftakt zu den großen sozialreformerischen Stadtparkprojekten des 19. Jahrhunderts inmitten der rasch wachsenden Industriestädte. Der Münchner Englische Garten stand sogar Pate für den New Yorker Central Park, dessen Initiator Andrew Jackson Downing nach einer Deutschlandreise 1848 bemerkte:

»So rückständig die Deutschen in politischen Dingen im allgemeinen sind, so fortschrittlich denken sie im Bereich öffentlicher Parkanlagen. Es liegt wirklich ein Stück Demokratie darin, das es wert wäre, in unserem so ausgesprochen demokratischen Staat nachgeahmt zu werden.«

Wer an einem schönen Sommerabend im Englischen Garten in München die aus dem Alltag geflohenen, gelöst flanierenden, lagernden oder musizierenden Menschen beobachtet, kann sehen, wie die jahrhundertealte Inszenierung der Natur auch heute ihre heimliche Wirkung vollbringt: Noch immer strahlen die Gartenbilder unterschiedliche Stimmungen aus, stimulieren, wecken Assoziationen, sind ein Erlebnisraum.

Norbert Miller

William Beckford und sein Fonthill

»Hast Du wohl von dem Sonderling Beckford je gehört, eine Art Lord Byron in Prosa, der das prachtvolle Schloß in England baute, seinen Park aber mit zwölf Fuß hohen Mauern umgeben ließ und ebenso viele Jahre lang niemand den Eintritt darin verstattete? Die Neugierde, diesen Garten zu sehen, plagte einen benachbarten Lord so sehr, daß er in der Nacht eine Leiter an die hohe Parkmauer legen ließ und darauf hineinstieg. Er wurde jedoch bald entdeckt und vor Herrn Beckford gebracht, der ihn nach Nennung seines Namens wider Vermuten sehr artig aufnahm, selbst am Morgen überall herumführte, hierauf fürstlich bewirten ließ, und dann erst sich zurückzog, indem er beim Abschied sich dem Lord noch auf das verbindlichste empfahl. Dieser wollte nur nach Hause eilen, fand aber alle Tore verschlossen und niemand da, sie zu öffnen. Als er deshalb im Schloß Hilfe erbat, sagte man ihm, Herr Beckford ließe ihn ersuchen, da hinauszugehen, wo er hereingekommen wäre, die Leiter stünde noch am bewußten Ort angelehnt. Der Lord äußerte sich zwar sehr anzüglich, es half aber nichts, er mußte sich bequemen, die Stelle seiner verbotenen Entree wieder aufzusuchen und die Leiter wieder hinaufzuklettern. Unter Verwünschungen des boshaften Menschenfeindes verließ er, für immer von der Neugierde, Fonthill zu besuchen, geheilt, das verbotene Paradies.«

Als Hermann Fürst von Pückler-Muskau die Anekdote, die er 1830 in den »Briefen eines Verstorbenen« erzählte, auf seiner Englandreise erfuhr, lebte William Beckford seit fünf Jahren in Bath, in zwei durch eine Seufzerbrücke verbundenen Wohnungen am Landsdown Crescent, und war damit beschäftigt, die ganze Hügellehne über der Stadt bis zu einem fernen, bizarr entworfenen Turm mit Mauern einzugrenzen. Er wollte zum

Zeitvertreib wieder einen Park aus dem Nichts schaffen. Wohnung mit Landschaftsgarten! 1823 hatte der seltsame Mann, den die Zeitgenossen den Kalifan von Fonthill nannten, seinen riesigen Grundbesitz, sein von Geheimnissen umgebenes Schloß und seine bedeutenden Kunstsammlungen von einem auf den anderen Tag verkauft. Die geplante Auktion war damals die Sensation der Londoner, ja der europäischen Gesellschaft gewesen. Ein Sonderling? Eine Kuriosität? Eine Marotte am Rande? Länger als ein Vierteljahrhundert war die Welt von Fonthill Abbey in der Grafschaft Wiltshire, nahe bei Salisbury gelegen, hermetisch von der Außenwirklichkeit abgeschnitten. Hohe Mauern, hinter denen die Schatten hoher Bäume immer dichter zusammenwuchsen, weckten in jedem, der daran vorbeiritt oder vorüberwanderte, düstere Ahnungen, die durch den Anblick der gotischen Fielen über dem obersten Turmgeschoß, die gelegentlich aus der Entfernung sichtbar wurden – der Turm hatte immerhin mehr als die halbe Höhe des Vierungsturms der Kathedrale von Salisbury –, nicht beschwichtigt wurden. Man wußte von den Kunstschätzen, man hatte von den eigenwilligen Gartenplänen des Besitzers gehört, der mit seinem treuen Gärtner Vincent sein unermeßliches Vermögen an dieses verbotene Paradies gewendet hatte. Und Dichter und Künstler wußten überdies, wie der junge William Turner, wie Lord Byron, daß dieser zugleich scheue und hochmütige Klausner ein Genius war.

Mit den Mauern hatte alles begonnen. In jungen Jahren durch einen Sittenskandal aus der Gesellschaft ausgestoßen, hatte sich »Englands wealthiest son«, wie ihn Byron nannte, der verwöhnte einzige Sohn jenes Alderman Beckford, der durch den Zuckerhandel und durch seine Besitzungen in Jamaica zu einem immensen Vermögen und zu seinem Amt als Lord Mayor von London gekommen war, auf Reisen begeben, vor allem nach dem Paris der Revolution, nach Madrid und nach Portugal, das ihm für einige Jahre als Asyl diente. Im Herbst 1793 hatte er dort nicht nur ein Haus an der Tajo-Mündung bei Lissabon, sondern auch eine Quinta am Westhang der Berge von Cintra erworben und dort in die steilen Hänge die Umrisse eines exotischen Wundergartens entworfen, die noch heute in der tropischen Pracht des Parks von Monserrate erkennbar sind. Mit den Mauern hatte es begonnen: Als Beckford wieder nach England ging und sich nach Fonthill Splendens zurückzog, in das neopalladianische Herrenhaus seines Vaters, riesenhaft in seinen Dimensionen und umgeben von einem ausgedehnten, um einen künstlichen See gruppierten Landschaftsgarten, ließ er als erstes seine private Welt durch eine weit übermannshohe Mauer gegen die Nachbarn sichern. Um sich zu schützen, aber auch um die Kreatur zu retten. Alles Wild sollte vor dem Zugriff der als Jäger verkleideten Metzger geschützt werden.

»Ich kann nicht behaupten, daß ich auf meinem Weg zur Popularität recht vorangekommen bin; denn ich habe gerade den Freunden der Fuchsjagd das Vergnügen durch eine Mauer verlegt, die nur eben nicht ganz so lang und ganz so hoch ist wie die chinesische Mauer. Vergeblich hatte ich ihnen ins Gewissen geredet. Aber sie wollen mein Nein nicht akzeptieren, und doch kommen sie sich als Gentlemen vor. So treiben sie es immer weiter und ängstigen und hetzen die armen Hasen zu Tode in ihren roten Joppen. Ich werde eine Mauer aufrichten und sie draußen halten.«

Zunächst ließ er die Einfriedungen seines Vaters ausbessern und erweitern, schließlich dehnte er seine und der Tiere Schutzzone auf 1900 Acres oder 800 Hektar aus. Die Mauern streckten sich, später von gotisierenden Torbauten unterbrochen, auf mehr als zwölf Meilen hin. Diesen kaum ermeßbaren Raum, der außer den Kindheitsstätten am See, außer den verwunschenen Grotten und den lichten Hainen hinter dem Schloß auch wildes, unbebautes Land und den kahlen Höhenzug des Beacon einschloß, füllte Beckford mit seinen Erinnerungen, mit seinen Naturvisionen und seinen Träumen, die von frühester Jugend an auch in einer zum Phantastischen hin entgrenzten Paradies-Landschaft ihren Ort hatte. Niemand kannte die *mirabilia mundi* genauer als er, niemand war empfindsamer und reizbarer in der Wahrnehmung als er, der an den Ufern des Genfer Sees zur Naturempfindung erwacht war, der den Landschaftsmaler Alexander Cozens zum Lehrer und Freund hatte und der, gerade achtzehnjährig, die Betroffenheit vor dem Erlebnis der Alpenwelt mit einer Dichte ins Wort zu bannen wußte wie kein anderer unter den Schülern Rousseaus.

»Ich spähte bald nach den hochgelegenen Wiesen, bald nach dem Tal, als unmerklich eine lange Folge lichtester Nebelwolken in sonderbaren, abenteuerlichen Gestalten aus einem engen Riß zwischen den Felsen hervordrängte und wie eine feierliche Prozession über die ausgehöhlte Senke nach oben zog, zwischen dem Bergbach drunten und den steilen Felswänden in der Höhe. Die Stille über der Landschaft, das Grün der Matten, rings eingesäumt vom dunkleren Leben der Wälder, und die Geräusche fern weidender Herden erfüllten mich im Anblick mit den angenehmsten Empfindungen. Als ich aber meine Augen zu den drohend aufgereckten Felswänden emporrichtete, als ich den nördlichen Himmel wie überströmt sah von rötlichem Licht und als ich den nicht endenden Zug der Nebelphantome auf mich wirken ließ, die über die Tiefen hinzogen, verwandelten sich meine Regungen augenblicks in erhabene Schauder und Schreckensbilder.«

»Dreams, Waking Thoughts and Incidents«, Träume, Gedankenspiele und Begebenheiten nannte Beckford sein erstes Buch von 1783, die Folge von scheinbar leicht hingeworfenen Tagebuch- und Erinnerungsblättern an seine Kavaliersreise, die ihn den Rhein hinunter nach Venedig, die ihn von den römischen Villen und den tief abgesenkten Kraterseen bei Nemi und Albano nach dem Posilipp über Neapel und zu den Phlegräischen Feldern geführt hatte. Keine *voyage pittoresque*, obwohl mit einem Maler gemeinsam unternommen, aber eine Reise aus der Selbsterfahrung des Künstlers, der sein Ich eintauchte in den Strom der Wahrnehmungen! In Frankreich hatte er dann, mit stummer Mißbilligung, die klassischen Gärten des Ancien regime und die romantischen Eskapaden des Rokoko zur Kenntnis genommen, in Spanien und Portugal dagegen die Wunder einer exotischen, alle Einfriedung überwindenden Natur. Aus dieser Erfahrung stammt das erste Axiom seiner ungeschriebenen Theorie der Gartenkunst: Jeder willkürliche Eingriff in die Landschaft vernichtet ihren inneren Zauber, sei es das Organisieren der Wahrnehmung in langen Perspektivlinien und Sichtachsen, sei es die Anreicherung des Gartens mit dem kleinlichen Zubehör einer poetisch abgerichteten Phantasie, mit all den künstlichen Ruinen, Ruhe- und Gedenkbänken, Eremitenhäuschen und Lauben, für die gleichzeitig französische Exzentriker und deutsche Vorromantiker wie Jean Paul immer noch schwärmten. So weit unterschied sich William Beckford nicht allzusehr von anderen englischen Connaisseurs: Man war um 1780 über diese Künste der schönen Unregelmäßigkeit hinaus und strebte im eigenen Park nach vollkommener Natürlichkeit.

In seiner unmittelbaren Nachbarschaft konnte Beckford den Geschmackswandel an herausragenden Beispielen beobachten: Der Bankier Henry Hoare hatte, nur wenige Meilen entfernt, aus den Quellen des Stour eine heroisch-idyllische Landschaft nach Claude Lorrain gestaltet, aus deren Herrlichkeit es für den Besucher kein Entrinnen gab. Brücken und Grotten, von den gleichen Meistern geschaffen, die auch in Fonthill Splendens gearbeitet hatten, Tempel und Ruinen zwischen ausgesuchten Baumgruppen, verdeckte Überraschungen und immer wieder unvergleichliche Blicke über das Wasser versenkten den Besucher in eine verlorene Welt, ins goldene Zeitalter. Für die liebenswürdige Hügellandschaft um das von James Paine errichtete Schloß Wardour Castle, begonnen nach 1769, verzichtete dagegen »Capability«-Brown auf alle *architectonical features*: Eine Abfolge von Seen quer zur Achse des Hauses hatte unmerklich menschliche Ordnung in die Natur zu überführen. Nur die mächtige Ruine des alten Kastells, das Lord Wardour 1643 bei der Belagerung durch Cromwell in die Luft gesprengt hatte, diente als Blickfang, vertrat den sonst künstlich hervorgerufenen Rost der *Rosenkriege*, wie es ein ironischer Kritiker und Bewunderer der Pseudogotik genannt hätte.

Mit unvorstellbarem Aufwand ging Beckford daran, das in knapp über einem Jahr eingezäunte Gelände seinem Tagtraum einer nach dem eigenen Ideal geformten Natur zu unterwerfen. So konsequent, so leidenschaftlich, so schnell, daß er die Vollendung des Gartens noch erleben konnte. Er schickte seine Agenten auf Auktionen, ließ aus aufgelassenen Besitzungen großgewachsene Bäume nach Fonthill überführen, bezog exotische Sträucher und Pflanzen aus entlegenen Kolonien. In einem einzigen Jahr will er über eine Million Bäume auf seinem Grund und Boden gepflanzt haben. Die Leute aus den umliegenden Dörfern und Marktflecken sahen, wie in unglaublich kurzer Frist hinter den Mauern der Wald und das Dickicht emporstrebten, wie sich die Grasfläche des Beacon in den hochstämmigen Fonthill Forest verwandelte. Schon am 29. November 1796 konnte Beckford an seine Mutter, die gefürchtete Begum, schreiben:

»Ihre Vermutung, verehrte Mutter, das Nahen des Winters hätte die Intensität meiner Bemühungen in Fonthill erlahmen lassen, ist ganz irrig. Alles geht mit der gleichen zügigen Energie voran wie in den Tagen, als Sie und meine lieben Kinder hier waren. Ich habe die Front einer Abtei im heimlichen Grund auf gut 200 Fuß erweitert, und ein beträchtlicher Teil des Baus hat schon das erste Geschoß erreicht. Das Gewächshaus und der Blumengarten, der es umgibt, sind begonnen. Mein Reitweg, das Kernstück meiner Gartenplanung, der – wie Ihr Euch erinnern werdet – einmal über mehr als zwanzig Meilen durch und um meine Wälder führen soll ... hat schon eine Länge von fast neun Meilen erreicht. Durch ihn soll sich einmal der Garten als Einheit im Wandern oder Reiten erschließen. Die Jahreszeit erweist sich als wunderbar für das Pflanzen, und bleibt das Wetter bis Weihnachten so gut, dann wird Vincent um diese Zeit, wenn ich ihm alle Arbeitskräfte zur Verfügung stelle, als Jahresertrag mehr als eine Million Bäume in den Boden gebracht haben.«

Nur die westliche Zufahrt zu Fonthill Abbey, das immer bedrohlichere Ausmaße gewann, war als eine gerade Allee nach älterem Vorbild angelegt, aber mit wundersam gemischten Baumgruppen an den Seiten, von seltenem Strauchwerk gesäumt und mit Rasen ausgesät an Stelle des Kieses. Mit Gras also, das jede Nacht gemäht werden mußte, um am Morgen keine Spuren menschlicher Pflege zu zeigen. Überhaupt liebte es Beckford, wenn die aufwendigsten Arbeiten nachts vor sich gingen: Der erste in Holz aufgeführte Turm über dem Riesenschloß, das einmal als gotisierende Eremitage dem Palast des Vaters zugeordnet werden sollte, brannte ab, weil der Auftraggeber den bei Fackelschein hastig weitergeführten Bau nicht sorgfältig genug sichern ließ. Daß er keinerlei Löscharbeiten zuließ, weil er als Nero dem Brand Roms zusehen wollte, zeigt nur, wie fern von allem Anfang an Beckfords schöpferischer Wille von aller geduldigen Einfühlung in die natürlichen Gesetzmäßigkeiten war. Er wollte seine Mauer an der chinesischen Mauer messen, seinen Mittelalter-Turm am römischen Cäsarenwahn, seinen Landschaftsgarten an der unzureichenden göttlichen Schöpfung. Wenn ihn bei seinem Gartenplan die Kleinlichkeit empfindsam-melancholischer Aussichtspunkte verdroß, dann nicht, weil ihn wie Lancelot Brown das Mißverhältnis zur Harmonie der Natur störte, weil er wie sein großer Vorgänger und dessen Schüler die geschaffene Wirklichkeit für die sterblichen Augen der Bewohner und Besucher zu einem Miniaturbild der paradiesischen Vollkommenheit ausgestalten wollte, sondern weil in seinem Gegenentwurf einer nur seinem Willen und seiner Willkür unterworfenen Welt diese Zeugnisse einer schwächlichen *sensibilite* keinen Platz haben durften. Gewiß, ein paar Elemente hatte der Gartenarchitekt William Beckford beibehalten, ein norwegisches Blockhaus am Rand einer mit nordischen Baumsorten düster eingefaßten Wiese nahe dem westlichen Eingangstor, das als versunkene Kapelle ausgestaltete Bootshaus seines Vaters und die Grotten Joshua Lanes, die er zu Zauberhöhlen erweitern ließ, den überdachten Rosengarten. Aber wie die kleineren Teilgärten insgesamt – der riesige Küchengarten befand sich charakteristischerweise außerhalb der Mauern! – waren auch die architektonischen Einzelheiten in das Ganze der Anlage eingebunden.

»Mit immer neuem Entzücken reite ich durch diese Eichenhaine, die so sehr Genzano gleichen, dem Bergort über dem tief eingeschnittenen Krater des Nemisees, und die mich in manchen Augenblicken sogar an Cintra erinnern. Der sanfteste und lichteste Schleier lag heute über der Landschaft. Sie wirkte wie eine heroische Idylle aus Italien: die Hügel in Berge verwandelt und die fernen Täler in Seen, rief der Anblick tausend Illusionen in mir hervor. Alle die dunklen Wälder um die Abtei waren von der sinkenden Sonne in leuchtende Farbigkeit gehüllt und unter dem lieblichsten Blau des Himmels. Und aus diesen Forsten erhob sich die Burg des Atlas mit allen ihren wie Diamanten blitzenden Fenstern! Nichts was ich je in meinem Leben gesehen habe, reicht an diese einzige Vision heran, nicht in der Größe der Erscheinung, nicht im Zauber der Farben.«

Die späte Aufzeichnung aus dem Jahr 1818 hat nichts vom Sprachglanz des jungen Beckford verloren, von der einzigartigen Fähigkeit, Traum, Wahrnehmung und Selbstbeobachtung in eine Formulierung zu binden. Aber auch das beschworene Bild, das die Ansicht des Nemi-Sees – wie Beckford sie aus der wahlverwandten Malerei seines Freundes John Robert Cozens kannte –, die Erinnerung an Portugal und das unerreichbare, in den Lüften schwebende Kastell des Magiers Atlas aus dem »Rasenden Roland« des Ariost in eins schlingt, hat in Beckfords Phantasie eine weit zurückreichende Präsenz. Als er 1799 den jungen William Turner auf seinen Besitz holte, um in großformatigen Veduten die unterschiedlichen Ansichten von Fonthill Abbey zu den unterschiedlichen Tageszeiten festzuhalten, aquarellierte der Landschaftsmaler im schönsten seiner Skizzenbücher genau diese Vision: tief unten der schwarze Spiegel des Sees, darüber die wie Felswände aufsteigenden Wälder und dann das Wunder – der magische Augenblick, in dem gegen den Sonnenuntergang hin das Märchen in den leuchtenden Türmen und Zinnen Gestalt annimmt. Schon als dem Bitharn Lake seine dramatisch versenkte Stellung in der Totalität von Beckfords Landschaft zugewiesen wurde, muß sein Schöpfer diese später beschriebene Wirkung vor Augen gehabt haben.

Der zweite Axiom von Beckfords ungeschriebener Theorie der Gartenkunst lautet: Jeder Garten ist ein Schatten der Seele, die ihn erfunden hat. Lange bevor der junge Nabob seine Reichtümer mit der Freizügigkeit chinesischer Kaiser und morgenländischer Kalifan an die Wiltshire Landschaft bei Fonthill verschwendete, war die innere Topographie dieser Gartenwelt in seinem Inneren lebendig. Schon 1778 hatte William Beckford in einem Aufsatz: »The Dome of the Setting Sun« – schwer übersetzbar, vielleicht: »Das von einer hellen Kuppel überwölbte Lustschloß zur untergehenden Sonne«, mit der gleichen Bedeutungsnuance wie in Samuel Talar Coleridges berühmtem Wundergarten-Gedicht über »Kubla Khan«: »In Xanadu did Kubla Khan / A stately *pleasure-dome* decree« – ein von Menschenhand geschaffenes Paradies aus dichterischen Reminiszenzen ersonnen, eine Synthese aus den Gefilden der Seligen und den Hesperiden-Gärten, aus dem Reich des Alkinous bei Homer, der heitermagischen Sphäre des Wunderbaren bei Ariost, Edmund Spenser und, nur für ihn selbstverständlich, Lutz de Camoens. Selbst das Glückliche Tal in Samuel Johnsons orientalischer Geschichte von »Rasselas« (1759) hatte eine frühe Anziehungskraft, weil dort die Vögel und die anderen Tiere zahm und glücklich existieren konnten. Aber den Grundgedanken einer vom Menschen durch schwarze Magie erschaffenen zweiten Natur hatte er in Torquato Tassos »Befreitem Jerusalem« gefunden. Armidas Zaubergarten im 16. Gesang enthielt nicht nur – Herausforderung für die Maler und Dichter vieler Generationen – die sprachmächtigste Evokation einer über alle Erfahrung hinaus gesteigerten Wirklichkeit des Glücks, sondern auch die provozierende Formel:

»Und wie sie nun dem Labyrinth entwallen,
Wird gleich der schönste Garten offenbart:
Hier stille Seen, bewegliche Krystallen,
Dort Bäume, Blumen, Kräuter aller Art,
Besonnte Höhen und schatt'ge Thaleshallen,
Und Grott' und Wald, von einem Blick gewahrt;
Und, was die Schönheit mehrt so holden Werken,
Die Kunst, die alles schafft, ist nie zu merken.
Es scheint – so mischt sich Künstliches dem Wilden –
Als ob Natur den Garten angelegt,
Und sich bestrebt, der Kunst ihn nachzubilden,
die immer sonst *ihr* nachzubilden pflegt.«

Das war es. Das machte die Verlockung aus. War es denkbar, Armidas Garten der drei Jahreszeiten, in dem es nie Winter und nie Nacht wird, der Natur selbst abzuzwingen? Rinaldo ist in einen goldenen Raum gefesselt, der von der Natur die schönsten Eindrücke, Farben, Anblicke, Düfte entlehnt hat und sie so einzigartig verbindet, daß die Natur auf die Allmacht und den Zauber der Phantasie eifersüchtig werden muß. Aber kann man nicht sie selbst diesem Zauber und dieser Macht unterwerfen? Das Wunder der verwandelten Landschaft: Über Nacht sind von Geisterhänden Aladins Palast, Serail und Garten vor den verwirrten Augen des Sultans emporgewachsen; das Zimmer hinter der verbotenen Tür hat sich zu einer wunderbaren oder dämonischen Landschaft entfaltet; der Augenblick im Reich der Feen oder Gnomen führt den Schläfer in eine ferne, fremde Gegenwart zurück. Die orientalischen »Erzählungen aus Tausendundeiner Nacht«, die er aus dem arabischen Original der Wortley-Montague-Handschrift übersetzte und in eigenen Geschichten fortsetzte, aber auch die Feenmärchen und die Sagen der europäischen Tradition boten ihm genug Beispiele für solche Wirklichkeitsbrechung, für solches Spiel mit der doppelten Zeitrechnung. Als Beckford in d'Herbelots »Bibliothèque orientale« von den Bauten der präadamitischen Könige und von den verruchten Gärten der frühen Kalifan las, als er zuerst durch Attiret vom fabelhaften *Yüan Ming Yüan* in Peking hörte, dem Garten aller Gärten, projizierte er diese Nachrichten nicht anders als seine Reiseeindrücke auf das frühe Traummuster des Gartens, der über Nacht in überirdischer Vollkommenheit von Dämonen oder Geistern errichtet wurde.

Die Reiseeindrücke umkreisen den Augenblick der Überwältigung, der alle Zeit aufhebt. Und auf einen solchen Augenblick der Zeitlosigkeit war auch in Fonthill Abbey alles berechnet. Aus ihm sollte die Schöpfung des Gartens hervorgehen, an seine Dauer sollte alle Herrlichkeit gebunden bleiben. Als Beckford 1793 mit der Ummauerung seines Paradieses beginnt, hat er dessen Topographie und Gesetz vollständig in sich entwickelt. Am imaginären Plan hat er in fast dreißig Jahren der Ausführung nichts geändert. Er schuf einheitliche Landschaften wie den skandinavischen oder norwegischen Forst im Süden oder die tropische Vegetation der amerikanischen Plantage, die er nordöstlich des Bitham Lakes einen sanften Abhang hinaufziehen ließ. Der Rhododendron hielt dort seinen unaufhaltsamen Einzug nach Europa. Aber wie er klimatisch gegensätzliche Vegetationen unter sein Gebot – und mit vertauschter Lokalisierung – zusammenzwang, so verfuhr er auch mit nie ermüdendem, ein wenig kindischem Rebellengeist auch in jedem Detail der Pflanzung. Die Bäume und Sträucher, die Farne, die Moose, die Blumen sollten zu unerwarteten, aber natürlichen Mustern neu zusammentreten. Erst bei wiederholtem Hinsehen sollte dem nur in der Phantasie existierenden Beobachter das Unmögliche dieser wunderbaren Natur auffallen, die Unterwerfung der Natur unter das träumerische Gebot eines in seiner Sensitivität übererregten Ichs, das sein Paradies für den Augenblick der Ewigkeit Gottes entgegenstellen wollte.

Indem aber jeder erste Eindruck in aller Überwältigung sich als trügerisch erweist, öffnet er der Imagination einen unbegrenzten Freiraum botmäßiger und unbotmäßiger Gedanken: Hinter den Baumriesen aus aller Herren Länder, umflochten von allerlei Rankenwerk, die als Janitscharen die Auffahrt zur Klause des Kalifan von Fonthill säumten, werden die düsteren Wildnisse aus den Gemälden Salvator Rosas sichtbar und die Wandererinnerungen aus den Albaner Bergen. Der unheimliche Schattenriß eines Turms auf dem Spiegel eines Teichs löst innere Bilder aus, die aus der poetischen Vorstellungswelt des Märchens oder aus dem Aufzug der Romanze stammen, Landschaftsvorstellungen Giorgiones, Adam Elsheimers oder Claude Lorrains, scharf umrissene Zitate aus fremden Welten und von fernen Reisen, in die sich William Beckford, der finstere Gott seines Gartens, und William Beckford, der immer neu staunende Gast des Allmächtigen, teilen. Diese Wirkung eines in sich vollkommenen, aber in sich unendlichen Paradies-Gartens konnte nur erreicht werden, wenn alles Enge, Geistreiche und bloß Poetische aus dieser Schöpfung getilgt wurden. So ließ Beckford im Umfeld seines riesigen Mittelalterkastells keine exotischen Pflanzen zu, so verwischte er auf den sorgsam arrangierten Wegen die Grenzlinien zwischen seinen Landschaften. So ließ er schließlich selbst das gewaltige Schloß seines Vaters, mit seiner exzentrischen Biographie aufs engste verbunden, achtlos abreißen, um nicht zwei Paläste in einem Landschaftsgarten dulden zu müssen. Die Theorie seiner Landschaft wurde erst geschrieben, als William Beckford lange das *holy sepulchre* verlassen hatte, das zugige Gottesgrab von James Wyatts Gotik und das Paradies *sui generis*. Es war Edgar Allan Poe vorbehalten, in seiner späten Erzählung »Die Domäne von Arnheim« die Prinzipien von Fonthill Abbey, mit ausdrücklichem Rückverweis, nach Amerika zu übertragen:

»Vielleicht könnte es doch ein Ziel geben, das mit den Mitteln, die einem Sterblichen normalerweise zur Verfügung stehen, sicher nicht zu erreichen wäre, welches aber, falls dennoch einmal erreicht, dem Landschaftsgarten einen Zauber verleihen würde, der das bloße Gefühl menschlicher Anteilnahme weit überträfe. Eine Poetennatur, die über sehr ungwöhnliche pekuniäre Hülfsquellen verfügte, könnte ihre Entwürfe mit einer solchen Fülle neuartiger Schönheit durchtränken, daß sich, zusätzlich zur vollen Erhaltung jenes erforderlichen Gefühls von Kunst oder Kultur, noch der Eindruck spirituellen Eingreifens einstellte. Es liegt auf der Hand, daß bei gelungener Herbeiführung eines solchen Resultates sämtliche Gefühlsvorteile von menschlicher Anteilnahme oder Planung erhalten blieben; das Werk aber von dem harten, dem Technoiden rein weltlicher *Kunstfertigkeit* entlastet würde ... Lassen Sie uns, zum Beispiel, eine Landschaft uns vorstellen, deren Weitenausdehnung & gleichzeitig Durchgearbeitetheit im Detail – deren vereinte Schönheit, Pracht & *Fremdartigkeit* alle Begriffe von Gestaltung, oder Kultur, oder kontrollierter Ordnung suggerierte, aber wie von Wesen, die dem Menschentum weit überlegen, obwohl ihm noch verwandt wären – dann bliebe das Element der *Anteilnahme* noch erhalten; während die eingeflossene Kunst den Rang einer intermediären, zweithöheren Natur beanspruchen könnte – einer Natur, die weder GOtt ist noch eine Emanation aus GOtt; die vielmehr immer noch *Natur* ist; aber im Sinne des Handelns jener Engel, die zwischen Mensch und GOtt schweben.«

Wie das große Wassersystem und Amphitheater von Arnheim, das nach dieser Theorie seines Erbauers Ellison errichtet wurde, hat auch das verbotene Paradies von Fonthill Abbey die Zeit nicht überdauert. Beckford war sich dessen nicht weniger bewußt als sein imaginärer Nachfolger Ellison: Am Morgen vor der Auktion, die sein Reich unwiderruflich profanieren mußte, ritt der Kalif mit seinem alt gewordenen Gärtner Vincent wie jeden Tag durch den Garten, gab an vielen Stellen Anweisungen und Aufträge. Dann stieg er in seine Kutsche und verließ Fonthill Abbey ohne jeden Blick zurück. Das war im Herbst 1822. Die herzuströmenden Besucher und die Publizisten, die erstmals freien Zugang zu dieser Welt gewonnen hatten, wetteiferten in ihrer Neugierde miteinander. In den fashionablen Zeitschriften erschienen mehr oder minder nichtssagende Artikel. Dagegen hielten Lokalautoren wie John Britton und vor allem John Rutter – in seinen klug geschriebenen und reich ausgestatteten »Delineations of Fonthill and its Abbey« (1823) – wie in trüber Vorahnung das Wunder in Wort und Bild vor der Nachwelt fest. Als zehn Jahre später der große Gartenarchitekt J.C. Loudon den Park für »The Gardener's Magazine« beschrieb (im September 1835) hatte der Verfall schon begonnen, eher die Rückverwandlung der zweiten in die erste und ursprüngliche Natur. Das gewaltige Monument von Beckfords Bauehrgeiz war schon am 21. Dezember 1825 ans Ende gekommen, als der Vierungsturm einstürzte und die Repräsentationsräume unter sich begrub. Aber auch in der Unendlichkeit der Wege, die man über fast dreißig Meilen verfolgen konnte, ohne je eine Strecke zweimal zu nehmen, war nur für den geschulten Spezialisten noch die Idee des in die Natur eingeschriebenen subjektiven Gartens zu erkennen. Dem luziferischen, an die Unterweltsgötter glaubenden Rebellen genügte der Triumph im Augenblick der Selbstüberhebung. Mochten danach die Jahreszeiten, mochten Wind und Wetter ihre Schuldigkeit tun und das Außerordentliche in die Gewöhnlichkeit zurückbiegen. William Beckford, der wie der Kalif Vathek in seinem gespenstisch schillernden Jugendroman von 1786 von babylonischen Türmen gegen die Willkür der Götter träumte und sich dem Pandämonium der Hölle ausliefern wollte, war die Zeitlosigkeit seines Gartentraums jede Ewigkeit wert.

Wer heute durch das erhaltene Eingangstor von Fonthill Splendens kommt und hinter den Seen des alten Herrenhauses an den nicht endenden Mauern entlangstreicht, wird auch dann kaum eine Erinnerung an Beckfords Phantasmagorie finden, wenn ihm der Eingang in das lange parzellierte, vom Privatinteresse abgeschirmte Innere dieser unkenntlich gewordenen Landschaft gewährt wird. Ein paar Räumlichkeiten der Abbey – immer noch von der Größe einer italienischen Villa –, eine Anzahl sprachlos die Äste ringender Bäume entlang der Allee, das weithin wuchernde Unkraut des Rhododendrons, das wie eine exotische Dornenhecke ein untergegangenes Märchenschloß verbirgt, und der Umriß der amerikanischen Plantage inmitten des Urwald-Labyrinths sind alles, was von dem nach und neben Stourhead schönsten Park Englands übriggeblieben ist. Alles? Mit ein wenig Wunderglauben trifft man zwei Kinder zu Pferd, die einem den Weg zum Bitharn Lake zeigen. Seine schwarze Fläche hat noch immer das Unheimliche eines Unterweltseingangs. Aber das Kastell des Atlas taucht nicht mehr über dem verwachsenen Wald auf. Als Poe in einer großen Apotheose das Amphitheater von Arnheim in lyrische Prosa übersetzt, beschwört er mit der Vision der schwebenden Kuppel über Kubla Khans Jagdschloß in Xanadu auch die Erinnerung an Fonthill Abbey. Und das noch zu Lebzeiten seines zur Legende gewordenen Schöpfers.

»Die Flügel des großen Tors dehnen sich langsam & musikalisch auseinander. Zwischen sie hinein gleitet das Boot und beginnt seinen rapiden Abstieg in eine Art weiten Amphitheaters hinein, gänzlich von purpurnen Bergen umgürtet, deren Füße, im vollen Umkreis ihres Hingelagertseins, ein schimmernder Fluß bespült. Gleichzeitig indes offenbart sich das ganze Paradies von Arnheim dem Blick... Buschiges Blühgesträuch – Heerden von gold- & carminenen Vögeln – liliengesäumte Teiche – Wiesen aus Violen, Tulpen, Mahnen, Hyacinthen & Tuberosen – lange verhedderte Linien silbriger Wasserrillen – und, verworrengestaltig zwischen all dem aufschießend, eine halbgotische halb-sarazenische Architekturmasse, die sich wie durch Wunderkraft schwebend in den Lüften erhält, glitzernd im rotesten Sonnenlicht mit Hundertschaften von Erkern, Minaretten & Zinnen, und einer Geisterhandarbeit ähnelnd, der vereinigten Sylphen, der Feen, der Genien & der Gnomen.«

Inge Krupp

Deutsche Gärten und Parks

Im Osten geht die Sonne auf. Das Licht der Aufklärung breitet sich über den Kleinstaat Anhalt-Dessau, der seit 1758 von dem umtriebigen Fürsten Leopold Franz regiert wird. Die Vision seines *Irenopolis*, eines freiheitlichen wie friedfertigen Gartenreiches, trieb allein er voran. Dafür hatte er sich noch während des Siebenjährigen Krieges, 1757, nach Schlacht und Belagerung von Prag zurückgezogen und damit den Zorn Friedrichs des Großen erregt. Gerade siebzehnjährig, war er Regent eines völlig zugrunde gerichteten Landes geworden. Vom verbitterten Preußenkönig bis ins Jahr 1763 mit unerträglichen Lasten belegt, zahlte er mit väterlichem Erbe, obendrein mit Tafelsilber. Fürst Leopold III. Friedrich Franz von Anhalt-Dessau setzte uneingeschränkt auf die grundlegende Reformierung des Kleinstaates, wozu er zuerst einmal dem verarmten Volk den Fronpfennig erließ. 700 Quadratkilometer umfaßte das kleine, an Mulde und Elbe gelegene Land, das er während seiner Regierungszeit in ein blühendes »Freyland«, eine epocheprägende Kulturlandschaft zu verwandeln verstand: »Der Garten liegt in einer Ebene, in der Nachbarschaft großer Waldungen. Ungefähr in anderthalb Stunden ist er ganz zu umgehen; um aber die inneren Scenen nur flüchtig zu durchlaufen, werden wenigstens drei Stunden erfordert.

Er ist weder durch eine Mauer, noch durch eine Verzäunung eingeschlossen. Die Gränzen sind theils natürlich durch den See bezeichnet; theils künstlich durch Kanäle, Wälle, Alleen, Hekken versteckt; theils auch unbestimmt gelassen. Ein Fremder rechnet daher die den Garten umgebenden schönen Triften, Aecker, Wälder und Wiesen dazu, und täuscht sich also in der Vorstellung von dessen Umfange.

Die Hauptzierde, welche der Garten der Natur zu verdanken

hat, ist der spiegelhelle Wörlitzer See, der sich, von einem bis zum anderen Ende desselben, quer hindurch erstreckt, und den die Kunst auf das Vorteilhafteste zu nutzen gewußt hat.«

Kein Zweifel, wie der Kabinettsekretär August Rode hier in seiner »Beschreibung des Fürstlichen Anhalt-Dessauischen Landhauses und Englischen Gartens zu Wörlitz« beginnt, ist von einer Gartenanlage die Rede, deren englische Gestaltung im Sinne von *to call the landscape in* hier in einzigartiger Weise auf das deutsche Festland übertragen worden ist. Nicht zuletzt dafür ist der junge kunstsinnige Fürst gereist. Im Jahr 1763 erstmalig, zusammen mit seinem späteren Baumeister Friedrich Wilhelm von Erdmannsdorff, auf ein Jahr nach England. Der vier Jahre Ältere »übte auf das Tun und Lassen des Fürsten einen bedeutenden Einfluß aus, ohne dabei zu intrigieren, ohne irgend jemand zu verletzen, oder mit anderen in Streit zu geraten, ohne sich und den Fürsten in irgendeiner Weise bloßzustellen«, wußte der Wörlitzer Chronist Probst Friedrich Reil zu berichten. Fürwahr, ein kongenialer Reisebegleiter, ebenso geeignet zur Bildung der Sinne und Sitten. Denn zu letzteren fehlten ihm, wie Fürst Franz später unumwunden zugab, »Anmut und Feinheit,« welche ihm seine Umgebung nicht vermitteln konnte, weil sie selbst nicht darüber verfügte. »Ich blieb in gewissen Dingen noch ungeschlacht und unmanierlich«, so der Fürst, »denn erst in England habe ich mit Messer und Gabel umgehen lernen.«

Als ein zweites Vaterland, wo er von neuem geboren worden sei, bezeichnet er folglich England, das Land, da man ein ordentlicher Mensch werden könne. Kein Wunder, offenbarte sich Großbritannien den deutschen Anglophilen in seiner parlamentarischen Tradition um ein gutes Jahrhundert voraus, mit den zwei begehrtesten Exportartikeln, wie es treffend der renommierte Landschaftsgärtner Humphrey Repton vermerkt, der Verfassung und der Landschaftskunst. Bürgerliche Grundrechte, wie Gleichheit vor dem Gesetz, religiöse Toleranz, Meinungsfreiheit und Schutz des Privateigentums, wurden dem jungen Fürsten zu Wegweisern für seinen elend vor sich hindämmernden anhaltinischen Kleinstaat. Sein umfangreiches

Reformprogramm begann mit einer Agrarkultivierung, wozu er beispielsweise bereits während seiner Englandreise zentnerweise Kleesamen nach Dessau-Wörlitz versenden ließ, zur kostenlosen Verteilung an die Bauern. Nicht nur diese Saat ging auf, so daß auf dem einst kargen Boden bald ein florierendes Miniatur-England entstand. Fruchtwechselwirtschaft, Schaf- und Pferdezucht lockten zunehmend auch die Experten angrenzender Staaten in das Dessau-Anhaltinische Musterland. Zur tiefsten Befriedigung von Fürst Franz dem Friedfertigen, der, dem Obstanbau mehr zugetan als jeder Waffenschmiede, fortan seine Baumschulen zu den »Rüstkammern des Gartenreichs« ernannte.

Nicht allein dem Nützlichen, sondern zugleich dem Schönen zugetan, ließ der Wörlitzer Fürst als erstes künstlerisches Zeugnis seiner Englandreise 1764 den Englischen Sitz errichten, ein architektonisches Attribut an die Antike, mehr noch der Versuch einer tempelartigen Enklave, zugleich Rückzugs- und Aussichtsort. Nach dem Plan des in Holland sowie England geschulten Hofgärtners Eyserbeck entstanden hier die ersten nennenswerten englischen Anlagen auf dem Kontinent. Angeleitet von Fürst Franz und Friedrich Wilhelm von Erdmannsdorff, vor deren geistigen Augen die kunstvoll angelegten Gartenreiche des Landschaftsgestalters William Kent wiederauflebten, gleichsam dreidimensionalen Gartenbildern, mit den Mitteln der Komposition geschaffen. Weil Kent, der begnadete Landschaftkünstler, auf dessen Ideen und Inspirationen die bedeutendsten Gärten wie Stowe in Buckinghamshire, Rousham in Oxfordshire oder Stourhead in Wiltshire basieren, ursprünglich Maler war, vermochte er müheloser als ein wahrhaftiger Gärtner mit seinen Arkadien Gemäldepanoramen eines Claude Lorrain zu verzaubern. Erste Entwürfe des Wörlitzer Gärtners Eyserbeck umfaßten dann auch jenes mit der Elbe verbundene Terrain am Wörlitzer See, das den drei deutschen Landschaftspionieren in Anhalt-Dessau schon allein deshalb als das geeignetste erschien, weil es den mittelenglischen Landschaften am ähnlichsten war. Dabei entstand ein Teil auf ehemals barockem Boden, nämlich dem des Jagdschlosses Wörlitz.

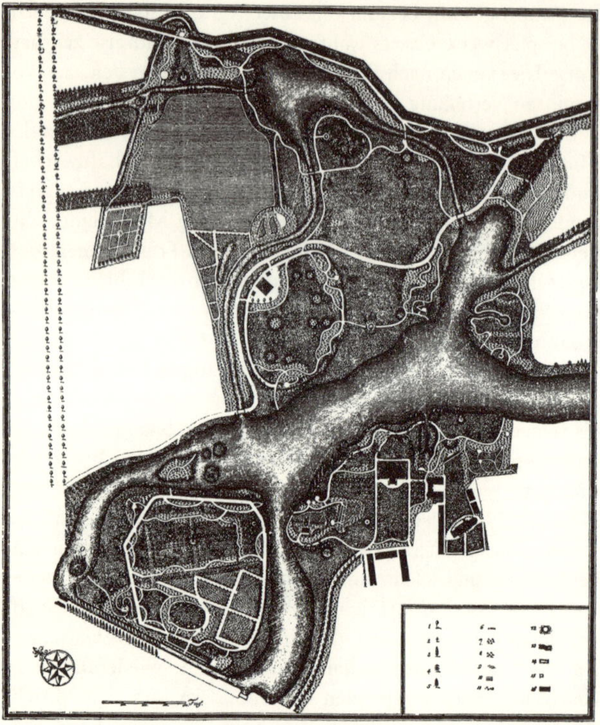

Grundplan von Wörlitz

Und noch bevor sonst in und um Preußen herum der Bedürfnisse des Volkes weiter als gerade notwendig gedacht wird, öffnen sich die Wörlitzer Anlagen zur allgemeinen Erbauung. Was fehlt, sind indes grundlegende, dem klassischen Altertum entlehnte und einfühlsam mit dem Landschaftsgarten verwachsen erscheinende Bauwerke. Dergestalt, wie sie gleichsam Antikenzitaten im englischen Palladianismus entstanden sind, wie Floratempel und Pantheon in Stourhead oder Freiheitstempel und Tempel der Edlen Briten oder die Palladiobrücke im Prior Park von Bath, basierend auf einer fundierten Kenntnis der klassischen Architektur Italiens. Die Reunion von Natur und Kunst ließ das Quattrocento, insbesondere in den Werken von Humanisten wie des Grafen Shaftesbury und bildenden Künstlern wie Donatello, wiederauferstehen. Und Johann Joachim Winckelmann, der ruhmreiche, veröffentlicht in eben jenem Jahr, als die Wörlitzer Parkarbeit beginnt, seine international beachtete »Geschichte der Kunst des Altertums«. Damit wird zugunsten eines Kunststils der »edlen Einfalt und stillen Größe« das in seinen Formkorsetten erstarrte Zeitalter des Barock allmählich abgelöst. Von Wörlitz aus begeben sich alsbald der fünfundzwanzigjährige Fürst Franz, sein um acht Jahre jüngerer Bruder Georg, Freund Erdmannsdorff, 29, und – mit 32 Jahren der älteste der Reisegruppe – Georg Heinrich von Berenhorst, der Onkel, mit Bediensteten sowie einigen Künstlern im Gefolge, 1765 auf die *Grand tour*, zunächst nach Italien. Gemäß dem Philosophen Francis Bacon: »Travel, in the younger sort, is a part of education.« In Rom angekommen, macht sich Franz sogleich auf den Weg zum berühmten Winckelmann, dem Altertumsforscher und Kunstexperten: »Ich bin von Dessau, mein lieber Winckelmann, ich komme nach Rom, um zu lernen.« Nicht dieser Beginn einer kunstsinnigen Freundschaft, sondern der Eintritt in Rom weist eine Parallele auf zum vierzehnjährigen Moses Mendelssohn aus Dessau, als dieser im Jahre 1743 am Rosenthaler Tor auf die Frage, was er denn in Berlin wolle, antwortete: »Lernen.«

»Was Wörlitz vor anderen Landschaftsgärten auszeichnet, ist der Rückgriff auf die Antike nicht nur als geistige Instanz, sondern als Form«, vermerkt Adrian von Buttlar in seinem umfassenden Kompendium »Der Landschaftsgarten«. Womit mehr als zwei Jahrhunderte später noch in einer architekturhistorischen Spurenlese deutlich wird: erst die bildungsbürgerliche *Grand tour* nach dem Vorbild britischer Aristokraten des *Club Dilettanti* hat das Wörlitzer Gartenland in seiner einzigartigen Kombination von Antikenzitaten und anglophilen Adaptionen entstehen lassen, gewissermaßen in einem pluralistischen Stil nach Reisebildern.

Angeleitet vom ortskundigen Winckelmann, absolvieren

Fürst Leopold Franz und Baumeister Erdmannsdorff ihr kunstgeschichtliches Pflicht- und Kürprogramm in den mediterranen Gefilden, wozu in Rom das Pantheon und das Forum Romanum ebenso gehören wie die Villa des Friedenskaisers Hadrian und der Sibyllentempel in Tivoli, des weiteren die Ausgrabungsstätten in Pompeji, die dorischen Säulen von Paestum – und nicht zuletzt ein Besuch in der neapolitanischen Villa Emma des Vulkanforschers und berühmten Sammlers antiker Vasen, Sir William Hamilton.

Erdmannsdorff kehrt noch einmal nach Rom zurück, um sich weiterhin im architektonischen Zeichnen zu schulen, beispielsweise bei Clérisseau und Piranesi. Erst diese klassische Schulung des Sehens und dadurch des Verstehens von Perspektive und Proportion, also von Raum und Ebenmaß, in Anlehnung an Vitruv und Palladio, läßt ihn später zu einem Repräsentanten des deutschen Frühklassizismus avancieren. Obgleich das Wörlitzer Schloß, gerühmt als sein Meisterwerk, durch seinen korinthischen Säulenportikus eher den neopalladianischen Stil englischer Landhäuser in und um London nach der Bauart eines Inigo Jones widerzuspiegeln scheint.

Bei der festlichen Grundsteinlegung, 1769, ist auch die Fürstin, die einstige Luise von Brandenburg-Schwedt, zugegen. Sie und Franz sind seit ihrer durch den Preußenkönig Friedrich II. veranlaßten Zwangsheirat 1767 beide den schönen Künsten wie der Fürsorge für ihr Dessau-Anhaltinisches Volk zugetan, wahre Zuneigung füreinander empfinden sie kaum. Wenn Fürst Franz gekonnt, wie er gewollt hätte, er wäre mit der Bürgerlichen Johanna Eleonore Hoffmeister, seiner Jugendliebe, nach England gegangen; auf dem Weg dorthin war er schon, und auf den Thron verzichtet hätte er zugunsten seines Bruders ohnehin. Nun wird er in der Mitte seines Lebens wie ein englischer Lord sein Gartenland regieren, endlich ausatmend unter freiem Himmel, manche Libertinage riskierend. Im Schochschen Garten – auch der sinnliche Gott Priapos fordert schließlich sein Recht – wird er bisweilen mit der jungen Leopoldine Luise Schoch, des Gärtners Tochter, das Gotische Haus teilen, »den Mittelpunkt seiner Vergnügungen«, wo im Floragarten noch heute das Priapos-Beet mit Phalluspflanzung überliefert ist. Angesichts des Gotischen Hauses wendet sich die Wörlitz-Besucherin noch einmal den Reiseeindrücken des Fürsten und seines Baumeisters zu: In Venedig wird sie fündig, deren Kirche Madonna dell'Orto für diese Wörlitzer Fassade Pate stand. Möglicherweise auch Strawberry Hill, der skurrile Landsitz von Horace Walpole nahe London, denn dessen neugotischer Stil entsprach gerade der Mode. In den Neuen Anlagen ist der 1795 begonnene Nachbau des römischen Pantheons eine Hommage an den Friedenskaiser Hadrian, im Südosten befindet sich auf dem sogenannten Stein eine Replik der neapolitanischen Villa des Sir William Hamilton. Sogar dem Vesuv wurde mittels eines künstlich betriebenen, Feuer speienden Vulkans alle Ehre gemacht. Neumarks Garten schließlich ist die Rousseau-Insel vorgelagert, eine Nachbildung des Philosophen-Grabmals in Ermenonville. In Paris hatte das Fürstenpaar ihn eines Vormittags unangemeldet aufgesucht, sich dann, erschüttert von seiner Armut, nicht zu erkennen gegeben. Lombardische Pappeln bewachen den Gedenkstein mit der Inschrift:

»Dem Andenken J. J. Rousseaus, Bürger zu Genf,
der die Witzlinge zum gesunden Verstande,
die Wollüstigen zum wahren Genusse,
die irrende Kunst zur Einfalt der Natur,
die Zweifler zum Trost der Offenbarung
mit männlicher Beredsamkeit zurückwies.
Er starb den 2. Juli 1778.«

Ohne einen vorliegenden Gesamtplan entstanden die Wörlitzer Anlagen als Reminiszenzen der Reisen. Anstelle der überirdisch anmutenden Zypressen wurde mit Pappeln vorlieb genommen, nur wollte die Nachahmung der malerischen Pinien in Form kronenbeschnittener Weymouthskiefern gar nicht gelingen. Vom Genius loci ausgehend, vermochten in jeder weiteren Konzeption die englischen Landschaften von William Chambers oder Lancelot Brown Vorbilder zu geben: real als räumliche Kunstwerke nachempfunden, erst im Gehen zu verstehen, mit ihrem Wegesystem hinführend zu Zierat und Architekturzitat, nicht zuletzt ja auch pädagogisch als ein kunsthistorischer Lehrpfad gedacht, angereichert mit Stimmungsbildern, mythologischen Hinweisen, Allegorien, nicht zuletzt Inschriften wie »Hier wird die Wahl schwer, aber entscheidend« und zu beiden Seiten Sitzgelegenheiten. Geht der geneigte Wanderer der Verführung einer Venus oder doch lieber der Weisheit entgegen? Goethe jedenfalls, der Freund und vielfache Besucher des Fürsten Franz, hat sich in dieses Arkadien wie in einen Traum versetzt gefühlt:

»Es ist, wenn man so durchzieht, wie ein Märchen, das einem vorgetragen wird, und hat ganz den Charakter der elysischen Gefilde«, schrieb er Charlotte von Stein.

Natur und Kunst zu sehen und zu begehen in einem weit geöffneten Park, auf daß darin alle Stände vereint lustwandelten. Es ist ein Sichtenfächer von der Goldenen Urne aus, der im Gedächtnis bleibt und auf welchen Rudolf Sühnel eigens hinweist: Drei Sichtachsen über dem Wasser am Fluß; links die Synagoge, in der Mitte die Wörlitzer Kirche, als drittes der Warnungsaltar, errichtet, um Natur und Kunst mit Ehrfurcht zu begegnen. Sühnel schreibt dazu: »Die drei Perspektiven gleichberechtigter Glaubensformen erinnern an den Toleranzappell der Ringparabel in Lessings ›Nathan der Weise‹, einer Variante der Allegorie der Religionen in Shaftesburys antiorthodoxer Abhandlung ›Über den religiösen Enthusiasmus‹.«

Auch der jüdische Philosoph Moses Mendelssohn, dem wiederum sein Freund Lessing in der Verkörperung des Nathan ein Denkmal setzte, zählte zum Wörlitzer Gelehrtenkreis wie Goethe, dessen Wörlitz-Faszination sich fürderhin in den Wahlverwandschaften niederschlug, wie Hölderlin, Klopstock, Wieland. Als mit dem Philantropin, einer Schule im Sinne der Spätaufklärung, ein weiterer geistiger Anziehungspunkt im Gartenreich im Jahr 1774 entstand, erhoffte sich davon gar Immanuel Kant eine gesellschaftliche Revolution. Von Johann Bernhard Basedow wird das überkonfessionelle kosmopolitische Erziehungsprogramm feierlich ins Leben gerufen: »Unser Zweck (ist es), aus jedem unserer Zöglinge mehr einen Europäer als einen Schwaben, Österreicher oder Sachsen zu bilden.« Später wird Fürst Franz allerdings zugeben müssen: »Die Idee war groß und schön, Basedow aber zu klein und nicht durchbildet genug, um sie zu realisieren.« Er hingegen wird an der Idee dieser freiheitlichen »Pflanzschule« festhalten. Die Schulreform, durchgeführt von Carl Gottfried Neuendorf, schließt den kostenlosen Schulbesuch bedürftiger Kinder ein. Auch eine Judenschule entsteht und wird von den Juden, die sich in Dessau-Anhalt erstmalig als Bauern seßhaft machen können, was sonst in deutschen Landen undenkbar ist, zum Dank »Franzschule« genannt. Den 1788 im Gartenland unweit der Kirche errichteten Tempel übergibt Fürst Franz der Dessau-Wörlitzer Judengemeinde, die ihn 1790 zur Synagoge weiht. Der Blick hinaus wird mit einiger Verspätung auch hierzulande geschätzt, als hätte Hölderlin mit seinem Vers »Komm! ins Offene, Freund!« flächendeckend deutsche Sinne erreicht. Geheimrat Goethe schickt sich, nachdem er das einsam gelegene Gartenhaus 1776 bezogen hat, an, in Weimar die Auenlandschaft der Ilm zum Park zu kultivieren. Unterstützt wird er dabei von Großherzog Karl-August, mit dem er mehrmals das Landschaftsgarten-Vorbild Wörlitz an der Elbe aufsucht. Das Freundschaftsdenkmal, der gewaltige Dessauer Stein, eine Hommage an Fürst Franz, weist später darauf hin. Allerdings wendet sich Goethe gegen allzu offensichtliche Staffagen.

Und so werden als eher sparsame, wenngleich gefällige Anhalts- und Aufenthaltspunkte, Borkenhäuschen und Ruine, Tempelherrenhaus, Schlangenstein, Sphinxgrotte und Römisches Haus, in die Ilmaue gesetzt.

In schauriger Verklärung treibt dagegen im Seitersdorfer Tal nahe Dresden die dilettantische Gartensucht seltsame Blüten. Die Rede ist vom Anwesen des Grafen Hans Moritz Brühl und seiner Gattin Tina, wohin Goethe trotz mehrfacher verbriefter Einladungen seine Füße niemals setzte, vielmehr die Brühl Schiller gegenüber als »Drude« verunglimpfte. Der Bevölkerung präsentierte sich dort seit 1781 ein unprogrammatisch-spektakuläres Ausflugsziel gutgemeinter, aber aufgezwängter Szenen aus der Literatur, wie ein Laura-Denkmal sinnbildlich für Petrarca, Grab und Hütte Lorenzos nach dem »Tristram Shandy« von Lawrence Sterne, wiederum vermischt mit Naturbildern wie dem »Betstuhl des Einsiedlers,« einer »Quelle der Vergessenheit der Sorgen« und einer Aussicht, die mit dem Ausspruch »Ach wie schön!« wohl manch schlichten Gemütern voll und ganz entsprach. Dem Gartentheoretiker Christian Cay Lorenz Hirschfeld ist in diesem Gartengrund ein erstes Denkmal gesetzt worden. Hirschfeld, Verfasser der fünfbändigen »Theorie der Gartenkunst« hatte 1773 eine Englandreise für die Ausbildung eines jeden Gartenkünstlers gefordert, was Italien für den reisenden Maler, das solle England für den Gartenkünstler sein. Im Seitersdorfer Tal hatte kein in England geschulter Gärtner Hand angelegt.

Ein komplettes »Englisches Dorf« umfaßte hingegen das im württembergischen Hohenheim seit 1776 realisierte Garten-Großprojekt. Herzog Karl Eugen legte seinen megalomanischen Landschaftsgarten, darin ein Potemkinsches Dorf, eigens zu höfischer Belustigung, mit über sechzig Staffagen an – ebenfalls Reminiszenzen an seine Reisen –, doch was für ein Unterschied liegt dieser absolutistischen Auffassung eines Gartens zugrunde, verglichen mit dem Lehrgarten zur Erbauung des Volkes eines Wörlitzer Fürsten! Dennoch zeigt sich der Gartentheoretiker Hirschfeld, Professor für Philosophie und Ästhetik an der Kieler Christian-Albrechts-Universität, sichtlich beeindruckt von Hohenheim: »Nirgends sind wohl Ruinen schöner gezeichnet und ausgeführt als hier; man glaubt in der That auf italienischem Boden zu stehen.« Das Wörlitz der Aufklärung, dem er nur wenige Zeilen widmete, überzeugte ihn offenbar nicht.

»Als eine der prächtigsten Anlagen in ganz Europa selbsten diejenigen zu Versailles, Frascati, Tivoli und andere beschriebenen Orten nicht ausgenommen«, empfand der englische Reiseschriftsteller Sacheverell Stevens Mitte des 18. Jahrhunderts das grandiose Kaskadenspiel auf dem Karlsberg bei Kassel. Hoch oben zeugte Herkules von der gewonnenen Schlacht der Götter über die Giganten. Ein Mythos, weithin sichtbar, als Wahrzeichen der Stadt. Über neun Meter hoch ist die Statue aus Kupfer (geschaffen vom Goldschmied Johann Jacob Anthoni in den vier Jahren von 1713-1717), die auf einer Steinpyramide von 30 Metern Höhe thront. Unterhalb des gewaltigen oktogonalen Schloßbaus umschließt das Amphitheatrum dreiseitig den Hofraum. Darin verbirgt sich das Riesenkopfbassin, meterhoch Wasser gen Herkules speiend, das letzte Aufbäumen des Giganten Enkelados darstellend. Hangabwärts stürzt das Wasser über drei Bassins 43 Meter in die Tiefe: ein grandioses Schauspiel bezwungener Naturgewalten. In Szene gesetzt wurde es von dem italienischen Gartenarchitekten Giovanni Francesco Guerniero in der Zeit von 1701 bis 1718, also im Spätbarock.

Begonnen unter dem Landgrafen Karl von Hessen Kassel, der sich in Italien von den Renaissancegärten hatte inspirieren lassen, lockerte sich ab 1760 das absolutistisch-barocke Gepräge auch hier zugunsten des englischen Stils. Der erste Museumsbau Deutschlands, das Museum Fridericianum, entstand im englischen Palladianismus. Und auch der Kasseler Hofgärtner Daniel August Schwarzkopf wurde ganz im Stil der anglizistischen Zeit zur Schulung nach England entsandt. Nach seiner Rückkehr sollten zahlreiche Gartenantiken, von der barocken Hauptachse ausgehend, die Landschaft schmücken, geradeso wie der jüngst publizierten Anleitung von William Chambers entnommen. Eine Besonderheit bildeten bald wieder entfernte Szenen-Bilder, das »Tal der Philosophen«: Lebensgroße Holznachbildungen etwa von Platon, Aristoteles, Sokrates zeigten diese in Einsiedeleien in charakteristischer Betätigung. Allen Ernstes schlug Gartentheoretiker Hirschfeld, dem man 1786 den Posten des Gartendirektors angeboten hatte, vor, doch dazu die betreffenden philosophischen Werke den Parkbesuchern zum Studieren auszulegen.

Keine Ruhe ließ dem Reichsgrafen Ludwig zu Bentheim-Steinfurt, Erschaffer des im Nordwesten Deutschlands gelegenen *Bagno*, die große Fontäne im Wilhelmshöher untersten Schloßbassin. Wie die Bevölkerung erlag auch er so sehr der Faszination dieses Wasserspiels, daß er bei Mondschein zur Düse hinruderte, um die Mechanik zum streng verbotenen Nachbauen zu studieren.

Endgültig zum Landschaftsgarten wurde der Wilhelmshöher Park unter der Regentschaft des Kurfürsten Wilhelm I. im Jahr 1803. Um die barocke Kaskadenachse zog sich nun gefällig weitläufig die natürlich angelegte Landschaft. Mit dem Lac einschließlich Kaskaden und Wasserfällen schuf der Wasserkünstler Steinhöfer ein weiteres »natürliches« Werk, wie auch die Teufelsbrücke, das Aquädukt und im Jahr 1793 die Löwenburg als solche der Architekten Jussow und Du Ry entstanden waren. Sie entsprachen so vollkommen dem Zeitalter von Grotten- und Ritterromantik, dem Zeitalter mittelalterlicher Verklärung. In der Löwenburg fand 1821 – die allseits bewunderte Parkanlagengestaltung war gerade abgeschlossen – wunschgemäß Kurfürst Wilhelm I. sein Grab.

Als Linienzieher geht er daher, einen hohen Zeichenstab in der rechten Hand, sozusagen querfeldein. Natürliche Wege will er erhalten, er spürt sie gewissermaßen im Gehen unter den Füßen, seine Blicke läßt er unterdessen landauf, landab schweifen. »Mit starken Schritten der schönen Wellenlinie folgen, die ihm seine geübte Einbildungskraft vorbildet und gleichsam vor sich herschweben läßt«, so und nicht anders vorzugehen, empfiehlt Friedrich Ludwig Sckell, der von 1750 bis 1823 lebte, dem nachgeborenen Landschaftsgärtner, was die Wegeführung betrifft. Das aus England überlieferte Gestaltungsmittel, der in Bewegung befindliche Zeichenstab, mit einer Eisenspitze versehen, wird die ersten Linien für die Wege in den Boden ritzen, auf daß die Wege sich »schön, mannichfaltig und ästhetisch krümmen«. Gemäß der in seiner 1753 veröffentlichten »Analysis of Beauty« zur »Schönheitslinie« erkorenen großzügigen Schlangenform des Malers William Hogarth. Diese Linie, einer sanften Schwingung gleich, lernt Sckell zuerst bei seinem Englandaufenthalt, 1773-1776, kennen. Kurfürst Karl Theodor von Mainz hat ihn zwecks Gartenstudien dorthin geschickt, wo er sogleich mit den wichtigsten Gartenkünstlern Lancelot Brown und William Chambers in Verbindung tritt. Und Brown, 1741 unter dem einstigen Kunstmaler und späteren Landschaftsgärtner William Kent inzwischen zum Hauptgärtner von Stowe ernannt, wendet diese als besonders natürlich empfundene Formgebung in seinen Gartenanlagen vielfach an. Als ein Befürworter des neuen Gartenstils übernimmt Brown zwar von Kent die *clumbs*, die Baumgruppen, sowie saumähnliche Randbepflanzungen, die *belts*, lehnt aber im Gegensatz zu William Chambers dichtgesetzte Staffagen, also Stimmungsbilder im schnellen Wechsel, zugunsten harmonischer, sich aus dem Landschaftsbild ergebender Sequenzen ab. Daher trägt er auch den Spitznamen *Capability*-Brown, weil jede seiner Anlagen von den Möglichkeiten, den Capabilities, des Anwesens ausgeht. Erfolgreich in Theorie und Praxis, ist der Freimaurer Brown bei Adel wie Geldadel so gefragt, daß er zu Lebzeiten über 210 Gärten anlegt. Bei Friedrich Ludwig Sckell werden es nicht annähernd so viele sein, aber er gilt als einer der wichtigsten Begründer deutscher Parks und Gärten. Schönbusch in Aschaffenburg, der Schloßgarten Nymphenburg in München, der (Wiesbaden-)Biebricher und der Schwetzinger Schloßgarten gehören zu seinen Werken. Der wichtigste, der Englische Garten in München, gegründet 1789 unter Kurfürst Karl Theodor, wird nach dem Berliner Tiergarten und dem Düsseldorfer Schloßgarten der erste bayerische Volkspark und soll »zum traulichen und geselligen Umgang und Annäherung aller Stände dienen, die sich hier im Schoße der Natur begegnen«, notiert Sckell 1818 in seinen »Beiträgen zur Bildenden Gartenkunst«. Ganz so uneigennützig war das im Jahr 1789 aber doch nicht gemeint. Denn ohne den Sturm auf die Bastille, also die Französische Revolution, hätte es den Park für das deutsche Volk so schnell nicht gegeben. Tatsächlich waren in den Isarauen Schrebergärten für das Militär vorgesehen. Generalmajor von Thompson, der spätere Reichsgraf Rumford, fürchtete nämlich auch hierzulande den Volkszorn auf höfische Stände und schlug deshalb die soziale Nutzung wie folgt vor: »Mein Werk soll nicht bloß einem Stande, sondern dem ganzen Volke zugute kommen.«

Als Gartengestalter wird Sckell aus Schwetzingen zu Rate gezogen und zeichnet am 7. August des Jahres 1789 auf seine Weise mit dem Holzstab den ersten Weg. Eine erste Parkpartie entsteht, gegliedert in Wiesenbereich, Hirschangerwald mit

Gartenarchitekturen, Feldlandschaft bei Schwabing mit dem künstlich angelegten Kleinhesseloer See und, nördlich in die Landschaft ragend, die Hirschau. Auch hier entstehen die unvermeidlichen Antikenzitate wie Apollotempel, Chinesischer Turm, eine schlechtgelungene Replik nach demjenigen in Kew Gardens, der hölzerne Monopteros nebst Apollostatue, »der äußerst mittelmäßigen Figur«, so Sckell, des weiteren zahlreiche Brücken, mal chinesisch, mal palladianisch. Seine eigentliche, dem Namen entsprechende großräumige Anlage erhält der Englische Garten in München erst, nachdem Friedrich Sckell 1804 von Kurfürst Max IV. Joseph zum »Intendanten des gesamten baierischen Gartenwesens« ernannt worden ist. Bis dahin war Sckell seiner Gärtnertradition gemäß Gartendirektor in Schwetzingen gewesen, ebenso wie sein Vater vor ihm.

Mißraten scheint ihm gar manches in München, das seine Vorgänger, der Reichsgraf Rumford und der Gärtner Werneck, da angelegt haben. Er verfaßt eine Denkschrift zum Parkanwesen sowie Plan A des Istzustands und Plan B der möglichen Erscheinung und spart nicht mit Kritik:

»Man findet auch in diesen Anlagen nicht eine einzige geschmackvolle noch solide Verzierung, kein Gebäude von reiner Baukunst, kein Monument, kein Ruhesitz, keine Brücke von Geschmack und guter Form, kein natürlicher Wasserfall!« Er bemängelt die eintönige Bepflanzung mit zuviel Pappeln und Tannen, schließlich das Fehlen der Hogarthschen Wellenlinie. Bei seiner ersten eigenständigen Anlage, dem Arborium Theodoricum im Schwetzinger Schloßpark, einem länglichen Terrain, findet sich der *belt walk*, der Rundweg, und das für seine Gärten typische »Wiesenthal« noch allzu ungelenk. Das ändert sich radikal in München, wo nun viele der vormals den Hirschangerwald verunstaltenden Lustbarkeiten verschwinden zugunsten von Landschaft mit Ausblick. Souverän wird den alten Wegen ein neuer Verlauf gegeben, so führt ein *belt walk* um die Hirschau, eine Retourstraße erläßt dem Wanderer die Hälfte der Wegstrecke. Kurzum, Sckell führt im Münchener Englischen Garten aus, was er vorschlägt in der »Charakteristik des Volksgartens:«

»Liebliche und Trauliche Gebüsche aus mancherlei einheimischen und ausländischen Bäumen, und Sträucher malerisch zusammen gestellet, können sich nun an die erwähnte gesellige und freundliche Haine anschließen und den allmähligen harmonischen Übergang zu den Szenen des eigentlichen Gartens der Natur bezeichnen.«

Ein Theoretiker im Sinne von Sckell, der seine ausgeführten Landschaftsbilder auch in einer Niederschrift veranschaulicht, ist der nachgeborene Peter Joseph Lenné nicht. Das Licht der Welt erblickt er in Bonn, wo er bald in die Gärtnertradition seiner Vorfahren eintritt, 1789, im Entstehungsjahr des Münchener Englischen Gartens. Nach ersten Jahren gärtnerischer Praxis, auch in Bonn, wo der übermächtige Vater kurfürstlicher Hofgärtner ist, reist er 1811 nach Paris, intensiviert seine Kenntnisse in Botanik sowie Naturwissenschaften und belegt bei Durand Architektur. 1812 schon wieder in Bonn, gilt sein Interesse daraufhin in Wien wiederum der Botanik, wo er 1814 nach der Verleihung des Titels eines Kaiserlichen Garteningenieurs den Erweiterungsplan des Inselparks von Laxenburg entwirft. 1815 kehrt er nach Deutschland zurück, wo er ein Jahr später bereits nach Potsdam berufen wird. Mit dem ersten Auftrag des Königs Friedrich Wilhelm III., die Anlagen der königlichen Gärten nach den Kriegszerstörungen wiederherzustellen, erfolgt ein weiterer des Fürsten Hardenberg für die Arrondierung seines Landsitzes in Klein-Glienicke zum Pleasure-ground. Mit dem 19. Jahrhundert setzt sich, wiederum von England ausgehend, eine Überwindung der klassischen Landschaftsgärten durch. Als monoton und unzweckmäßig gilt nun das ehemals als revolutionär empfundene Postulat *to call the landscape in*, denn gar manch höfische Ordnung fordert inzwischen wieder ihr Terrain. Ungebärdige Naturnähe unterliegt demzufolge den Sitten der Zivilisation. Zur Synthese wird der von Humphrey Repton propagierte Garten mit dem Charakter eines wohlkomponierten Gesamtkunstwerks, gleichsam eine Collage mit fließenden Übergängen, darin der Pleasure-ground malerisch bepflanzt als Ausgangspunkt die Hauptgebäude umschließt und mit durchaus sichtbarer Begrenzung übergeht in einen nach landschaftsgärtnerischen Prinzipien durchgestalteten Park. Stilpluralistische Tendenzen, wie sie den von Sckell geplanten Anlagen zumindest im Ansatz zugrunde lagen, prägen weitere deutsche Landschaftsgärten, so die besonders genial inszenierten Muskau und Branitz von dem leidenschaftlichen Parkanleger Hermann Fürst von Pückler-Muskau wie die zahlreichen harmonischen Lenné-Gärten von Aachen, Baruth, Bonn, Chorin und Dresden über Königsberg, Köln und Leipzig bis Schwerin, Swinemünde und Stettin. Das pluralistische Stilprinzip vereinte vielfach die seit dem Barock bestehende axiale Grundanlage mit ihren Wasserspiegeln, die sich anschließenden Wiesentäler, ausgedehnt in die durchforstete Natur. Humphrey Repton, seit 1788 in der Abfolge der renommierten englischen Gartenkünstler tätig, beschreibt in »Landscape gardening« anschaulich, wie sich die ehemalige Landschaftsmalerei beispielsweise eines William Kent von der nun angewandten Landschaftsgärtnerei unterscheidet: durch den wechselnden Standpunkt, das weitere Blickfeld, den möglichen Blick nach unten, durch den Wechsel des Lichts sowie den entbehrlichen Vordergrund. Also eine Profanierung? Mitnichten, basiert doch diese Inszenierung der Natur auf dem Konzept von Studium, Beobachtung und Erfahrung. Nicht umsonst ist Repton mit seinen »Red books« bekannt geworden, den in rotes Leder gebundenen Bänden, worin er aquarellierte Szenen über die Zustandszeichnungen klappt, um seine Auftraggeber zu überzeugen. Nicht allein die Sinne sind im neuerlichen Parkzeitalter anzusprechen, vielmehr der Verstand durch den Wechsel von Ursache und Wirkung: »Wer mit den Materialien der Landschaft selbst diese bilden will, muß nicht nur aufs genaueste mit ihnen bekannt sein, sondern auch überhaupt bei der Anlage wie bei der Ausführung, in gar vielen Dingen ganz anders zu Werke gehen, als der Maler auf der Leinwand«, rät Pückler-Muskau in seinem vielbeachteten Klassiker »Andeutungen über Landschaftsgärtnerei«. Die Landwirtschaft findet jedenfalls in der neuerlichen Landschaftsgärtnerei keinen Platz mehr, bestenfalls gibt es halbzahmes Wild im Park. Botanische Vielfalt ist gefragt, die Unterscheidung von Gartenbezirken, so am Pleasure-ground exotische Gehölze, ein

Parterre mit Broderie-Ornamenten, des weiteren Gewächshäuser, Orangerien, Wintergärten, allenthalben der *Gardenesque Style* nach John Claudius Loudon. Auf diese Fülle gärtnerischer Neu-Inszenierungen trifft der junge Lenné 1822 während seiner Englandreise. Viel davon bietet sein Manuskript, die »Fragmente aus dem Reisejournal«, nicht: allein Eaton Hall in Cheshire stellt er darin als Gartenanlage vor. Ganze fünf Jahre später sucht Pückler-Muskau Eaton Hall auf und entrüstet sich: »Es ist mir völlig unbegreiflich, wie Herr Lainé, dessen Verdienste um die Verschönerung seines Vaterlandes man alle Gerechtigkeit widerfahren lassen muß... diesen Park vor allen, die er gesehen, den Vorzug geben kann, worüber sich die englischen Kritiker auch etwas lustig gemacht haben.«

Was also hat dann Lenné überhaupt von seiner kurzen Englandreise gehabt? »Herr Lainé ahmte vor dem neuen Palais in Potsdam den hiesigen Blumengarten nach«, resümiert Pückler-Muskau lapidar angesichts von Eaton Hall.

In einem Entwurf für den Prinz-Albrecht-Garten in Berlin hat Lenné schlichtweg ganze Partien aus Reptons Garten von Ashridge kopiert. Wo Ludwig Sckell, der vorgeborene Hofgärtner, analysiert und nach beinahe dreijährigem Englandaufenthalt manches von Capability-Brown adaptiert, ist Peter Joseph Lenné derjenige, der ungeniert plagiiert? Im Jahr 1825 übernimmt er nachgewiesenermaßen ganz unverfroren die von Loudon gerade in deutscher Sprache veröffentlichten Pflanztabellen. Pückler-Muskau konstatiert 1824: »Lainé hat nicht ohne bedeutenden Nutzen England gesehen, obgleich nicht lange genug.«

An *einer* schriftlichen Abhandlung sitzt Lenné indes im Jahr darauf, 1825, länger, an der »Über die Anlage eines Volksgartens bei der Stadt Magdeburg«, wo es u.a. heißt: »Die Grundideen meines Plans sind folgende: Der Magdeburger soll in diesem Volksgarten nicht nur die allgemeine Freude einer geschmückten Natur genießen, er soll in demselben zugleich ein concentriertes Bild von den Vorzügen seiner eigenthümlichen Lage, und in dieser Individualität jene Freuden um so viel dankbarer empfangen und genießen.«

Wie beurteilt Lenné bereits vorhandene öffentliche Gärten? Was die Londoner Anlagen St. James's Park, Hyde Park, Greenpark und Kensington Park betrifft:

»Sie verdienen nicht den vortheilhaften Ruf, den sie haben. Mannigfaltigkeit der Scenen, Erhabenheit und Glanz, sucht man hier vergebens, und sie entsprechen weder den Anforderungen, welche man an sie als Gärten für das Publikum, noch als Kunstwerke zu machen berechtigt ist...«

Da gefallen ihm die Tuilerien in Paris und der Tiergarten in Berlin schon besser. Unklar bleibt indes, warum er 1818, als Kaiserlicher Garteningenieur, im Tiergarten die barocken Alleen bestehen ließ, wenn er 1833, als Königlicher Gartendirektor, vehement gegen die das Gelände gliedernden Alleen polemisiert. Neue Landschaftsplanungen sollen seiner Meinung nach zu einem großen »Geschichtsbild« der städtischen Anlagen beitragen, Monumente und Skulpturen diese Bildungsbürgeridee manifestieren, schließlich hat er preußisch-königliche Auftraggeber! Wenngleich er hin und wieder gern auf ausländische Garten-Vorbilder mangels eigener Ideen zurückgreift, ist doch sein »Augenmerk auf Landes-Kultur und Landes-Verschönerung gerichtet, für die Läuterung des Geschmacks bei Anlagen wirkend und die Begründung eines dem deutschen Leben zusagenden, von Nachahmung ausländischer Werke freien Gartenstyls anstrebend«. Vorausgreifend als deutsch-nationales Gedankengut? Die Nationalsozialisten haben sich später hinlänglich seiner Gärten bedient, besonders, indem sie die Glienicker Anlagen zu Volkssportzwecken mit Blockeinbauten verunstalten wollten. Und in wie vielen von ihm angelegten Volksgärten wurde volksfeindlich vorgegangen, indem beispielsweise nur noch sogenannte arische Deutsche die Wege betreten durften, die Bänke be-sitzen? Die deutsche Idylle dennoch als Ideallandschaft?

Als im Jahr 1824 nach dem Tod Hardenbergs das Glienicker Anwesen in den Besitz des Prinzen Carl von Preußen übergeht, beginnt damit die Verwandlung in ein italienisch anmutendes Arkadien. Der mediterrane Charme kann sich ungebrochen am Havelufer entfalten, insbesondere weil der Architekt Karl

Friedrich Schinkel und der Gartenarchitekt Peter Joseph Lenné kongenial zusammenarbeiten. Zugleich mit der künstlerischen Beratung des Fürsten Pückler-Muskau, Hardenbergs Schwager, ist der Glienicker Park als ein eindringliches Gesamtbild entstanden. Dafür wurde das unwirtliche Gelände höhenmäßig strukturiert, von verschlungenen Wegen, die natürlich arrangierte Baum- und Gebüschgruppen passieren, durchzogen, die dem Gehenden abwechslungsreich Landschaftsbilder freigeben. Eine Enklave, gleichsam zum Flanieren entlang an malerischen Wiesentälern, ruinenromantischen Schluchten, mit immer wiederkehrenden Ausblicken auf das glitzernde Wasser, bis hin zur Sakrower Heilandskirche. »Man verteile überall in dem Gemälde Licht und Schatten zweckmäßig, so wird dadurch die Gruppierung im Großen in der Hauptsache gelungen sein«, empfiehlt Fürst Pückler, »denn Rasen, Wasser und Fluren, als selbst keine Schatten werfend, sondern solche nur von andern Gegenständen aufnehmend, sind das LICHT des Landschaftsgärtners, Bäume, Wald und Häuser dagegen (auch Felsen, wo sie benutzt werden können) müssen ihm als Schatten dienen«.

Gefällt sich die Spaziergängerin von Sanssouci in den schwungvoll abfallenden Weinbergterrassen, erzielen die sich zum Pleasure-ground der Schloßanlage sanft neigenden Rasenflächen und Beetanordnungen einen ähnlichen Effekt: den des fließenden, in die Landschaft führenden Übergangs. Nicht zuletzt für diese einfühlsam stimmigen Parkbilder, die sich von der zwei Kilometer langen Hauptallee eröffnen, wie auch das *Fenster* zum Neuen Palais im Westen zeichnete Peter Joseph Lenné verantwortlich. Das heißt, nicht ganz, im nachhinein, denn sein ursprünglicher Erneuerungsplan der Anlagen aus dem Jahr 1816 hätte die historisch-höfische Parkgliederung bis auf die Eingangszone sowie die Querachse am Terrassenberg aufgehoben. Die majestätische Längsachse wollte Lenné danach im Sinne seines Vorbildes, des Landschaftsgartengestalters Friedrich Ludwig Sckell, zugunsten ausschweifender Wiesentäler aufheben, was ihm indes bei seinem höfischen Auftraggeber Friedrich Wilhelm III. nicht in beabsichtigter freizügig landmalerischer Form durchzusetzen gelang. Zierten dereinst schon die

Marmorskulpturen des friderizianischen Rokoko die Fontänenbecken im Parterre, hatte Lenné sich wohl niemals damit anfreunden können. War es ihm teilweise gelungen, diese entfernen zu lassen, mußte er dieselben, soweit möglich, unter Friedrich Wilhelm IV. (König von 1840-1861), der als »Romantiker auf dem Thron« bezeichnet wurde, wiederaufstellen lassen. »Wer kann wider den Strom schwimmen«, soll Lenné, inzwischen 50jährig, kleinmütig dazu geäußert haben. Viele der ihm zugeschriebenen Entwürfe aus dieser Zeit sollen bereits seinem eifrigen Nachfolger, dem Schüler Gustav Meyer, zuzuschreiben sein. Ein Zeitgenosse, der sächsische Gartengestalter Hermann Jäger, der von 1815-1890 lebte, befand dann auch: »Man kann nicht sagen, daß Lenné ein landschaftliches Genie wie Fürst Pückler-Muskau oder Sckell war, auch nicht, daß er besonders wichtige Eigenthümlichkeiten gehabt hätte. Er hat auch seine Ansichten öfter gewechselt, und keine seiner Anlagen zeigt einen solchen gemeinsamen Charakter wie der der genannten Männer. Sein Organisationstalent war es, was ihn besonders groß machte.«

Noch heute zeugt mancher danach eingegangene Kompromiß – wie die beibehaltene Schloßallee und eine weitschwingende bogenförmige Wegeführung – von Lennés Vermögen, als Landschaftsplaner unterschiedliche Stile zum stimmigen Gartenensemble zusammenfügen zu können. Auffallend ist darin die Übernahme von Kreis, Halbrund und Wellenform von den architektonischen Ausgangspunkten der Gartenanlage Sanssouci: Schloß und Weinbergterrassen. Damit hat schließlich die Geschichtsschreibung auf dem *Wüsten Berg* im Jahr 1744 begonnen. Als Friedrich der Große (1712-1786) von Rheinsberg aus, seinem »Märkischen Arkadien«, hier oberhalb von Potsdam einen Weinberg anlegen ließ und bereits im Jahr darauf, 1745, den Grundstein für das Lusthaus auf dem Weinberg, seiner künftigen Sommerresidenz, die den unterhalb gelegenen Küchengarten seines Vaters, das Marly, einbezog. Vorausgegangen waren Skizzen für die Schloßanlage, Entwürfe, mit Feder oder Bleistift, ein wenig krakelig, weil freihändig gezeichnet, die der König höchstselbst seinem Baumeister und

Jugendfreund Georg Wenzeslaus von Knobelsdorff vorgelegt hatte. Darin waren die ebenerdige Lage des eingeschossigen Bauwerks wie die Formgebung der Kolonnade vorgegeben, ebenso Anordnungen für die Innenräume nach den Vorbildern französischer Schlösser. Das »Versailles des Nordens« wird Sanssouci nicht zuletzt deshalb tituliert. Die Proportionierung und Akzentuierung der Fassaden des Baukörpers waren aber das Werk von Knobelsdorff ebenso wie die Ausstattung der Mittelsäle, des Vestibüls und des Marmorsaals, den der König als Nachbildung des Pantheons ansah und wo er seine Tafelrunden abzuhalten pflegte. Als ein Signum Knobelsdorffs gelten die paarweise gruppierten, eher zierlichen Säulen und Pilaster, die auf der Gartenseite, um hier der Heiterkeit Anlaß zu geben, als Bacchanten erscheinen. Und sich, entsprechend ausgelassen, über die Weinterrassen neigen. Einzigartig ist die unmittelbare Folge von Schloß und Gartenterrasse. Gemeinsam mit dem Hauptakteur Knobelsdorff schufen an diesem Gesamtkunstbild des friderizianischen Rokoko: Friedrich Christian Glume und Georg Friedrich Ebenhech als Bildhauer und Johann August Nahl d. Ä. und die Brüder Hoppenhaupt als Innendekorateure. Entstanden sind diese sommerlichen Gefilde in Rokoko-Manier gänzlich unabhängig vom Zeitgeschmack, der sich im Zeichen der Aufklärung, wie beispielsweise im Wörlitzer Gartenreich, mit klassizistischen Bauwerken dem Volk zu offenbaren suchte. Friedrich der Große hingegen pflegte Bauwerke wie Gemälde und Skulpturen zu *seiner* Erbauung zu sammeln, was die repräsentative Geste der Bauwerke keinesfalls schmälern mußte. Aber nicht die gemeinsame Planung im Interesse aller beteiligten Baukünstler, nicht das demokratische Verständnis fanden bei Friedrich II. Anwendung, sondern allzuoft Einmischung und wiederholt anderseitige Auftragsvergabe, was manche der an den Anlagen von Sanssouci Mitwirkenden oftmals über Nacht in die Flucht getrieben hat, so bereits 1746 den renommierten Innenraumgestalter Johann August Nahl d. Ä. Erst auf das Jahr 1752 wird eine Skizze Friedrichs des Großen datiert, eine kleine Wanddekoration für das Voltairezimmer. Voltaire, der die Feder anstatt eines Zepters sein eigen nannte, hatte in einem Brief vom 16. Mai 1749 die Einladung nach Sanssouci erhalten, darin Friedrich II. u. a. schrieb: »Sie werden mich hier als friedlichen Bürger von Sanssouci finden, der das Leben eines philosophischen Privatmanns führt.«

Zeitweilig mag das gestimmt haben, aber beinahe vier Jahre später verließ auch Voltaire fluchtartig das Schloß *Sorgenfrei* – ein Gelehrtenstreit und die daraufhin von ihm verfaßte »Diatribe« waren der Grund.

Kein Streit ist mit dem Baumeister und Freund Knobelsdorff überliefert, der laut Grabrede seines Auftraggebers kein höfischer Schmeichler war, sondern die Wahrheit liebte; er starb bereits 1753.

An der Ostseite der obersten Terrasse hatte Friedrich der Große schon bei der Gründung der Gartenanlage seine Gruft vorgesehen. Erst im August 1991 gelangte er – nach der Ruhestätte in der Potsdamer Garnisonskirche – schließlich in sein Terrassengrab, neben seinen Lieblingshunden. In Sanssouci war er 1786 vereinsamt gestorben. Auf der schlichten Grabplatte finden sich heute Blumen – und im Herbst von Parkbesuchern abgelegte Kastanien. Geblieben ist die Postkartenansicht der Gartenseite, zentral darin aufsteigend aus dem großen Bassin die Fontäne. Geblieben sind die sechs zum ebenerdigen Schloß sanft aufsteigenden Terrassen mit ihren in der Mitte weit zurückschwingenden Talutmauern. Feigen reifen heute in den verglasten Nischen, ausgreifend zu den Weinranken draußen. Im Wechsel mit kugeligen Orangen und Lorbeerbäumen korrespondieren Taxuspyramiden mit der Gliederung der Schloßkolonnaden, ein aufheiterndes Panorama, gesäumt im Parterre von geometrisch angeordneten Blumenrabatten, aufblühend aus dem Rasen, aufgehellt von dem spiegelnden Kreis des zentralen Bassins, umgeben von Exedren zum Verweilen wie von weißen Marmorstatuen, die Götter Venus, Merkur, Apoll, Diana, Juno, Jupiter, Mars und Minerva darstellend sowie Allegorien der vier Elemente.

Sanssouci – über ein Vierteljahrhundert nach seiner Bestimmung längst kein Garten mehr aus einer Hand – war niemals eine Gartenanlage, errichtet auf einer reformerischen Grundlage. Was, abgesehen vom aufgesockelten Reiterstandbild Friedrichs des Großen (von Christian Daniel Rauch), nach Lenné gleichsam am Weg liegt, verweist in Gestalt von Bildergalerie, Neptungrotte, Obeliskenportal, Ruinenberg, Chinesischem Haus (sehr golden, der Chinoiserie gezollt), neben Freundschafts- und Antikentempel sowie den Neuen Kammern und dem Drachenhaus noch auf das friderizianische Zeitalter. Wobei das Neue Palais im Westen, hinter dem waldartig ausgedehnten Rehgarten, den monumentalen Schlußpunkt im Park setzt. Als Friedrich der Große diese gigantische Schloßanlage nebst gegenüberliegenden Communs, den Wirtschaftsgebäuden, in Auftrag gab – der Siebenjährige Krieg war gerade vorbei –, bezeichnete er selbst sie als »Fanfaronnade«, halt als Prahlerei. Schließlich sollte das Forum Fridericianum von nicht geringer Hofhaltung künden, und obgleich sich gerne manche Schloßbesucher in den ehemaligen königlichen Kabinetten und Festsälen spiegeln, in die Kristallüster blicken, die Marmorintarsien der Böden betreten, ihr Initiator ist in dem dreiflügeligen Prachtbau (1763 bis 1769 ausgeführt von Johann Gottfried Büring, Heinrich Ludwig Manger, Karl von Gontard) niemals heimisch geworden. Sinnvoll genutzt werden heutzutage die einstigen Communs: Die Universität Potsdam hat sie in Besitz genommen. Und mit dem Schloßparktheater im Neuen Palais blieb eine der wenigen originalgetreuen Spielstätten des Rokoko erhalten.

Der Potsdamer Bevölkerung wurde das Promenieren im Schloßpark erst unter Friedrich Wilhelm II., einem Neffen Friedrichs II., gestattet. Wenig Gefallen fand dieser sehr musisch veranlagte König an den überalteten Sanssoucier Anlagen, so daß er sich im Nordwesten von Potsdam mit dem Neuen Garten und dem Marmorpalais am Heiligen See ein eigenes Refugium schuf, nach Wörlitzer Vorbild im englischen Stil. Er war es auch, der die Pfaueninsel 1793 gewissermaßen *entdeckte*: für sich und seine Geliebte, die Gräfin Lichtenau. Eine Sichtachse geht geradewegs vom Neuen Garten zum weißen Gemäuer des Lustschlosses auf der Pfaueninsel.

Derweil war leider, einem Bericht aus dem Jahr 1796 zufolge, das Potsdamer Volk kaum in der Lage, sich angemessen in Sanssouci zu ergehen, vielmehr würden «vornehme und geringe Leute äußerst ungezogen, über schöne Rasenplätze und Blumenbeete hinweg gehen« und sogar »Garten-Controlleuren beleidigende Grobheiten antworten, Früchte abreißen und Statuen beschmutzen«.

Die Spaziergängerin aus der heutigen Zeit kann indes versichern: Desgleichen ungebührliches Benehmen hat sie keineswegs gesehen: allenfalls wohlerzogene Kinder sorgsam Kastanien von den Parkwegen lesend und zwischen Farbmalereien von rotem Herbstlaub, sandgelben Fassaden und violett-bunten Blumenrabatten am grünen Rasen ein Lustwandeln von sich sittsam küssenden Paaren.

Potsdam in eine Parklandschaft zu verwandeln, erklärte Friedrich Wilhelm IV. als sein schöngeistiges Ziel beim Regierungsantritt im Jahr 1840. Architektonischen Visionen in Landschaftszenerien galt demnach seine wahre Neigung. Fundierte Unterstützung fand der kunstsinnige Monarch in seiner Parkleidenschaft bei dem ohnehin in Sanssouci ansässigen Hofgartendirektor Lenné und dem renommierten Architekten Schinkel sowie dessen Schülern Stüler und Persius. Schloß Charlottenhof war bereits 1826-1829 von Karl Friedrich Schinkel geschaffen worden, durch die Umgestaltung eines ehemaligen Gutshauses zur klassizistischen Villa. Das Gelände, südlich von Sanssouci gelegen, das sogenannte Büringsche Vorwerk, hatte Friedrich Wilhelm III. seinem Sohn, dem Kronprinzen Friedrich Wilhelm IV., nach der Heirat mit Elisabeth von Bayern zum Geschenk gemacht. Ein für die Landwirtschaft genutztes Stück Land, das Peter Joseph Lenné mittels der drei Hauptelemente des englischen Landschaftsgartens, Baum, Wiese und Wasser, in eine wie selbstverständlich gewachsene Weise zu verwandeln verstand und unmerklich mit dem ursprünglichen Parkgelände von Sanssouci verband. Friedrich Wilhelm IV. muß mit seinem Königlichen Gartendirektor jedenfalls sehr zufrieden gewesen sein, denn er ehrte diesen bereits zu Lebzeiten, 1847, mit einer Büste im Park. Und Lenné, ohnehin Sanssouci-Bewohner, gefiel sich darin, so heißt es, sie jedem Besucher zu zeigen. Als sein *Siam*, als das Land der Freien, galt dem romantischen Monarchen fortan das Charlottenhofer Terrain. Auch ein Dichterhain schloß sich dem auf mancherlei Antikenzitaten wie Gartenportikus und Exedra basierenden Wohnsitz an.

Angesichts des nahe gelegenen Gebäudeensembles der Römischen Bäder, nach Plänen von Schinkel und Persius, der prunkvollen Orangerie (1850-1864 von Ludwig Persius, Friedrich August Stüler, Ludwig Ferdinand Hesse erbaut), bestehend aus Mittelbau und Doppeltürmen, der römischen Villa Medici und einem Teil der florentinischen Uffizien entlehnt, wird die Sehnsucht der Herrschenden nach südlichen Gefilden deutlich. Sein Arkadien erweiterte Hofgartendirektor Lenné um den Sizilianischen Garten mit Palmen, Myrten, Lorbeer, blühend, heiter, und – als Kontrapunkt – um den Nordischen Garten, dunkel und kühl, vorwiegend aus Nadelgehölzen.

Der Abschluß des diesseitigen Gartenerlebens von Sanssouci bildet die Friedenskirche – ein Ort der Stille – vor den Toren der Stadt. Auch sie hat, nachweislich mit dem Campanile von S. Maria und S. Clemente, römische Vorbilder. Entstanden Mitte des 19. Jahrhunderts nach Plänen von Persius, wurde sie auch die Grabstätte von Friedrich Wilhelm IV. und Elisabeth. Im Osten liegen die Apsiden der Kirche zum Wasser hin. Den Friedensteich und den Friedensgarten schuf Lenné als eine Enklave, die sich erst im Westen wieder dem Leben öffnet, wo sie in den blühenden Marlygarten übergeht.

Das Sichtachsensystem, welches die Schlösser und Gartenanlagen der Havellandschaft so malerisch miteinander verband, daß ein Aussichtspunkt jeweils andernorts zur Ansicht werden konnte, verdankt seine Topographie der Sehenswürdigkeiten nicht zuletzt dem kongenialen Zusammenwirken von Friedrich Wilhelm IV., dem Architekten Schinkel und dem Landschaftsgestalter Lenné.

In Babelsberg wurde im Jahr 1842 der Gartenkünstler Lenné jedoch von seinem rivalisierenden Zeitgenossen, dem Parkgenie Pückler-Muskau, verdrängt. »Das Prinzip, welches in der Hauptanordnung der dortigen Anlagen bisher befolgt worden ist, finde ich der Lokalität nicht angemessen«, ließ er den Auftraggeber Prinz Wilhelm von Preußen, den späteren Kaiser Wilhelm I., wissen – und legte gnadenlos Lennés Verschönerungsplan bloß. Demgemäß sei das kümmerliche Ergebnis »ein wahres Unding«, geschaffen, um bei dem Beschauer »nur die unbehaglichsten Gefühle« zu wecken. Die Pflanzen gar habe Lenné geschmacklos und steif gruppiert, so daß er wünschte, dieser hätte von Anfang an die Finger von Babelsberg gelassen. Die revidierten Entwurfs- und letztendlichen Ausführungsarbeiten des Fürsten Pückler dauerten dann an bis in die 1850er Jahre.

»Eine große landwirtschaftliche Gartenanlage in meinem Sinne muß auf einer Grundidee beruhen«, so beginnen Pückler-Muskaus »Andeutungen über Landschaftsgärtnerei«. Und er plädiert dafür, daß diese, »wenn sie ein gediegenes Kunstwerk werden soll, so viel als möglich nur von einer leitenden Hand angefangen und beendigt werden soll«. Was nicht heißt, daß die individuelle Prägung durch den Landschaftskünstler nicht immerwährender Überarbeitung bedarf, arbeitet doch gerade die Landschaftsgärtnerei, im Gegensatz zur Landschaftsmalerei, mit lebendigen Materialien wie Baumbeständen, Wasserläufen, Wiesenstücken, Strauchgewächsen etc., die obendrein abhängig sind vom Wechsel der Jahreszeiten. Demzufolge gehören Korrekturen von Entwurf, Plan und Ausführungsarbeit zum Gestaltungsprozeß der landschaftlichen Strukturen.

»Ich kenne nichts Erbärmlicheres, als wenn eine verfehlte Einzelheit nicht wieder zerstört, und nach besserer Einsicht hergestellt wird, sondern als Schandfleck im Ganzen bleiben muß, bloß weil sie bereits soundso viel Zeit und Geld gekostet hat, und die Änderung vielleicht noch einmal so viel kosten würde«, konstatierte er für die Nachwelt. Ein Dilemma, das sein gesamtes Leben durchzog, waren Geldsorgen, weil dem nach stimmiger Landschaftsszenerie, ja nach Parkharmonie geradezu süchtigen Perfektionisten und Ästheten eben ein Arkadien als Gesamtkunstwerk vorschwebte. Geboren 1785 im Muskauer Schloß als Sohn des Grafen von Pückler-Branitz, übernimmt er 1811 nach dem Tod des Vaters dessen Amtsgeschäfte und beginnt sogleich mit Verschönerungsplänen für das heruntergewirtschaftete Muskauer Land. In unzumutbarem Zustand befinden sich das zweitürmige Neue Schloß, der Wohnsitz, sowie das gegenüberliegende Alte Schloß für die Amtsgeschäfte. Vernachlässigt bis auf einige prunkvolle Renommierzimmer, ist das neue Schloß von Wällen und stinkenden Gräben umgeben. Außer verwilderten englischen Anlagen fanden sich Gemüsegärten, Kartoffelfelder und dem Schloß gegenüber, auf einer Anhöhe gar – die Scharfrichterei. Offensichtlich kein Ort zum Leben für den jungen Erben, der sogleich den Kampf aufnimmt, Muskau zu kultivieren.

»Aber welche Schwierigkeiten stellen sich diesem Vorhaben entgegen! Nicht allein die vom alten Schloß vorbeiführende Straße der Stadt mußte, um abgebrochen werden zu können, theuer angekauft werden, sondern auch viele Aecker, Gärten und Wiesen, die mitten zwischen den fürstlichen Besitzungen und in der Nähe des Schlosses lagen und einzelnen Bürgern von Muskau gehörten, die häufig das Drei- und Mehrfache des wahren Werthes, in einzelnen Fällen sogar das Zehnfache forderten«, schildert ein anonymer Verfasser im Beitrag »Das Schloß und der Park in Muskau« in »Europa, eine Chronik der gebildeten Welt« (1843), hinter dem sich möglicherweise der Fürst selbst verbirgt. Eine Oase inmitten einer Steinwüste hatte er mit dem Muskauer Park unweit von Cottbus geschaffen, unterstützt seit 1817 von seiner Frau Lucie von Pappenheim, der Tochter des Fürsten Hardenberg. Zunächst eine Konvenienzehe, die auf der Basis beiderseitiger Parkleidenschaft zu liebevoller Freundschaft wuchs.

»Die beiden Gatten lebten und wirkten vereint für ihre gemeinschaftlichen Schöpfungen und verwendeten auf dieselben wahrhaft großartige Summen«, weiß der anonyme Berichterstatter. Auf Unterstützung der Muskauer Bevölkerung konnte Pückler-Muskau kaum hoffen, setzte aber dennoch unbeirrt seine Arbeiten fort:

»Schinkel entwarf ihm die Risse zu den neuen Bauten, und ein englischer Gartenkünstler, der berühmte Repton, die Pläne zu den projektierten Anlagen und Pflanzungen.« Nicht genug, ließ das Fürstenpaar nahe der Stadt das Hermannsbad errichten, ein Heilbad, in dessen umliegendem Kurpark noch heute die Muskauer Bevölkerung unter seltenen Gehölzen promeniert. Der Muskauer Park umfaßt mehr als fünftausend Morgen und ist mit seinen immensen Kosten für das Fürstenpaar nicht länger zu halten. Beide beschließen deshalb 1826 die Scheidung; Pückler soll sich sogleich nach England auf die Suche nach einer alles rettenden reichen Partie begeben. »Ach, meine Schnucke, hättest Du nur 150 000 Taler, ich heiratete Dich gleich wieder«, schreibt der von englischen Damen, die in Frage kamen, entnervte Fürst von London nach Muskau. Um eine dreijährige Englanderfahrung reicher kehrt Pückler-Muskau zurück – die entsprechende, den Muskauer Park rettende Partie hatte sich nicht gefunden. Im Jahr 1830 erscheinen als Resümee dieser denkwürdigen Reise anonym »Die Briefe eines Verstorbenen«, welche, den Verfasser sogleich erratend, Geheimrat Goethe vorzüglich bespricht – wenigstens etwas schriftstellerischer Ruhm ist dem Gereisten nun gewiß. Varnhagen van Ense und Heinrich Heine werden seine engen Freunde.

Im Juni 1834 hält es den Lebenskünstler nicht länger: Er bricht zu seiner sechsjährigen Orientreise auf, die ihn u. a. nach Algerien, Tunesien, Ägypten, Syrien und in die Türkei führt. Aus Ägypten nimmt er Machbuba mit, es heißt, von einem Sklavenmarkt. Sie ist ihm fortan Tochter, Dienerin, Geliebte; der Fürstin, gegen deren Willen er seine exotische Freundin mit nach Muskau bringt, eine Kränkung. Machbuba überlebt die deutsche Kälte nicht: sie stirbt kurz darauf in Muskau. Der Fürst trauert, jahrelang. Durch Verkauf geht im Jahr 1845 Muskau in den Besitz des Prinzen Friedrich der Niederlande über. Das Ende der Parkleidenschaft? Mitnichten, nennt doch Pückler noch das Gut Branitz sein eigen. Weniger gewaltig, bescheidener mit rund 100 Hektar, intimer. Ein Garten wird Beispiel für das liebevolle Arrangement des Fürstenpaares: Wohnsitz Schloß Branitz, beratender Architekt ist Gottfried Semper.

Bis in diese Jahre reicht auch die beratende Tätigkeit des Fürsten Pückler für den Landschaftspark Babelsberg. Wenngleich der Kontakt zu seinem Intimfeind, dem Königlichen Gartenbaudirektor Lenné, zwangsläufig erhalten bleibt, so weicht doch die anfängliche Schärfe milder Ironie, wenn Pückler als Dreiundsiebzigjähriger 1859 dem Neunundsechzigjährigen schreibt: »Hochgeehrtester Herr General Direktor / Gestatten Sie mir, daß ich als collegialischer Diletant mich an den Meister selbst mit der Bitte wende, mir aus der Landesbaumschule so viel Pflanzen von wildem Wein (...) zu verschaffen, als möglich ist, um meinen Tumulus damit ganz zu bedecken.«

Wildbewachsen ragt der Tumulus, die grüne Grabespyramide des Fürsten Pückler-Muskau, aus dem von Seerosen umwobenen Wasser: ein überraschend stilles Bild, für das allein der Besuch im Park von Branitz lohnt. Auch wer diesen großräumig angelegten Ort nicht aufsucht, um hier den Goldenen Schnitt der Baumpflanzungen zu studieren, wird mit verblüffenden, die Optik unmerklich lenkenden Sichtpunkten belohnt. Beispielsweise mit einer rauschhaften Solitär-Eiche am Ende einer Sicht, als ein Point de vue. Lebenslänglich waren sie Zeit- und Streitgenossen, Lenné, der Angestellte, Pückler-Muskau, der Adelige, und wenngleich auf unterschiedliche Weise, so waren sie doch in ihren weitreichenden Landschaftsgestaltungen ebenbürtig. Stellvertretend für beide könnte Pückler-Muskaus Ausspruch gelten:

»Es ist die Freiheit der Bäume, nach der wir uns sehnen.«

Martin Maria Schwarz

Tugendbrunnen, Wahnbild und Disneyland – Englischer und Französischer Garten in der Literatur des 18. und 19. Jahrhunderts

Bei Rousseau wird ein unglücklicher Liebhaber während eines Gartenaufenthaltes von seinen Leidenschaften geheilt, bei Goethe zerbricht innerhalb eines Gartens eine Ehe, und Eichendorffs jugendlichen Protagonisten droht in Gärten das seelische Verderben. Es herrscht Aufregung in den Gärten der aufklärerischen, klassischen und romantischen Literatur. Eine Kulisse wandelt sich von einem Handlungsraum zu einem selbst handelnden Körper, der auf den Menschen Einfluß nimmt.

Die vielschichtigen Bedeutungen und sinnhaften Bezüge, die der Garten als Motiv in der Literatur in zunehmendem Maße entwickelte, waren die logische Folge der politischen und sozialen Realität. Sie nährten und erklärten sich aus dem spannungsgeladenen Verhältnis zwischen dem Französischen und dem Englischen Garten oder auch Landschaftspark, der sich seit 1720 als oppositionelle Haltung zu jenem durchzusetzen begann. Während die geometrisch beschnittene Vegetation, die geraden Linien und die Ausbreitung auf der Ebene, die das französische Modell charakterisieren, zum Symbol mathematisch-kosmischer Gesetzlichkeit und schließlich auch zum Sinnbild des absolutistisch-autoritären Herrschaftssystems wurden, war der Englische Garten der Gegenentwurf einer sich langsam aufklärenden Welt. Das die freie, ungestaltete Natur nachahmende Modell aus England assoziierte entsprechend die Befreiung des Menschen aus den Zwängen von Herrschaftswillkür und Unterdrückung und wurde für eine liberal-demokratische

Staatsauffassung mit individuellen Entfaltungsmöglichkeiten in Anspruch genommen.

Mit der Entwicklung dieses Gegensatzes war auch das Potential für die Aneignung der Gartensymbolik als erzieherisch wirksames Motiv moralisch-aufklärerischer Dichter geschaffen.

Von philosophischen Traktaten, wie sie der englische Graf Shaftesbury verfaßte, über lyrische Lobeshymnen eines Alexander Pope oder James Thomson drang der Garten mit sich steigernder dramaturgisch-symbolischer Kraft schließlich auch in die erzählende Literatur.

Zarte Anklänge, in denen dieses Motiv bereits mehr als ein notwendiger Moment der Raumbeschreibung ist, finden sich schon in Henry Fieldings Hauptwerk »Tom Jones« (1749). Mr. Allworthys Anwesen, Heimstätte und Schauplatz der Erziehung des Findelkindes Tom Jones, ist vorausgeschicktes Spiegelbild der inneren Verfassung seines Besitzers und Wegweiser für den Charakter der Waise. Es ist kein Zufall, daß sich hier der »Anblick eines sehr schönen Parks von ungleicher Bodenhöhe« bietet, »mit der reizenden Abwechslung von Hügeln, Rasen, Wald und Wasser, in der Anlage von höchstem Geschmack, aber doch noch mehr der Natur als der Kunst verpflichtet«, wird doch Mr. Allworthy mit all den positiven Eigenschaften augestattet beschrieben, die ein solcher Garten zu fördern hilft.

»Wohltätige Gesinnung«, »Gutherzigkeit«, »Gerechtigkeitsliebe« und Mitleidsfähigkeit zeichnen ihn aus. Als Inbegriff eines Tugendwesens verkörpert er bereits die Fülle aller moralischen Implikationen, mit denen Shaftesbury die Natur als sittliche Macht zum Leitbild erkoren hatte. Analog dazu kann sich auch das Kind Tom Jones in dieser Umgebung frei und ›natürlich‹ entwickeln und wird in seinem unbedarften Sinn für Gerechtigkeit und seiner naiven Gutmütigkeit zum Gegenbild des verschlagenen und heuchlerischen Kameraden Blifil.

Wenn auch das Gartenmotiv hier kein den Roman strukturierendes Gewicht besitzt, so ist doch die Umgebung, in der sich die Ereignisse abspielen, ein selbstredendes Element. Vor allem vor dem Hintergrund, daß sich England bewußt abgrenzte vom französischen Ideal der Reglementierung und von der Beherrschung der Natur – auf moralischem wie ästhetischem Gebiet.

Der sich auf dem Kontinent nach 1750 ausbreitende Landschaftsgarten nahm im literarischen Reflex nicht nur einen immer breiteren Raum ein, seine ihm zugesprochenen Qualitäten wurden hier auch wie in einer Laborsituation einer Prüfung unterzogen. Einen vorläufigen Höhepunkt markierte dabei Jean-Jacques Rousseau, ohne den die Durchsetzung des ›natürlichen Gartens‹ in concreto in Frankreich oder auch Deutschland nicht denkbar gewesen wäre. In bis dahin nicht gekannter Weise gesteht der französische Aufklärer in seinem Briefroman »Julie ou la nouvelle Heloïse« (1761) dem dort ausführlich beschriebenen Park eine Hauptrolle zu, die ihn in den Rang eines Therapeutikums bzw. einer moralischen Besserungsanstalt hebt. Auf Einladung des Barons Wolmar, des Ehegatten Julies, kehrt der Hauslehrer St. Preux zu der Frau zurück, die seine Jugendliebe war. Schon in den ersten Tagen des gemeinsamen Zusammenseins auf dem Anwesen stellt sich heraus, daß die leidenschaftliche Zuneigung der beiden ehemals Verliebten nicht abgeklungen ist. In Zuspitzung der ungewöhnlichen Dreiecks-Konstellation besuchen der Baron, seine Gattin Julie und St. Preux den von Julie eigenhändig angelegten Garten. Eine in ihrer Mannigfaltigkeit nach englischem Vorbild gestaltete Anlage öffnet sich, mit »tausend verschlungenen Wegen«, »blühenden Büschen«, »kleinen Bachläufen«, mit Erdaufwürfen, die Hügel bilden, in der Gesamtheit ein Park, den Julie ihr »Elysium« nennt. Alles wirkt »ohne Ordnung und Symmetrie«, ist aber nach ihrem Plan so gefügt worden. In den Unterhaltungen der drei wird dieses Konstrukt zielsicher gegen den formalen Französischen Garten ausgespielt, der mit seinen Blumenbeeten, an der Schnur gezogenen Alleen und gestutzten Baumkronen nur Langeweile bereitet und ausschließlich der Eitelkeit seines Besitzers dient.

»Man könnte glauben, die Natur sei in Frankreich anders beschaffen als in der ganzen übrigen Welt: So viel Mühe gibt man sich hier, sie zu entstellen. Die Parks sind nichts als Pflanzungen von langen Stangen; es sind Wälder von Mastbäumen oder Masten«, überlegt St. Preux für sich.

Der Garten Julies aber, »die fühlende und beseelte Natur«, dringt wie ein sittenförderndes und triebhemmendes Medium in die seelischen Zwischenräume der Beteiligten. St. Preux kehrt am Tag nach der ersten Unterhaltung, ursprünglich mit dem geheimen Wunsch, hier Julie ungestört begegnen zu können, in den Garten zurück. Der nochmalige Aufenthalt und die Wirkung beim Anblick der ursprünglich wirkenden Ordnung der Natur im ›Elysium‹ reinigt den zuvor noch von verbotener Liebe Gequälten:

»Alles, selbst der Name ›Elysium‹, war dazu angetan, meine verirrte Einbildung auf den rechten Weg zurückzuführen, und brachte in mein Herz eine Stille, die mehr wert ist als der Aufruhr der verführerischen Leidenschaften.« In der Begegnung mit dem Park widerfährt St. Preux eine Stärkung seiner moralischen Natur, die brennende Begierde wird in ein Gefühl der Freundschaft umgewandelt.

Für Julie ist der Park aber eine Schutzeinrichtung, eine Art Ersatz für die wirkliche Natur, nämlich die Wäldchen, die sich auf der gegenüberliegenden Seite des Hauses befinden. Für sie sind sie tabuisiert; den Kuß, den sie dort einst St. Preux gewährt hat, setzt sie mit einem moralischen Vergehen gleich. Die biblische Chronologie wird damit gleichsam umgekehrt. Aus der äußeren Natur durch den Sündenfall vertrieben, wird der Garten zur neuen sittlichen Heimat. Baron Wolmar sagt dann auch mahnend und sinnfällig zu St. Preux: »Lernen Sie den Ort, an dem Sie sich befinden, achten; ihn hat die Hand der Tugend gepflanzt.«

Nichtsdestoweniger, und hier weist Rousseau schon weit über seine Zeit hinaus, mutiert der Garten im weiteren Verlauf der Handlung zum Sinnbild einer brüchigen, künstlichen Ordnung oder anders gesagt: zu dem, was er ist: eine kunstvoll arrangierte menschliche und somit verletzliche Einrichtung. Die Leidenschaft, die unter Zuhilfenahme des Gartens mit den sozialen Gegebenheiten versöhnt werden soll, bricht wieder hervor. Die ursprüngliche Natur, und das ist der Zustand der

Liebe, bahnt sich ihren Weg, ohne daß sie jedoch die sozial gesetzten Grenzen letztendlich überschreitet. Es ist aber erst Julies Tod, der die konfliktgeladene Spannung auflöst.

Unter diesem Blickwinkel rangiert der Garten eher als eine zwanghafte Korrektur der natürlichen Beschaffenheiten, symbolisiert einen von gesellschaftlichen Verhältnissen aufgezwungenen Soll-Zustand, der gleichwohl notwendig ist, um das lauernde Chaos hinter freiwaltenden Trieben auf Distanz zu halten. Rousseau unterstellt, bewußt gleichermaßen mit kritischem Impuls wie befürwortend, der (auch im Landschaftsgarten) künstlich geformten Natur einen doppelten Boden. Sosehr ihr Konzept auf eine Verbesserung von Gedanken und Gefühlen ausgerichtet ist, so unumstößlich ist doch ihre Scheinhaftigkeit. Julies Bekenntnis »Wer sie (die Natur) liebt und doch nicht so weit gehen kann, um sie aufzusuchen, ist genötigt, ihr Gewalt anzutun, sie gewissermaßen zu zwingen, daß sie komme und bei ihm wohne. Das alles aber läßt sich ohne ein wenig Vortäuschung nicht erreichen« liest sich wie das in ein anschauliches Bild verwandelte gesellschaftspolitische Programm Rousseaus. Wenn infolge fortgeschrittener Zivilisation die natürliche Freiheit des Menschen nicht mehr herstellbar ist, muß doch seine bürgerliche Freiheit bewahrt bleiben, lautet eine der Maximen des »Gesellschaftsvertrages«. Diese Freiheit ist aber nicht grenzenlos, sondern zum größtmöglichen Glück der Gemeinschaft an Gesetze gebunden. Der damit einhergehende Verzicht auf ausschließlich individuelle Befriedigung zum Zweck eines höheren, weil gemeinschaftlichen Glücks hat in dem Verhältnis von Garten – Natur ein Ebenbild.

Das Ideal einer sozialen Ordnung, das Rousseau mit seinem Romangarten entwirft, ist aber nur bedingt einzulösen, wie das Zusammenspiel mit den menschlichen Naturen im Handlungsgefüge zeigt. Bei aller Verherrlichung des Landschaftsgartens hat Rousseau diesen utopischen Anspruch mitbedacht.

Das Motiv des Französischen Gartens bleibt in der Dichtung der zweiten Hälfte des 18. Jahrhunderts einseitig fixiert als Metapher einer politischen Anklage. Schillers Auflehnungs- und Freiheitsdrama »Don Carlos« ist in dieser Hinsicht ganz dem gängigen Schema verpflichtet. Don Carlos, der Marquis Posa und die Königin sind Verbündete in ihrem Entschluß gegen König Philipp II., die Freiheit der unterdrückten flandrischen Provinzen herbeizuführen. Die Kritik am herrschenden Despotismus tritt schon zu Beginn in der Wahl des Gartenstils unmißverständlich zutage. Schiller läßt die Königin über die »prächtige Verstümmelung der Werke Gottes« in den gerühmten Gärten von Aranjuez klagen. Zum Marquis Posa sagt sie:

»Bewundern sie die glatten Buchenwände
der Bäume banges Zeremoniell
die starr und steif, und zierlich wie sein Hof
in trauriger Parade um mich gähnen.«

Der regelmäßige Garten als Sinnbild für ein abgelebtes politisches System ist in diesem Historienstück ein Kunstgriff Schillers, da er ein Bild des 18. Jahrhunderts in das im 16. Jahrhundert spielende Stück einbaut, in dem derartige Empfindungen nicht zu erwarten waren. Für die Zeitgenossen Schillers aber war diese Anspielung nur allzu verständlich. Eichendorff sollte später nochmals die politisch so brisante Form des Französischen Gartens in seiner Novelle »Das Schloß Dürande« (1837) aufgreifen, jedoch war schon um 1785 der Höhepunkt des gärtnerischen »Klassenkampfes« erreicht.

Der Boom, den der Landschaftsgarten innerhalb weniger Jahrzehnte auf dem Kontinent erlebte, führte aber fast genausoschnell zu seiner ideellen Abwertung. Unter den vielen in England vorgeprägten Varianten – vom malerisch-pittoresken Stil bis zur *ornamental farm* – fand in Deutschland die sentimental-poetische Ausführung die stärkste Resonanz. Angeregt von den Schriften des englischen Philosophen Edmund Burke, setzte sich eine Gefühlsästhetik durch, die dem Landschaftsgarten eine reiche Ausstattung mit Architekturen, Statuen, Naturszenerien und Inschriften zubilligte. Der berühmte Gartentheoretiker Christian C. L. Hirschfeld lieferte mit seiner »Theorie der Gartenkunst« (1779-1785) die deutschsprachige Bedienungsanleitung für die Wissenschaft der Gemütserregung.

Der Erfolg dieses Gartenstils war so inflationär, daß er sich alsbald in den kleinfürstlichen Ländereien Deutschlands auf unterschiedlichste Weise seinen Raum erobern konnte – in Neuschöpfungen, Umstrukturierungen obsolet gewordener Französischer Gärten, aber auch in Umwandlungen von Nutzgärten. Daß dabei das ursprüngliche Ansinnen eines aufklärerischen Erziehungs- und Regierungsideals in bloße Manier und einen weltabgewandten elitären Gefühlskultus abglitt, beweist die schon recht früh einsetzende Kritik in Form literarischer Satire. In Justus Mösers »Das englische Gärtgen« von 1773 schreibt eine junge Bürgerliche ihrer Großmutter von der Errichtung eines Gartens nach englischem Geschmack auf deren Küchenbeeten: »Ihr ganzer Krautgarten ist in Hügel und Täler, wodurch sich unzählige krumme Wege schlängeln, verwandelt« heißt es und weiter: »Jenseits der Brücken, gerade da, wo der Großmama ihre Bleichhüte war, kommt ein allerliebster kleiner gotischer Dom zu stehen, weil mein Mann Goterich Dom heißt.«

Während Möser die komische Note in der bürgerliche Aneignungswut herrschaftlicher Lebensformen aufdeckte, beleuchtete Goethe die bedrohlich-tragische Seite falsch verstandener kultureller Ordnungsmuster. In den »Wahlverwandtschaften« (1809) wird der Prozeß eines (Landschafts-)Gartenbaus zum Medium der innerlichen und äußerlichen Dissoziation einer adligen Gemeinschaft. Goethe schrieb diesen Roman zu einem Zeitpunkt, als sich infolge der Französischen Revolution und den damit einhergehenden geistesgeschichtlichen Umwälzungen das Meinungsbild im gelehrten Diskurs bereits wieder zugunsten des französischen Modells verschoben hatte. Zwar wurden noch immer Landschaftsgärten angelegt, doch zum Teil auch schon als Parks für die bürgerliche Öffentlichkeit. Insofern stellt der Bau des Romangartens bereits einen (bewußt gefügten) Anachronismus dar. Stück für Stück wächst das Gebilde parallel zur Handlung. Stück für Stück zersplittert das menschliche Gefüge. Wie schon bei Rousseaus »Heloïse« besteht auch hier der Konflikt in einem Aufbegehren der Gefühle und Leidenschaften gegen den herrschenden Moralkodex. Und wieder reflektiert bzw. bestimmt der Garten das Geschehen.

Klostergarten auf der Insel Reichenau
(Foto: Klammet & Aberl)

Caprarola
(Foto: Martin Claßen)

oben: Villandry
unten: Vaux-le-Vicomte
(Fotos: Hans Wiesenhofer/Anzenberger)

Stourhead
(Foto: Hans Wiesenhofer/Anzenberger)

Schwetzingen
(Foto: Martin Claßen)

Bauerngarten im Botanischen Garten Hamburg
(Foto: Marion Nickig)

Städterfreuden im Schrebergarten, um 1905
(Foto: Bildarchiv Preußischer Kulturbesitz)

Die vermeintlich glückliche Eheverbindung zwischen Eduard und Charlotte wird durch die Aufnahme des in Not geratenen Hauptmanns und von Ottilie, einer Nichte Charlottes, aufgebrochen.

Neue Beziehungskombinationen bahnen sich an – zwischen Eduard und Ottilie auf der einen Seite und zwischen Charlotte und dem Hauptmann auf der anderen. Im Unterschied zu Rousseau fungiert der Garten aber hier nicht als Akteur der Triebhemmung, sondern er befördert im Gegenteil die Triebe, mitbedingt durch eben jene Bestandteile, die noch ein halbes Jahrhundert zuvor geeignet erschienen, eine Mäßigung des Affektlebens zu bewirken. Schon im verschlungenen Wegeprofil deutet sich kommendes Unheil an und verweist auf seine Urheberin, Charlotte: »Sie hat sich mühsam durch das Gestein hinaufgequält und quält nun jeden (...), den sie hinaufführt. Weder nebeneinander noch hintereinander schreitet man mit einer gewissen Freiheit. Der Takt des Schrittes wird jeden Augenblick unterbrochen.«

Charlotte ist, wie sich später erweist, selber der die Wahlfreiheit aller begrenzende menschliche Faktor, indem sie dem Hauptmann um ihrer Ehe willen entsagt und von Eduard den gleichen Verzicht fordert. Ihr Landschaftsgarten ist sinnfälliges Abbild der Zwangsordnung, für die sie einsteht. Die dramatischen Verwicklungen werden durch ihr Verhalten mit verursacht.

Und noch in einer anderen Hinsicht schimmert die eigentliche Unnatur dieser Gartenform symbolisch durch die vordergründige Weite und Breite seiner Formen hindurch. Eduard verläßt nach Offenlegung der veränderten Liebesgefühle und im Gewahrwerden der Aussichtslosigkeit einer Bindung mit Ottilie das Anwesen. Aber »außer dem Bezirk Deines Schlosses, Deines Parks, (...) gehört sie mir und ich werde mich ihrer bemächtigen«, schreibt er drohend an Charlotte. Im Umkehrschluß hat das zur Folge, daß der Garten für beide Frauen zu einem Gefängnis wird. Charlotte ist dazu genötigt, vor allem über Ottilie zu wachen, die wiederum selbst, mangels Alternative, auf diese Lebensform angewiesen bleibt. Der eigentlich so frei gedachte Garten ist eine große Täuschung. Eine Täuschung, deren Ausmaß sich nicht nur auf das Private beschränkt. Möglichen Begehrlichkeiten von Bettlern angesichts der gedankenverlorenen Ausbreitung von Reichtum soll durch »Almosenzuteilungsstellen« im Dorf, also unter allen Umständen außerhalb des Gartenbezirks, entgegengewirkt werden. Das Herandrängen einer anderen Zeit, die den Park zur Signatur einer selbstversessenen und damit schuldigen Aristokratie macht, kommt auch durch die prophetischen Aussagen des Gehilfen zum Ausdruck, der eine neuerliche Umwandlung der Gartenfläche in ein Nutzgebiet in Aussicht stellt, wenn nach der Zeit des Überflusses eine Zeit des Mangels anbrechen sollte.

Auffällig ist, daß unter moralphilosophischen Gesichtspunkten nun auch dem Landschaftsgarten alle diejenigen Attribute angeheftet werden, die in vorrevolutionärer Zeit den formalen Garten stigmatisierten. Die Überlebtheit eines Systems abzubilden, gelingt Goethe deshalb in souveräner Manier, denn in einer Zeit, wo Gartenstile bereits beliebig kombiniert werden konnten und wurden, mußte das Verharren in alten Grundsätzen um so kontrastreicher wirken. Goethe selbst kritisierte die Gartenkunst, und damit meinte er die englische Variante, weil: »sie verkleinert das Erhabene der Natur und hebt es auf, indem sie es nachahmt.« Der Französische Garten dagegen konnte unter gewandelten ästhetischen Grundsätzen in dieser Anschauung bestehen, da er sich von der freien Natur abhob, sie nicht mit künstlichen Mitteln nachzuahmen versuchte. In den »Wahlverwandtschaften« wird durch den Gehilfen der nicht mehr beachtete französische Teil des Gutes bedauert und damit mit Wehmut die bessere alte Zeit beschworen.

Es war schließlich Eichendorff, der in seinen Werken den Mythos vom ›alten‹ Französischen Garten wiederaufleben ließ. Kaum ein anderer öffentlicher Bereich im Erzählwerk des Romantikers ist von einer ähnlichen Dramatik und Spannung durchdrungen. Von keinem geht mehr Anziehungskraft, aber auch gleichzeitig soviel Unbehagen aus. Gerade bei Eichendorff ist der Rekurs auf den französischen Stil auch im biographischen Umfeld zu suchen. Als Ort, der die Erinnerung an die eigene Kindheit in adligen Verhältnissen lebendig werden läßt, bedeutet er zugleich eine Identifikationsfigur mit der früheren politischen Ordnung, die er aber durch seine Romanfiguren einer kritischen Prüfung unterzieht.

Wiederkehrend bezeichnet der alte Garten einen Ort, der von Wehmut belastet ist. In Eichendorffs erstem Roman »Ahnung und Gegenwart« (1812), in dem der Werdegang junger Aristokraten in den Zeiten der Revolutionswirren geschildert wird, erinnert sich Friedrich, der Held der Geschichte, an seine verlassene Heimat: »Meine frühesten Erinnerungen verlieren sich in einem großen, schönen Garten. Lange hohe Gänge von gradbeschnittenen Baumwänden laufen nach allen Richtungen zwischen großen Blumenfeldern hin, Wasserkünste rauschen einsam dazwischen (...), während ich oft stundenlang an den eisernen Stäben des Gartentores stehe, das an die Straße stößt, und sehe wie Reiter und Fußgänger vorüber in die glänzende Ferne ziehen.«

Der unschwer als französisch zu identifizierende Garten löst so angenehme wie beklemmende Gefühle aus. In ihm ist jedes Leben erloschen, die wirkliche Bewegung findet draußen, außerhalb des geschlossenen feudal-herrschaftlichen Bereichs statt, dessen statische Natur den Wunsch nach Ausbruch aufkeimen läßt. In dieser Polarität ist fast jeder Garten in Eichendorffs erzählerischem Werk angesiedelt, sei es im »Taugenichts« (1822), im »Marmorbild« (1817) oder in »Dichter und ihre Gesellen« (1834). Zwei Typen von Gartenbesuchern kristallisieren sich dabei heraus: Diejenigen, die quasi bewußtlos in diesen die alten politischen Verhältnisse bezeichnenden Strukturen verstrickt sind und ihrem Untergang entgegensteuern, und die anderen, die bei aller Anziehungskraft, die der Garten auf sie ausübt, die Zeichen der Gefahr zu entschlüsseln vermögen.

Herr von A. in »Ahnung und Gegenwart«, der Herr von »Schloß Dürande« und der Fürst in »Dichter und ihre Gesellen«, alle Besitzer von solchen Gärten, ähneln einander in ihrem steifen Wesen, ihrem apathischen und melancholischen Gemüt. Friedrich in »Ahnung und Gegenwart«, Florio im »Marmorbild« und der »Taugenichts« sind dagegen junge, nach Orientierung und Lebenssinn – und der ist bei Eichendorff immer religiös bestimmt – suchende Figuren inmitten der Anfechtungen eines Zeitenwandels. Für ihre Daseinsbestimmung ist der Widerstand gegen die im Garten sich zutragenden Irritationen konstitutiv.

Diese Irritationen weisen zwei Gesichter auf, ein konkretgeschichtliches und ein allegorisches. Folgt Eichendorff in der Gleichsetzung von altem Garten und Ancien régime noch der tradierten Tendenz, so ist die Übertragung von dämonisch wirksamen Kräften auf diesen Bezirk ein völlig neues Phänomen.

Im »Marmorbild« gelangt der junge Held Florio »unerwartet an ein Tor von Eisengittern, zwischen dessen zierlich vergoldeten Stäben hindurch man in einen weiten prächtigen Lustgarten hineinsehen konnte. (...) Unzählige Springbrunnen plätscherten, mit vergoldeten Kugeln spielend, einförmig in der großen Einsamkeit. (...) Florio betrachtete verwundert Bäume, Brunnen und Blumen, denn es war ihm, als sei dies alles lange versunken, und über ihm ginge der Strom der Tage mit leichten, klaren Wellen, und unten läge nur der Garten gebunden und verzaubert und träumte von dem vergangenen Leben.« Die Verspieltheit und teilweise surreal anmutende Gestalt dieses Gartens – auch »goldene Vögel« flattern umher – entrückt den Besucher alsbald in eine Traumwelt voller Sinnestäuschungen. Eine Venusstatue verwandelt sich in einen lebendigen Frauenkörper, dessen sinnliche Ausstrahlung Florio gleichsam in einen hypnotischen Bann zieht. Das Verderben, das hinter ihren erotischen Reizen lauert, wird ihm erst bewußt, als er ihr Gesicht bei näherer Betrachtung bleich und regungslos wahrnimmt und ihm bei einer zweiten Begegnung die Vegetation verwildert erscheint. Mit seinem Ausruf: »Herr Gott, laß mich nicht verloren gehen in der Welt« weicht die phantastisch wirkende Szenerie einer aufgewühlten, bedrohlichen Natur, und er »eilte fort, bis Weiher, Garten und Palast weit hinter ihm versunken waren«.

Die Deutung von Eichendorffs Gartensymbolik verschiebt sich in diesem Kontext von einer politischen zu einer psychologischen Ebene, leitet sich aber nach wie vor aus realen Vorbildern her. Die Konturen seiner Gärten sind verschlungen, kleinteilig und pittoresk, wie sie die Rokoko-Variante des formalen Gartens aufwies. Der Reichtum an Statuen heidnischer Gottheiten, die dieser Stil hegte und pflegte, sowie seine Inanspruchnahme als Lust- und Liebesbezirk der höfischen Gesellschaft machen die Eichendorffsche Leseweise dieser Form als Schauplatz dämonisch-erotischen Liebeszaubers plausibel. In poetisch-allegorischer Ummantelung wird der Garten zum Sinnbild frei waltender Ur-, Natur-, und Triebkräfte, die in allen Jugendträumen mit heraufdämmern, wie die Venus im »Marmorbild« ihr Wesen selbst erklärt. Mit dem Phänomen des verwildernden Gartens, das hier wie in den späteren Novellen und Romanen immer wieder auftaucht, codiert Eichendorff eine Zeitkritik auf zwei Ebenen. Verwildern bedeutet Sichtbarmachen von Vergänglichkeit, was sich sowohl auf das Staatssystem des Absolutismus als auch auf den Wertekanon bezieht, für den er einsteht. Als Konservativer, dem jeder Gedanke an Republikanismus verhaßt war, lehnte er trotzdem jede Wiederherstellung der Herrschaftsformen des Ancien régime ab, das er in seinem moralischen Verfall für die Umwälzung seiner Epoche verantwortlich machte.

Seine religiös-katholische Gesinnung ließ ihn auch in ethischer Hinsicht Anstoß nehmen, da er in dem ganz diesseitigen Werten verpflichteten aufklärerisch-demokratischen Streben seines Zeitalters den Verlust einst verbindender ewig-gültiger Glaubenswahrheiten diagnostizierte. Der Reanimation eines religiösen Fundaments im staatlichen Leben galt daher sein politisches und literarisches Schaffen. Die Konfliktsituation, in die seine Protagonisten beim Betreten der Gärten geraten, können so durchaus als Muster seiner christlich geprägten Weltanschauung verstanden werden, in der der Garten die Rolle des Versuchers einnimmt, zumindest einen Kreuzweg darstellt, an dem sich der Eintretende zwischen zwei Prinzipien oder zwei Kräften, wie Eichendorff es selbst definierte, entscheiden muß: einer Hingabe an die Verlockungen vergänglich-irdischen Lebens oder einer Suche nach übergeordneten transzendenten Werten, wie sie die christliche Lehre verheißt. Der Französische

Garten übernimmt bei Eichendorff den Gegenpol zu einer sittlich vollkommenen Lebensführung, der im Werdegang seiner Romanhelden überwunden werden muß.

Der Garten als Bedeutungsträger in der erzählenden Literatur erreichte mit Eichendorff nochmals einen Höhepunkt, erschöpfte sich dann aber auch mit seiner Generation. Als Element der Satire führte er jedoch noch ein reiches Nachleben. In Ludwig Tiecks »Der Jahrmarkt« (1832) und Gustave Flauberts Roman »Bouvard et Pécuchet« (1880) gerät der einst mit einem so hehren Programm ausgestattete Landschaftsgarten in die Hände des neuen Kulturträgers. In beiden Werken wird beißender Spott über das nachrevolutionäre Bürgertum ausgegossen, das sich infolge der gewandelten politischen und wirtschaftlichen Umstände Zugang zu Bildung und Reichtum erschlossen hatte. Für eine Gruppe von Biedermännern, bestehend aus Amtmann, Pfarrersfamilie und einem Bildungsparvenü, in Tiecks »Jahrmarkt« ist der Mythos vom Programmgarten immer noch lebendig genug, um unerschütterlich am Glauben an seine veredelnde Wirkung festzuhalten. Auf groteske Weise führt Tieck das peinliche Bemühen eines nach Ansehen strebenden Kleinbürgertums vor, das sich selbstgefällig an Scheinhaftigkeiten ergötzt. So entpuppt sich die Fahrt zu den »weltberühmten« Gärten des Barons in Schönhof als oberflächliche Bildungsreise in eine Anlage, die wie ein Vorläufer eines modernen Freizeitparks anmutet. In ihr soll so viel zu sehen sein, »daß es kaum auszuhalten ist«. Die angetroffene Ausführung, bestehend aus »alte(n) Ritterburgen, dann wieder Ruinen; Labyrinthe(n), in denen man sich verirret (...), Bergwerke(n), kristallene(n) Höhlen, ja selbst ein feuerspeiender Berg, groß wie der Ätna selber«, ist das mit blasiertem Stolz vorgeführte Werk eines kleinkarierten Duodezfürsten. Es reicht aus, um die Gäste zu beeindrucken, die die geistige Leere in unreflektiert angeeigneten Redensarten widerspiegeln: »Das hätte ich mir niemals gedacht, daß ein Garten so erbaulich sein könne. Wahrlich, das nenne ich Philosophie! Und so innig mit der Kunst vermählt! Und diese Kunst wieder eins und dasselbe mit der Natur«, kommentiert der Pfarrer das vermeintliche Kunstwerk.

Der bizarre Schnellkursus in Sachen Bildung und Wissenschaft gipfelt schließlich in dem per Klingelzeichen auftauchenden Eremiten, der die Aufgabe hat, die Gartenbesucher zu segnen. Der betrunkene Gottesmann gibt sich später der irritierten Reisegesellschaft als Tagelöhner zu erkennen, den der Baron, um der Illusion willen, gegen einen Hungerlohn für sich arbeiten läßt. Tieck legte durch diese schon reichlich ausgehöhlte Spielart des sentimentalen Gartens den erbärmlichen Traum der bürgerlichen Klasse bloß, durch Erwerb rein äußerlicher kultureller Zeichen jahrhundertelang gewachsene soziale Unterschiede ausgleichen zu können. Keiner der Anwesenden ist ernsthaft durch den dargebotenen Schein in seinem Vertrauen auf die Bedeutung des Gartens erschüttert, ja, der Pfarrer ist sogar überzeugt, die Augsburgische Konfession in einem Garten abbilden zu können.

Auch »Bouvard und Pécuchet« gehören zu diesen einfachen Gemütern, die in sklavischer Nachahmung ehemals privilegierter Lebensmuster eher zu einer Gefährdung von Kunst und später auch des ganzen Gemeinwesens werden. Die beiden Pariser Amtsschreiber gelangen durch Erbschaft in den Besitz eines Landhauses mit angrenzendem Garten, in dem – noch – das alte französische System durchscheint. In völliger Mißachtung dieser Beschaffenheit und als Folge ihres trivialen Bildungshintergrunds machen sie sich unwissentlich an die Zerstörung des vorgegebenen Gebildes: »Mitten auf dem Rasen pflanzte Bouvard eine Pfingstrose und unter den Bogen der Laube Tomaten, die wie Leuchter herabhängen sollten.«

Nachdem das Projekt, aus dem landwirtschaftlich umgewerteten Garten Ertrag zu ziehen, fehlgeschlagen ist, versuchen auch sie sich, motiviert durch ein zufällig gefundenes Buch, in der Anlage eines Programmgartens. Die Elemente, die sie einsetzen, sind aber so zusammengewürfelt, daß sie nur noch komisch wirken: »Sie hatten die Spargel geopfert und da, wo sie standen, ein etruskisches Grab gebaut, das heißt ein Viereck aus schwarzem Gips, das (...) aussah wie eine Hundehütte.«

Die nicht weniger einfältigen Nachbarn, die zur großen Einweihungsfeier geladen werden, entbehren ihrerseits noch viel mehr des Sachverstands, so daß ihre Kritik ebenso ins Leere zielt wie das Werk selbst. Das hat zur Folge, daß Bouvard und Pécuchet trotzig auf ihren Errungenschaften beharren: »Und das Grabmal soll unpassend sein! Warum denn? Darf man auf seinem eigenen Boden nicht bauen, was man will? Ich will mich sogar darin begraben lassen.«

An Flauberts teilweise sarkastischer Adaption des Gartenmotivs wird zu Ende des 19. Jahrhunderts zweierlei offenbar. Als universaler, in den Lebensraum des Menschen einbezogener und sichtbarer Entwurf einer ideellen Welt hatte sich der Garten endgültig auch in der Dichtkunst verschlissen. Dem gewandelten Verständnis einer mittlerweile materialistisch-utilitaristisch orientierten bürgerlichen Öffentlichkeit mußten die einst geistig so hoch angesiedelten Programme der beiden Gartenformen fremd bleiben.

Zum zweiten hatte sich gerade diese Öffentlichkeit zu einer schwerwiegenden Gefährdung einer Kunst entwickelt, die offenbar nur unter einer aristokratischen Bildungselite gedeihen konnte. Wo ihr Programm nicht mehr verstanden wurde, war sie nur noch als bloße Gebärde oder Spielart einer neuen Kultur des Amüsements nützlich. Das literarische Engagement, das über einhundert Jahre lang die Gartenkontroverse verdichtete, deckt für beide Erscheinungsbilder von Gärten die Dialektik auf, der sie auch in ihrer konkreten Ausbildung unterworfen waren. In demselben Maße wie die Gartenkunst sich zivilisationsfördernde Eigenschaften auf die Fahne schrieb, war sie zivilisationshemmend, wo sie nicht als Metapher oder Korrektiv, sondern real verstanden wurde. Das Versinken in den Garten als Lebenshaltung, und hier ist die Konstante von Rousseau bis Eichendorff, konnte nur im Erlöschen seiner Wirksamkeit enden.

Erich Steingräber

Erinnerungen an das verlorene Paradies
Alte Gärten im Spiegel der Kunst

»Gardens were before gardeners and but some hours after the earth«, schrieb Sir Thomas Browne 1658 in »The Garden of Cyrus«. Der schönste Garten war das Paradies, bevor die Menschen aus ihm vertrieben wurden. Die sehnsuchtsvolle Erinnerung an diesen »Urgarten« im »Goldenen Zeitalter« der Menschheit war bis ins 19. Jahrhundert nie erloschen. Die meisten Hochkulturen kannten »paradiesische« Gärten: die Babylonier, Assyrer, die Perser, die Ägypter, die Chinesen, Japaner und Koreaner, der hellenistisch-römische Kulturkreis, der arabisch-islamische Orient, schließlich die verschiedenen Völker im nachantiken Europa.

Die Babylonier und Assyrer legten seit dem 3. vorchristlichen Jahrtausend mittels eines hochentwickelten Bewässerungssystems im Mündungsgebiet von Euphrat und Tigris, im biblischen Garten Eden, umfangreiche Terassengärten an. Es ist bezeugt, daß sich vor 3500 Jahren ein hochgestellter Beamter des ägyptischen Reiches das Bild seines Garten an die Wände des für ihr ihn bestimmten Grabes malen ließ. In einem überlieferten ägyptischen Wandbild sieht man abgerichtete Affen bei der Obsternte. Das beweist, daß der unter dem Schutz des Gottes Khem stehende Garten damals bereits zur Glückseligkeit der vornehmen Gesellschaft am Ufer des Nils gehörte. Die Gartenkunst im Vorderen Orient war streng symmetrisch durch Baumreihen, Blumen, Lauben, Terrassen und Wasserläufe gegliedert.

»Horti Persarum erant amoenissimi« – die Gärten der Perser waren überaus lieblich –, mit dieser Feststellung zitiert ein 1677 veröffentlichter Reisebericht eine alte Überlieferung. Der Garten war von jeher ein zentrales Thema der iranischen Weltanschauung. Der persische Garten meint – auch sprachlich – das Paradies. Es ist ein Ort der Ruhe und Ordnung, ersonnen in der ebenen Wüstenlandschaft Persiens.

Bei den Arabern lebten die altpersischen »Paradiese« in Aladins Wundergärten fort. Berühmt war der Gartenteppich Fürst Khusiaws I. (531-579), Urbild aller geknüpften Teppiche, in dem die Araber ein Weltwunder erblickten, als er ihnen bei der Eroberung von Ktesiphon in die Hände fiel. Seitdem wird der Garten als Abglanz des himmlischen Paradieses verstanden, aber auch als »Lustgarten«, als Ort sinnlicher *deliciae* (Wonnen). Die Araber liebten besonders die smaragdgrüne Farbe, weil ihr Anblick wie kühles Wasser erfrische und so den Durst lösche, mit dem der Mensch in der lebensfeindlichen Wüste zu kämpfen hat.

Den aus der Oase erwachsenen islamischen Garten als Replik des koranischen Paradieses prägt ein verhältnismäßig einheitliches Gesicht, obwohl die persische, die arabische und die türkisch-osmanische Kultur den uns erst aus der Malerei seit dem 14. Jahrhundert vertrauten Topos – mit deutlichen Anregungen durch chinesische Landschaftsbilder der Ming-Dynastie – gleichermaßen geformt haben. Auch an den Höfen der indischen Großmoguln blühte die islamische Gartenkunst. Die schönsten Miniaturen verdanken wir der persischen Buchmalerei. Regelmäßig angelegte Gärten, von einer Mauer mit Ecktürmen geschützt und von Ziervögeln, edlen Bäumen und Blumen, besonders Rosen belebt, sind aus der menschenfeindlichen Wüste ausgegrenzt, um Liebespaaren, Hirten oder meditierenden Einsiedlern Platz zu bieten. In solchen »Idyllen«, die auch die Chinesen lieben, werden Erinnerungen an hellenistisch-römische Vorbilder wach. Der des Großstadtlebens überdrüssige Perser scheint wie die Römer ein geradezu epikureisches Verhältnis zum Garten besessen zu haben. Die immergrünen Bäume schützen vor den Sonnenstrahlen des Hochlandes und kühlen zusammen mit dem ständig plätschernden Wasser die Luft, in die sich der Duft von Granatapfel, Orange, Zitrone, Jasmin, Rose, Narzissen und Veilchen verströmt. Viele wollten im Garten, der eben als Abglanz paradiesischer Glückseligkeit begriffen wurde, die letzte Ruhe finden. Hafis und Firdausi, die berühmtesten persischen Dichter, liegen in Gärten begraben.

Der persische Garten in der Kunst ist auch Schauplatz für kontemplative Gespräche, für Gastmäler bei Wein und Musik, für Liebesabenteuer und Jagdszenen, vor allem aber für die alten Epen, allen voran Firdausis »Buch der Könige« mit der Geschichte des iranischen Reiches in 60 000 Doppelversen. Die persische Epik ist den alten sassanidischen Vorstellungen von Königtum und Adelsherrschaft lange treu geblieben. Der persische Garten war somit auch Symbol für Macht und Herrlichkeit der Sultane, Kalifen, Emire und Scheichs.

Die orientalische Liebe zum Garten, die in den königlichen »Paradiesen«, den Lust- und Jagdparks mit Tiergehegen der alten Babylonier und Perser, ihren Niederschlag fand, wurde von der hellenistischen Kultur und schließlich seit dem 2. Jahrhundert v. Chr. von den Römern übernommen. Xenophon preist in den »Persischen Romanen« den Garten als ideale Verbindung von Nützlichem, Schönem und Angenehmem. Die wohlhabende römische Aristokratie der späten Republik und frühen Kaiserzeit besaß nicht nur die »Villa« auf dem Land als in der Bewirtschaftung autarkes Refugium, sondern versteckte auch ihre Stadthäuser in Gärten, um sich vor dem damals schon oft beklagten Verkehrslärm zu schützen. Bernard Andreae hat achtzig über ganz Rom verteilte private Parks nachgewiesen. Dazu gehören die Gärten des Lucullus, des Sallust und des Maezenas, die anspruchsvolle Gesamtkunstwerke mit paradiesischer Vegetation, architektonischen Elementen, Terrassen, Wasserspielen und kostbaren Skulpturen bilden. Die terrassierte Anlage des Lucullus auf dem Gelände der heutigen »Spanischen Treppe« in Rom wurde später zum Modell für viele Gärten der italienischen Renaissance. Berühmt ist bis heute der zauberhafte Garten der Villa d'Este in Tivoli. Die Stadtgärten von Pompeji, die sich hinter den Läden der Handwerker auftaten, waren dagegen oft so klein, daß man versucht hat, den Freiraum durch illusionistische Wandmalereien mit Gartenmotiven als Blick durchs Fenster aus dem Inneren der Häuser zu erweitern. Nach Plinius war der Maler Ludius der Erfinder solcher illusionistischen Gartenmalereien, die auch in anspruchsvollen Villen auftreten. Eines der schönsten Zeugnisse dieser gemalten Gartenkunst stammt aus der bei Primaporta gelegene »Villa ad gallinas albas«, der Villa zu den weißen Hennen der Livia, der klugen Gemahlin des Kaisers Augustus. Die drei Meter hohen Wandbilder des zur Hälfte in der Erde liegenden tonnengewölbten Cubiculums zeigen einen umlaufenden Garten, der durch ein goldenes Gitter, einen Weg und eine Marmorbrüstung – alles täuschend gemalt – vom Haus getrennt zu sein scheint. Frühlingsblumen, Sommer- und Herbstfrüchte gedeihen gleichzeitig. Auch die zwitschernden Vögel stammen aus verschiedenen klimatischen Zonen. Die Fichte als Attribut der Ceres scheint besonders herausgehoben. Idealgärten dieser Art spielen als Elysium auch in der Jenseitssymbolik hellenistischer Grabmalereien eine Rolle. Der Garten besitzt hier noch den Aspekt eines heiligen Haines. Die gemalte, an den Rand einer Grottenhöhle gemahnende Felszackenbordüre, die die Wandbilder im Haus der Livia oben begrenzt, legt die Vorstellung einer paradiesischen Grotte des Dionysos oder der Nymphen nahe. Später verloren die römischen Gärten ihr numinoses Wesen. Übrig blieben Nutz- und Ziergärten, säkularisierte »Paradiese«.

Eines ihrer großen Meisterwerke schuf die »ars topiaria«, die Gartenkunst, in dem universalen Programm einer »Weltlandschaft« um die Villa Kaiser Hadrians in Tivoli. Ähnlich großzügig ist die vom Paul-Getty-Museum im kalifornischen Malibu rekonstruierte Villa dei Papiri gewesen. Solche von Vorbildern aus dem hellenistischen Orient abzuleitenden Landvillen müssen auch als Machtdemonstrationen ihrer Erbauer verstanden werden. In solchen allein von ihrer dominierenden Lage her imposanten Anlagen mit Bibliothek, Bädern und Nymphäum erscheinen die Grenzen zwischen Villa, Garten und freier Landschaft aufgehoben.

Die Idealisierung des mit Arkadien gleichgeordneten Landlebens, so wie es uns in den »Georgica« und den »Bucolica« Vergils begegnet, muß aus römischem Geist hergeleitet werden. »Amoenus« – anmutig, lieblich – ist Vergils ständiges Attribut seiner Traumlandschaften. Der bukolische »locus amoenus«, ein durch einen Mischwald abgeschlossener und von einer Quelle belebter schattiger Hain mit grünem Rasen, wurde erstmals durch Ernst Robert Curtius als festumrissener rhetorisch-poetischer Topos erkannt. Der »locus amoenus« wurde zum Hauptmotiv aller Naturschilderung in der europäischen Kunst bis ins 18. Jahrhundert. Solch ein »lieblicher« Ort ist bei Vergil auch ein Ort der Liebe, ein Ort, der so wie ein paradiesischer Garten nicht dem Nutzen, sondern allein dem Genuß dient. Die vornehme Gesellschaft der ausufernden Weltstadt Rom, deren heilige Wälder damals längst der Urbanisation zum Opfer gefallen waren, träumte mit Vergil in den Gärten ihrer Landvillen von der »Goldenen Zeit«, von arkadischem Glück. Zu den berühmtesten Beispielen der römischen Dichtung gehören Ovids Garten der Flora und Claudians Liebesgarten, in denen der Frühling immer währt.

Der chinesische »Landschaftsgarten« unterscheidet sich in seiner asymmetrisch-malerischen Komposition ganz wesentlich von dem rational in geometrischen Figuren im Zusammenhang mit architektonischen Elementen angelegten vorderorientalischen Garten, der in der Gartenkunst der hellenistisch-römischen Villen modifiziert fortlebt. Der Chinese besitzt ein unmittelbares, lebendiges Verhältnis zur Natur. Er lebt mit seinen auf transportablen Seiden- und Papierrollen oder Wandschirmen gemalten Landschaftsbildern, in denen viele Metaphern versteckt sind, im Rhythmus der Jahreszeiten.

Die ersten Gärten sollen während der Han-Dynastie (206 v. Chr. bis 220 n. Chr.) als Nachbildungen der sagenhaften »Inseln der Unsterblichen« entstanden sein. Später, unter dem Einfluß des Buddhismus, symbolisierten sie das »westliche Paradies« des Amida.

Die Hinwendung der Maler zur Landschaft, die in der Sung-Zeit (960-1297) vollzogen ist, scheint eng mit der taoistischen Philosophie von Sein und Werden zusammenzuhängen. Die Einheit von Himmel, dem männlichen Prinzip (Yang), und Erde, dem weiblichen Prinzip (Yin), ist die Quelle der kosmischen Kraft. Aus der polaren Wechselwirkung zwischen Yang und Yin entsteht die durch die Jahreszeiten symbolisierte ständige Verwandlung der Natur. Das chinesische Landschaftsbild ist kein illusionistisches Spiegelbild unserer Umgebung, kein Fensterausschnitt mit individuellem Blick auf ein Gegenüber, sondern das aufgerollte Bild will ähnlich wie ein Manuskript gelesen, durchwandert werden. Es ist flach, schattenlos, meidet den flüchtigen Schein. Die chinesischen Künstler behaupten, daß die ganz bedeutenden unter ihnen so wie die Natur, mit der gleichen Schöpferkraft, arbeiten. Kuo Hsi, dem wir den wichtigsten Traktat über Landschaftsmalerei verdanken, erläutert sein 1072 entstandenes Meisterwerk »Vorfrühling«, das früheste datierte und signierte, mit Tusche auf Seide gemalte chinesische Landschaftsbild, folgendermaßen: »Wasserläufe sind Blutgefäße der Berge, Pflanzen und Bäume ihr Haar, Nebel und Wolken die Zeichen ihrer Stimmung ... Felsen sind die Knochen von Himmel und Erde ... Wasser ist ihr Blut.« Dieses Repertoire mit Bergen, Strömen, Bäumen und Wolken, das einen Kosmos im Kleinen bildet, verkörpert die ganze Welt in Gestalt idealer, paradiesischer Vollkommenheit. Die ideale Verwirklichung eines Lebens im Einklang mit der Natur suchten der taoistische Einsiedler, aber auch Maler und Poeten in der Bergeinsamkeit.

Die Maler schufen die Vorbilder für den sinnvoll komponierten Mikrokosmos des chinesischen »Naturgartens«, der vor gebirgigem Hintergrund angelegt wird oder in dem auf künstlichen Inseln Steine wie wild aussehende Felsen aufgetürmt werden. Landschaftsmalerei und Gartenkunst gehören bei den Chinesen eng zusammen.

Die frühesten japanischen Landschaftsgärten mit durch Bogenbrücken verbundenen Teichinseln entstanden nach chinesischem Vorbild schon während der Nara-Zeit (710-784), als Heijo-Kyo, das heutige Nara, kaiserliche Residenz war. In der anschließenden Heian-Zeit (8.-12. Jahrhundert) richtete der höfische Adel mit Seen, Wasserfällen, künstlichen Inseln und Pavillons ausgestatte Lustgärten im chinesischen Stil ein, die zu Spaziergängen und Bootsfahrten einluden. Der Garten des Byodo-in-Tempels in Uji bei Kyōto gibt heute noch eine gewisse Vorstellung solcher Gartenpracht.

Ganz neue Akzente setzte der Zen-Buddhismus, der die Gartenkunst während der Kamakura-Zeit (12.-14. Jahrhundert) stark prägte. Er verkündete die Erlösung durch den Blick nach innen. Die formalen Prinzipien des Zen-buddhistischen Gartens standen unter dem Einfluß der asketischen monochromen Landschaftsbilder der ausklingenden chinesischen Sung-Zeit im 13. Jahrhundert. Der Garten wird nicht mehr begangen, sondern lädt von einer Veranda aus zur Meditation ein. Die Kunst des Gärtners besteht darin, auf stark begrenztem Raum mittels optischer Täuschungen größere Entfernungen vorzuspiegeln. Die Kompositionen wurden zunehmend abstrakter, bis sie schließlich auf Bepflanzung und Wasser völlig verzichteten und nur noch sorgfältig geharkte Sandflächen und symbolisch arrangierte Steine, also die »trockene« unbelebte Natur, alle Pracht dieser Welt vergessen lassen. Die berühmtesten Landschaftsgärten im Zen-Stil haben sich in Kyōto erhalten. Eine gewisse Fortsetzung finden diese Steingärten in den Teegärten der Momoyama-Zeit im 16. Jahrhundert.

In Korea stand der auch nach gemalten Vorbildern gestaltete Landschaftsgarten weitgehend unter dem Einfluß der mächtigeren Nachbarreiche China und Japan. Dennoch lassen sich die in enger Verbindung mit der konfuzianischen Lehre entstandenen Landschaftsbilder von den visionären Schöpfungen der chinesischen Literaten-Maler durch ihre unmittelbare Frische und Volkstümlichkeit abgrenzen.

Die christliche Spätantike sowie das frühe und hohe Mittelalter verstanden die Natur in ihrer Ganzheit als Inbegriff göttlichen Willens nicht in der Anschauung, sondern durch das im Glauben und durch die Philosophie Gewußte. Die Weltverachtung, der *contemptus mundi*, stand im krassen Gegensatz zum Gefallen an landschaftlicher »Schönheit«. Der Paradiesgarten im byzantinischen Apsismosaik der 549 eingeweihten Basilika Sant' Apollinare in Classe bei Ravenna, das den gesamten Kirchenraum beherrscht, wird symbolhaft in übereinander angeordneten Zonen auf einfache begriffliche Formeln gebracht. Es scheint, daß für solche Stilisierung und Symbolisierung iranische Voraussetzungen angenommen werden müssen. Während die Philosophie des frühen Mittelalters stark platonisch orientiert war, ergaben die Übernahme der aristotelischen Physik und die damit verbundene Heiligung der Natur in der Hochscholastik erstmals seit der hellenistisch-römischen Antike wesentliche Voraussetzungen für die bildliche Darstellung irdischer Schönheit. Die Natur wurde als Spiegel der göttlichen Ordnung aufgefaßt.

Im Mittelalter war die europäische Gartenkultur an die Klöster, Burgen und Bauernhöfe gebunden. Eine erste Bestandsaufnahme der Pflanzen im Bauerngarten zur Zeit Karls des Großen ergab 73 Kräuter und bereits 16 verschiedene Obstbäume sowie mehr als ein Dutzend Gemüsesorten. Die medizinischen »Tacuina sanitatis«, die auf dem aus dem Arabischen ins Lateinische übersetzten Traktat des Bagdader Arztes Albukasem aus dem 11. Jahrhundert basieren, zeugen von den Heilkräuter-Gärten der Mönche und Nonnen.

Die Gartenbeschreibung im Traktat »De amore«, um 1180 von Andreas Capellanus verfaßt, trug dann wesentlich zur Wiederbelebung der antiken »Ars topiaria« bei. Nur wurde die Natur in der eschatologisch ausgerichteten Kunst des frühen und hohen Mittelalters im christlichen Sinne allegorisiert: In der Rose sah man das Märtyrer-Blut, in der weißen Lilie das Zeichen der Unschuld. Ein zwischen 1404 und 1407 entstandenes Wandgemälde im Adlerturm des Castello del Buon Consiglio in Trient zeigt einen kleinen mauerumwehrten Kräuter- und Blumengarten im Zusammenhang mit der winterlich verschneiten Burg. Solche mittelalterlichen Nutzgärten kennt man nur aus wenigen Abbildungen, denn sie waren nicht darstellungswürdig; deshalb verwandelte der Maler ihn in ein auch im Winter grünendes und blühendes »Paradiesgärtlein«.

Petrarca, der zurückgezogen in seinem Landhaus bei Avignon lebte, warnte vor den Gefährdungen der im Zuge der spätmittelalterlichen Urbanisierung groß gewordenen Städte und wiederholte Vergils *laus ruris*, sein Lob auf das Landleben. Um 1350 malte ein der Sieneser Malerschule verpflichteter Künstler für die Residenz von Papst Clemens VI. in Avignon die erste nachantike Gartenlandschaft, die unmittelbar an das römische Gartenbild aus dem Haus der Livia erinnert. Man hat den Eindruck, als ob die Wände mit spätgotischen Wirkteppichen behängt wären. Über einer Blumenwiese wachsen Obst- und Waldbäume. Wir erkennen Orangen- und Granatäpfelbäume, Lorbeer, Platanen, Fichten und Kiefern. Die höfische Gesellschaft hat Freude am Fisch- und Vogelfang, an Falken- und Kaninchenjagd mit Frettchen. Seit Petrarca griff die italienische Dichtung auf die mit Vergil verbundene Bukolik als Ideal eines Lebens im Einklang mit der Natur zurück. Man erinnert sich angesichts der Garten-Fresken in Avignon vor allem an die Beschreibung des feudalen Liebesgartens in »L'amorosa visione« (1342) und im »Decamerone« (um 1350) des Bocaccio.

Seit dem 13. Jahrhundert verbanden die Maler die hauptsächlich aus der Genesis und der Offenbarung des Johannes geläufige Paradiesgarten-Vorstellung mit der empirischen Natur. Offenbar trugen die Kreuzzüge seit dem 12. Jahrhundert entscheidend zur Vermittlung arabischer Gartenpracht nach Europa, wohl auch über den maurisch besetzten Teil Spaniens, bei. Die Gärten der Alhambra in Granada sind heute noch berühmt.

Der »Hortus conclusus«, der »umschlossene Garten«, erinnert an die umzäunten Liebesgärten in der islamischen Buchmalerei. Die seit der Antike traditionelle Verbindung von Garten und Erotik lebte in den spätgotischen Liebesgärten fort. Die Ambivalenz von Paradies- und Liebesgarten, von christlichem Chiliasmus und höfischer Frauenminne kommt im »Hohelied Salomons« klar zum Ausdruck. Anstelle von Aphrodite und Venus, die in den griechisch-römischen Gärten verehrt wurden, trat die gotische Liebesgöttin im Gewand der Minne auf. Im »Roman de la Rose«, dem populärsten ritterlichen Liebesroman im 14. und 15. Jahrhundert, wird der Garten als »irdisches Paradies« beschrieben.

Als Ort der Sünde erscheint der »Liebesgarten« in dem dramatisch formulierten *memento mori* im Pisaner Friedhofsgebäude, das um 1330/40 gemalt worden ist, dem »Triumph des Todes« gegenübergestellt. Der um 1500 von Hieronymus Bosch gemalte »Garten der Lüste«, der im Prado-Museum in

Madrid verwahrt wird, zeigt den Weg des Menschen vom irdischen Paradies über vielerlei lustvolle weltliche Versuchungen bis zu den Höllenqualen. Der »Garten« mit Hügeln, Wiesen, Bäumen und Wasser ist hier Schauplatz einer sich zwischen Paradies und Hölle hemmungslos vergnügenden Gesellschaft.

Zu den beliebtesten Motiven der europäischen Malerei um 1400 gehört das »Paradiesgärtlein« mit Maria und dem Jesuskind, in dem sich die Vorstellungen des »locus amoenus« mit Blumenwiese, schattenspendenden Bäumen, lieblichen Düften, murmelnden Quellen und Vogelgesang mit den Beschreibungen des »Himmlischen Jerusalem« in der Offenbarung des Johannes und des »Hortus conclusus« im »Hohelied Salomons« mischen. Zu den schönsten Gemälden dieses Themas gehört das kleine, von einem oberrheinischen Meister stammende Bild im Städel-Museum in Frankfurt. Es strahlt wie ein Juwel. Wir spüren etwas von der uralten paradiesischen »Gartenlust«. Der Rasen mit botanisch genau bestimmbaren Schneeglöckchen, Veilchen, Maßliebchen, Akelei, Pfingstrosen und Schwertlilien verleiht dem Garten, in dem die Gottesmutter mit Jesuskind und Hofstaat Platz genommen hat, in Verbindung mit Vögeln, Libelle und Schmetterling, mit einem Brunnen und zwei Bäumen paradiesische Züge. Jedes Detail ist sinnerfüllt im Zusammenhang des Ganzen. Das gilt auch für die paradiesische Natur des berühmten Genter Altars der Brüder Jan und Hubert van Eyck, dessen Gartenpracht einer Enzyklopädie des spätmittelalterlichen Wissens gleichkommt, in dem Legende und Botanik verwoben sind.

Die uns durch Literatur und Malerei überlieferten »Liebesgärten« des späten Mittelalters sind zwar Traumgebilde, eingebunden in die allegorisch-verrätselte Vorstellungswelt des Minnekultes, so wie ihn der »Roman de la Rose« aus dem 13. Jahrhundert schildert, doch darf man annehmen, daß dabei die reale zeitgenössische Gartenkultur nicht ganz unberücksichtigt geblieben ist. Jedenfalls trat am Übergang vom späten Mittelalter zur Renaissance neben den klösterlichen, adeligen und städtischen Nutzgarten mehr und mehr auch der herrschaftliche Lustgarten, nachdem schon die italienischen Humanisten des

Oberrheinischer Meister, »Das Paradiesgärtlein«,
(Städelsches Kunstinstitut, Frankfurt am Main)

14. Jahrhunderts über die wiederentdeckte antike Literatur die Annehmlichkeiten des Landlebens nach römischem Vorbild zu schätzen gelernt hatten. Der päpstliche Palast in Avignon aus der Mitte des 14. Jahrhunderts, von dem schon die Rede war, spiegelt in seinen Fresken diese neue Lustgarten-Kultur.

Die italienischen Architekten der Renaissance waren richtungsweisend für die neue geräumige, mit der Architektur korrespondierende Gartenkunst. Die italienische Gartenkunst der Renaissance ist eine Schwester der Baukunst. Die Gärten des Jüngeren Plinius nahm sich Leon Battista Alberti, der große Florentiner Architekt der Frührenaissance, in seinen »Zehn Büchern über die Baukunst« zum Vorbild. Der von hohen Mauern umgebene italienische Garten der Renaissance gehört zur neuen Villen-Kultur auf dem Land. In der geometrischen Anlage – das ist antikes Erbe –, aber auch in der beherrschenden Lage an Abhängen mit weitem Ausblick triumphieren der klare Verstand und das Machtgefühl des Italieners der Renaissance.

Die immergrünen Hartlaubgewächse – Lorbeer, Myrte, Zypresse, Pinie, in Kübeln aufgestellte Orangen- und Zitronenbäume – scheinen wie von Architekten und Bildhauern geformt. Die geometrische Einteilung des Gartens erfolgt durch streng beschnittene Buchsbaum-Hecken. Marmorbilder, Brunnen und Grotten beleben den Garten, der zum Lustwandeln einlädt. Dabei bleibt die Gartengestaltung der Renaissance der Villa stets untergeordnet. Die Verbundenheit von Villa und Podere, von Herrensitz und Ackerland mit Reben und Olivenhainen, ist gewahrt. Die Felder reichen meist direkt bis an die Gartenmauern der Villa heran, über die hinweg das zugehörige Bauernhaus zu sehen ist.

Die frühesten und berühmtesten Renaissance-Gärten treffen wir in der Toskana im Zusammenhang mit den Villen auf den Hügeln um Florenz, von denen viele mit dem Geschlecht der Medici in Verbindung stehen und die von den besten Architekten stammen: die seit 1485 für Lorenzo de' Medici von Giuliano da Sangello erbaute Villa in Poggio a Caiano, die Villa in Careggi, in der Lorenzo il Magnifico die erlauchtesten Geister der »Accademia Platonica« versammelte, die Villa Gamberaia bei Settignano, die Villen von Castello und Della Petraia am Fuß des Monte Morello. Allerdings sind manche Gärten in späteren Zeiten vernachlässigt oder umgestaltet worden und deshalb nicht so unverfälscht erhalten wie etwa der Garten der Villa Gamberaia mit dem Wasserparterre oder der Garten der Villa in Castello mit dem zentralen hohen Antäus-Brunnen von Giovanni da Bologna. An dem ausgedehnten, hinter dem Palazzo Pitti in Florenz an drei Achsen den Hang aufsteigenden Boboli-Garten, der von Eleonora von Toledo, der Gemahlin Herzog Cosimos I. begründet worden ist, haben bis ins 18. Jahrhundert mehrere Generationen gearbeitet. Wenn auch nicht einheitlich gestaltet, gehört der Garten dennoch zu den schönsten Italiens.

Der rational-perspektivisch konstruierte toskanische Garten entgeht nicht immer der Gefahr, die Natur ihrer Sinnlichkeit zu entkleiden, sie als gesetzmäßiges Beziehungsgeflecht, als »Ordnung« zu begreifen. Der ausgeprägte Sensualismus der Venezianer dagegen fördert auch in der Gartenkunst den Sinn für malerisch-bildhafte Wirkungen, wobei das weiche Licht der Lagune zu Hilfe kommt, das die klare Umgrenzung der Form auflöst. Venetien war in Renaissance und Barock das klassische Land der *villeggiatura*, der ländlichen Sommerfrische. Berühmt sind bis heute die an der Brenta und an den Hängen der voralpinen Hügellandschaft gelegenen Landhäuser, allen voran die 1561/62 für die Humanisten Daniele und Marcantonio Barbaro von Andrea Palladio erbaute Villa Maser mit den kongenialen Garten- und Landschaftsfresken von Paolo Veronese. Im Gegensatz zu dem blockartig geschlossenen Villentypus der Toskana sind Palladios Villen mit ihren Loggien und ihrer gruppenförmigen Anlage aufgelockerter und geöffneter. Der harmonische Austausch von Innen-, Garten- und Landschaftsraum der Villen im Veneto ist überzeugend mit der Vorstellung von Arkadien und der »Goldenen Zeit« in Verbindung gebracht worden.

Unter König Ludwig XIV. übernahm André Le Nôtre die Führung in der barocken europäischen Gartenkunst. Seit 1664 erfolgte durch ihn die großzügige Erweiterung und Umgestaltung des Pariser Tuilerien-Gartens, der seit der Zeit Katharina de Medicis öffentlich zugänglich und eleganter Schauplatz des öffentlichen Lebens war. Seine mit Brunnen und Skulpturen ausgestatteten Parkanlagen in Versailles, St. Germain, St. Cloud u. a., die Anregungen toskanischer Gartenarchitektur der Renaissance spüren lassen, blieben bis ins 18. Jahrhundert für weite Teile Europas vorbildlich, wenn man etwa an die Parkanlagen von Hampton Court, Ludwigsburg, Würzburg, Schleißheim, Nymphenburg oder Schönbrunn bei Wien denkt. Die geometrisch-axial ausgerichteten Prospekte, streng auf die Gebäude bezogen und von der natürlichen Umwelt getrennt, sind am Reißbrett erdacht, »herrisch gegen Mensch und Natur«, vollkommener Ausdruck der absolutistischen, auf eine Zentralgewalt bezogenen französischen Staatsidee.

Doch noch während des Ancien régime wehrte sich die Gartenkunst gegen den harten Griff absolutistischer Herrschaft in den barocken Schloßparks. Die »Champs elysées« in Paris, aus einem vom Sonnenkönig angelegten Lustwäldchen entstanden, entsprangen der Sehnsucht, sich in das Traumreich der elysischen Gefilde zurückzuversetzen, ins »Goldene Zeitalter« der Liebesfreiheit und Naturverbundenheit. Die *fêtes galantes* und Schäferspiele, die von Watteau, Boucher und Fragonard gemalt wurden, fanden in der »ländlichen Idylle« statt. Mit Kutschen oder Barken fuhr man nach Saint-Cloud als einem »locus amoenus«, und zwar in den waldreichen, ungezähmten Teil des Parkes. »Partir pour St. Cloud« bedeutete in der Régence-Zeit soviel wie der Aufbruch zur mythischen, der Göttin Venus heiligen Liebesinsel Kythera.

Aber bald widersetzte sich der Geschmack der Aufklärung nicht nur dem domestizierten Barockgarten, sondern auch dem gekünstelten, maskierten Treiben auf den Liebesinseln im Rokoko. Das erstarkte Bürgertum mit Jean-Jacques Rousseau bediente sich auch in der Gartenkunst eigener Sprachformen. Unter dem Einfluß der alten chinesischen Gartenkultur entstand etwa um 1720 der »Englische Garten«, der dem liberalen Lebensgefühl der Angelsachsen entspricht.

Der Dichter Alexander Pope (1688-1744) gehört zu den geistigen Pionieren des englischen Landschaftsparks: »All gardening is Landscape painting«, d. h., der Garten ist begehbar und bietet immer wieder neue überraschende »Bilder«. Seine wesentlichen Merkmale formulierte zuerst Joseph Addison (1672-1719): »künstliche Unordnung und die Entgrenzung des Gartens zur offenen Natur« bezeichnen verwandte Züge des ebenfalls begehbaren chinesischen Landschaftsgartens.

Der Englische Garten entstand in enger Verbindung mit der Landwirtschaft und erinnert somit an die Kontakte mit der »villeggiatura« im Veneto. Die Villen Andrea Palladios wurden in England vorbildlich. Das 1564 erschienene Buch »Le dieci giornate della vera agricoltura« von Agostino Gallo wurde in England aufmerksam studiert. Grundlegend waren die von William Kent (1684-1748) verwirklichten Vorstellungen eines »Englischen Gartens« in Claremont, Chiswick und Stowe. Zu den exemplarischsten und am besten erhaltenen Landschaftsgärten zählt der Park von Stourhead in Wiltshire, der aus einem baumlosen Wiesental mit zwei Quellen und einigen Fischtümpeln entstanden ist und mit seinen wohlkomponierten Baumgruppen und unauffällig verteilten Tempeln an klassisch-pastorale Landschaften von Claude Lorrain im 17. Jahrhundert erinnert. Der Dichter William Shenstone (1714-1763) prägte durchaus sinnvoll nach dem Vorbild des »Landschaftsmalers« den Begriff »Landschaftsgärtner«. Richard Wilsons Bilder zeigen die »retuschierte« Natur des *landscape gardening*. Seine gemalten Landschaften spiegeln die sparsamen Kompositionen des Landschaftsgärtners Lancelot Brown.

In Deutschland begann die Blüte der Landschaftsgärtnerei mit Friedrich Ludwig von Sckell (1750-1823), dem wir die Erweiterungen der Schloßgärten von Schwetzingen und Nymphenburg sowie den »Englischen Garten« in München verdanken. Hermann Fürst Pückler (1785-1871) entwickelte den englischen Stil in Muskau zu höchster Vollendung. Seine »Andeutungen«, ein Grundlagenwerk über Landschaftsgärtnerei, erschien 1834.

Der »malerisch« angelegte »Englische Garten« konnte damals zusammen mit der aufblühenden Landschaftsmalerei in Europa so beliebt werden, weil er frei von allgemein verbindlichen ethischen und moralischen Implikationen ist und den Bürger somit weniger ideologisch bevormundet. Diente das französische Gartenparterre dem streng etikettierten gesellschaftlichen Auftritt im Rahmen eines »Welttheaters«, so korrespondieren die einzelnen »Bilder« des englischen Gartens mit der seelischen Empfindsamkeit des einsamen Spaziergängers.

Die Großstadt Paris, die um 1850 noch eine Million Einwohner zählte, war in wenigen Jahrzehnten auf zwei Millionen angewachsen. Rings um die Stadt wuchsen die Arbeitervororte. Solche Bevölkerungsexplosionen brauchten ein Ventil. Um 1890 waren die unter Napoleon III. und Georges Haussmann angelegten Boulevards, die die Stadt durchkreuzen und ringförmig umziehen, nahezu fertiggestellt, ebenso die großzügigen Grünanlagen im Sinne von säkularisierten »Volksparks«: Im Westen entstand der Bois de Boulogne, im Osten der Park von Vincennes, im Norden der Park auf den Buttes-Chaumont. Kleine nahräumliche Plätze neben den großen Boulevards, wie etwa der Square Montholon, mit schattigen Bäumen und Bänken laden den Bürger zum Ausruhen ein.

Im früh industrialisierten England entstanden bald die ersten »Gartenstädte«, um dem naturfremden Großstädter gesündere Lebensmöglichkeiten zu bieten: 1903 Letchworth, 1919 Welwyn Garden City, in Deutschland 1909 Frohnau. Der Garten hat seitdem soziale, volkswirtschaftliche und ökologische Aufgaben zu erfüllen.

Die Erinnerung an den Urgarten des Paradieses, in dem Menschen und Tiere friedlich miteinander lebten und den Maler wie Gauguin im 19. Jahrhundert vergeblich bei den Eingeborenen wiederzufinden hofften, ist heute erloschen.

Loki Schmidt

Der Botanische Garten

Ein Zaubergarten war er für mich, als ich ein Kind war: nämlich der alte Botanische Garten in Hamburg. Von dem dunklen Arbeiterviertel, in dem ich aufwuchs, wanderte ich so oft wie möglich durch die Stadt zu der Pflanzenwelt im Botanischen Garten. Bei jedem Besuch lernte ich Neues kennen, konnte Pflanzen vergleichen, entdeckte in den Gewächshäusern fremdartige Gewächse aus fernen tropischen Ländern und fand Farne, Palmfarne und Schachtelhalme, die an längst vergangene Erdzeiten erinnerten.

Diese Freude an Botanischen Gärten blieb bis heute, und wo immer ich auf Reisen die Gelegenheit hatte, besuchte ich Botanische Gärten. Aber schon früh beschäftigte mich die Frage: Wann und aus welchem Grund sind eigentlich Botanische Gärten entstanden?

In der Zeit, als in Norditalien, 1543 in Pisa, zwei Jahre später in Florenz und Padua, die ersten Botanischen Gärten gegründet worden waren, wurde 1542 auch der Medizinischen Fakultät der Universität Leipzig ein Heilpflanzengarten – ein »Hortus medicus« – genehmigt.

Die »Horti medici« waren die Anfänge unserer heutigen Botanischen Gärten. Noch im nächsten, im 17. Jahrhundert, wurden die Universitätsgärten als »Hortus medicus«, als Arzneipflanzengarten, angelegt. Die Botanik als selbständige Wissenschaft gab es noch nicht, sie wurde von Medizinern gelehrt, die ihren Studenten die Kenntnis der wichtigsten Heilpflanzen vermittelten.

Allerdings gaben sich damals die botanisch interessierten Professoren nicht damit zufrieden. Ludwig Jungermann erarbeitete bis 1607 in Leipzig eine Lokalflora und regte seine Studenten an, ein Herbarium nicht nur aus Pflanzen des »Hortus medicus«, sondern auch mit Pflanzen aus der Umgebung Leipzigs anzulegen. Leider ist das letzte Exemplar dieser alten Herbarien in den Wirren des Zweiten Weltkriegs verschwunden.

Der schon 1586 gegründete »Hortus medicorum« in Jena verfügte bereits 75 Jahre später über eine Fläche von 13 000 m^2. Er war damit der größte Botanische Garten der damaligen Zeit und enthielt schon viele Gewächse, die keine Arzneipflanzen waren. Leider mußte aber die Universität den schön angelegten Garten 1663 an den Fürsten als dessen »Lustgarten« abgeben und sich mit einem kleinen Gärtchen bescheiden.

Erst 1794 gelang es dem Wissenschaftler A. J. Batsch mit Hilfe des damaligen Staatsministern Johann Wolfgang von Goethe, das Gelände des Fürstengartens wieder zu einem Botanischen Garten zu machen. Das heutige »Goethe-Haus« im Botanischen Garten Jena, das allerdings etwas später errichtet wurde, erinnert an diese Geschichte.

Eine Generation später, in der Mitte des vorigen Jahrhunderts, gab es ein Ereignis im Botanischen Garten Jena, dessen Folgen noch heute sichtbar sind. Der damalige Leiter des Gartens, der Hamburger Jacob Schleiden, beschäftigte sich mit den neu entdeckten Zellen der Pflanzen (und ging später als Begründer der Zelltheorie in die Geschichte der Biologie ein). Für seine Untersuchungen benötigte er aber optische Geräte. Darum überredete er den in der Nähe Jenas wohnenden Carl Zeiss, seine optischen Werkstätten in Jena aufzubauen, wo beide zusammen Mikroskope entwickelten, die in Schleidens botanischen Praktika ausprobiert werden konnten. So kam es zur berühmten Firma Carl Zeiss in Jena.

Der drittälteste Garten Deutschlands, der Botanische Garten der Universität Heidelberg, der 1593 gegründet wurde, spiegelt besonders deutlich die Entwicklung vom »Hortus medicus« zu einem Garten für die Botanik als einer eigenen Wissenschaft wider. Vom kleinen Arzneipflanzengarten an der Stadtmauer wurde er wegen der wachsenden Pflanzenzahl und der Bedeutung, die die Botanik gewann, immer wieder innerhalb der Stadt verlegt und hat jetzt seinen siebten Standort.

Auch alle anderen alten Universitätsgärten, nicht nur in

Deutschland, wurden im 17. Jahrhundert als »Hortus medicus« angelegt. So war es auch zum Beispiel in den Universitätsgärten von Kopenhagen, Wien, Genf, Budapest und Leiden, einem der ältesten Botanischen Gärten aus dem Jahre 1587, auf dessen Gelände noch heute ein 1601 gepflanzter Goldregen wächst.

Der alte Amsterdamer Garten von 1682, der heute noch am alten Ort liegt, hieß allerdings zuerst »Medicinale Craythof«, wurde später dann aber »Hortus Botanicus« benannt.

Auch der schon 1588 gegründete Garten der Universität Basel begann als »Hortus medicus«. Aber sein erster Leiter Caspar Bauhin, einer der bedeutendsten Botaniker seiner Zeit, legte schon ein Herbarium mit den unterschiedlichsten Pflanzen an, das als kostbares Dokument erhalten ist und in Basel bewahrt wird.

Der Ursprung des größten deutschen Botanischen Gartens Berlin-Dahlem liegt im »Hof- und Küchengarten« des Großen Kurfürsten von 1679.

Die ersten Arzneipflanzengärten im 16. Jahrhundert hatten alle rechteckige, nebeneinanderliegende Beete, die an die Kräuter- und Heilpflanzengärten der Klöster erinnerten. Im 17. Jahrhundert waren sie – der Zeit entsprechend – im Barockstil gestaltet, sie enthielten längst nicht nur Arzneipflanzen.

Ein bedeutender Wandel trat im 18. und 19. Jahrhundert ein – besonders nachdem der Schwede Carl von Linné, der von 1707 bis 1778 lebte, mit seiner im Jahre 1735 veröffentlichten »Systema naturae« die Grundlage der modernen biologischen Systematik geschaffen hatte. Basis der Linnéschen Klassifikation sind die Geschlechtsorgane, die Staub- und Blütenblätter der Pflanzen. Erst kurz zuvor hatte man entdeckt, daß es auch bei Pflanzen Sexualität gibt. Einen der endgültigen Beweise lieferte der Berliner Johann Gottlieb Gleditsch, der ein weibliches Exemplar der Zwergpalme mit dem Pollen einer männlichen Zwergpalme aus Leipzig bestäubte. Dazu war er eigens nach Leipzig gereist – keine ganz kurze Reise in dieser Zeit – und hatte den frischen Pollen, den Blütenstaub, der Zwergpalme sorgsam verwahrt mit nach Berlin gebracht.

Linnés binäre, das heißt zweiteilige Bezeichnung der Pflanzen mit Gattungs- und Artnamen nach lateinischen und griechischen Wortstämmen ist noch heute auf der ganzen Welt gültig. Man findet diese Namen in allen Botanischen Gärten auf Schildern oder kleinen Tafeln bei den Pflanzen, meistens ergänzt durch das Herkunftsland und in Deutschland – soweit vorhanden – mit einem deutschen Namen.

Im 18. und 19. Jahrhundert entwickelte sich die Botanik zur eigenständigen Wissenschaft. In den Botanischen Gärten entstanden große Sammlungen mit vielen neuentdeckten Pflanzen, die beschrieben und in das System, das verwandtschaftliche Beziehungen aufzeigt, eingeordnet wurden, eine Arbeit, die auch heute noch nicht abgeschlossen ist, weil immer noch neue Pflanzenarten entdeckt werden.

In dieser Zeit muß auch der Ausdruck »Scientia amabilis« für die Botanik entstanden sein. Ich finde diesen Namen »liebenswerte Wissenschaft« schön, weil er deutlich macht, daß die Botanik nicht nur den Verstand, sondern auch das Gemüt anspricht. Vielleicht sollten wir heute diesen Ausdruck viel häufiger gebrauchen.

Damals hatte übrigens der englische Landschaftsgartenstil Auswirkungen auf die formale Gestaltung der Botanischen Gärten.

Ende des 19. Jahrhunderts entwickelten die Universitätsgärten neue Themenbereiche, wie zum Beispiel »Blüten und Bestäuber« oder »Samenverbreitung«, und es entstanden Sammlungen von tropischen Nutzpflanzen in den Gewächshäusern. Aber erst im 20. Jahrhundert wurden mit der Entwicklung der Pflanzensoziologie ökologische Einheiten – Pflanzengesellschaften – in den Gärten dargestellt: Wiesen, Waldgesellschaften, Trockenrasen oder Heiden.

Eine botanische kuriose, einmalige Entstehungsgeschichte hat der Botanische Garten in Potsdam. Sein Ursprung ist die Parkgärtnerei, die Beetpflanzen für das Schloß, das Neue Palais und den Garten Sanssouci heranzog, dazu aber auch Chrysanthemen, Nelken und Orchideen als Blumenschmuck für die Schlösser in Gewächshäusern kultivierte. 1945, nach Kriegsende, wurden die Parkgärtnerei und der sogenannte Paradiesgarten dem Botanischen Garten Moskau unterstellt, und aus der gesamten sowjetisch besetzten Zone wurden Pflanzensammlungen nach Osten transportiert.

Die Erklärung liegt in der Geschichte Botanischer Gärten in Rußland. Auf Anordnung Peters des Großen entstanden zwar 1706 in Moskau und 1714 in St. Petersburg kleine Arzneipflanzengärten. Im vorigen Jahrhundert entwickelte sich – übrigens meistens durch hervorragende Leitung deutscher Gärtner – der St. Petersburger Garten zu einem bedeutenden Garten mit einem umfangreichen Herbarium.

Aber zu Beginn dieses Jahrhunderts gab es in Rußland nur etwa 20 Botanische Gärten und Pflanzensammlungen aus aller Welt. Dann allerdings wurden kurz hintereinander etwa 100 neue Botanische Gärten gegründet. Sie alle, auch die älteren, wurden zusammengefaßt in der Akademie der Wissenschaften und von dem 1945 gegründeten 360 ha großen Botanischen Hauptgarten in Moskau geleitet. So unterstand seit Kriegsende also auch der Potsdamer Garten dem Botanischen Garten Moskau mit einem russischen Leiter.

Ende 1949 gab es sodann einen Vertrag, in dem verfügt wurde, daß das alte Parkgartengelände auf unbestimmte Zeit der Brandenburgischen Landeshochschule zur Errichtung eines Botanischen Gartens zur Verfügung gestellt und ein gewisser Pflanzenbestand zurückgegeben wurde.

Andere Ursprünge, und damit eine andere Geschichte, haben die städtischen Botanischen Gärten. Sie sind alle erst Ende des vorigen, Anfang dieses Jahrhunderts entstanden. Viele von ihnen entwickelten sich aus alten Schulgärten; denn damals begannen fortschrittliche Lehrer ihren Naturkunde- und Botanikunterricht im Freien oder jedenfalls mit lebenden Pflanzen zu gestalten.

Manche der städtischen Botanischen Gärten entstanden in Parks, die, von wohlhabenden Bürgern angelegt, zu bestimmten Zeiten auch für das allgemeine Publikum geöffnet waren und die später in das Eigentum der Städte übergingen. Da sie mehr als die Universitätsgärten für die Bevölkerung gedacht sind, haben viele von ihnen außer Pflanzen auch Vogelvolieren, Aquarien und Terrarien oder Tiergehege, dazu Kinderspielplätze und Liegewiesen, Cafés und Gartenrestaurants.

Gleichwohl haben viele dieser städtischen Gärten seit ihrer Gründung als oberstes Ziel die Heranführung der Bürger, besonders der Kinder, an die Natur. So kündigte der Direktor Eduard Zacharias bei seinem Amtsantritt 1894 an: »Erste Aufgabe eines Direktors des Botanischen Gartens zu Hamburg ist es, die botanischen Kenntnisse der Hamburger Bevölkerung zu fördern.« Die Universität Hamburg wurde übrigens erst fünfundzwanzig Jahre später gegründet. Oder in Wilhelmshaven stand 1934 im Gartenführer zu lesen, der Garten solle »Kindern und Eltern ... ein abgeschlossenes Bild von dem Pflanzenwuchs unserer Küste« geben.

Dieser Tradition folgend, entstanden nach dem Zweiten Weltkrieg deshalb auch zuerst in den städtischen Botanischen Gärten sogenannte »Grüne Schulen«, in denen Lehrkräfte oder geeignete Gärtner Schulklassen unterrichten. In Deutschland nimmt das Schulbiologiezentrum Hannover eine herausragende Stellung in der Natur- und Umwelterziehung ein. Hier können Lehrkräfte mit ihren Schülern sorgfältig geplante Kurse unter der Leitung von Fachkräften besuchen und die unmittelbare Begegnung mit Pflanzen und Tieren erleben.

Inzwischen gibt es aber in vielen Botanischen Gärten – auch in den Universitätsgärten – Führungen und Unterricht, um den Besuchern, großen und kleinen, die Natur nahezubringen, Zusammenhänge zu erklären und sie neugierig zu machen, selbständig weiterzuforschen.

Denkt man an die heutigen Aufgaben und die Gestaltung der Botanischen Gärten, so muß sicher bei den Universitätsgärten die Beschaffung von lebenden Pflanzen für die Lehre, aber auch für die Forschung von großer Wichtigkeit sein. Zum Beispiel im Bereich der Pflanzensystematik oder der Pflanzenphysiologie, wo durch neue technische Apparate, wie etwa das Elektronenmikroskop, neue Verwandtschaftsbeziehungen in der Systematik oder neue Pflanzenstrukturen entdeckt werden.

Heute sollte aber die Entwicklungslehre, die Evolution, und die Ökologie, die den Zusammenhang von Tieren und Pflanzen mit Klima und Boden beschreibt, eine neue große Rolle spielen.

Alle Botanischen Gärten, die ich kenne, haben ein Arboretum, aber diese Baumsammlungen sind sehr unterschiedlich zusammengesetzt. Einige Gärten haben die Bäume nach ihrer verwandtschaftlichen Zusammengehörigkeit gepflanzt. Dort findet man reine Buchen-, Birken-, Ahornbestände und vieles mehr aus aller Welt und kann Vergleiche anstellen. Andere Gärten haben unterschiedliche Waldtypen aufgebaut, die in Mitteleuropa heimisch sind.

Oder das Arboretum ist pflanzengeographisch gepflanzt, so daß man, in europäischen Wäldern beginnend, durch Wälder Chinas, Japans und Nordamerikas wandern kann und vielen vertrauten Bäumen aus unseren Parks und Grünanlagen begegnet, die schon lange bei uns eingeführt sind.

Interessant sind auch die in manchen jüngeren Gärten gepflanzten »Tertiärwälder« mit Gehölzen aus Nordamerika und China, die nahe Verwandte unserer mitteleuropäischen Tertiärflora sind, die ja bei uns nach den Eiszeiten wegen der Ost-Westrichtung der Alpen und des Balkans nicht wieder haben nach Norden einwandern können. In solchem Gartenteil kann man ahnen, wie es möglicherweise im Tertiär, bis etwa vor zwei Millionen Jahren, auch bei uns ausgesehen hat.

Nachkommen aus erdgeschichtlich noch viel älteren Zeiten, wie Sommermammutbaum, Sequoia oder Ginkgo, findet man in fast allen Botanischen Gärten der gemäßigten Zonen, wobei die reizvollen Fächerblätter des Ginkgo uns heutige Menschen noch genauso beeindrucken wie einstmals Goethe, der ein tiefsinniges Gedicht über diesen Wunderbaum schrieb.

In vielen Botanischen Gärten ist ein Alpinum zu finden, das – häufig recht ausgedehnt – Pflanzen aus Hochgebirgsregionen vieler Länder zeigt, die auf recht unterschiedlichem Untergrund, beispielswiese Urgestein oder Sandstein, wachsen. Die Pflanzenarten sind auf jedem Untergrund verschieden. Spannend ist es zu entdecken, wie sich die Pflanzen alle in ihrer polster- und kissenförmigen Erscheinung den extremen Bedingungen ihres Hochgebirgsstandortes angepaßt haben.

Außer den Hochgebirgspflanzen haben viele Gärten auch andere Lebensräume aufgebaut, wie verschiedene Waldtypen, von denen schon die Rede war, wie Hochmoore, Heiden, Trockenrasen, Feuchtwiesen und Teiche mit ihren Uferzonen. Es ist jedoch fast unmöglich, eine natürliche Pflanzengesellschaft im Botanischen Garten nachzuahmen. Es sei denn, man bezieht ein Stückchen Primärwald in den Botanischen Garten ein, wie ich es in Singapur sah. Aber auch so ein abgeschnittenes Teilchen ursprünglicher Natur verarmt mit der Zeit.

Trotzdem bekommen Besucher einen Eindruck von den verschiedenen Biotopen, und manche stark gefährdete Art kann in einem nachempfundenen Lebensraum besser erhalten werden, als wenn man sie gesondert kultiviert, wie es in manchen Gärten in speziellen Erhaltungskulturen geschieht.

Am besten ist es natürlich, wenn in der Umgebung Botanischer Gärten bedrohte Standorte gepflegt werden. Das scheitert aber oft am Mangel an Mitarbeitern.

Zu allen Botanischen Gärten gehört eine Nutzpflanzenabteilung, in der nicht nur die gängigsten Gemüse, sondern auch alte Kultursorten von Getreide, Gemüse, Obst und Zierpflanzen zu finden sind. Viele dieser Abteilungen sind liebevoll in Form alter Bauerngärten angelegt mit einem Wegekreuz und mit Beeteinfassungen aus Buchsbaum, wie man es unter anderem in Braunschweig findet oder in Hamburg, wo schon Anfang dieses Jahrhunderts der erste Bauerngarten in einem Botanischen Garten gepflanzt wurde.

In manchen Botanischen Gärten setzte man Nutz- und Zierpflanzen so zusammen, daß sie das Aussehen eines Schreber- oder Kleingartens bekommen. Hier können sich die Besucher Anregung für ihre eigenen Gärten holen.

In einigen der Nutzpflanzenabteilungen sind alte Landsorten von Gemüse der Umgebung zu finden oder alte Rosenarten und alte, fast vergessene Zierpflanzen wie Reseda, Clarkien oder Godetien.

Alle diese Nutzpflanzenabteilungen sollen aber weniger der Erhaltungskultur, sondern mehr der Anschauung und Bildung dienen, besonders, wenn die Entwicklung von alten zu heute üblichen Sorten, zum Beispiel bei Gemüse, erkennbar ist.

Einen ähnlichen Anschauungswert haben die Arzneipflanzenabteilungen, die manche Botanische Gärten im Stil des alten »Hortus medicus« angelegt haben, um an die Anfänge Botanischer Gärten zu erinnern. Eigentlich sind diese alten Heilpflanzengärten ja noch älter als die ersten Botanischen Gärten. Sie waren einst in jedem Klostergarten zu finden. Ich weiß aber von keinem alten Klostergarten, der sich später zu einem Botanischen Garten ausgeweitet hätte.

Heute ist infolge größerer Neigung der Menschen zu natürlichen Heilmitteln das Interesse an Arzneipflanzengärten groß. Das sieht man an den vielen Besuchern, die auch gern Broschüren über diesen Teil der Botanischen Gärten mit nach Hause nehmen.

Wissenschaftlich sind unsere alten Heilpflanzen seit langem recht gut untersucht, so daß unterdessen bisher noch nicht erforschte oder neuentdeckte Arzneipflanzen aus den Tropen eine große Rolle spielen und in den Gewächshäusern einen größeren Raum einnehmen.

Reizvoll sind in vielen – besonders städtischen – Botanischen Gärten große Anlagen mit Arten und Sorten einer Pflanze. Das beginnt im Frühsommer mit der Iris- oder Schwertlilienblüte mit Farben von Weiß über Gelb bis zu sattem Blauviolett, wobei manche Züchtungen, besonders aus Japan, mit ihren seidig glänzenden Blüten besonders edel wirken. Aber auch unsere zwei häufigsten heimischen Wildarten, die große aufrechte Wasserschwertlilie und die grazile Sibirische Schwertlilie in leuchtendem Blau, sind wunderschön.

Später kommen die vielen Fuchsien, die mit ihren roten und weißen Blütenglocken in vielerlei Gestalt jeden Pflanzenfreund erfreuen. Diese prächtigen Pflanzen, von denen es inzwischen viele Sorten gibt, erhielten ihren Namen von einem Tübinger Gelehrten, einem der bedeutendsten Ärzte seiner Zeit, Leonhard Fuchs, der 1501 geboren wurde. Fuchs beschäftigte sich schon damals nicht nur mit Heilpflanzen, sondern auch mit der heimischen Flora.

Einen Höhepunkt im Sommer bildet – besonders in städtischen Botanischen Gärten – die Rosenblüte. Die Farbenpracht, die Blütenfülle und der Duft locken viele Besucher an. Neben den alten Rosensorten, die zum Teil schon im 16. Jahrhundert kultiviert wurden, findet man meist auch schöne Neuzüchtungen.

Eine letzte spektakuläre Farbenpracht entfalten dann im Spätsommer die Dahliensammlungen.

Neben diesen zur Blütezeit besonders farbenprächtigen Anlagen gibt es in Botanischen Gärten noch vielerlei andere Sammlungen. In vielen Gärten stehen im Sommer in Kübeln Mittelmeerpflanzen, die einen Hauch von mediterraner Atmosphäre vermitteln. In anderen kann man Wüsten- und Halbwüstengewächse oder australische Buschvegetation bestaunen. Diese Pflanzen müssen den Winter allerdings in Kalthäusern verbringen, während Rhododendron- und ein Teil der Azaleensammlungen auch im Winter mit ihrem unterschiedlichen Blattwerk im Freiland sehenswert sind.

Mir gefällt besonders gut das Areal mit Pflanzen der Bibel im Botanischen Garten Hamburg. Ausgelöst durch den Internationalen Gärtnertausch zwischen Jerusalem und Hamburg ist dort ein Gartenteil entstanden, in dem man fast alle Pflanzen findet, die in der Bibel erwähnt werden, nur die Dattelpalmen fehlen.

Eine andere Welt betritt man, wenn man aus dem Freiland in die Gewächshäuser kommt. Alle Botanischen Gärten in Europa und im nördlichen Amerika, auch die kleinsten, haben Glashäuser, in denen subtropische und tropische Pflanzen wachsen können.

Mit großem technischen Aufwand werden in den Häusern verschiedene Klimazonen erzeugt, so daß man tropische Regenwälder aus dem Tiefland oder die höher gelegenen Nebelwälder mit hohen Baumfarnen durchwandern kann.

Natürlich reichen selbst Glashäuser bis zu 15 m Höhe nicht aus, die Baumriesen der tropischen Wälder in ihrer ganzen Größe zu zeigen. Und mancher Baum oder manche Palme muß gekappt werden, ehe sie das Dach zerstört. Aber die Wärme, die hohe Luftfeuchtigkeit, das Halbdunkel und die Gerüche vermitteln doch einen nachhaltigen Eindruck.

Besonders interessant und sehenswert sind die vielen Epiphyten, die Aufsitzerpflanzen, die auf den Bäumen wachsen. Im Dämmerlicht unter den Bäumen können sie nicht gedeihen. Darum sitzen sie hoch auf den Baumzweigen, um das nötige Licht zum Wachstum zu bekommen. Es sind hauptsächlich Pflanzen aus der Familie der Bromelien, der Ananasgewächse, und Orchideen, dazu auch Farne, die die Bäume als Leitern zum Licht benutzen.

Die Fülle von unterschiedlichen Pflanzengestalten ist groß. Wenn aber Bromelien und Orchideen blühen, ist der Eindruck überwältigend.

Inzwischen weiß man, daß in den Kronenregionen der Tropenwälder noch eine Vielzahl von Pflanzen und ebenso eine Vielzahl der dazugehörigen Bestäuberinsekten uns ganz unbekannt sind. Zwar arbeiten inzwischen Wissenschaftler in Venezuela und in Französisch-Guayana in den Kronendächern, aber die Pflanzen, die sie sammeln, müssen in den Gewächshäusern zur sorgfältigen Bearbeitung kultiviert werden. So sind die Glashäuser der Botanischen Gärten zugleich auch wichtige Arbeitsplätze für Gärtner und Wissenschaftler.

Einen besonderen Eindruck hinterlassen für jeden die vielen tropischen Nutzpflanzen, die man in den Gewächshäusern findet. In jedem Laden kann man Mango, Papaya, Kakao, Kaffee und vieles mehr kaufen. Aber wie die Pflanzen aussehen, welche diese Früchte hervorbringen, wissen nur wenige. So kann man die recht großblütige Orchidee bestaunen, aus deren Samenschote die Vanille kommt, oder man entdeckt Zuckerrohr und Reispflanzen.

Außer den feucht-heißen Gewächshäusern gibt es in jedem Botanischen Garten auch Häuser mit trocken-heißem Wüsten- und Halbwüstenklima. Hier ist das Reich der Sukkulenten, der Pflanzen, die in verschiedenen Organen Wasser speichern können. Dabei finde ich es besonders interessant zu beobachten, wie ganz unterschiedliche Pflanzenfamilien fast identische Wuchsformen entwickeln, als Anpassung an ihren lebensfeindlichen Standort. Manche Euphorbien, das sind Wolfsmilchgewächse, aus Afrika sehen fast genauso aus wie Kakteen, die es ursprünglich aber nur in Amerika gab.

Eine besondere Flora beherbergen die Kanarischen Inseln. Dort gibt es viele Endemiten, das sind Pflanzen, die nur dort vorkommen. Und so haben viele Botanische Gärten spezielle Kanaren-Häuser eingerichtet.

Eine lange Tradition haben die Glashäuser, in denen im Wasserbecken die großen Blüten der Victoria regia zu bewundern sind. In fast allen Botanischen Gärten werden diese riesigen Seerosen mit den wunderbaren Blüten jedes Jahr aus erbsengroßen Samen herangezogen.

In fast allen Botanischen Gärten gibt es auch Gewächshäuser oder geheizte Vitrinen mit sogenannten »Fleischfressenden Pflanzen«, den Insektivoren. Diese Pflanzen, die nur auf besonders mageren Standorten wachsen, faszinieren durch verschiedene Fangorgane, mit denen sie kleine Tiere, hauptsächlich Insekten, als zusätzliche Nahrung fangen.

Solche aufwendigen Gewächshäuser brauchen die Botanischen Gärten im Tropengürtel der Erde natürlich nicht. Leider gibt es dort – obwohl in den Tropen die größte Artenvielfalt an Pflanzen zu finden ist – sehr viel weniger Botanische Gärten als in den Industrieländern der gemäßigten Zone. Die meisten von ihnen sind in den letzten Jahrhunderten entstanden, als europäische Länder in den Tropen Kolonien gründeten. Ihr ursprünglicher Zweck war das Sammeln, Kultivieren und das wissenschaftliche Untersuchen von tropischen Nutzpflanzen.

So entstand auch Mitte des vorigen Jahrhunderts der Botanische Garten von Singapur. Dieser Garten spielte in den achtziger Jahren des vorigen Jahrhunderts eine wichtige Rolle für einen Teil der Weltwirtschaft, nämlich zunächst für die Gummi-Industrie. Gummi wurde nur im Amazonasgebiet Brasiliens gewonnen, weil der Gummibaum Hevea brasiliensis nur dort wuchs. Manaus mit seinem inzwischen gut renovierten Opernhaus zeigt noch heute, welcher Reichtum durch das Gummi dort entstand.

Einige Samen des Gummibaumes gelangten aber auf geheimen Wegen nach Kew Gardens, dem großen englischen Botanischen Garten. Sie keimten dort und wurden in kleinen aufwendigen Gewächshäuschen nach Singapur verschifft. 1877 begann die Auspflanzung in Singapur. Die Gummipflanzen entwickelten und vermehrten sich in Singapur so gut, daß durch diese Konkurrenz der Gummiboom in Brasilien zu Ende war.

Heute spielt in Singapur die Orchideenzucht eine große Rolle. Schon 1928 gelang es den Wissenschaftlern, die komplizierte Keimung der Orchideen im Laboratorium nachzuvollziehen. Seit der Zeit ist eine Fülle von wundervollen Orchideenhybriden entstanden.

Seine Hauptaufgabe sieht der Garten in Singapur allerdings heute in der Erhaltungskultur tropischer Pflanzen als lebende Genbank. Daneben ist ihm die Erziehung der Menschen zum Verständnis der Natur und die Erholung in dem ausgedehnten Gartengelände fast genauso wichtig.

Ähnliches gilt gewiß auch für andere Botanische Gärten in den Tropen.

Außerhalb der Tropen gibt es ein Gebiet mit einer besonders großen Artenvielfalt. Das ist Südafrika. Der Botanische Garten Kirstenbosch hat sich auf die Sammlung einheimischer Flora spezialisiert und kultiviert etwa 22 000 Arten, das ist etwa ein Drittel aller dort vorkommenden Pflanzen. Um die Fülle deutlich zu machen: Wir haben in Deutschland nur etwa 3200 Blüten- und Farnpflanzenarten.

Fast alle Botanischen Gärten auf der Erde stehen seit längerer Zeit durch den Index Seminum in Verbindung. Diese Liste wird in der Regel jährlich von den Gärten verschickt und bietet anderen Botanischen Gärten Samen an. Da man in Botanischen Gärten unerwünschte Hybridisierung nur schwer verhindern kann, bieten viele Gärten neben Samen aus Gewächshäusern und dem Freiland auch Wildaufsammlungen an. Mancher Botanische Garten hat durch diesen Samentausch, besonders nach dem Krieg, seinen Pflanzenbestand auf- und ausbauen können.

Alle Botanischen Gärten haben aber neben den genannten fachlichen Bereichen gerade heute noch eine andere wichtige Aufgabe zu erfüllen. Sie sind als umschlossener grüner Bereich in den Städten Oasen der Ruhe und Erholung, und sie sind Orte, an denen man Abstand vom Lärm der Stadt gewinnen kann.

Nicht umsonst nennt der Berggarten in Hannover ein abgeschlossenes Geviert »Das Paradies«, das von zwei großen Bäumen, einem Ginkgo und einer Sumpfzypresse, die dort seit 150 Jahren stehen, bewacht wird.

Japanische Gartenteile, wie zum Beispiel in Hamburg und Augsburg, versetzen uns in andere Gartenkulturen.

Mancher Arzneipflanzengarten erinnert an die Strenge der Klostergärten.

In den Rosarien und Dahliengärten lassen wir uns von der Farbenpracht überwältigen.

Und in den Gewächshäusern können wir uns mit allen Sinnen in fremde Welten versetzen lassen.

Für mich sind Botanische Gärten immer noch »Zaubergärten«, und ich wünsche mir, daß sich dort viele Menschen verzaubern lassen.

Hermann Glaser

Schreber- und Nutzgarten: Das Nützliche und das Schöne

I

Als 1908 in Nürnberg – das Beispiel ist exemplarisch, es steht für die Entwicklung der Schrebergarten-Bewegung insgesamt – ein »Gemeinnütziger Verein zur Gründung von Gartenkolonien« entstand, hieß es in der Werbeschrift, verfaßt von dem Arzt Dr. Alfons Stauder:

»Gemüse aller Art, Salate, Beeren, Früchte wachsen fast kostenlos zu, der geringe Preis für den Gartenpacht wird mehr als doppelt und dreifach herausgewirtschaftet, die Ersparnis für den Haushalt ist eine oft nicht unbeträchtliche. Je mehr die Kenntnis und Erfahrung im Gartenbau wächst, desto mehr wird sich auch dieser reale Segen über die Kolonie ergießen und zu den sonstigen ideellen Vorteilen auch die Freude am Gewinn gesellen. Um hier von einem klassischen Beispiel zu berichten, was eine mit Fleiß und Umsicht betriebene Gartenkultur zuwege bringt, so sei nur an das Vorgehen des Bürgermeisters Collings in Birmingham erinnert, der in den von ihm gegründeten Arbeitergärten eine rationelle Erdbeerzucht betreiben ließ und dadurch alle Gartenbesitzer zu wohlhabenden Leuten machte. Ich möchte ja nun keineswegs durch die Mitteilung dieser Tatsache den Glauben bei den derzeitigen und künftigen Gartenkolonisten Nürnbergs erwecken oder gar eine Garantie übernehmen, daß sie alle durch ihre Gartenarbeit wohlhabende und vermögende Menschen werden, ich glaube aber, daß bei jeder Arbeiterfamilie die positive Einsparung von niedrig berechnet 30 bis 50 M im Jahr, abgesehen von den vielen anderen Annehmlichkeiten bei den derzeitigen verteuerten Lebensbedingungen, wesentlich ins Gewicht fallen dürfte. Namentlich für kinderreiche Familien, für invalide Arbeiter, die auf eine magere Rente angewiesen sind, ist hier die Möglichkeit geboten, ohne großen Kostenaufwand einen wesentlichen Teil der nötigen Nahrung zu schaffen.«

Was hier pragmatisch über den Vorteil eines Schrebergartens ausgeführt wird, spiegelt die soziale Situation der damaligen Zeit, die Lage der arbeitenden Bevölkerung (vor allem der Industriearbeiterschaft): einer Klassengesellschaft – scharf abgestuft nach Besitz, Vermögen, Prestige. In dem 1997 erschienenen Buch von Volker Ullrich: »Die nervöse Großmacht. Aufstieg und Untergang des deutschen Kaiserreichs« heißt es dazu, daß die Gesellschaft des Kaiserreichs durch ein hohes Maß sozialer Ungleichheit geprägt gewesen sei.

»Trotz der allmählichen Verbesserung der Realeinkommen lebte die große Masse der Bevölkerung in materiell beengten Verhältnissen. Nach Schätzungen blieben bis 1914 zwischen 60 und 70 Prozent der Lohnempfänger unterhalb der Besteuerungsgrenze. Die soziale Schichtung im Kaiserreich glich einer Birne: ›Aus einem weit ausgebuckelten riesigen proletarischen Sockel wächst der schlanke Hals der Mittelklassen empor, der mit dem nadeldünnen Schlußstück der Oberklassen endet‹, so hat Hans-Ulrich Wehler die Sozialhierarchie charakterisiert, und noch plastischer hat es schon Werner Sombart beschrieben: ›Es ist dieselbe breite Bettelsuppe armer und kümmerlicher Existenzen, auf der die paar Reichen wie Fettaugen schwimmen.‹«

Der Nutzgarten war somit ein ganz wesentlicher Beitrag zur Verbesserung der Lebensverhältnisse; die zitierte Nürnberger Werbeschrift romantisiert natürlich dies, indem sie den Schrebergarten sogar als eine Möglichkeit, wohlhabend zu werden, ansieht.

In der Weimarer Republik, da die sozialen Verhältnisse aufgrund des verlorenen Krieges, der dadurch bewirkten Inflation und dann durch die Massenarbeitslosigkeit sich nochmals drastisch verschlechterten – die »breite Bettelsuppe armer und kümmerlicher Existenzen« immer dürftiger wurde –, nahm die Bedeutung des Schrebergartens weiter zu. Dabei spielten nicht nur die Naturalien, die man im Gärtchen erwirtschaftete, eine bedeutsame Rolle; das Gartenhaus wurde oft zum kleinen

Dorado, das vor Obdachlosigkeit bewahrte. In seinem Roman »Kleiner Mann, was nun« hat Hans Fallada das karge Idyll in der Gartenlaubenkolonie auf ergreifende Weise beschrieben. Pinneberg, als Buchhalter in bescheidener Stellung, und »Lämmchen«, seine Frau, die schwanger ist, heiraten, können aber trotz äußerster Sparsamkeit nicht ihren minimalen Lebensunterhalt bestreiten. Pinneberg fällt dem Personalabbau zum Opfer; beide ziehen nach Berlin, zur verwitweten Mutter Mia, die dort einen Zirkel von Falschspielern und Amüsiermädchen unterhält. Über den Liebhaber seiner Mutter erhält Pinneberg eine Stellung in der Herrenkonfektionsabteilung eines Warenhauses. Auch dort wird er wieder »abgebaut«; die Familie muß in ein Schreberhäuschen vor der Stadt ziehen.

»Es ist ein dunkler, kalter, nasser November, gut, wenn das Dach heil ist. Das Laubendach ist heil, Pinneberg hat es geschafft, er hat das Dach vor vier Wochen frisch geteert. Jetzt ist er wach geworden, das Leuchtziffernblatt des Weckers zeigt dreiviertel fünf. Pinneberg lauscht auf den Novemberregen, der auf das Laubendach prasselt und trommelt. ›Hält dicht‹, denkt er. ›Habe ich fein hingekriegt. Hält dicht. Regen kann uns jedenfalls nichts tun.‹ Pinneberg räumte das Zimmer auf, dann ging er nebenan in die Küche. Die Küche war nicht mehr als ein Handtuch, drei Meter lang und anderthalb breit, der Herd war der kleinste Herd von der Welt mit nur einem Kochloch.

Nach einer Weile war Pinneberg mit all seiner Arbeit fertig. Er ging ein wenig in den Garten und besah sich das Land. So winzig die Laube mit ihrem kleinen Glasvorbau von Veranda war, so groß schien die Parzelle, es waren fast tausend Quadratmeter. Aber das Land sah schlimm aus. Vielleicht waren die Erdbeeren noch zu retten, aber es würde eine schlimme Umgraberei geben, alles war Unkraut, Quecken und Disteln.«

Pinneberg macht sich daran, die Brache in ein kleines Stückchen Paradies inmitten einer feindseligen Umwelt zu verwandeln.

Eine schreckliche Wüstenei waren die meisten Städte nach der Katastrophe des zweiten Weltkrieges. 1945: Kahlschlag – wohin man blickte. Aber neues Leben blühte aus den Ruinen.

Im Grauen erwuchs das Grüne. In dieser Zeit – in der Trümmerzeit – erfuhren die Schrebergärten eine eigentümliche Ausweitung. In Berlin wie anderswo. In ihrem Buch über den Familienalltag in der Nachkriegszeit schreiben Sibylle Meyer und Eva Schulze:

»Zur Verbesserung der Lebensmittelversorgung der Bevölkerung wurde vom Magistrat städtisches Gelände zur privaten Nutzung freigegeben. In den öffentlichen Parks, wie z. B. im Tiergarten, wurden Äcker angelegt und Kartoffeln, Gemüse, Salat und Kohl gezogen. In den Hinterhöfen, auf den schmalen Grünflächen zwischen den Häusern und Straßen, auf öffentlichen Plätzen, in Parks, überall wurde mit dem Spaten umgegraben und Gemüse angebaut. Jedes Stückchen Land, auch das kleinste, wurde als Anbaufläche genutzt. Zwar waren die Möglichkeiten in Berlin, zwischen den Trümmern Kartoffeln oder Kohl zu ziehen, wesentlich begrenzter als in den West- oder Ostzonen, aber die wenigen angelegten Felder und Gärten verbesserten die Lage doch spürbar.«

Gärten, so Rudolf Borchardt in seinem Buch »Der leidenschaftliche Gärtner« – und seine Bemerkungen können die Bedeutung des Nutzgartens in schweren Zeiten resümieren –, seien eine elementare und konstante menschliche Institution, die sich mit siegender Zähigkeit gegen alle Umstände ihr Dasein erzwängen.

Gärten würden im Kugelregen und unter Fliegerbomben angelegt; Gärten stünden auf Dächern von Wolkenkratzern, an den Fenstersimsen zehnter Stockwerke, auf Kakteenbrettern im Wohnfach der Riesenhausschachteln, zwischen den rostenden Wracks alter Autos und Halden verrosteter Blechdosen in der Bannmeile elender Großstädte.

Der Garten ist Topos fürs Überlebenwollen; und – nach Katastrophen – für das Gefühl, daß man noch einmal davongekommen ist.

II

Mehrfach war die Rede von Schrebergärten; der Name geht auf den Leipziger Arzt Daniel Gottlieb Moritz Schreber zurück, der aber, paradoxerweise, gar nichts mit den nach ihm benannten Schrebergärten zu tun hatte.

Schreber – 1808 geboren, 1861 an den Folgen eines Unfalls verstorben (in einer Turnhalle fiel ihm eine schwere Eisenleiter auf den Kopf) – war ein glühender Deutschnationaler; fanatisch betrieb er Sport; er ging jeden Morgen zum Schwimmen; im Winter ließ er dafür des öfteren das Eis aufhacken. Das Turnen gehörte im 19. Jahrhundert zu den patriotischen Tugenden: »Mens sana in corpore sano« hieß es – ein gesunder Geist in einem gesunden Körper; (das war übrigens eine ideologische Fälschung, denn im Original, der 10. Satire des Juvenal, steht: »Orandum est ut sit mens sana in corpore sano« – von den Göttern solle man einen gesunden Geist in einem gesunden Leibe erflehen; aus einem Optativ wurde ein Indikativ).

»Wir begrüßen das deutsche Turnen als ein Zeichen des Wiederauflebens des kernhaften urdeutschen Volksgeistes in einer der übrigen Kulturentwicklung entsprechenden vervollkommneten und veredelten Form.«

So stand es in einer seiner Schriften. (Ich folge hier Jörg Albrecht, dem Autor des Buches »Schrebergärten«.)

Über den Gartenbau geschweige Schrebergärtner findet sich bei ihm kein einziges Wort. Als er jedoch verstorben war und sein Freund und Gesinnungsgenosse Dr. Ernst Innocenz Hauschild, Direktor der vierten Bürgerschule in Leipzig, wegen des Mangels an Spielplätzen zur Gründung eines Vereins aufrief und man dafür einen zündenden Namen suchte, schlug der Pädagoge vor, diesen nach Schreber zu benennen – »zum ehrenden Gedächtnis des trefflichen ärztlichen Pädagogen, des Mannes, aus dessen Schriften man sich bisher hauptsächlich gestärkt und erquickt« habe.

Daß der 1864 gegründete »Schreberverein für Jugendpflege und Volksbildung« mit Garten assoziiert wurde, lag daran, daß am Rande der ersten Spielwiese, die der Verein einrichtete

– Schreberplatz genannt –, kleine Beete angelegt wurden, auf denen die Kinder Blumen pflanzen und hegen sollten. Da die Kinder dies gar nicht so gern taten, halfen die Eltern. Auf den sogenannten »Familienbeeten« wurden dann vor allem Zwiebeln, Erbsen und anderes Gemüse angebaut, später die kleinen Parzellen eingezäunt; dazu entstanden Lauben und Buden. Um 1870 gab es auf diese Weise rund 100 Schrebergärten. Später wurde in die Satzung des Vereins der Passus aufgenommen, daß es im Sinne Schrebers sei,

»den Gartenbau, besonders den Obstbau, zu pflegen und die Kleingärtner zu praktischen Siedlern heranzubilden«.

Die Schrebergartenbewegung zeigt von Anfang an ein gewisses Schwanken bei der Frage, ob mehr der Nutzen oder mehr die Erholung in ihrem Mittelpunkt stehen sollte; die klassische Kompromißformel heißt bis heute: ein Drittel Rasen, ein Drittel Nutzfläche, ein Drittel Blumen.

III

Nützlich *und* schön soll der Garten sein. Das ist ein Motto, das die romantische Gartensehnsucht mit dem gärtnerischen Realitätssinn verbindet. In einem allgemeinen Sinne – losgelöst von der Schrebergarten-Vereinsmeierei – tritt damit eine mythisch-archetypische Vorstellung von Garten zutage, die seit der Kunde vom Garten Eden die verschiedensten Ausprägungen, gerade auch im 19. Jahrhundert, gefunden hat.

»Literarische Gärten« (Gärten in der Literatur, aber auch in der Bildenden Kunst) zeigen in der Romantik, im Biedermeier, im Realismus bald eine Betonung des Schönen, bald des Nützlichen, vor allem eine Mischung von Schönem und Nützlichem. Für den Taugenichts in Joseph von Eichendorffs gleichnamiger Novelle behindert Garten*arbeit* den Garten*genuß* (schließlich hat er die Mühle des Vaters verlassen, da er dort zu viel arbeiten mußte). Der Taugenichts träumt vom höheren Schönen; dieses Wunderschöne erlebt er draußen im Garten.

»Die Blumen, die Springbrunnen, die Rosenbüsche und der

ganze Garten funkelten von der Morgensonne wie lauter Gold und Edelstein. Und in den hohen Buchenalleen, da war es noch so still, kühl und andächtig wie in einer Kirche, nur die Vögel flatterten und pickten auf dem Sande.«

Die Aura des Schönen ist Hauch der Unwirklichkeit (denn die Wirklichkeit ist häufig oder meist häßlich); die schöne Stimmung ist freilich zu schön, als daß sie dauern könnte. Acherontisches Frösteln ergreift den im Augen-Blick Glücklichen. Wenn der Taugenichts wie eine Rohrdommel im Schilfe eines einsamen Weihers im Garten sitzt und auf dem Kahne sich schaukelt (»während die Vesperglocken aus der Stadt über den Garten herüberschallten und die Schwäne auf dem Wasser langsam neben mir hin- und herzogen«), ist ihm zum Sterben bange. Der Taugenichts, zum Zolleinnehmer avanciert, beschließt, das Dasein im *Da*-sein zu genießen. Die Behäbigkeit, für die der Schlafrock steht, drängt freilich auf Entgrenzung; Kohl und Rüben werden durch auserlesene Blumen ersetzt.

»Die Kartoffeln und anderes Gemüse, das ich in meinem kleinen Gärtchen fand, warf ich hinaus und bebaute es ganz mit den auserlesensten Blumen, worüber mich der Portier vom Schlosse mit der großen kurfürstlichen Nase, der, seitdem ich hier wohnte, oft zu mir kam und mein intimer Freund geworden war, bedenklich von der Seite ansah, und mich für einen hielt, den sein plötzlichen Glück verrückt gemacht hätte.«

Biedermeierliche Frugalität jedoch – frugal bedeutet: einfach, gesund und nahrhaft, Nutzen bringend, zu den Früchten gehörend – wäre nie auf den Gedanken gekommen, Kartoffeln und Gemüse aus dem Garten zu werfen; auf der anderen Seite waren die Blumen für den Garten von großer, eben erholsamer Bedeutung; dabei bevorzugte man eine Zweiteilung:

Durch die Fenster des Hauses blickte man auf den Vorgarten, den Ziergarten; beliebt waren Hyazinthen, Krokus, Rosen, Myrten, Jelängerjelieber, Büsche, Nelken, Levkojen, Reseden. An Ziersträuchern bevorzugte man Syringen, Jasmin, Spiräen. Von Efeuecken umgeben, ›atmete der Garten sanften Frieden und reinen Liebeszauber‹; der Gemüsegarten lag hinter dem

Haus; auch hier war die Nützlichkeit durch ein paar Blumen aufgelockert.

Die biedermeierliche geistig-seelische Befindlichkeit hat Adalbert Stifter aus der Kleinheit, die oft auch kleinlich anmutet, ins Irdisch-Kosmische ausgeweitet. Die Beschreibung des Gartens in dem Roman »Der Nachsommer« macht diesen zu einem Ort (Topos), der – im Gegensatz zur anhebenden bedrohlichen Industrialisierung – dem Menschen die Möglichkeit bietet, das Reich der Notwendigkeit mit dem Reich der Freiheit zu verbinden. Aus der Korrespondenz von Arbeit und Lust, Freizeit und Tätigkeit erwächst humane Gelassenheit, die, alle Leidenschaft hinter sich lassend, in der Jahreszeit des Nachsommers, der auch Erntezeit ist, ihre Vollendung erfährt. Die Figuration des Gartens ist als gestaltete Stofflichkeit Spiel des Menschen mit der Natur: Bäume, Sträucher, Pflanzen sind zum Muster der Wohlgefälligkeit geordnet – Beete von Rosen, Aurikeln, Nelken, Lilien, Levkojen, Tulpen, daneben Gemüse, Erdbeeren und Nutzsträucher. Der Blick von der höchsten Stelle des Gartens vermittelt den Blick in die Weite und Nähe, wobei die im Garten heimischen Vögel Sphärik wie Idyllik untermalen.

»Endlich hatten wir die höchste Stelle erreicht, und mit ihr auch das Ende des Gartens. Jenseits senkte sich der Boden wieder sanft abwärts. Auf diesem Platze stand ein sehr großer Kirschbaum, der größte Baum des Gartens, vielleicht der größte Obstbaum der Gegend. Um den Stamm des Baumes lief eine Holzbank, die vier Tischchen nach den vier Weltgegenden vor sich hatte, daß man hier ausruhen, die Gegend besehen oder lesen und schreiben konnte. Man sah an dieser Stelle fast nach allen Richtungen des Himmels. Ich erinnerte mich nun ganz genau, daß ich diesen Baum wohl früher bei meinen Wanderungen von der Straße und von anderen Stellen aus gesehen hatte. Er war wie ein dunkler ausgezeichneter Punkt erschienen, der die höchste Stelle der Gegend krönte. Man mußte an heiteren Tagen von hier aus die ganze Gebirgskette im Süden sehen ...«

Ein solcher Punkt, der die Horizontale, die Heiterkeit des

Daseins erschließt, ist vertikal im Grund der Schwermut verankert. Denn alle Bemühungen, heimisch zu werden im Bebauten und Eingeräumten, mit dem letzten Ziel: die Zeit dadurch zu bewältigen, daß man mit Gleichförmigkeit und Wiederholung den Zeit*ablauf* verstellt, können nicht verhindern, daß Geborgenheit brüchig bleibt und Vergänglichkeit in die geordnete (Garten-)Welt einsickert.

Der sentimentalische Versuch, Dasein durch Gestaltung zu bewältigen, macht den Garten zum Projektionsfeld der Option auf Heimat. Hatte Stifter, so Carl E. Schorske, seine Utopie entworfen als Modell für eine Gesellschaft, die sich vervollkommnen sollte, so schufen die neuen Künstler der Jahrhundertwende einen Garten, wohin der Erwählte sich zurückziehen konnte in die Abgeschiedenheit vor einer ungemäßen Wirklichkeit. Für Stifter war die Kunst eine Krone, zu erlangen durch sittliche Reinheit und bürgerliche Redlichkeit als Belohnung für edles Streben.

»Für seine geistigen Enkelkinder war die Kunst ein Erbe zu ihrem Genusse: edle Einfalt wich der Eleganz und ›Vornehmheit‹. Die Sittlichkeit verlor ihren Vorrang an die Ästhetik, das Recht an die Grazie, die Weltkenntnis an das Bewußtsein der eigenen Empfindungen. Eine hedonistische Selbstvollendung wurde zum Ziel allen Strebens, und Stifters ›Garten der Tugend‹ wurde verwandelt in einen ›Garten des Narziß‹.«

Leopold von Andrian zu Werburg, ein Freund Hugo von Hofmannsthals, stellte seiner Erzählung »Der Garten der Erkenntnis« (1895), welche die Identitätskrise des Fin de siècle zum Thema hat, das Motto voraus: »Ego Narcissus«. Bei Stifter dient der Garten als Vorbild fürs Leben, bei Andrian als eine Zufluchtsstätte vor dem Leben. Der Narziß, der sich durch den Garten treiben läßt, ist selbstbezogen; er ist unfähig, andere zu lieben und Illusion von Wirklichkeit zu trennen. Als Stifter vier Jahrzehnte zuvor den Bildungsweg Heinrich Drendorfs im »Nachsommer« zeichnete, ätzte er die Elemente der Wirklichkeit, auf welche sein Held stieß, in den schärfsten Konturen ein. Häuslichkeit, Landschaft, das »Rosenhaus«, die Arbeiter, Kunst und Geschichte: All das war im Geist des gegenständlichen

Realismus als Teil einer geordneten Welt behandelt, an welche das Individuum sich selbst anpassen mußte. Die richtig geordnete Welt liefert den Schlüssel und das Vorbild für eine wohlgeordnete Seele.

Andrians »Garten der Erkenntnis« bringt keine gesellschaftliche Erkenntnis hervor. Die Außenwelt der sozialen und geschichtlichen Realität ist dem inneren Schauplatz des Seelenlebens gewichen. Erwin, der Held von Andrians Erzählung, empfindet die Welt als ein Fließen, bald zähflüssig, bald stürzend; solches Strömen ist nirgends greifbar. Heinrich Drendorf meistert die Welt, die sich ihm als überschaubar, begreifbar darbietet, Schritt um Schritt; vor allem durch Arbeit ist die Dissonanz zu beseitigen.

Wandlung des Gartens: Der Topos, der die göttliche Weltschöpfung »lokalisiert«, wandelt sich zum romantisch-nervösen, in Zweifeln sich auflösenden Zaubergebilde, das nur noch durch die Form und nicht mehr durch Konsistenz zusammengehalten wird.

IV

Wenden wir uns nach dieser Abschweifung vom ästhetizistisch-feudalen Garten wieder den Realitäten des bürgerlichkleinbürgerlichen Gartens zu, wie er seit der Mitte des 19. Jahrhunderts bis heute ein wichtiges gesellschaftliches Faktum ist; und betrachten wir zwei seiner wichtigen Elemente, die Gartenlaube und den Gartenzwerg, etwas näher.

In der Gartenlaube findet der Mensch, umgeben von friedlich-schöner und nützlicher Natur, zur Ruhe. Die eigentliche Stunde in der Gartenlaube ist die Mittagszeit: panisches Idyll (der Gott Pan schläft; damit ist auch Panik verbannt); im leichten Mittagsschlaf entspannt der sonst meist gehetzte Mensch.

Und dann ist da noch der Abendfriede, der sich über den Garten breitet; der Tag klingt aus; man schaltet ab. Sonnenuntergang und Sternenhimmel, der leichte, kühle Wind säuselt durch die Bäume – die Welt scheint in sich selbst geborgen. Die gesamtjahreszeitliche Stimmungslage der Gartenlaube wird mit großer populärer Bildkraft in dem Vorwort artikuliert, das der Publizist und Herausgeber Ernst Keil der ersten Nummer seines 1853 gegründeten Familienblattes »Die Gartenlaube« voranstellte.

»Grüß Euch Gott, lieben Leute im deutschen Lande! Zu den vielen Geschenken, die Euch der heilige Christ beschert hat, kommen auch wir mit einer Gabe – mit einem neuen Blättchen! Seht's Euch an in ruhiger Stunde! Was wir wollen und bringen – das Alles können wir Euch freilich nicht im Voraus sagen; und aus der ersten Nummer werdet Ihr's auch nicht ganz ersehen können; wir hoffen indeß, es soll Euch gefallen. Wenn Ihr im Kreise Eurer Lieben die langen Winterabende am traulichen Ofen sitzt oder im Frühling, wenn vom Apfelbaume die weiß und roten Blüten fallen, mit einigen Freunden in der schattigen Laube, dann leset unsere Schrift. Ein Blatt soll's werden für's Haus und für die Familie... Es soll Euch anheimeln in unserer Gartenlaube, in der Ihr gut-deutsche Gemütlichkeit findet, die zu Herzen spricht. So probiert's denn mit uns, und damit Gott befohlen!«

Idyllik verbreitet auch die Figur des Gartenzwerges, der heutzutage eine Renaissance erfährt – zumal Billigimporte aus östlichen Ländern seinen Erwerb wesentlich erleichtern. Aufstieg und Niedergang des Gartenzwerges lagen oft dicht beieinander; als er, zusammen mit dem bürgerlichen Nutzgarten, Bedeutung erlangte, war er schon von modernem Bewußtsein, das sich – den Ausdruck gab es damals noch nicht – von der »Schrebergartenmentalität« abwandte, gefährdet. So bedauert in Goethes »Hermann und Dorothea« (1798) der Apotheker den Niedergang der Gartenzwergkultur:

»So war mein Garten auch in der ganzen Gegend berühmt, und
Jeder Reisende stand und sah durch die roten Staketen
Nach den Bettlern von Stein und nach den farbigen Zwergen.
Wem ich den Kaffee dann gar in dem herrlichen Grottenwerk
reichte,
Das nun freilich verstaubt und halb verfallen mir dasteht,

Der erfreute sich doch des farbig schimmernden Lichtes
Schöngeordneter Muscheln; und mit geblendetem Auge
Schaute der Kenner selbst den Bleiglanz und die Korallen.
Ebenso ward in dem Saale die Malerei auch bewundert,
Wo die geputzten Herren und Damen im Garten spazieren
Und mit spitzigen Fingern die Blumen reichen und halten.
Ja, wer sähe das jetzt nur noch an!«

Die Klage war verfrüht! Auch im Neo-Biedermeier schaut sich der »Kenner« weiterhin gern Gartenzwerge und lustiges Getier an. Was signalisieren solche Gegenstände? Was besagt eine derart gestaltete Umwelt? Eine Soziologie des Gartenzwerges dürfte erbringen, daß sich die Industriegesellschaft in ihm eine sentimentale Enklave (Symbolfigur) zu schaffen, ihre Frustration in eine Märchenwelt hineinzuprojizieren sucht – wodurch die Flucht vor der Rationalität idyllisch ausstaffiert wird.

Aber das mag zu hart, zu kritisch formuliert sein. Hinter dem Trivialmythischen steckt der alt-neue Mythos, daß der gute, fleißige Zwerg als Hüter von Haus und Hof fungiert, vor allem eben den Garten beschützt. Ihr, die ihr hier eintretet, laßt alle Bosheit fahren.

Nicht vergessen darf man freilich über dem Garten-Idyll – den Stürmen des Lebens abgetrotzt (die Wortwurzel von Paradies verweist auf ein »hinter den Zäunen liegendes« Territorium) –, daß es auch, zumal in Deutschland, ein unheimliches Gartenidyll gibt.

Es kann banal beginnen und schrecklich enden. Wer sich in der Furche einnistet, hinter Schrebergartenzaun oder hoher Mauer abkapselt, wer die Welt Welt sein läßt und seine Innerlichkeit wie Rosen pflegt, der verliert den Blick für das Leid der anderen, seine Fähigkeit zum Mit-Leid ist reduziert, da dieses das eigene Wohlbefinden mindert. Der Spießbürger, der mit weißer Nachtmütze auf dem Kopfe und weißer Tonpfeife im Maule am lauen Sommerabend in seinem Gärtchen vor dem Hause sitzt und recht behaglich meint: es wäre doch hübsch, wenn er nun so immerfort, ohne daß sein Pfeifchen und sein Lebensatem ausgingen, in die liebe Ewigkeit hineinvegetieren könnte – eine solche Vorstellung versetzte Heine in zornige Angst. »Denk ich an Deutschland in der Nacht, / dann bin ich um den Schlaf gebracht.«

Auf einem seiner Bilder zeigt A. Paul Weber den »Letzten Privatier«: Inmitten eines gemütvoll angelegten Gärtchens steht ein mit Spalierobst umrahmtes Haus, mit Blumenkästen vor den Fenstern. Läden, die vor der Mittagssonne geschlossen sind. Fröhlicher Rauch steigt aus dem Kamin, den ein Taubenschwarm umflattert. Der Besitzer steht vor der Tür, er füttert die Hühner. Im Hintergrund lehnt eine Leiter am Apfelbaum, die Ernte ist im Gange. Eine Laube für den Mittagsschlaf ist auch vorhanden; Beete und Rabatten, Rosensträucher und Bäume, blühende Büsche, Wirsing und Kohl, Rettich und Bohnen (für den Speck); rechts am Haus die Bienenkörbe und unter der Dachrinne das Faß für die Traufe. Ein bescheidenes, stilles Glück, ein einfaches, seliges Furchendasein für den, der drinnen leben und wohnen kann und der die Mauer nicht überschaut, die ihn von der Außenwelt abschließt. Draußen geht die Welt unter: Brücken zerbersten, Flugzeuge stürzen ab; Panzer rollen heran, dunkle Wolken erheben sich über ausgebrannten Städten, schreckliche Ungeheuer durchwühlen und durchfurchen die Erde, die sich in Erdbeben spaltet. Solches Idyll ist auf Sand gebaut (und nicht mehr ein »Fetzchen Glück in der Sandgrube«, wie Borchardt meinte). Die Zeit wird es hinwegspülen. Krähwinkel kann Weltuntergänge nicht aufhalten.

Rolf Wiggershaus

Garten und Park der Gegenwart

Man könnte heute leicht auf die Idee kommen: Die Welt verwandelt sich immer rascher in ein Ensemble von Parks. In Anzeigen, auf Schildern, in Berichten ist die Rede von Wohnparks, Seniorenparks, Einkaufsparks, Skulpturenparks, Freizeitparks, Vergnügungsparks, Kulturparks, Industrieparks, Büroparks, Gewerbeparks, Technologieparks, Wissenschaftsparks, Multimedia-Parks usw. Die älteren Begriffe Schloßpark, Kurpark, Stadtpark mit den Varianten Bürgerpark und Volkspark werden von all den neuen Park-Kreationen fast verdeckt. Das für diese neuen Kategorien Charakteristische ist: Sie signalisieren nur noch eine grüne Umgebung als Symbol für die Distanz zu allem, was an Schmutz und Enge, Mühe und Schweiß denken läßt. Während Schloßpark, Kurpark, Stadtpark eine von ökonomischen Nutzaspekten freie »veredelte« Natur schaffen oder erhalten, leben die neuen Park-Kreationen gewissermaßen parasitär: Es reicht der Eindruck von Grün als Assoziationsauslöser und als Kulisse und Symbol gehobener Standorte. Eher eine Steigerung traditioneller Park-Konzepte sind dagegen Kategorien wie Naturpark und Nationalpark oder Grüngürtel-Park und Regional-Park.

Hier soll es – angesichts der Behandlung gewisser historischer bzw. spezieller Garten- und Parkformen in anderen Beiträgen einerseits, des parasitären Charakters gewisser inflationärer Park-Varianten andererseits – vor allem um den gegenwärtigen Zustand sowie um Ausblicke auf Vorgeschichte und Zukunftsperspektiven des Stadtgrüns gehen, soweit es Garten- oder Parkcharakter hat. Als ein aufschlußreiches Beispiel kann einem dabei sogleich Frankfurt am Main in den Sinn kommen. Dem per Autobahn auf die Stadt zurasenden oder sich ihr im Stau gemächlich nähernden Autofahrer bietet sich wohl nirgendwo sonst in Deutschland und vielleicht in Europa eine derart sinnfällige Demonstration dessen, worin man die zeitgemäße Kombination von Herrenhaus und Park sehen könnte, nämlich das hochragende Bankenviertel im löchrigen Grüngürtel.

Der Anfang des Jahrhunderts war in Frankfurt am Main wie in vielen anderen Städten des Kontinents ein Wendepunkt in der Auffassung von Funktion und dazu passendem Stil des Parks. Park – das hieß um diese Zeit bereits vorrangig Stadtpark, und genauer: Volkspark, auch wenn erst nach 1918 und dem Streit um die Fürstenabfindung in Deutschland das Zeitalter privater aristokratischer Parks endete und die meisten Hof- und Residenzgärten gegen Entschädigung in staatlichen Besitz übergingen.

»Im Frühjahr 1926 saßen Hermann Grab und ich im Löwensteinschen Park bei Klein-Heubach. Mein Freund stand damals unter dem Einfluß Max Schelers und sprach enthusiastisch vom Feudalismus, der Schloß und Anlagen derart aufeinander abzustimmen vermochte. Im gleichen Augenblick erschien eine Aufsichtsperson, die uns rauh verscheuchte: ›Die Bänke sind für die fürstlichen Herrschaften reserviert.‹« Diese Erfahrung des Frankfurter Philosophen Theodor W. Adorno, der damals alljährlich mit seinen Eltern zur Sommerfrische nach Amorbach im Odenwald fuhr, gehörte einer ausklingenden Epoche herrschaftlicher Sitze an. Die Wende am Anfang des Jahrhunderts war nicht zufällig wesentlich unter dem Eindruck englischer und US-amerikanischer Stadtparks erfolgt, die von einer neuartigen, demokratischen »Parkpolitik« zeugten – so als erster der Mitte des 19. Jahrhunderts entstandene Birkenhead Park bei Liverpool oder Frederick Law Olmsteds und Calvert Vaux's wenig später entstandener Central Park in New York mit ihren vielfältigen Nutzungsmöglichkeiten.

Bald nach der Jahrhundertwende löste eine neue Generation von Gartenkünstlern und Gartendirektoren die Vertreter einer traditionellen Volkspark-Konzeption ab. Diese traditionelle Konzeption ging auf Christian Cay Laurenz Hirschfeld zurück, der 1785 im letzten Band seiner »Theorie der Gartenkunst« im

Sinne eines aufgeklärten Absolutismus für eine Kategorie von Gärten, nämlich eben Volksgärten, eingetreten war, die außer für »Bewegung, Genuß der freien Luft, Erholung von Geschäften (und) gesellige Unterhaltung« auch für die sittliche Hebung und Belehrung der »Menge« sorgen sollten – durch Kontakt mit der Natur und vermittels der durch Statuen und andere Denkmäler wachgerufenen Erinnerungen an verstorbene verdienstvolle Männer und nationale Begebenheiten.

Abgesehen von Ausnahmen wie dem Wiener Prater, dem Berliner Tiergarten oder dem Kopenhagener Tivoli, die schon früh als Vergnügungsparks dienten, blieb der pädagogisch-sittliche Aspekt neben hygienischen in Europa auch in der Epoche der von bürgerlichen Honoratioren initiierten Stadtparks wesentlich, soweit es um die Zugänglichmachung von Parks für die einfache Bevölkerung ging.

Vor diesem Hintergrund ist die Wende am Anfang des 20. Jahrhunderts zu sehen. »Wenn ich an das Entsetzen denke, welches mich überkam, als mir zum ersten Male ernstlich nahegelegt wurde, eine größere Nutzbarmachung unserer Anlagen für die Bevölkerung und insbesondere die Freigabe von Rasenflächen ins Auge zu fassen, dann muß ich unwillkürlich lächeln. So etwas schien einem zunächst ganz undenkbar, und das ist begreiflich, wenn man sich die Form unserer bisherigen Stadtparks vorstellt, die sozusagen nur die guten Stuben für die Bevölkerung und sauber herausgearbeitete Zieranlagen bildeten.«

Ein 1910 in der »Gartenkunst« erschienener Aufsatz des damaligen Frankfurter Gartenbaudirektors Carl Heicke machte deutlich, welche Überwindung es ihn gekostet hatte, mit dem allgemeinen Zutritt zum Park in vollem Sinne ernst zu machen. Während Heickes Amtszeit, zwischen 1907 und 1911, entstand in Frankfurt am Main als erster wirklicher Volkspark dieser Stadt der etwa 42 Hektar große Ostpark mit ausgedehnten Wiesenflächen, einem großen Weiher und einer sich südöstlich anschließenden botanischen Abteilung. Die Wege beschränkten sich im wesentlichen auf einen Umgangsweg, der entlang den Randpflanzungen verlief, die die beiden durch den Weiher geschiedenen Spielwiesen umgaben.

Die Realisierung des Ostparks war Teil jener Reformbewegung, die den Wandel vom Bürgerpark zum Volkspark, vom Promenier- und Repräsentationspark zum Spiel- und Gebrauchspark vollzog. Zu den dabei mitwirkenden Kollegen Heickes gehörte auch Fritz Encke, seit 1903 Gartendirektor in Köln.

»Unsere Parks, Volksgärten und Plätze im allgemeinen (müssen) noch viel mehr für den Gebrauch als für das Beschauen eingerichtet werden... Es ist ein Unding, den Strom der Erholung suchenden Besucher auf schmalen Wegen durch weite grüne Flächen zu führen, so daß sie sehnsüchtig auf den saftigen Rasen und die schattigen Haine schauen, aber den aufgewirbelten Staub schlucken müssen.«

So Encke 1907 in seinem Vortrag auf der Jahreshauptversammlung der Deutschen Gesellschaft für Gartenkunst. Den von ihm entworfenen Vorgebirgspark im Süden Kölns betrachtete er zu Recht als Wendepunkt und als »ersten neuzeitlichen Volkspark« dieser Stadt. Der zwischen 1909 und 1911 geplante und realisierte Vorgebirgspark kombinierte eine »Volkswiese« zum Spielen mit drei Sondergärten für ein beschauliches Gehen und Verweilen. Die Volkswiese – mit einem Begriff bezeichnet, der bewußt an die Volks- und Festwiesen vor den Toren geschlossener Städte erinnerte – war im Unterschied zu traditionellen landschaftlichen Parks weitgehend frei von Gehölzen und nur von einem Randweg und einem dichten Gehölzgürtel umschlossen. Malerisch unregelmäßig gestaltete Gruppen von Bäumen und Strauchwerk nämlich, so Enckes Überlegung, hätten zum Schutz vor den auf dem Rasen Spielenden umfriedet werden müssen und hätten die Spielenden mehr gestört als erfreut. Es gab keine idealisierten Naturausschnitte mehr, zu denen der Besucher auf einem umfangreichen Wegenetz geführt wurde, sondern nur direkte Verbindungen zwischen den wichtigsten Punkten des großräumigen, überschaubaren Binnenraums. Die Wiese wurde ergänzt durch einen Planschweiher mit breitem Sandstrand und eine Umkleidehalle im nördlichen Bereich sowie durch einen Kinderspielplatz im Gehölzrand des südlichen Teils.

Die Sondergärten, die die östliche Begrenzung des Parks bildeten, waren für die gedacht, »welche einen beschaulichen Spaziergang zwischen Blumen und ein ruhiges Verweilen im behaglichen Laube dem Getriebe einer Volkswiese vorziehen«. Das hatte eine deutliche soziale Zielsetzung. Während Einrichtungen des Stadtparks älteren Typs ihn insgesamt zu einer beliebten Ergänzung- bzw. Erweiterung bürgerlicher Villengärten machten, sollten Enckes Sonder- bzw. Ruhegärten mit ihren Nischenunterteilungen und Familiensitzplätzen Wohnräume im Freien sein. Sie sollten den in Mietshäusern lebenden Besuchern den fehlenden Garten beim Haus wenigstens teilweise ersetzen.

Die Sondergärten waren als in sich geschlossene kleine Gartenräume behandelt. Ein Staudengarten mit Springbrunnen, ein Wandelgang unter geschorenen Linden, ein Laubengang, dessen Nischen mit Tischen und Stühlen ausgestattet waren, ein Rosengarten mit langgestrecktem Teichrosenbecken, ein Fliedergang mit Sitznischen – das waren einige der Elemente, die diese Gärten zu formstrengen und doch mit der Volkswiese nicht allzu scharf kontrastierenden Ruhezonen machten.

Enckes Kölner Vorgebirgspark zeigte auf exemplarische Weise, was für die Volksparks des 20. Jahrhunderts typisch wurde: die Kombination von Spiel- und Ruhezonen, von Bereichen für sogenannte aktive und solchen für passive Erholung. Zur Hauptfunktion wurde, große, frei benutzbare Räume für die vielfältigen Bedürfnisse einer städtischen Bevölkerung zur Verfügung zu stellen und insgesamt möglichst viele Besucher aufzunehmen. Neben den als Spiel- und Tummelplätzen, aber auch als Sitz- und Liegeplätze benutzbaren Rasenflächen sollten Einrichtungen wie Planschweiher, Sportplätze, Kinderspielplätze, Promenaden, Ruhegärten, Gaststätten und Volks- oder Gesellschaftshäuser den verschiedenen Ansprüchen entgegenkommen. Was am Anfang der Parkkultur im antiken Griechenland gestanden hatte – der öffentliche Park der Akademie in Athen mit Bäumen und Wasser, Promenaden und Sitzgelegenheiten, Spielplätzen und öffentlichen Einrichtungen – erlebte damit eine zeitgemäße, zu einer städtisch-industriellen Gesellschaft passende Wiederkehr.

Den vielfältigen, teils neuen, teils traditionellen, aber nicht länger sozial exklusiven Zielsetzungen entsprach die auf Zweckmäßigkeit bedachte flexible Verwendung landschaftlicher und architektonischer Formen der Parkgestaltung. Schon allein wegen der zum Teil schwierigen, manchmal unmöglichen Vereinbarkeit unterschiedlicher Ansprüche verloren ästhetische Aspekte an Relevanz. Ihnen konnte am ehesten bei der Erhaltung bzw. Wiederherstellung historischer Gärten Rechnung getragen werden. Anknüpfungen an historische Gartengestaltungen ergaben sich unter anderem dadurch, daß in den zwanziger und dreißiger Jahren private Parks mit oft alten Baumbeständen von Städten angekauft und in öffentliche Volksparks umgewandelt wurden. Die vielseitige Nutzbarkeit typischer Volksgärten war dabei oft schon der zu geringen Größe wegen nicht herstellbar. Wo sie hergestellt wurde, fielen der Umnutzung häufig wertvolle Gartenpartien und Gebäude zum Opfer. Unter den diversen Typen des Umgangs mit historischen Gärten scheint die Nutzung solcher Anlagen als Freilichtmuseum mit maßvoller Kommerzialisierung wie bei den vom »National Trust« verwalteten englischen Parkanlagen am geeignetsten, einen Garten und seine Atmosphäre weitgehend zu erhalten. Zusammen mit der zunehmenden Ergänzung vielseitiger Volksparks durch separate, oft Vereinen zugeordnete spezialisierte Anlagen für bestimmte Nutzungen hat sich so im Laufe dieses Jahrhunderts ein breites Spektrum verschiedener und über Stadt und Umland verstreuter Parks und Spiel- und Sportflächen ergeben. Gleichzeitig konnte sich das Bewußtsein für die berechtigte Forderung nach einem Spektrum begrünter Freiflächen festigen, das von der »Kinderwagen-Entfernung« bei Spielplätzen bis zur 30-Minuten-Anfahrt mit öffentlichen Verkehrsmitteln bei Stadtwäldern und offenen Grünzügen reicht.

Die Volksparks waren eine Antwort auf krisenhafte Zuspitzungen im Modernisierungsprozeß städtisch-industrieller Gesellschaften. Eine andere Antwort bedeutete die Entwicklung des Städtebaus zu einer eigenständigen Planungsdisziplin. In ihr nahm das Stadtgrün einen bedeutenden Stellenwert ein. Öffentliche Freiflächen, Parkanlagen, Promenaden, Spiel- und Sportplätze und Kleingärten wurden zum festen Bestand städtischer

Planungsbemühungen. Bei dem 1909 ausgeschriebenen »Wettbewerb zur Erlangung eines Grundplanes für die städtebauliche Entwicklung von Groß-Berlin« wurde in den eingereichten Arbeiten besondere Aufmerksamkeit der die Stadt umgebenden Landschaft gewidmet und tauchte immer wieder der Gedanke eines die Siedlungsgebiete umschließenden Wald- und Wiesengürtels auf, von dem radiale Grünzüge ins Stadtinnere führen sollten. Die Angst der preußischen Regierung vor einer Stärkung der Stellung der »unruhigen« Stadt durch Eingemeindungen verhinderte wirksame Schritte zur Konkretisierung und Durchführung solcher Vorstellungen. Der Vorschlag eines Wald- und Wiesengürtels war auch schon bei einem früheren Wettbewerb für einen »Generalregulierungsplan von Wien« gemacht worden, und parallele Tendenzen gab es ebenfalls im rheinisch-westfälischen Industriegebiet, wo als wichtiges Ziel die Einrichtung und Sicherung öffentlicher Freiflächen und die Schaffung eines als »Nationalpark« bezeichneten Wald- und Wiesengürtels gefordert wurde. Im Unterschied zum Wiener Projekt, das bloß als Stadtbegrenzung gedacht war, war mit dem Ruhrgebiets-Projekt der Übergang von der Stadt- zur Regionalplanung anvisiert, ging es um Grünzüge nicht mehr nur als Begrenzung einer Stadt, sondern auch als Gliederungsmittel einer Region.

Für Frankfurt am Main wurden Pläne dieses Charakters Ende der 20er Jahre entworfen, als Leberecht Migge ein Gutachten über die künftige Grünpolitik der Stadt erstellte. Der unter den damaligen Gartenarchitekten als Außenseiter geltende Autor der 1918 erschienenen Schrift »Das grüne Manifest« forderte unter anderem: neue städtische Landflächen, die als »gezontes Siedlungs- und für immer im Stadtplan festgelegtes Freiflächengebiet nicht mehr lediglich Träger einer künstlich hochgetriebenen Bodenrente« darstellten. Er regte die Anlage neuer Grünbänder an, die einerseits parallel zu den alten Wallanlagen verlaufen, andererseits radiale Verbindungen zu den Trabanten herstellen sollten. Für das gesamte Stadtgebiet schwebten ihm »produktive Grüngebiete« vor. Das war eine Idee, die einerseits radikalen Reformvorstellungen der Nachkriegszeit treu blieb, andererseits eine traditionsreiche utopische Variante aufgriff. Die Idee eines die Stadt umgebenden Freilandgürtels kannte seit langem je nach den ökonomischen Erfordernissen und den herrschenden Vorstellungen von einer idealen Natur zwei Spielarten: die Vision einer romantischen Wald- und Wiesenlandschaft und die einer fruchtbaren und geordneten Gartenlandschaft.

Fast ein Jahrhundert nach der Wende zum Volkspark und fast zwei Jahrhunderte nach dem Wallservitut, dem Frankfurt am Main seinen bis heute existierenden ersten und seit langem inneren Grüngürtel – die Wallanlagen – verdankt, kam es zu dem erstaunlichen Phänomen, daß die Stadt sich aufs neue zu einem vorausschauenden Grün-Projekt verpflichtete. 1991 stimmte die Stadtverordnetenversammlung Frankfurts einer GrünGürtel-Verfassung zu, in der es unter anderem heißt:

»Wichtige typische Landschaftselemente wie etwa Baumgruppen, Streuobstwiesen, Feldhecken und Auen werden in ihrem Bestand nachhaltig gesichert. (...) Die Grünflächen werden naturnah gestaltet und umweltverträglich gepflegt. (...) Bei der Verjüngung von Waldbeständen wird die Naturverjüngung und bei der Bestandsbegründung die florengerechte Baumartenwahl bevorzugt. (...) Die Stadt wird in Zusammenarbeit mit der Landwirtschaft auf eine umweltverträgliche Nutzung der landwirtschaftlichen und gartenbaulichen Flächen hinwirken. Mit dem GrünGürtel ist ein Raum des Dialogs zwischen Stadt und Landwirtschaft gegeben. (...) Die historischen Parkanlagen sollen in ihrem Bestand regeneriert und erhalten werden, um die komplexen Pflanzengemeinschaften und die dadurch beabsichtigte Gestalt auf Dauer zu bewahren. Für die städtische Bevölkerung bedeutet der GrünGürtel die ökologische Erneuerung stadtnaher Natur: als Aufforderung und Beispiel für die ganzheitliche Gestaltung eines neuen Verhältnisses von Stadt und Landschaft im Modernisierungsprozeß der gegenwärtigen Gesellschaft.«

Dem Abschnitt »Ökologische Werte«, dem die zitierten Sätze entnommen sind, folgen im Abschnitt »Sozialer Nutzen« unter anderem die Versprechen:

»Grundsätzlich sollen die Flächen des GrünGürtels für alle zu jeder Zeit unentgeltlich zugänglich sein. Eingezäunte Flächen wie Kleingartenanlagen, Sportanlagen und dergleichen lassen sich durch Wege, die tagsüber offen sind, durchgängig machen. Der Anteil der eingezäunten Flächen im GrünGürtel soll langfristig verringert werden. Für die verschiedenartigen Nutzungen werden jeweils spezifische soziale Infrastrukturen bereitgestellt, die umweltverträglich sind, aber auch gesellschaftlichen Anforderungen wie dem Gleichheits- und dem Freiheitspostulat Rechnung tragen. Im GrünGürtel werden vielfältige Orientierungen angeboten, die den wechselnden Bedürfnissen der Nutzer entgegenkommen. Der GrünGürtel ermöglicht gesellschaftliche Teilhabe an seinen Ressourcen.«

Hatten englische Gartentheoretiker im 18. Jahrhundert sich einst für die Vorstellung begeistert, das ganze Land könne zum Garten werden, so ist die Vision am Ende des 20. Jahrhunderts: ein ganzes Ballungsgebiet könne zum öffentlichen Regional-Park werden. Die rot-grün regierte Kernstadt der wirtschaftlich stärksten Region der Bundesrepublik beschloß damit in einer Hochphase städtischen und regionalen Wachstums, nahezu ein Drittel der Frankfurter Gemarkungsfläche vor weiterer Bebauung zu schützen und einen GrünGürtel-Park in der Größenordnung von 8000 Hektar zu schaffen.

Ein in den räumlichen Dimensionen das Zehnfache umfassendes und mit weitaus größeren Schwierigkeiten konfrontiertes Projekt ist der Emscher Landschaftspark, bei dem ebenfalls nach langer Pause frühere Vorstellungen aufgegriffen und fortgesetzt wurden. In allen Fällen drängen Größenordnung und Komplexität der Probleme ebenjene Vision eines Ballungsgebietes als öffentlicher Regional-Park auf, in die frühere Visionen größtenteils aufgenommen und durch aktuelle ergänzt sind. Die im Zusammenhang mit dem Volkspark zu Bewußtsein gelangten Funktionen und Formen städtischer begrünter Freiräume haben am Ende des Jahrhunderts durch die an seinem Anfang noch nicht das allgemeine Bewußtsein prägenden Krisen von Umwelt und Landwirtschaft eine Art Abrundung erfahren. Die nun in Dimensionen eines Regionalparks gedachten städtischen Freiräume haben als Hauptaufgaben:

durch von Bauten ungestörte Frischluftbahnen und durch Frischluftentstehungsgebiete für günstige klimatische Bedingungen im Ballungsraum zu sorgen und durch die Förderung ökologisch wertvoller Vegetationsflächen zum Wasserschutz und Bodenschutz beizutragen;

durch die Begrenzung und Gliederung der Siedlungsflächen für ein einprägsames Erscheinungsbild der Stadt und ihrer verschiedenen Teile zu sorgen;

gleichsam wie erweiterte Volksparks Ausgleichsräume städtischen Lebens mit vielfältigen Möglichkeiten zu aktiver und passiver Erholung sowie zur Kommunikation zu bieten und damit außer zur »Sozial- und Psychohygiene« auch zur Entlastung stadtferner Erholungslandschaften beizutragen;

durch die stadtnahe ökologisch orientierte Produktion landwirtschaftlicher und gartenbaulicher Erzeugnisse für den Erhalt von Kulturlandschaften zu sorgen und zur Minderung von Umweltbelastungen durch Fernverkehr beizutragen;

durch die Erhaltung, Vernetzung, Vermehrung »ökologischer Nischen« eine Selbstbegrenzung der In-Regie-Nahme von Natur zu praktizieren und insgesamt eine dialektische Beziehung zwischen Vitalität der Stadt und lebendiger und produktiver Vielfalt ihrer ländlichen Umgebung zu schaffen.

Zu den faszinierendsten Aspekten gerade für eine Kulturgeschichte der Gärten und Parks gehört, was das ausgearbeitetste Grüngürtel-Projekt, das Frankfurter nämlich, zum Thema Kulturlandschaft beiträgt. Leitende Vorstellung dabei ist die einer Metamorphose der Landschaft ohne Zerstörung des Vorhandenen. Der Schlüsselbegriff für die Erreichung dieses Ziels heißt »Überlagerung«. Im Beitrag des Landschaftsarchitekten Peter Latz zu dem vom Frankfurter Umweltdezernenten Tom Koenigs herausgegebenen Band »Vision offener Grünräume. GrünGürtel Frankfurt« heißt es beispielsweise:

»Neben den einfach darstellbaren funktionalen Grünflächen, wie gepflegte Parks, abgegrenzte Kleingartenanlagen und Sportflächen, sind im GrünGürtel ›überlagernde‹ Nutzungsformen analysiert worden. Diese nehmen nur Teile der Räume temporär und jahreszeitlich in unterschiedlicher Intensität in Anspruch.

Für die Vorstellung großer offener Grünräume sind diese überlagernden Nutzungen von größter Bedeutung – die Ausprägung und Intensität der Primärnutzungen sind deshalb für sie ausschlaggebend. Extensives Wiesenland, Randsituationen, Flußufer, Gewässerränder und das Erschließungsnetz der Land- und Forstwirtschaft, wie Feldwege und Schneisen, sind für diese informellen Nutzungen am geeignetsten. Entwicklungspotentiale für sie sind Streuobsthänge im Nordosten, gut erschlossene Waldrandsituationen im Süden und extensiv genutzte landwirtschaftliche Restflächen des Sossenheimer Unterfeldes.

Überlagernde Erholungsnutzung steht ebenso in Konflikt mit den Möglichkeiten intensiver Feldbewirtschaftung wie mit der weiteren Ausweisung funktionalisierter Erholungsflächen. Die informellen Nutzungen können sich dann weiterentwickeln, wenn die vielfältigen Zerschneidungen durch Verkehrsstraßen sowie durch Sperrungen und Brüche überwunden und die Gebiete mit einer minimalen Erholungsinfrastruktur ausgestattet werden.«

Indem bestimmte Zonen vielfachen Nutzungsformen dienen, können Beeinträchtigungen von anderen, empfindlichen Bereichen eher ferngehalten werden. In erweiterter Form kehrt darin eine Unterscheidung wieder, die bei der Gestaltung von Volksparks eine wichtige Rolle spielte, nämlich die Unterscheidung zwischen Spiel- und Ruhezonen. Eine ähnliche Unterscheidung wird für Naturparks gefordert, nämlich eine Funktionstrennung zwischen Randbereichen mit vorrangiger Erholungsnutzung – den Aktivzonen – und inneren Bereichen mit vorrangiger Sicherung des Naturhaushalts – den Ruhezonen.

Land- und Forstwirtschaft, Erwerbsgärtnereien und Kleingärten könnten von der Überlagerung durch andere Funktionen im Rahmen des Grüngürtels profitieren, sofern sie bereit sind, sich auf eine Metamorphose in Richtung Umweltverträglichkeit und Durchlässigkeit einzulassen. Ausgeräumte landwirtschaftliche und gärtnerische Nutzflächen haben keinerlei Erholungs-, ästhetischen oder ökologischen Wert, veranlassen nicht zur Identifikation der Bevölkerung mit ihnen. Nur eine qualitativ hochwertige, verschiedenerlei Ansprüchen genügende Kulturlandschaft hat langfristig Aussichten, dem Druck großstädtischer landschaftszerstörender Nutzungsansprüche zu widerstehen.

Ein einprägsamer Ausdruck für die all dem zugrundeliegende traditionsreiche Strategie heißt »In-Wert-Setzung«. Ist in den Köpfen und in Gestalt symbolträchtiger Landschaftselemente erst einmal der Grüngürtel zu einer anerkannten Realität mit Eigengewicht und Eigendynamik geworden, wird es für konkurrierende und mit ihm unverträgliche Forderungen schwierig, sich durchzusetzen. »Bauflächen entstehen auch, wenn man sich nicht um sie kümmert, Freiflächen verschwinden, wenn man sich nicht um sie kümmert.« So Fritz Schumacher, der im ersten Drittel dieses Jahrhunderts als Hamburger Baudirektor entscheidend an der Landesplanung mitwirkte.

Aber es gibt auch berechtigte Skepsis angesichts einer solchen Aufwertungsstrategie, die Stadtparks als Teil eines Grüngürtels und Grüngürtel als Teil eines Regionalparks zu realisieren trachtet. Naturparks etwa pflegen ja in der Tat eine erhebliche Stärkung des Tourismus zur Folge zu haben, den die, die nicht davon profitieren, nur als Störung und als Minderung eines von ihnen als attraktiv empfundenen Ambientes und Lebensstils betrachten können. Die von Bund, Ländern und Landkreisen zur Verfügung gestellten Mittel dienten vorwiegend dazu, zwecks Förderung von Erholung und Fremdenverkehr die letzten noch intakten Landschaften durch die »Möblierung« mit Straßen und Parkplätzen, Erholungs- und Bewirtschaftungszentren, Trimm-Dich-Pfaden und Grillplätzen zu entstellen oder zu zerstören. Wer sagt denn, daß wirklich daraus gelernt wurde? Werden sich für landschaftszerstörende Entwicklungsmaßnahmen nicht immer Geldgeber finden? Und wird nicht jedes Attraktivmachen einer Gegend früher oder später dazu führen, diese Attraktivität kommerziell zu nutzen? Jedenfalls schließt die von der Frankfurter Stadtverordnetenversammlung beschlossene GrünGürtel-Charta mit dem Satz: »Die Planungen sollen den Verdrängungs- und Anziehungsprozessen begegnen, die durch die Einrichtung des GrünGürtels sowohl außerhalb als auch in seinem Inneren ausgelöst werden.«

In der Tat hatte ja die Aufwertung einer Gegend durch die Anlage von Parks in der Regel die Etablierung einer Villengegend zur Voraussetzung oder zur Folge. Parks wurden oft finanziert durch den Verkauf ihrer Peripherie an reiche Bürger, die darin das passende Ambiente ihrer Villen oder sonstigen repräsentativen Wohngebäude sahen. Bei dem ahnungsreichen letzten Satz der Frankfurter GrünGürtel-Verfassung könnten die ernüchternden Erfahrungen englischer Green-Belt-Politik eine Rolle gespielt haben, von denen kaum je die Rede ist. In einem Artikel des Soziologen Wulf Tessin »Zur Praxis der Green-Belt-Politik« wird die Diagnose eines Gentrification-Prozesses im sogenannten »Cocktail-Belt« der Grafschaft Surrey ergänzt durch die Feststellung:

»Auch die in den Ortschaften des Green Belts lebende einkommensschwache Bevölkerung hat wenig Grund zur Freude; das Interesse der großstädtischen Mittel- und Oberschicht an Wohn- bzw. Bauplätzen im Green Belt (bei gleichzeitig restriktiver Baulandausweisung) hat die Bodenpreise in jenen Ortschaften hochschnellen lassen und (zusammen mit der relativen Stagnation des Arbeitsmarktes im Green Belt) Teile der dort lebenden Landbevölkerung in die Großstädte bzw. die New Towns jenseits des Green Belts vertrieben. Ihre einfachen Häuser, Katen usf. wurden und werden aufgekauft, aufwendig renoviert oder abgerissen und durch bürgerliche Einfamilienhäuser, Villen und/oder Cottages ersetzt. In den Ortschaften des West Midland Green Belt stieg denn auch der Anteil der höheren Angestellten, Beamten und der Selbständigen z.B. auf 30 und mehr Prozent, während ihr Anteil an der Gesamtbevölkerung der Agglomeration nur 10 Prozent betrug.«

Gibt es also einen im Grüngürtel-Konzept angelegten gesellschaftlichen Umverteilungseffekt? Kritische Aufmerksamkeit ist bei allen Aufwertungsmaßnahmen angebracht, mögen sie auch in der Absicht erfolgen, andere, für die Allgemeinheit nachteiligere Aufwertungsprozesse zu verhindern.

Ebenso ist kritische Aufmerksamkeit nötig bei allen Formen der In-Regie-Nahme einst gleichsam naturwüchsig erreichter Zustände, mag sie auch in der Absicht erfolgen, auf den Zerfall

Zusteuerndes oder Verdrängungsprozessen hilflos Ausgeliefertes zu retten. Es gilt, sich stets zu vergegenwärtigen, wie unwahrscheinlich es ist, bisher unbeabsichtigte und meist sogar unbemerkte Nebenprodukte produktiver und alltäglicher Tätigkeiten gezielt als intendierte Hauptprodukte am Leben halten oder erneuern zu können. Die Konsequenz solcher Bedenken kann aber nur sein, ein Bündnis mit solchen Produktionsformen einzugehen, durch die eine ökologisch intakte und wirtschaftlich lebendige, also sich selbst tragende Kulturlandschaft möglich ist.

Im Laufe des 20. Jahrhunderts hat es eine Fülle neuer oder als neu präsentierter Gartentypen und Gartenideen gegeben: von »wilden Gärten« und »Naturgärten« über »Jugendstilgärten«, »Architekten-Gärten«, »mobilen Gärten« bis hin zu »Unkrautgärten«, »Schuttgärten« und »postmodernen Gärten«. Oft handelte es sich dabei um zugespitzte und ideologisch überhöhte Reaktionen auf etablierte einseitige Auffassungen. Ein Beispiel für eine besonnen-eigenwillige Weise heutiger Landschaftsgestaltung bieten die Arbeiten des französischen Gartentheoretikers und Landschaftsarchitekten Bernard Lassus, der sich unter anderem am Wettbewerb für den heutigen Vergnügungspark La Villette in Paris beteiligte und ein Konzept für den Landschaftspark Duisburg-Nord entwarf. Lassus versucht mit seinen Entwürfen das zu erreichen, worum es in den produktivesten Phasen der Landschaftskunst stets ging: dem genius loci gerecht zu werden – und der ist eben ein ebenso komplexer und vielschichtiger wie wandelbarer. Weil das Vorhandene nie eine tabula rasa ist, weil sich ihm immer etwas abgewinnen läßt, plädiert Lassus – und damit dürfte am ehesten eine allgemeine Faustregel für heutige Landschaftsgestaltung gegeben sein – nicht ausschließlich, aber doch im Grundsatz für minimale Eingriffe:

»Derzeit bedeutet die Gestaltung eines Ortes den Versuch, verschiedene Landschaften, die als arm, zurückgeblieben, unnütz, häßlich oder abgenutzt gelten, mittels gewichtiger äußerlicher Eingriffe durch die moderne, neomoderne oder Pflanzen-Landschaft zu ersetzen... Oft wissen wir nicht in ausreichendem Maße, was diese Ersetzungen uns vielleicht für immer nehmen, im Verhältnis zu dem, was sie uns bringen ... Wir haben uns nicht die Zeit genommen, den Ort, seine Düfte, seine Landschaften, seinen Kontext, seine Schichten zu erkunden ... Wir folgen einzig dem imperativen Wunsch nach Veränderung, der oft genug mit einer einschneidenden, in eiligstem Tempo ausgeführten äußerlichen Umwandlung einhergeht ... Dennoch kann ein ganz sanfter, ja selbst der allerkleinste Eingriff aus einer Anhäufung von Gegenständen, die bis dato lediglich als Unzusammenhängendes gelesen wurden, Landschaften entstehen lassen, und dieser Eingriff würde dem Ort durch die Infragestellung der gewöhnlichen Lesart eine neue Lesbarkeit geben. Da wir vom Prinzip ausgehen, daß das Vorhandene nie eine tabula rasa ist, führt unser Ansatz, das Vorhandene wiederzuentdecken, dazu, unsere Eingriffe soweit wie möglich zu begrenzen ...«

Literaturhinweise

Der Garten Eden

Ursula Baumgardt, Ingrid Olbricht (Hg.), Die Suche nach dem Paradies. Illusionen. Wünsche. Realitäten. München 1989
Stefano Bianca, Hofhaus und Paradiesgarten. Architektur und Lebensformen in der islamischen Welt. München 1991
Klaus H. Börner, Auf der Suche nach dem irdischen Paradies. Zur Ikonographie der geographischen Utopie. Frankfurt am Main 1984
Anne Marie Fröhlich (Hg.), Gärten. Texte aus der Weltliteratur. Zürich 1993
Gilgamesch. Eine Erzählung aus dem alten Orient. Zu einem Ganzen gestaltet von Georg Burckhardt. Wiesbaden 1955
Dieter Hennebo, Gärten des Mittelalters. Zürich 1987
Der Koran. Das Heilige Buch des Islam. Nach der Übertragung von Ludwig Ullmann neu bearbeitet und erläutert von L. W. Winter. München 1959
Peter Cornelius Mayer-Tasch, Bernd Mayerhofer (Hg.), Hinter Mauern ein Paradies. Der mittelalterliche Garten. Leipzig 1998
Elizabeth B. Moynihan, Paradise as a Garden in Persia and Mughal India. London 1979
Paracelsus, Vom Licht der Natur und des Geistes. Eine Auswahl. In Verbindung mit Karl-Heinz Weimann mit einer Einführung hg. von Kurt Goldammer. Stuttgart 1976
Christopher Thacker, The History of Gardens. London 1979

Der Garten im alten Ägypten

Altägyptische Liebeslieder. Eingeleitet und übertragen von Siegfried Schott. Zürich 1950
Emma Brunner-Traut, Die alten Ägypter. Stuttgart 1981
Maureen Carroll-Spillecke (Hg.), Der Garten von der Antike bis zum Mittelalter. Mainz 1992
Adolf Ermann (Hg.), Die Literatur der Ägypter. Leipzig 1923
Renate Germer, Die Pflanzenmaterialien aus dem Grab des Tutanchamun. Hildesheim 1989
Marie Luise Gothein, Geschichte der Gartenkunst. Bd. 1. Jena 1926, Neuaufl. 1988
Thomas Mann, Joseph in Ägypten. Wien 1936
Lise Manniche, An Ancient Egyptian Herbal. London 1989
Sennefer. Die Grabkammer des Bürgermeisters von Theben. Katalog. Hg. von Arne Eggebrecht. Hildesheim 1988

Die Hängenden Gärten von Babylon

Kai Brodersen, Reiseführer zu den Sieben Weltwundern. Frankfurt am Main und Leipzig 1992

Kai Brodersen, Die Sieben Weltwunder. Legendäre Kunst- und Bauwerke der Antike. München 1996

P. A. Clayton, M. J. Price (Hg.), The Seven Wonders of the Ancient World. London 1988. Deutsche Ausgabe: Die Sieben Weltwunder. Stuttgart 1990

J. und E. Romer, The Seven Wonders of the World. A History of the Modern Imagination. London 1995

D. J. Wiseman, Nebuchadrezzar and Babylon. Oxford 1985

Die Gärten Chinas

Juliet Bredon, Igor Mitrophanow, Das Mondjahr. Wien 1937

Chang Chung-Yuan, Tao, Zen und schöpferische Kraft. Düsseldorf, Köln 1975

E. von Erdberg, Chinese Influence on European Garden Structures. Cambridge (Mass.) 1936

Robert Fortune, Three Years Wanderings in the Northern Provinces of China. London 1847

Herbert Franke, Nordchina am Vorabend der mongolischen Eroberungen. Opladen 1978

Jacques Gernet, Die Chinesische Welt. Frankfurt am Main 1979

Marcel Granet, Das chinesische Denken. München 1963

Marcel Granet, Die chinesische Zivilisation. München 1976

Oliver Impey, Chinoiserie. London 1977

Li Jiale, Einige Aspekte zur Fortsetzung der Tradition der klassischen Gartenkunst in China. In: Akademische Zeitschrift der Gartenkunst (Peking), Nr. 3/4 Nov. 1962

A. Koehn, China Flower Symbolism. In: Monumenta Nipponica Tokyo, 8. Jahrg. 1952, S. 121 ff.

H. L. Li, The Garden Flowers of China. New York 1959

Matteo Ripa, Views of the Chinese Imperial Palaces and Gardens at Jelol in Manchurica. 1713. (Beschreibung Auktionskatalog 37/1978 der B. Weinreb Architectural Books Ltd., London)

Ph. Rawson und Laszlo Legeza, Tao, die Philosophie von Sein und Werden. München o. J.

Osvald Sirèn, Gardens of China. New York 1949

Der Traum der Roten Kammer. Aus dem Chinesischen übertragen von Franz Kuhn. Leipzig 1932. Nachdruck Frankfurt am Main 1977

Richard Wilhelm, Die Seele Chinas. Berlin 1926. Nachdruck Frankfurt am Main 1980

Richard Wilhelm, Geschichte der chinesischen Kultur. München 1928

C. A. S. Williams, Outlines of Chinese Symbolism and Art Motives. Shanghai 1932

Der japanische Garten

Matso Bashō, Hundertundelf Haiku. Ausgewählt, übers. und mit einem Begleitwort versehen von Ralph-Rainer Wuthenow. Zürich [3]1994

Kurt Brasch, Kyoto. Die Seele Japans. Olten und Freiburg i. Br. [2]1974

Curt Glaser, Die Kunst Ostasiens. Der Umkreis ihres Denkens und Gestaltens. Leipzig [2]1920

Lafcadio Hearn, In einem japanischen Garten. Aus dem Englischen übers. von Berta Franzos. Zürich 1993

Rose Hempel, u. a. Die Kunst der Japaner. In: Propyläen Kunstgeschichte Band 17, China – Korea – Japan. Berlin 1968

Karl Hennig, Japanische Gartenkunst. Form Geschichte Geisteswelt. Köln 1980

Yasunari Kawabata, Utsukushi Nihon no watakushi. Japan, the beautiful and myself. Translated by Edward G. Seidensticker. Tokio 1969

Jirō Ōsaragi, Homecoming. Translated from the Japanese by Brewater Horwitz with an introduction by Harold Strauss. Reprinted in 1977 by Greenwood Press, Inc. Westport, Connecticut

Kakuzō Ōkakura, Das Buch vom Tee. Übertragen von Horst Hammitzsch. Wiesbaden 1951

Kakuzō Ōkakura, Die Ideale des Ostens. Aus dem englischen Original übertragen von Marguerite Steindorff. Leipzig 1923

Dietrich Seckel, Einführung in die Kunst Ostasiens. 34 Interpretationen. München 1960

Sei Shōnagon, Das Kopfkissenbuch der Hofdame Sei Shōnagon. Aus dem Japanischen übers. und hg. von Mamoru Watanabé. München 1992

Bruno Taut, Grundlinien der Architektur Japans. Kokusai Bunka Shinkokai. Tokio o. J.

Juzō Ueda, Betrachtungen über japanische Kunst. In Zusammenarbeit mit Akira Kadino übersetzt und erläutert von Christoph Kaempff. Schriftenreihe des Deutsch-Japanischen Kulturinstituts Kioto 1958

Tetsurō Watsuji, Fudō. Wind und Erde. Der Zusammenhang zwischen Klima und Kultur. Übersetzt und eingeleitet von Dora Fischer-Barnicol und Ōkochi Ryogi. Darmstadt 1992

Tetsurō Yoshida, Der japanische Garten. Tübingen 1957

Tetsurō Yoshida, Japanische Architektur. Tübingen 1952

Antike griechische Gärten

G. J. Baudy, Adonisgärten. In: Beiträge zur klassischen Philologie 176, 1986

H. Baumann, Die griechische Pflanzenwelt in Mythos, Kunst und Literatur. München [2]1986

D. Birge, Sacred Groves in the Ancient Greek World. Berkeley 1982

M. Carroll-Spillecke, Kepos. Der antike griechische Garten. Wohnen in der klassischen Polis III. München 1989

M. Carroll-Spillecke (Hg.), Der Garten von der Antike bis zum Mittelalter. Mainz 1995

M. Carroll-Spillecke, Römische Gärten. In: G. Hellenkemper Salies (Hg.), Das Wrack. Der antike Schiffsfund von Mahdia. Bonn 1995, S. 901-909
J. Delorme, Gymnasion. Etude sur les monuments consacrés à l'éducation en Grèce. Paris 1960
K. Galling, Paradeisos. In: Pauly-Wissowa's Real-Encyclopädie der classischen Altertumswissenschaften. Bd. 18.3. Waldsee 1949, S. 1131-1134
H. Fahlbusch, Elemente griechischer und römischer Wasserversorgungsanlagen. In: G. Garbrecht et al., Die Wasserversorgung antiker Städte. Geschichte der Wasserversorgung 2. Mainz 1987, S. 135-163
W. Hoepfner und F. L. Schwandner, Haus und Stadt im klassischen Griechenland. Wohnen in der klassischen Polis I. München 1994
W. Hoepfner und G. Brands (Hg.), Basileia. Die Paläste der hellenistischen Könige. Mainz 1996
W. F. Jashemski, The Gardens of Pompeii, Herculaneum and the villas destroyed by Vesuvius, 2 Bde. New Rochelle 1979 und 1993
J. H. Kent, The temple estates of Delos, Rheneia and Mykonos. In: Hesperia 17, 1948, S. 243-338
M. Launey, Le Verger d'Héraklès à Thasos. In: Bulletin de Correspondence Hellénique 61, 1937, S. 380-409
R. G. Osborne, Classical Greek Gardens: Between Farm and Paradise. In: J. D. Hunt (Hg.), Garden History: Issues, Approaches, Methods. Dumbarton Oaks Colloquium on the History of Landscape Architecture 13. Washington 1992, S. 373-391
M. Rostovtzeff, A large estate in Egypt in the third century B. C. Madison 1922
M. Schnebel, Die Landwirtschaft im hellenistischen Ägypten. München 1925
D. B. Thompson, The Garden of Hephaistos. In: Hesperia 6, 1937, S. 396-425
C. Vatin, Jardins et vergers grècs. In: Mélanges helléniques offerts à Georges Daux. Paris 1974, S. 345-357

Der römische Garten

Maureen Carroll-Spillecke (Hg.), Der Garten von der Antike bis zum Mittelalter. Mainz 1992
Ludwig Friedlaender, Darstellungen aus der Sittengeschichte Roms. 4 Bände. Leipzig 1919
Pierre Grimal, Les Jardin Romains à la République et aux deux Premiers Siècles de l'Empire. Paris 1943
Elisabeth B. MacDougall und Wilhelmina F. Jashemski (Hg.), Ancient Roman Villa Gardens. Dumbarton Oaks 1981
Christian Meier, Lebenskunst als Kompensation von Machtdefizit? In: Géza Alföldy u. a., Römische Lebenskunst. Heidelberg 1995, S. 57-66
Fridolin Reutti (Hg.), Die römische Villa. Darmstadt 1990
Katja Schneider, Villa und Natur. Eine Studie zur römischen Oberschichtkultur im letzten vor- und ersten nachchristlichen Jahrhundert. München 1995 (mit weiterer Literatur)

Byzanz und die Islamischen Gärten

Frank Richard Cowell, Gartenkunst. Stuttgart/Zürich 1993
Hermann Forkl et al. (Hg.), Die Gärten des Islam (Ausstellungskatalog). Stuttgart/London 1993
Marie Luise Gothein, Geschichte der Gartenkunst (Band 1). Jena 1926
Rainer Werner Kuhnke, Die maurischen Gärten Andalusiens. München 1996
Elizabeth B. Moynihan, Paradise as a Garden in Persia and Mughal India. London 1979

Walahfrid Strabos Hortulus – der ideale Klostergarten

Caroli du Fresne Domini du Cange, Glossarium ad scriptores Mediae et infimae latinitatis. 4 Bde. Frankfurt am Main 1710
Marie Luise Gothein, Geschichte der Gartenkunst. 2 Bde. Jena 1914
Herard von Landsberg, Hortus deliciarum. Hg. von Otto Gillen. Landau 1979
Harald Othmar Lenz, Botanik der alten Griechen und Römer. Gotha 1859
Monumenta Germanicae historica: Capitularia regum Francorum. Hg. von Boretius und Krause. 2 Bde. 1883-97.
Jo. Guil. Stuck, Antiquitatum convivialium libri III. Editio secunda. Tiguri 1597
Hans-Dieter Stoffler, Der Hortulus des Walahfrid Strabo. Sigmaringen 1996
Walafridi Strabi Poemata. In: Thesaurus monumentorum ecclesiasticorum et historicorum. Ed. Jacobus Basnage. Tom. II. Pars I. Amsteldami 1725

Italienische Gärten

Giovanni Boccaccio, Das Dekameron. Vollständige Ausgabe in der Übertragung von Karl Witte. Durchgesehen von Helmut Bode. München 1952
Jacob Burckhardt, Die Kultur der Renaissance in Italien. Gesammelte Werke, Band III. Darmstadt 1962
Marie Luise Gothein, Geschichte der Gartenkunst. Erster Band. Von Ägypten bis zur Renaissance in Italien, Spanien und Portugal. Jena 1926
Jacob Grimm, Karl Weigand und Rudolf Hildebrand, Deutsches Wörterbuch von Jacob und Wilhelm Grimm. Vierten Bandes Erste Abtheilung Erste Hälfte. Leipzig 1878
Christian Cay Lorenz Hirschfeld, Theorie der Gartenkunst. Fünfter Band. Leipzig 1985
Hansjörg Küster, Geschichte der Landschaft in Mitteleuropa. Von der Eiszeit bis zur Gegenwart. München 1995
Günter Mader und Laila Neubert-Mader, Italienische Gärten. Stuttgart 1989
Doris Maurer, Pilgrime sind wir alle, die wir Italien suchen. Das Italienerlebnis deutscher Schriftsteller vor und nach Goethes italienischer Reise. In: Jörn Göres (Hg.), Goethe in Italien. Mainz 1986
Conrad Ferdinand Meyer, Gedichte. Ausgewählt von Albrecht Schaeffer. Leipzig o. J. (1929)

Martin Rikli, Lebensbedingungen und Vegetationsverhältnisse der Mittelmeerländer und der atlantischen Inseln. Jena 1912
Giorgio Vasari, Lebensläufe der berühmtesten Maler, Bildhauer und Architekten. Aus dem Italienischen von Trude Fein unter Heranziehung der deutschen Ausgabe von L. Schorn und E. Förster. Zürich 1974
Clemens Alexander Wimmer, Geschichte der Gartentheorie. Darmstadt 1989

Französische Gärten

Barbara Bechter, Der Garten von Vaux-le-Vicomte. Diss. Mainz 1991. Hänsel-Hohenhausen 1993
Gernot Böhme, Für eine ökologische Naturästhetik. Frankfurt am Main 1989
Joachim Carvallo, Préface. In: Prosper Péan, Jardins de France. Paris 1925
Robert Carvallo, The Gardens of Villandry, Techniques and Plants. Joué-lès-Tours 1991
Marguerite Charageat, André Le Nôtre et l'optique de son temps – Le Grand Canal de Tanlay par Pierre Le Muet. In: Bulletin de la Société de l'histoire de l'art français, 1955, S. 66-78
Lucien Corpechot, Parcs et Jardins de France (Les Jardins de l'Intelligence). 2. Aufl. Paris 1937. 1. Aufl. 1910 unter dem Titel: Les Jardins de l'Intelligence
René Descartes, Brief an Mersenne. Amsterdam 15. April 1630 = Œuvres de Descartes, hg. von Charles Adam und Paul Tannery. Band »Correspondance I«. Paris 1974, S. 135 ff.
René Descartes, Discours de la Méthode ... plus La Dioptrique, Les Météores, et La Géométrie ... Leyden 1637 = Œuvres de Descartes, hg. von Charles Adam und Paul Tannery. Band VI. Paris 1973
Maurice Fleurent, Villandry – Le jardin du bonheur. Paris 1989
F. Hamilton Hazlehurst, Gardens of Illusion – The Genius of André Le Nôtre. Nashville, Tennessee 1980
Pierre-André Lablaude, Die Gärten von Versailles. Worms am Rhein 1995
Jean de La Fontaine, Aux nymphes de Vaux – Elégie pour M. Fouquet. Flugblatt 1662. In: Œuvres complètes de Jean de La Fontaine, hg. von M. C. A. Walckenaër. Paris 1857, S. 518
Claudia Lazzaro, The Italian Renaissance Garden – From the Conventions of Planting, Design and Ornament to the Grand Gardens of Sixteenth-Century Central Italy. New Haven/London 1990
André Le Nôtre, Bericht über das Schloß und die Gärten des Trianon an den schwedischen Architekten Nikodemus Tessin, 1693. Abgedruckt bei Mariage 1990, S. 106
Thierry Mariage, L'univers de Le Nôtre. Brüssel 1990
Monique Mosser, The Impossible Quest for the Past: Thoughts on the Restoration of Gardens. In: Monique Mosser und Georges Teyssot (Hg.), The Architecture of Western Gardens – A Design History from the Renaissance to the Present Day. Cambridge, Mass. 1991, S. 525-529
Saint-Simon, Mémoires, hg. von Yves Coirault. Band I (1691-1701), Paris 1982. Band V (1714-1716), Paris 1985

Vincent Scully, Architecture – The Natural and the Manmade. London 1991
Hélène Vérin, Technology in the Park: Engineers and Gardeners in Seventeenth-Century France. In: M. Mosser und G. Teyssot (Hg.), The Architecture of Western Gardens, Cambridge, Mass. 1991, S. 135-146
Allen S. Weiss, Miroirs de l'infini – Le jardin à la française et la métaphysique au XVIIe siècle. Paris 1992
Kenneth Woodbridge, Princely Gardens – The origins and development of the French formal style. London 1986
Marguerite Yourcenar, Chenonceaux – Schloß der Frauen (Ah, mon beau château, 1978). Frankfurt am Main 1996

Englische Gärten

Adrian von Buttlar, Der Englische Landsitz 1715-1760 – Symbol eines liberalen Weltentwurfs. Mittenwald 1982
Adrian von Buttlar, Der Landschaftsgarten. Gartenkunst des Klassizismus und der Romantik. Köln 1989
William Chambers und der chinesische Garten in Europa (= Kataloge und Schriften der Staatlichen Schlösser Wörlitz, Oranienbaum, Luisium 3, hg. von T. Weiss). Ostfildern-Ruit 1997
Festschrift 200 Jahre Englischer Garten München. München 1989
Harri Günther (Hg.), Gärten der Goethezeit. Leipzig 1993
Géza Hajós, Romantische Gärten der Aufklärung. Englische Landschaftskultur des 18. Jahrhunderts in und um Wien. Wien/Köln 1989
Valentin Hammerschmidt und Joachim Wilke, Die Entdeckung der Landschaft. Englische Gärten des 18. Jahrhunderts. Stuttgart 1990
Hans Christian und Elke Harten, Die Versöhnung mit der Natur. Gärten, Freiheitsbäume, republikanische Wälder, heilige Berge und Tugendparks in der Französischen Revolution. Reinbek 1989
Günter Hartmann, Die Ruine im Landschaftsgarten. Ihre Bedeutung für den frühen Historismus und die Landschaftsmalerei der Romantik. Worms 1981
Dieter Hennebo und Alfred Hoffmann, Geschichte der deutschen Gartenkunst. 3 Bde. Hamburg 1965
Günter Herzog, Hubert Robert und das Bild im Garten. Worms 1989
Erhard Hirsch, Dessau-Wörlitz, Zierde und Inbegriff des 18. Jahrhunderts. Leipzig und München 1985
John Dixon Hunt und Peter Willis (Hg.), The Genius of the Place. The English Landscape Garden 1620-1820. London 1975
Jardins en France 1760-1820. Pays d'illusion, Terre d'expériences (Hôtel de Sully). Paris 1977
Marcus Köhler, »...thinking himself the greatest gardener in the world. Der Pflanzenhändler und Gärtner Johann Busch – eine Studie zur europäischen Gartengeschichte in der zweiten Hälfte des 19. Jahrhunderts. Unveröff. Diss. FU Berlin 1996
August von Rode, Beschreibung des Fürstlichen Anhalt-Dessauischen Landhauses und Englischen Gartens zu Wörlitz. Dessau 1814 (Reprint Wörlitz 1996)

Peter Willis, Charles Bridgeman and the English Landscape Garden. London 1977
Weltbild Wörlitz – Entwurf einer Kulturlandschaft. Ausstellungskatalog DAM Frankfurt (= Kataloge und Schriften der Staatlichen Schlösser Wörlitz, Oranienbaum, Luisium 1, hg. von F.-A. Bechtoldt und T. Weiss). Ostfildern-Ruit 1996
Dora Wiebenson, The Picturesque Garden in France. Princeton 1978
Clemens Alexander Wimmer, Geschichte der Gartentheorie. Darmstadt 1989
Heinke Wunderlich (Hg.), »Landschaft« und Landschaften im achtzehnten Jahrhundert. Heidelberg 1995

William Beckford und sein Fonthill

Alexander Boyd (Hg.), Life at Fonthill ... 1807-1822. London 1957
Alexander Boyd, England's Wealthiest Son. London 1962
Alexander Boyd, Fonthill, Wiltshire II and III. The Abbey and Its Creator. In: Country Life. 1. und 18. Dezember 1966
H. A. N. Brockman, The Caliph of Fonthill. London 1956
Brian Forthergill, Beckford of Fonthill. London und Boston 1979
J. Harris, Fonthill, Wiltshire I: Aldermann Beckford's Houses. In: Country Life. 24. November 1966
Elke Heinemann, Babylonische Spiele. William Beckford und das Erwachen der modernen Imagination. Diss. Berlin 1996
James Lees-Milne, William Beckford. London 1976
J. C. Loudon, William Beckford and Fonthill Abbey. In: Gardener's Magazine September 1835 und September 1936
A. P. Oppé, Alexander and John Robert Cozens. London 1952
André Parreaux, William Beckford, auteur de Vathek. Paris 1960
John Rutter, Delineations of Fonthill & Its Abbey. Shaftesbury 1823
J. Storer, A Description of Fonthill. O. O. 1812
Christopher Thacker, England Kubla Khan. In: William Beckford. Exhibition Bath 1976
Christopher Tacker, A History of Gardens. London 1979
Christopher Tacker, The Wildness Peases. London 1983
John Wilton-Ely, A Model for Fonthill Abbey. In der Festschrift für John Summerson: The Country Seat. London 1970

Deutsche Gärten und Parks

Barbara Baumüller, Ulrich Kuder und Thomas Zoglauer (Hg.), Inszenierte Natur. Landschaftskunst im 19. und 20. Jahrhundert. Stuttgart 1997
Frank-Andreas Bechtoldt und Thomas Weiss (Hg.), Weltbild Wörlitz. Entwurf einer Kulturlandschaft. Wörlitz 1996
Adrian von Buttlar, Der Landschaftsgarten. Gartenkunst des Klassizismus und der Romantik. Köln 1989

Florian von Buttlar (Hg.), Peter Joseph Lenné. Volkspark und Arkadien. Berlin 1989
Volker Hannwacker, Friedrich Ludwig von Sckell. Der Begründer des Landschaftsgartens in Deutschland. Stuttgart 1992
Otto Julius Koch, Voltaires »Diatribe«. Bremen 1991
Michael Niedermeier, Erotik in der Gartenkunst. Eine Kulturgeschichte der Liebesgärten. Leipzig 1995
Hermann Fürst von Pückler-Muskau, Andeutungen über Landschaftsgärtnerei. Frankfurt am Main 1988
Hermann Fürst von Pückler-Muskau, Briefe eines Verstorbenen, Frankfurt am Main und Leipzig 1991
Hermann Fürst von Pückler-Muskau, Gartenkünstler, Schriftsteller, Weltenbummler. Edition Branitz, Branitz 1995
Friedrich Reil, Leopold Friedrich Franz Herzog und Fürst von Anhalt-Dessau. Wörlitz 1990
Stiftung Schlösser und Gärten, Potsdamer Schlösser und Gärten. Potsdam-Sanssouci 1993
Clemens Alexander Wimmer, Geschichte der Gartentheorie. Darmstadt 1989

Tugendbrunnen, Wahnbild und Disneyland – Englischer und Französischer Garten in der Literatur des 18. und 19. Jahrhunderts

Hermann Bauer, Kunst einer Epoche. Berlin 1992
Hermann Bauer, Rokoko: Struktur und Wesen einer europäischen Epoche. Köln 1992
Alexander von Bormann, Natura Loquitur. Tübingen 1968
Adrian von Buttlar, Der Landschaftsgarten. München 1980
Torsten Enge und Carl F. Schröer, Gartenkunst in Europa 1450-1800. Köln 1994
Siegmar Gerndt, Idealisierte Natur. Stuttgart 1981
Wilfried Hansmann, Gartenkunst der Renaissance und des Barock. Köln 1983
Cajus Lorenz Hirschfeld, Theorie der Gartenkunst. Hildesheim 1973
Alfred Hoffmann, Gärten des Rokoko: Irrendes Spiel. In: Park und Garten im 18. Jahrhundert. Heidelberg 1978
Helmut Koopmann, Eichendorff und die Aufklärung. In: Aurora 1988
Park und Garten im 18. Jahrhundert. Heidelberg 1978
Alfred Riemen, Eichendorffs Garten und seine Besucher. In: Aurora 1970/71
Oskar Seidlin, Die symbolische Landschaft, Göttingen 1965
Hannes Stekl (Hg.), Architektur und Gesellschaft. Darmstadt 1980
Marianne Thalmann, Der romantische Garten. Heidelberg 1976
Tassilo Wengel, Gartenkunst im Spiegel der Zeit. Tübingen 1980

Erinnerungen an das verlorene Paradies – Alte Gärten im Spiegel der Kunst

B. Andreae, Am Birnbaum. Gärten und Parks im antiken Rom, in den Vesuvstädten und Ostia. Mainz 1996

Ausstellungskatalog, Bilder vom irdischen Glück. Berlin 1983

Ausstellungskatalog, Koreanische Kunst aus 5 Jahrtausenden. Hamburg 1984

E. Börsch-Supan, Garten-, Landschafts- und Paradiesmotive im Innenraum. Eine ikonographische Untersuchung. Dissertation Köln/Berlin 1967

Adrian von Buttlar, Der Landschaftsgarten. München 1980

Maureen Carroll-Spillecke (Hg.), Der Garten von der Antike bis zum Mittelalter. Mainz 1992

D. Clifford, A History of Garden Design. London 1962 (deutsch München 1966)

F. Crisp, Mediaeval Gardens. Hg. von C. Childs Paterson. New York 1966

E. R. Curtius, Europäische Literatur und lateinisches Mittelalter. 9. Auflage Bern/München 1978

J. Fleming, The »Roman de la Rose« – a Study in Allegory and Iconography. Princeton 1969

R. Goepper, Vom Wesen chinesischer Malerei. München 1962

E. Hyams, A History of Gardens and Gardening. London 1971

M. Kubelik, Die Villa im Veneto. Zur typologischen Entwicklung im Quattrocento. 2 Bde. München 1977

H. und U. Küster (Hg.), Garten und Wildnis. Landschaft im 18. Jahr-hundert. München 1997

J. Leclant, Ägypten I-III. Universum der Kunst 1979-81

E. Maisak, Arkadien. Genese und Typologie einer idyllischen Wunschwelt. Frankfurt am Main/Bern 1981

A. Parrot, Sumer und Assur. 2 Bde. 1960 und 1961

A. Petruccioli, Der islamische Garten, Architektur, Natur, Landschaft. Stuttgart 1995

A. U. Pope und Ph. Ackermann, Gardens. In: A. U. Pope, a survey of Persian art from prehistoric times to the present. Bd. II. London/New York 1939

Hermann Fürst von Pückler-Muskau, Andeutungen über Landschaftsgärtnerei. 1834

F. Schnack, Traum vom Paradies. Eine Kulturgeschichte des Gartens. Hamburg 1962

M. Sperlich, Das Neue Arkadien – der Garten als utopische Landschaft. In: Neue Heimat. Monatsheft für neuzeitlichen Wohnungs- und Städtebau 6, 1970

Erich Steingräber, Zweitausend Jahre europäische Landschaftsmalerei. München 1985

N. Wadley (Hg.), Noa Noa. Gauguin's Tahiti. Oxford 1985

Y. Yashiro und P. Swann, Japanische Kunst. München 1958

Tseng Yu, Kuo Hsi's Early Spring. In: Orientations. September 1977

P. Zanker, Pompeji. Stadtbild und Wohngeschmack. Mainz 1995

Der Botanische Garten

Loki Schmidt, Die Botanischen Gärten in Deutschland. Hamburg 1997

Schreber- und Nutzgarten: Das Nützliche und das Schöne

Jörg Albrecht, Schrebergärten. Braunschweig o. J.
Hans Bender, Das Insel-Buch der Gärten. Frankfurt am Main 1985
Günther Bittner und Paul-Ludwig Weinacht, Wieviel Garten braucht der Mensch? Würzburg 1990
Rudolf Borchardt, Der leidenschaftliche Gärtner. Stuttgart 1968
Gartenlob. Ein kulturgeschichtliches Lesebuch. München 1997
Hermann Glaser, Bildungsbürgertum und Nationalismus. Politik und Kultur im Wilhelminischen Deutschland. München 1993
Hermann Glaser, Industriekultur und Alltagsleben. Vom Biedermeier zur Postmoderne. Frankfurt am Main 1994
Volker Hänsel und Diether Kramer, Die Zwerge kommen. Trautenfels 1993
Heidi Lang und Hans Stallmach, Werkbank, Waschtag, Schrebergarten. Das alltägliche Leben der Braunschweiger Arbeiterschaft im Kaiserreich und in der Weimarer Republik. Braunschweig 1990
Günther und Rose Leps, Der Gärtner zwischen Schönheit und Nutzen. Leipzig 1994
Sybille Meyer und Eva Schulze, Von Liebe sprach damals keiner. Familienalltag in der Nachkriegszeit. München 1985
Carl E. Schorske, Wien. Geist und Gesellschaft im Fin de siècle. Frankfurt am Main 1980
Hennes Stief, Ich'hab dir einen Schrebergarten versprochen. Berlin 1986
Volker Ullrich, Die nervöse Großmacht. Aufstieg und Untergang des deutschen Kaiserreichs 1871-1918. Frankfurt am Main 1997
Magdalena Zimmermann, Die Gartenlaube als Dokument ihrer Zeit. München o. J.
Zwerge, Hofzwerge und Gartenzwerge. Eine Genealogie des Gartenzwerges. Dorenburg 1973

Garten und Park der Gegenwart

Theodor W. Adorno, Amorbach. In: ders., Ohne Leitbild. Frankfurt am Main 1967
Stephen Bann (Übers. und Einl.), The landscape approach of Bernard Lassus: Part II (Texte von 1983-1993). In: Journal of Garden History 2, 1995
Tom Koenigs (Hg.): Vision offener Grünräume. GrünGürtel Frankfurt. Frankfurt am Main/New York 1991
Tom Koenigs (Hg.), Stadt-Parks. Urbane Natur in Frankfurt am Main. Frankfurt am Main/New York 1993

Barbara Mostyn und Alison Millward, People and nature in cities. The social aspects of planning and managing natural parks in urban areas. London 1989
Wulf Tessin, Zur Praxis der Green-Belt-Politik. In: Das Gartenamt, Juli 1979
Heinz Wiegand, Entwicklung des Stadtgrüns in Deutschland zwischen 1890 und 1925 am Beispiel der Arbeiten Fritz Enckes. Geschichte des Stadtgrüns, Bd. II, hg. von Dieter Hennebo. Berlin u. a. 1977

Zu den Autoren

Marianne Beuchert, die Frankfurter Floristin und Gärtnerin hat die Volksrepublik China siebenmal bereist. Sie ist seit 1977 publizistisch tätig. 1983 erschien ihr Buch »Die Gärten Chinas«. Für »Sträuße aus meinem Garten« erhielt sie 1984 den Buchpreis der Deutschen Gartenbau Gesellschaft. 1996 veröffentlichte der Architektur Verlag Peking »Die Gärten Chinas« in chinesischer Übersetzung. Eine deutsche Taschenbuchausgabe erschien 1998 im Insel Verlag. Weitere Publikationen u. a.: »Symbolik der Pflanzen« (1995), »Gärten am Reiseweg« (1997). Diese beiden Bücher wurden 1997 und 1998 zu den »Top five der Gartenbücher« durch die deutsche Gartenbau Gesellschaft gewählt. Zahlreiche Beiträge über Gärten und Pflanzen im FAZ Magazin und anderen Zeitschriften.

Michael Brix, geboren 1941, Kunsthistoriker, Dissertation über barocke Festdekorationen für die Habsburger in Österreich. Danach langjährige Tätigkeit im Bereich Denkmalpflege. Schwerpunkt der Lehre an der Fachhochschule München: Geschichte der Photographie, Designgeschichte und Gegenwartskunst. 1990 Ausrichtung der großen Ausstellung »Walker Evans – Amerika« in der Städtischen Galerie Lenbachhaus, München. Buchveröffentlichungen u. a.: »Dehio – Handbuch der Kunstdenkmale / Niederbayern« (1988), »Maria Callas – Aufführungen / Performances« (1994). Geplant sind multimediale Projekte zur Gartenkunst.

Kai Brodersen, geboren 1958, Studium der Alten Geschichte, Altphilologie und alttestamentlichen Theologie in Erlangen, München und Oxford, Promotion 1986 und Habilitation 1995 in München, Professor für Alte Geschichte an der Universität Mannheim. Seit 2000 Visiting Professor an der University of Newcastle. Publikationen zum Thema: »Ein Weltwunder der Antike in Iran«. In: »Archäologische Mitteilungen aus Iran«, N. F. 24 (1991), S. 51-53, »Reiseführer zu den Sieben Weltwundern: Philon von Byzanz« (1992), »Ein Weltwunder auf gläsernen Füßen«. In: »Antike Welt« 24 (1993), S. 207-211, »Die Sieben Weltwunder« (1997; ^{3}1999; als Hörbuch 2000).

Adrian von Buttlar, geboren 1948, Studium der Kunstgeschichte an der Universität München und am Courtauld Institute in London. Seit 1985 Professor für Kunstgeschichte an der Christian-Albrechts-Universität zu Kiel; Vorsitzender des Landesdenkmalrates Berlin. Autor und Herausgeber zahlreicher Veröffentlichungen zur Geschichte der Gartenkunst und zur neueren Architekturgeschichte, darunter: »Der englische Landsitz 1715-1760. Symbol eines liberalen Weltentwurfs« (1982), »Der Münchner Hofgarten« (1988), »Der

Landschaftsgarten. Gartenkunst des Klassizismus und der Romantik« (1989) und »Historische Gärten in Schleswig-Holstein« (1996)

Maureen Carroll, geboren 1953, studierte Altertumswissenschaften, Klassische Archäologie und Kunstgeschichte an der Brock University (Kanada), Indiana University (U.S.A.) und der Freien Universität Berlin. 1983 Promotion an der Indiana University über »Landschaftsdarstellungen auf griechischen Reliefs«. Seit 1985 Tätigkeit in der Bodendenkmalpflege in Baden-Württemberg und Nordrhein-Westfalen. 1992-1998 Wissenschaftliche Referentin am Amt für Archäologische Bodendenkmalpflege und am Römisch-Germanischen Museum in Köln. Seit 1998 Dozentin für Römische Archäologie an der University of Sheffield/Großbritannien. Veröffentlichungen über griechische und römische Gärten, römische Archäologie und die Archäologie des Mittelalters, u. a. »Kepos. Der antike griechische Garten. Wohnen in der klassischen Polis III« (1989) und »Der Garten von der Antike bis zum Mittelalter« (Hg., 1995).

Karin Dzionara-Derda, geboren 1960. Lebt als Journalistin in Hildesheim. Studierte Germanistik, Geschichte, Philosophie und Romanistik, im Anschluß daran Zeitungsvolontariat. Paris-Stipendium vom französischen Außenministerium. Ständige Mitarbeiterin im Redaktionsteam des Feuilletons der Hannoverschen Allgemeinen Zeitung. Daneben vielfältige publizistische Tätigkeit in verschiedenen anderen Feuilletons, in Form von Buchbeiträgen und als Autorin für diverse Hörfunkprogramme mit den Schwerpunkten Kulturgeschichte und Archäologie.

Hermann Glaser, geboren 1928, Studium der Germanistik, Anglistik, Geschichte und Philosophie in Erlangen und Bristol 1947 bis 1952. Promotion, Lehramtsexamen und Eintritt in den Schuldienst. Von 1964 bis 1990 Schul- und Kulturdezernent der Stadt Nürnberg. Mitglied des PEN, Honorarprofessor an der Technischen Universität Berlin. Autor zahlreicher Bücher zu sozialwissenschaftlichen, kulturgeschichtlichen und kulturpolitischen Themen. Zuletzt: »Behagen und Unbehagen in der Kulturpolitik« (1992), »Bildungsbürgertum und Nationalismus. Politik und Kultur im Wilhelminischen Deutschland« (1993), »Industriekultur und Alltagsleben. Vom Biedermeier zur Postmoderne« (1994), »1945 – Ein Lesebuch« (1995), »Deutsche Kultur 1945-2000« (1997).

Herbert Heckmann (1930-1999) Studierte Philosophie und Germanistik in Frankfurt. Promotion über das barocke Trauerspiel (1957). Ab 1967 freier Schriftsteller und Rundfunkautor. 1980 übernahm er die Professur für Sprach- und Literaturwissenschaft an der Hochschule für Gestaltung in Offenbach. Von 1982 bis 1996 Präsident der Deutschen Akademie für Sprache und Dichtung in Darmstadt. Zahlreiche Literaturpreise. Zuletzt veröffentlichte er »Die Trauer meines Großvaters« (1994) und »E. T. A. Hoffmann: Ritter Gluck« (1997).

Inge Krupp, geboren 1952, Studium an der Folkwangschule für Gestaltung, Universität Essen. Ausstellungsgestaltung, kulturelle Beiträge, Feuilletons u. a. für die Süddeutsche Zeitung, Kindergeschichten für den Rundfunk. Seit 1987 Wohnort Berlin (Stipendium Literarisches Colloquium). 1988 Förderpreis für Literatur der Stadt Dortmund. Zweijähriger Stuttgarter Aufenthalt als Redakteurin einer internationalen Zeitschrift für Design/Architektur. Freie

Mitarbeit FAZ-Magazin, Funkbeiträge, Lehraufträge im Bereich Design-Kommunikation. Veröffentlichte u.a. die beiden Lyrikbände »Essentho« (1981) und »Schlachtensee« (1993).

Rainer W. Kuhnke, geboren 1956, Lehre als Landschaftsgärtner, Studium der Landespflege an der Universität Essen, Diplomarbeit »Die maurische Gartenkunst am Beispiel des Generalife/Granada«, Studium der Islamwissenschaft und Romanistik an der Universität Freiburg, seit 1992 Freier Garten- und Landschaftsarchitekt, Autor und Fotograf mit Wohnsitz in Badenweiler und Almogia/Málaga (Südspanien). Freie Mitarbeit Frankfurter Allgemeine Zeitung und Rheinischer Merkur sowie verschiedene Fachzeitschriften. Veröffentlichungen: »Brasilien« (1995), »Madrid« (1996), »Die maurischen Gärten Andalusiens« (1996), »Südliche Stimmung für heimische Gärten« (1999).

Hansjörg Küster, geboren 1956, Studium der Biologie und Promotion (1985) in Stuttgart-Hohenheim. 1981-1988 Aufbau und Leitung der Arbeitsgruppe für Vegetationsgeschichte am Institut für Vor- und Frühgeschichte der Universität München. 1992 Habilitation an der Forstwissenschaftlichen Fakultät der Universität München. Seit 1998 Professor für Pflanzenökologie an der Universität Hannover. Wichtige Publikationen: »Geschichte der Landschaft in Mitteleuropa« (1995; ³1999), »Kleine Kulturgeschichte der Gewürze« (1997), »Garten und Wildnis. Landschaft im 18. Jahrhundert« (1997; mit Ulf Küster), »Geschichte des Waldes« (1998).

Peter Cornelius Mayer-Tasch, geboren 1938, Professor für Politikwissenschaft und Rechtstheorie an der Universität München und der Münchner Hochschule für Politik. Leiter der Forschungsstelle für Politische Ökologie am Geschwister-Scholl-Institut der Ludwig-Maximilians-Universität. Autor zahlreicher Bücher und Artikel zur Politischen Philosophie, Kulturphilosophie sowie auch zur Demokratietheorie, Umwelt- und Rechtspolitik. Mitglied des Kuratoriums des Öko-Instituts und der Deutschen Umweltstiftung. Buchveröffentlichungen u.a. »Schon wieder mischen sie Beton« (1994), »Die Zeichen der Natur. Natursymbolik und Ganzheitserfahrung« (1998), »Hinter Mauern ein Paradies. Der mittelalterliche Garten« (1998), »Politische Ökologie« (1999), »Jean Bodin« (2000), »Über Prophetie und Politik« (2000).

Christian Meier, geboren 1929, Studium der Geschichte, Klassischen Philologie und des römischen Rechts. Professor für Alte Geschichte an der Ludwig-Maximilians-Universität München. Von 1980 bis 1988 Vorsitzender des Verbandes Deutscher Historiker. Seit 1996 Präsident der Deutschen Akademie für Sprache und Dichtung. Wichtigste Veröffentlichungen: »Res Publica Amissa« (1966), »Die Entstehung des Politischen bei den Griechen« (1980), »Caesar« (1982), »Vierzig Jahre nach Auschwitz« (1987), »Die politische Kunst der griechischen Tragödie« (1988), »Die Nation, die keine sein will« (1991), »Athen« (1993).

Norbert Miller, geboren 1937, studierte Deutsche Philologie und Kunstgeschichte in Frankfurt am Main, München und Berlin, Promotion an der Freien Universität bei Wilhelm Emrich. Seit 1972 ist er ordentlicher Professor für Deutsche Philologie, Allgemeine und Vergleichende Literaturwissenschaft an der Technischen Universität Berlin. Zusammen mit Walter Höllerer gibt er die seit 1961 erscheinende Zeitschrift »Sprache im Technischen Zeitalter«

heraus, zwischen 1981 und 1986 gehörte er zur ersten Generation der Herausgeber der Zeitschrift: »DAIDALOS. Berlin Architectural Journal«. Seit 1992 leitet er das Literarische Colloquium Berlin, dem er seit seiner Gründung angehört. Außer einigen Aufsätzen veröffentlichte er Bücher über den Romananfang in der Literatur des 18. Jahrhunderts (1968), über Giovanni Battista Piranesi (1978) und über »Horace Walpole. Die Ästhetik der schönen Unregelmäßigkeit« (1986). Er ist Herausgeber der Werke von Jean Paul, Henry Fielding, Daniel Defoe, Goethe (»Münchner Ausgabe«), Gérard de Nerval, Friedrich Nietzsche, Marie Luise Kaschnitz.

Loki Schmidt, geboren 1919, Studium der Pädagogik, anschließend Schuldienst (bis 1972). 1976 Gründung der »Stiftung zum Schutze gefährdeter Pflanzen«. 1986 Gründung des Internationalen Gärtnertausches. Vorstand der Stiftung »Naturschutz Hamburg und Stiftung zum Schutze gefährdeter Pflanzen«. Ehrensenatorin der Universität Hamburg (1990) und Ehrendoktor der Akademie der Wissenschaften St. Petersburg (1997). Buchveröffentlichungen: »Schützt die Natur« (1979), »Die Botanischen Gärten in Deutschland« (1997).

Martin Maria Schwarz, geboren 1963, studierte Germanistik, Romanistik und Kunstgeschichte in Marburg und Bordeaux. Examensarbeit über die symbolische Funktion der Garten- und Gebäudearchitektur bei Eichendorff. Arbeitet als Redakteur im Programmbereich Kultur und Wissenschaft des Hessischen Rundfunks. Publikationen zur hessischen Geschichte. Mehrere Veröffentlichungen als Sprecher von Hörbüchern.

Erich Steingräber, geboren 1922, Studium der Kunstgeschichte, Archäologie und Vorgeschichte in Leipzig. Promotion. 1962 bis 1969 Generaldirektor des Germanischen Nationalmuseums in Nürnberg. Von 1969 bis 1987 Generaldirektor der Bayerischen Staatsgemäldesammlungen in München. Korrespondierendes Mitglied des Deutschen Archäologischen Instituts, Berlin. 1970 Gründungsmitglied des Kuratoriums »Centro Tedesco di Studi Veneziani«, Venedig. 1969 Honorarprofessor an der Universität Nürnberg-Erlangen. Seit 1970 Honorarprofessor an der Universität München. 1973 bis 1980 Chefredakteur der Kunstzeitschrift »Pantheon«. Wissenschaftliche Veröffentlichungen zur europäischen Goldschmiedekunst des Mittelalters und der Renaissance sowie zur europäischen Malerei vom 16. bis 20. Jahrhundert (Schwerpunkt italienische Kunst). Buchveröffentlichungen zum Thema »2000 Jahre europäische Landschaftsmalerei« (1986).

Rolf Wiggershaus, geboren 1944, Studium der Philosophie, Soziologie und Germanistik. Tätigkeiten als Übersetzer, wissenschaftlicher Mitarbeiter, Funkautor, Gastprofessor, Schriftsteller. Buchpublikationen: »Die Frankfurter Schule« (1986), »Theodor W. Adorno« (1987), »Max Horkheimer zur Einführung« (1998), »Wittgenstein und Adorno« (2000).

Ralph-Rainer Wuthenow, geboren 1928, Dr. phil, em. Prof. für Deutsche und vergleichende Literaturwissenschaft. Studium in Heidelberg und Lausanne, Lektor in Bordeaux, ab 1956 Lehrtätigkeit in Okayama und Tōkyō, Habilitation in Göttingen, seit 1969 in Frankfurt am Main tätig. Buchveröffentlichungen über Jean Paul, Georg Forster, Probleme der literarischen Übersetzung, Europäische Autobiographie im 18. Jahrhundert, Europäische Reiseliteratur im Zeitalter der Aufklärung, ferner »Muse, Maske, Meduse. Probleme des Europäischen Ästhetizismus« (1980), »Im Buch die Bücher oder der Held als Leser« (1980), »Das Bild und der Spiegel« (1984), »Europäische Tagebücher« (1990), »Nietzsche als Leser« (1994), monographische Studien über Diderot, über Valéry. Aufsätze zur deutschen, französischen, italienischen, englischen und japanischen Literatur. Übersetzungen aus dem Französischen und aus dem Japanischen, Literaturkritik.

Der Herausgeber:

Hans Sarkowicz, geboren 1955. Studierte Germanistik und Geschichte. Seit 1979 beim Hessischen Rundfunk. Leitet den Hörfunk-Programmbereich Kultur und Wissenschaft. Zuletzt erschienen von ihm im Insel Verlag »Die großen Frankfurter« (1994), »Als der Krieg zu Ende war« (1995), »Die großen Hessen« (zus. m. Ulrich Sonnenschein, 1996) und »Schneller, höher, weiter. Eine Geschichte des Sports« (1996).

Zu dieser Ausgabe

Die Beiträge der vorliegenden Ausgabe beruhen auf einer Sendereihe des Hessischen Rundfunks (Programmbereich »Kultur und Wissenschaft«), die in der Zeit vom 20. Juli bis 23. November 1997 in hr 1 und hr 2 ausgestrahlt wurde. Die Beiträge wurden für die Buchausgabe (Insel Verlag Frankfurt am Main und Leipzig 1998) überarbeitet.

Das insel taschenbuch 2723 folgt im Text der gebundenen Ausgabe: Die Geschichte der Gärten und Parks. Herausgegeben von Hans Sarkowicz. Umschlagfoto: Gregor M. Schmid.

»Freude am Garten«
im Insel Verlag
Eine Auswahl

Alpenblumen im Frühling. Nachwort und kolorierte Holzschnitte von Josef Weisz. Erläuterungen von Gerd Müller. IB 1142.

Elizabeth von Arnim. Elizabeth und ihr Garten. Aus dem Englischen von Adelheid Dormagen. Leinen. 140 Seiten. it 2291. 131 Seiten

Bäume. Gedichte und Prosa. Ausgewählt von Gottfried Honnefelder. it 1811. 282 Seiten

Marianne Beuchert. Gärten am Reiseweg. Von Irland bis Portugal. 240 Seiten. Gebunden

Marianne Beuchert. Die Gärten Chinas. it 2195. 280 Seiten

Marianne Beuchert. Symbolik der Pflanzen. Von Akelei bis Zypresse. Leinen. 380 Seiten

José Maria Eça de Queiroz. Die Rose. Mit zehn farbigen Bildern von Marion Nickig. IB 1177. 55 Seiten

Esther Gallwitz. Kleiner Kräutergarten. Kräuter und Blumen bei den Alten Meistern im Städel. it 1818. 257 Seiten

Esther Gallwitz. Ein wunderbarer Garten. Die Pflanzen des Genter Altars. it 1853. 197 Seiten

Esther Gallwitz. Schneewittchens Apfel. Pflanzen in Grimms Märchen. Mit farbigen Aquarellen von Maria-Therese Tietmeyer. it 2530. 180 Seiten

NF 56/1/2.01

Das Gartenbuch. Herausgegeben von Hans Bender. it 1803. 273 Seiten

Manuel Gasser. Kräutergarten. it 2258. 120 Seiten

Mit Goethe durch den Garten. Ein ABC für Gartenfreunde. Herausgegeben von Claudia Schmölders. Illustrationen von Hans Traxler. it 1211. 137 Seiten

Hinter Mauern ein Paradies. Der mittelalterliche Garten. Herausgegeben von Peter C. Mayer-Tasch/Bernd Mayerhofer. IB 1184. 111 Seiten

Das kleine Baumbuch. Die deutschen Waldbäume. Geleitwort von Friedrich Schnack. Bilder von Willi Harwerth. IB 316. 56 Seiten

Luzie Krolow. Gartenzauber. 32 Blumen- und Kräuterminiaturen. it 1718. 142 Seiten

Lektüre im Garten. Betrachtungen, Geschichten und Gedichte. Auswahl von Franz-Heinrich Hackel. it 2203. 280 Seiten

Katherine Mansfield. Das Gartenfest und andere Erzählungen. Aus dem Englischen von Heide Steiner. it 1724. 232 Seiten

Anna Pavord. Die Tulpe. Eine Kulturgeschichte. Aus dem Englischen von Sven Dörper und Thomas Wollermann. Mit farbigen Abbildungen. 439 Seiten. Gebunden

Hermann Fürst von Pückler-Muskau. Andeutungen über Landschaftsgärtnerei. Herausgegeben von Günter J. Vaupel. it 1024. 377 Seiten

NF 56/2/00.00

Rainer Maria Rilke. In einem fremden Park. Gartengedichte. Mit Fotografien von Marion Nickig. Zusammengestellt von Marianne Beuchert. IB 1129. 77 Seiten. it 1820. 77 Seiten.

Die Rose. Gedichte und Prosa. Ausgewählt von Beatrix Müller-Kampel. Mit farbigen Fotografien. it 2619. 187 Seiten

Roter Mohn. Texte und Bilder. Auswahl und Nachwort von Gisela Linder. IB 1183. 72 Seiten

Johannes Roth. Gartenlust. Mit farbigen Fotografien von Marion Nickig. it 1390. 249 Seiten

Johannes Roth. Gartenlust-Kalender. Immerwährender Kalender. it 2210. 160 Seiten

Johannes Roth. Die neue Gartenlust. Mit farbigen Fotografien von Marion Nickig. it 1571. 166 Seiten

Die vier Jahreszeiten. Gedichte und Prosa. Vier Bände in Kassette oder einzeln:
Das Frühlingsbuch. Herausgegeben von Hans Bender und Nikolaus Wolters. it 914. 233 Seiten
Das Sommerbuch. Herausgegeben von Hans Bender. it 847. 230 Seiten
Das Herbstbuch. Herausgegeben von Hans Bender. it 657. 262 Seiten
Das Winterbuch. Herausgegeben von Hans Bender und Hans Georg Schwark. it 728. 252 Seiten

NF 56/3/00.00

Hermann Hesse
im Insel Verlag

Bäume. Betrachtungen und Gedichte. Mit farbigen Fotografien Imme von Techentin. Herausgegeben von Volker Michels. it 2378. 184 Seiten

Freude am Garten. Betrachtungen, Gedichte und Fotografien. Herausgegeben und mit einem Nachwort versehen von Volker Michels. it 2204. 240 Seiten

Im Garten. Betrachtungen und Gedichte. Auswahl und Nachwort von Volker Michels. it 1329. 240 Seiten

Stunden im Garten. Der lahme Knabe. Zwei Idyllen. Mit Zeichnungen von Gunter Böhmer. IB 999. 124 Seiten

NF 56/4/00.00

Literarische Reisebegleiter im insel taschenbuch Eine Auswahl

Athen. Literarische Spaziergänge. Herausgegeben von Paul Ludwig Völzing. it 2505. 314 Seiten

Berlin. Literarischer Führer von Fred Oberhauser und Nicole Henneberg. Mit Abbildungen. it 2177. 517 Seiten

Budapest. Ein literarisches Porträt. Herausgegeben von Wilhelm Droste, Susanne Scherrer und Kristin Schwamm. Mit Fotografien. it 1801. 283 Seiten

Dublin. Ein literarisches Porträt. Herausgegeben von Elsemarie Maletzke. Mit Abbildungen. it 1870. 385 Seiten

Granada. Ein literarisches Porträt. Herausgegeben von Nina Koidl. Mit Fotografien. it 2635. 200 Seiten

Lissabon. Ein Städte-Lesebuch. Herausgegeben von Ellen Heinemann. it 2106. 390 Seiten

London. Literarische Spaziergänge. Herausgegeben von Harald Raykowski. it 2554. 272 Seiten

Madrid. Ein literarisches Porträt. Herausgegeben von Elke Wehr. Mit Abbildungen. it 1981. 272 Seiten

Venedig. Der literarische Führer. Herausgegeben von Doris und Arnold E. Maurer. Mit Fotografien. it 1413. 188 Seiten

NF 31/1/5.00

Das Engadin. »Glühend in allen Farben«. Porträt einer Landschaft. Herausgegeben von Susanne Gretter. Mit Fotografien. it 2199. 280 Seiten

Dietmar Grieser. Große historische Straßen. Von der Via Appia bis zur Avus. Eine kunsthistorische Spurensuche. Mit Fotografien. it 1974. 130 Seiten

Dietmar Grieser. Im Rosengarten. Eine literarische Spurensuche in Südtirol. Mit Abbildungen. it 2509. 245 Seiten

Dietmar Grieser. Nachsommertraum im Salzkammergut. Eine literarische Spurensuche. Mit Abbildungen. it 1848. 262 Seiten

Victor Hehn. Olive, Wein und Feige. Kulturhistorische Skizzen. Mit Abbildungen. Herausgegeben von Klaus von See und Gabriele Seidel-Leimbach. it 1427. 152 Seiten

Mit Rilke durch die Provence. Herausgegeben von Irina Frowen. Mit Fotografien von Constantin Beyer. it 2148. 126 Seiten

Toskana. Ein literarisches Landschaftsbild. Herausgegeben von Andreas Beyer. Mit Fotografien von Loretto Buti. it 926. 265 Seiten

Mit Fontane durch England und Schottland. Herausgegeben von Otto Drude. Mit Fotografien von Christel Wollmann-Fiedler. it 2222. 194 Seiten

Mit Fontane durch Frankreich und Flandern. Herausgegeben von Otto Drude. Mit Fotografien von Christel Wollmann-Fiedler. it 2647. 144 Seiten

NF 31/2/5.00

Georg Forster. Reise um die Welt. Herausgegeben und mit einem Nachwort von Gerhard Steiner. it 757. 1039 Seiten

Hermann Hesse. Tessin. Betrachtungen, Gedichte und Aquarelle des Autors. Herausgegeben und Nachwort von Volker Michels. it 1494. 314 Seiten

Mit Hermann Hesse durch Italien. Ein Reisebegleiter durch Oberitalien. Herausgegeben von Volker Michels.
it 1120. 215 Seiten

Mit Hermann Hesse reisen. Betrachtungen und Gedichte Herausgegeben von Volker Michels. it 1242. 432 Seiten

Erhart Kästner. Griechische Inseln. Aufzeichnungen aus dem Jahre 1944. Nachwort von Heinrich Gremmels.
it 118. 166 Seiten

Erhart Kästner. Kreta. Aufzeichnungen aus dem Jahre 1943. Nachwort von Heinrich Gremmels. it 117. 264 Seiten

Erhart Kästner. Ölberge, Weinberge. Ein Griechenland-Buch. Mit Zeichnungen von Helmut Kaulbach.
it 55. 262 Seiten

Erhart Kästner. Die Stundentrommel vom heiligen Berg Athos. it 56. 325 Seiten

Wolfgang Koeppen. Die Erben von Salamis oder Die ernsten Griechen. Mit Fotografien. it 2401. 80 Seiten

Kalifornien. Ein Reiselesebuch. Herausgegeben von Herbert Genzmer. Mit Fotografien. it 2636. 220 Seiten

NF 31/3/5.00

Harald Keller. Die Kunstlandschaften Italiens. Mit Abbildungen. it 1576. 1110 Seiten

Harry Graf Kessler. Notizen über Mexiko. Herausgegeben von Alexander Ritter. Mit Abbildungen. it 2176. 182 Seiten

Wolfgang Koeppen. Reisen nach Frankreich.
Mit Fotografien von Angelika Dacqmine. it 2218. 170 Seiten

Literarischer Führer durch Italien. Ein Insel-Reise-Lexikon Herausgegeben von Doris und Arnold E. Maurer. Mit Abbildungen. it 1071. 551 Seiten

Mallorca. Ein literarisches Porträt. Herausgegeben von Sieglinde Oehrlein. Mit Fotografien. it 1931. 197 Seiten

George Sand. Ein Winter auf Mallorca. Übersetzt von Maria Dessauer. it 2102. 220 Seiten

Mexiko. Ein literarisches Porträt. Herausgegeben von Roland Motz. Mit Fotografien. it 1985. 280 Seiten

Reisen mit Odysseus. Zu den schönsten Inseln, Küsten und Stätten des Mittelmeers. Von Ernle Bradford.
it 2508. 280 Seiten

Sizilien. Literarisches Landschaftsbild. Herausgegeben von Ralf Nestmeyer. Mit Fotografien. it 2637. 220 Seiten

Tunesien. Ein literarisches Porträt. Herausgegeben von Hans-Ulrich Wagner. Mit Fotografien. it 1802. 214 Seiten

NF 31/4/5.00

Biographien · Leben und Werk
im insel taschenbuch
Eine Auswahl

Lou Andreas-Salomé. Eine Biographie. Von Cordula Koepcke. it 905. 474 Seiten

Elizabeth von Arnim. Eine Biographie. Von Kirsten Jüngling und Brigitte Roßbeck. Mit zahlreichen Fotografien. it 1840. 426 Seiten

Johann Sebastian Bach. Von Charles Sanford Terry. Mit einem Nachwort von Klaus Peter Richter. it 2588. 304 Seiten

Die Brentanos. Eine deutsche Familiengeschichte.Von Klaus Günzel. Mit zahlreichen Abbildungen. it 1929. 330 Seiten

Die Familie Brontë. Von Robert de Traz. Übersetzt von Maria Arnold. Mit Abbildungen. it 1548. 274 Seiten

Die Schwestern Brontë. Leben und Werk in Texten und Bildern. Herausgegeben von Elsemarie Maletzke und Christel Schütz. it 814. 230 Seiten

Caffarelli. Das Leben des Kastraten Gaetano Majorano, genannt Caffarelli. Von Hubert Ortkemper. Mit Abbildungen. it 2599. 272 Seiten

Paul Cézanne. Leben und Werk in Texten und Bildern. Von Margret Boehm-Hunold. it 1140. 296 Seiten

Eugène Delacroix. Eine Auswahl aus den Tagebüchern. Herausgegeben von Hans Platschek. Mit zahlreichen Abbildungen. it 2173. 274 Seiten

NF 38/1/5.00

Dostojewski. Leben und Werk. Wolfgang Kasack. Mit Abbildungen. it 2267. 160 Seiten

George Eliot. Eine Biographie. Von Elsemarie Maletzke. Mit zahlreichen Abbildungen. it 1973. 415 Seiten

Elisabeth von Österreich. Tagebuchblätter von Constantin Christomanos. Herausgegeben von Verena von der Heyden-Rynsch. Mit zeitgenössischen Abbildungen. it 1536. 213 Seiten

Dietrich Fischer-Dieskau. Eine Biographie. Von Hans A. Neunzig. it 1984. 384 Seiten

Theodor Fontane. Leben und Werk. Von Otto Drude. it 1600. 296 Seiten

Frauen mit Flügel. Lebensberichte berühmter Pianistinnen. Von Clara Schumann bis Clara Haskil. Herausgegeben von Monica Steegmann und Eva Rieger. it 1714. 402 Seiten

Die großen Komponistinnen. Von Hildegard von Bingen bis Germaine Tailleferre. Mit zahlreichen Abbildungen. it 2116. 435 Seiten

Georg Friedrich Händel. Von Christopher Hogwood. Übersetzt von Bettina Obrecht. it 2655. 500 Seiten

Heinrich Heine. Leben und Werk in Daten und Bildern. Herausgegeben von Joseph A. Kruse. it 615. 352 Seiten

Hermann Hesse. Sein Leben in Bildern und Texten. Herausgegeben von Volker Michels. Mit einem Vorwort von Hans Mayer. Gestaltet von Willy Fleckhaus. it 1111. 365 Seiten

NF 38/3/5.00

Yehudi Menuhin. Von Tony Palmer. Übersetzt von Cornelia C. Walter. Mit zahlreichen Abbildungen. it 1989. 266 Seiten

Das Leben Michelangelos. Von Herman Grimm. it 1758. 865 Seiten

Leopold Mozart. Eine Biographie. Von Erich Valentin. it 2224. 223 Seiten

Friedrich Nietzsche. Leben und Werk. Von Ralph-Rainer Wuthenow. Mit zahlreichen Abbildungen. it 2601. 175 Seiten

Nijinsky. Der Gott des Tanzes. Von Romola Nijinsky. Mit einem Vorwort von Paul Claudel. Übersetzt von Hans Bütow. Mit zahlreichen Fotografien. it 566. 399 Seiten

Alfred Nobel. Idealist zwischen Wissenschaft und Wirtschaft. Von Kenne Fant. it 2104. 524 Seiten

Marcel Proust. Leben und Werk in Texten und Bildern. Von Renate Wiggershaus. it 1348. 350 Seiten

Rainer Maria Rilke. Leben und Werk im Bild. Von Ingeborg Schnack. it 35. 267 Seiten

George Sand. Leben und Werk in Texten und Bildern. Von Gisela Schlientz. it 565. 407 Seiten

Arthur Schopenhauer. Leben und Werk in Texten und Bildern. Von Angelika Hübscher. it 1059. 368 Seiten

Mary Shelley. Eine Biographie. Von Muriel Spark. Übersetzt von Angelika Beck. it 1258. 368 Seiten

NF 38/4/5.00